普通高等院校教师教育类课程精品教材
省级一流课程“中小学班主任工作技能训练”配套教材
安康学院教材建设立项项目

U0794363

BANZHURENGONGZUOJINENGXUNLIANJIAOCHENG

班主任工作技能训练教程

张哲华 ◎ 编 著

西南交通大学出版社
·成 都·

图书在版编目（CIP）数据

班主任工作技能训练教程 / 张哲华编著. —成都：西南交通大学出版社，2024.4（2025.2 重印）
ISBN 978-7-5643-9770-8

Ⅰ. ①班… Ⅱ. ①张… Ⅲ. ①中小学 – 班主任工作 – 高等师范院校 – 教材 Ⅳ. ①G635.16

中国国家版本馆 CIP 数据核字（2024）第 060195 号

Banzhuren Gongzuo Jineng Xunlian Jiaocheng
班主任工作技能训练教程

张哲华　**编　著**

责任编辑　居碧娟
封面设计　GT 工作室

出版发行　西南交通大学出版社
（四川省成都市金牛区二环路北一段 111 号
西南交通大学创新大厦 21 楼）
邮政编码　610031
发行部电话　028-87600564　028-87600533
官网　http://www.xnjdcbs.com
印刷　四川煤田地质制图印务有限责任公司

成品尺寸　185 mm × 260 mm
印张　18
字数　428 千
版次　2024 年 4 月第 1 版
印次　2025 年 2 月第 2 次
书号　ISBN 978-7-5643-9770-8
定价　49.50 元

课件咨询电话：028-81435775
图书如有印装质量问题　本社负责退换
版权所有　盗版必究　举报电话：028-87600562

前 言

百年大计，教育为本；教育大计，教师为本。教育是国之大计、党之大计。培养什么人、怎样培养人、为谁培养人是教育的根本问题。党的十八大以来，习近平总书记站在国家繁荣、民族振兴、教育发展的战略高度，多次就高校落实立德树人根本任务做出重要指示。他在同北京大学师生座谈时强调："要把立德树人的成效作为检验学校一切工作的根本标准，真正做到以文化人、以德育人，不断提高学生思想水平、政治觉悟、道德品质、文化素养，做到明大德、守公德、严私德。要把立德树人内化到大学建设和管理各领域、各方面、各环节，做到以树人为核心，以立德为根本。"[①]教育部《高等学校课程思政建设指导纲要》指出，高校教师要引导学生树立学为人师、行为世范的职业理想，培育爱国守法、规范从教的职业操守，培养学生传道情怀、授业底蕴、解惑能力，把对家国的爱、对教育的爱、对学生的爱融为一体，自觉以德立身、以德立学、以德施教，争做有理想信念、有道德情操、有扎实学识、有仁爱之心的"四有"好老师，坚定不移走中国特色社会主义教育发展道路。

作为新时代中小学班主任，要以"四有"好老师、"四个引路人"、教育家精神为标准，做到"四个相统一"，努力使自己成为中小学生成长成才和终身发展的人生导师。党的二十大报告强调，我们要坚持教育优先发展，加快建设教育强国，坚持为党育人、为国育才，办好人民满意的教育。同时强调，全面贯彻党的教育方针，落实立德树人根本任务，培养德智体美劳全面发展的社会主义建设者和接班人。在新时代背景下，作为高等学校教师教育类专业的教师和教育管理者，笔者十分期待能够编写一本既适合高校师范生班主任工作学习又帮助在职中小学班主任提升班主任理论素养的专业性教材，为助力基础教育高质量发展略尽绵薄之力。

本教材以党的二十大精神和习近平总书记关于教育的重要论述为教材编写指导思想，将习近平新时代中国特色社会主义思想有机融入教材内容。本书为安康学院教材建设立项项目，由安康学院外语学院院长张哲华教授策划、统稿、编写，钱静、周玫、王欢、冯琳等参与了部分章节的编写。全书共分为十三章，包括班主任工作概述、班主任师德修养、班主任的礼

① 习近平：《在北京大学师生座谈会上的讲话》，《人民日报》，2018 年 5 月 3 日。

仪修养、班主任研究学生的艺术、班级的日常管理、班集体的组织与建设、班级活动的组织与开展、班级文化的建设、班级学生的常规教育、班级学生的分类教育、班主任的沟通与协调、班级教育合力的形成、班主任的专业化成长与发展。

本书的主要特点在于系统全面论述了新时代班主任需要掌握的班级管理与指导的基本知识理论，讲述全国中小学班主任基本功大赛的育人故事，同时与中国大学慕课和国家智慧教育平台的、本书编写组主讲的省级线上一流课程“中小学班主任工作技能训练”相配套，方便授课教师和读者在线上线下同步使用。

本书在编写过程中参考了大量文献资料，借鉴了许多专家学者的观点，再次向他们表示诚挚的谢意。本书借鉴参考内容较多，包括部分网络资料，笔者无法将其来源一一详尽列出，若有遗漏，敬请原作者谅解。同时，笔者也请教了部分高校同行专家和基础教育一线优秀班主任，在此谨向文献作者和相关专家深表谢忱。限于编者水平和学术视域，书中难免存在纰漏与不足之处，敬请专家、同行和读者批评指正。

张哲华

2023 年 8 月

“中小学班主任工作技能训练”在线开放课程——国家高等教育智慧教育平台入口

“中小学班主任工作技能训练”在线开放课程——中国大学 MOOC 入口

目　录

第一章　班主任工作概述

班主任工作是中小学教育教学工作的重要组成部分，也是中小学教师需要承担的重要工作。作为未来班主任的师范生，需要了解“班主任”这一角色的历史发展过程和班主任工作涉及的理论基础，深刻理解班主任的角色定位，熟悉班主任的工作职责，并具备班主任的基本能力，树立坚定的教师职业信念和班主任工作理想。本章主要介绍班主任的历史演进、班主任工作的理论基础，以及班主任的角色定位、基本能力和基本职责。

第一节　班主任的历史演进

班级教学的产生和发展，是人类教育史上的一次伟大飞跃，是教育制度化过程中继学校产生之后的又一个划时代的里程碑。以班级为工作对象的教育者角色——“班主任”便是在“班级授课制”的历史实践中应运而生的。

一、“班级授课制”的产生

教育史研究者们认为，“班级授课制”的思想萌芽可以追溯到古罗马的教育家、演说家昆体良。真正给“班级授课制”奠基的是 17 世纪捷克教育家夸美纽斯，他在他著名的《大教学论》中对班级制的学年编制、班级组织、课时分配等进行了理性阐述。他主张用班级授课制代替传统的个别的教学制度，对班级教学的实践做了系统的总结和归纳，并对班级教学的特点、功能、应用等问题，第一次从理论上做了概括性的阐述和论证，奠定了班主任工作的理论基础。从此，班级授课制度在教育发展史上的重要地位正式确定。

我国最早实行班级授课制是始于 1862 年的京师同文馆。清政府根据当时教育发展和人才培养的需要，于 1902 年至 1903 年先后颁布《钦定学堂章程》和《奏定学堂章程》，并向全国各省颁布了《高等学堂、中学堂、小学堂章程》，对实行班级授课制度都做了具体规定。后来，随着教育事业的发展，班级授课制又几经演变，逐步完善，在当时中国学校中得到普遍推广。中华人民共和国成立后，1952 年教育部颁布的《中学暂行规定（草案）》中又明文规定：“中学以班为教育单位。每班人数，初中以 50 人，高中以 40 人为原则。”时至今日，班级授课制仍然是我国学校教学工作的一种主要形式。

二、“班主任制”的产生

俄罗斯是世界上为数不多的实行班主任制的国家之一，班主任最早以班级辅导员形式出现于 19 世纪 70 年代。1917 年前，男子学校班级中设有班级指导教师；女子学校设有班级负责女士，主要是监督学生的行为。

1917 年后，苏联开始建设新学校，学校道德教育的主要任务是以共产主义思想为基础对学生进行政治教育。从 1918 年开始，学校不设班主任，学生思想教育工作由所有教师共同承担。1934 年，随着教学组改为班级，组指导员更名为班主任。1947 年苏联教育部批准了《班主任条例》，根据该条例，班主任职责主要包括开展积极分子工作，开展少先队和共青团工作、组织班集体学习《学生守则》，观察学生成绩。从 1970 年开始，《普通中学章程》确定了班主任的职责。1971 年制定的《班主任条例》继续了 20 世纪 30 年代制定的路线。班主任的主要任务是“培养学生的思想信念、社会意识、使学生准备积极参加社会生活；培养学生的共产主义道德，对学生进行劳动教育，培养他们为生活做准备，为有意识地选择职业做准备。争取获得高水平的成绩，深刻掌握科学基础知识，发展认识积极性；促进学生的审美教育和体育教育，增强学生体质。”

直到 20 世纪 80 年代，班主任职责主要包括创建儿童集体，并对学生施以意识形态影响。20 世纪 80 年代末期苏联进行最后一次教育改革，学生道德教育问题和班主任角色问题重新受到关注。从 1989 年开始，苏联开展了“专职班主任”的试验，在试验过程中，确定班主任工作的中心是保护和发展学生的个性。学生集体应该成为对每个学生都有利的环境。健康教育、交往教育、闲暇教育、生活方式教育等内容进入了道德教育工作的范畴。

我国的班主任制，其产生可追溯到清朝末年。清末无论是大学堂中的监学，还是小学堂中的教习，其职责性质都属于今天班主任的工作范畴。国内班主任制的明确实施还是从中华人民共和国成立以后开始的。1952 年教育部颁布了《中学暂行规程（草案）》，对班主任的设立做了具体规定。自此，我国正式实行班主任制。多年来，广大中小学班主任在党的领导下，坚持立德树人，认真贯彻党的教育方针，夜以继日，含辛茹苦，奋战在基础教育一线，为国家培养社会主义建设者和接班人做出了重要贡献。

三、我国班主任制度的历史演变

我国班主任制度的发展大体经历了两个主要阶段。

（一）中华人民共和国成立前“班主任”的孕育与产生阶段

1862 年，京师同文馆正式创立，首次采用“编班”“分级”的教学组织方式，将班级授课制移植到国内。1927 年国民政府明令中学废止选科制，从而为采用级任制奠定了基础。1932 年国民政府颁布的《中学法》明确规定“中学实行级任制”。级任教师负责一个学级的主要课程的教学和组织管理工作。当时学校规模较小，一个学级往往只有一个班。因此，今天的班主任在岗位职责上与级任教师交叉更多了。1938 年国民政府又将级任制改为导师制。

“班主任”这一岗位名称最早是在解放区使用的。绥德专署教育科在 1942 年编制的《小学训导纲要》中首次提到了“班主任”这一岗位：“实行教导合一制，必须加强班主任的责任。”1949 年 7 月公布的《陕甘宁边区政府关于新区目前国民政府改革的指示》规定：在学校组织上（适用于完小），校长下设教育主任。取消级任导师，班设主任教员。今天班主任的职责范围与这里的“主任教员”已大体相当，只不过名称不同罢了。

（二）中华人民共和国成立后“班主任”的规范化、制度化发展阶段

1952 年 3 月 18 日，教育部颁布《小学暂行规程（草案）》和《中学暂行规程（草案）》，其中规定：“小学各班采取教师责任制，各设班主任一人。”“中学以班为教学单位，每班设班主任一人，由校长就各班教员中选聘。”这不仅明确规定了班主任的合法地位，更明确规定了班主任队伍的来源。自此以后，班主任工作制在我国中小学教育中普遍实行。

考虑到班主任工作的特殊性和艰巨性，1978 年国家正式实行了班主任津贴制度。1979 年，教育部、财政部、国家劳动总局颁布了《关于在全国普通中学和小学公办教师中试行班主任津贴的通知》。1980 年，教育部颁布了《关于中等专业学校、盲聋哑学校班主任津贴试行办法》。1981 年，国家劳动总局颁布了《关于技工学校试行班主任津贴的通知》。至此，班主任津贴制度得以全面建立。党和国家对班主任所付出的艰苦劳动给予了很高评价，并在实践中逐步形成了对优秀班主任的评价体系。1988 年，国家教委相继颁布了《小学班主任工作暂行规定》和《中学班主任工作暂行规定》。这些规定明确了班主任的地位、作用、任务、职责、方法、任免的条件、待遇与奖励、管理等内容。这表明班主任工作制将进一步得到巩固和完善。自此，我国班主任工作制的建设稳定下来后走上了健全完善的发展道路。

进入 21 世纪以来，国家对班主任队伍建设进一步加强。2006 年 6 月 4 日，教育部颁布《关于进一步加强中小学班主任工作的意见》并指出：要充分认识加强中小学班主任工作的重要意义，进一步明确中小学班主任的工作职责，认真做好中小学班主任的选聘和培训工作，切实为中小学班主任工作提供保障，要求制定和完善促进班主任工作的政策措施，要提高中小学班主任的地位和待遇，要完善班主任的奖励制度，要加强班主任队伍的管理，要为班主任开展工作创造必要的条件。2006 年 8 月 31 日，《教育部办公厅关于启动实施全国中小学班主任培训计划的通知》指出：教育部决定启动实施中小学班主任培训计划。“从 2006 年 12 月起，建立中小学班主任岗位培训制度。”2009 年 8 月 12 日，《教育部关于印发〈中小学班主任工作规定〉的通知》明确提出：中小学班主任工作应从配备与选聘、职责与任务、待遇与权利、培养与培训、考核与奖惩等五个方面入手。2018 年 1 月 20 日，《中共中央 国务院关于全面深化新时代教师队伍建设改革的意见》指出，完善教师收入分配激励机制，有效体现教师工作量和工作绩效，绩效工资分配向班主任和特殊教育教师倾斜。2022 年 4 月 2 日，教育部等八部门印发《新时代基础教育强师计划》并提出“各地绩效工资核定要向乡村小规模学校、艰苦边远地区学校等倾斜，要完善中小学教师绩效考核办法，绩效工资分配向班主任、教育教学效果突出的一线教师、从事特殊教育随班就读工作的教师倾斜”。

通过班主任在中华人民共和国成立前后的发展历程对比，我们能够清楚地看到，党和国家对于基础教育阶段班主任工作十分重视，在政策、制度、待遇等方面给予了充分保障，为广大师范生担任未来中小学班主任树立了坚定的信心。

第二节 班主任工作的理论基础

班主任工作涉及的领域十分广泛，既有理论知识方面，也有实际操作方面。新时代中小学教师要做好班主任工作，首先应该懂得班主任工作的基本原理和基础理论。就班主任工作涉及的理论而言，主要包括以下几个方面。

一、班主任工作的教育学基础

班主任工作的核心是德育工作。要想做好德育工作，就要以学生为中心，懂得教育的基本规律，因此教育学理论就成为班主任工作的理论基础之一，而最相关的主要体现在终身教育和主体教育思想。

（一）终身教育思想

终身教育作为一种国际教育思潮，最初形成于 20 世纪 50 年代末 60 年代初的欧洲。法国 1956 年议会立法文件中则首次使用了“终身教育”这一概念。进入 70 年代后，终身教育思想已经成为各国重新阐述教育、重新编写教育学和进行教育改革的指导原则。终身教育理论的代表人物是法国著名教育思想家和成人教育家保罗·朗格朗（Paul Lengrand）。

我国终身教育思想源远流长。终身教育理念在我国有着深厚的历史传承。早在春秋时期，孔子就曾用“吾十有五而志于学，三十而立，四十而不惑，五十而知天命，六十而耳顺，七十而从心所欲不逾矩”表达自己终身学习的思想，认为只有不断学习才能达到更高的思想境界。终身教育作为我国民族文化的重要载体，对创造和发展中华文化起着不可替代的作用。

当前，终身教育在新时期呈现出发展定位生活化、学习需求实质化、组织方式弹性化、发展目标合作化、活动范围国际化、实践主体团体化、实现方式制度化等特点。根据终身教育思想的主张，班主任要转变传统教师观，重新定位自己的角色功能。班主任不能把班级教育局限于学校与班级之内，而是要拓展学生教育生活的时空、内容和领域。班主任还要根据新时期终身教育的特点，不断改变传统教育管理观念，激发培养学生生活与学习的自律性。

（二）主体教育思想

主体教育思想是 20 世纪 80 年代以来，在我国教育领域萌发的新的教育思想。它集中体现在提出学生是教育的主体这一命题上，主张改变学生的地位与现状，真正调动和发挥学生在教育与教学过程中的能动作用，改进和调整师生关系。主体教育思想以马克思主义哲学、人学、心理学、社会学、人类学等学科为思想基础。其主要内容有以下两个方面：一是研究作为教育主体的学生主体性及其发展的内涵问题；二是研究学生主体在其对象性活动中的地位和作用问题。

主体教育思想认为，学生是教育的主体，是教育的基点，是发展的主体。班主任工作应当坚持以人为本，以学生的发展为本，在教育过程中，引导学生自觉意识到自身是学习和发展的主体。作为新时代班主任，要坚持主体教育思想，其关键在于建立平等、民主、和谐的新型师生关系。班主任是学生的良师益友，要用先进的思想指导学生，用深厚的文化底蕴影响学生，使其德、智、体、美、劳全面发展，提高学生的整体素质。

二、班主任工作的心理学基础

奥地利心理学家（Alfred Adler）曾说道："心理学和教育是同一现实和同一问题的两个方面。要指导心灵，就需要了解心灵的运作。只有那些了解心灵及其运作的人才能运用他的知识指导心灵走向更高更普遍的目标。"由此可见，班主任工作也离不开心理学理论的指导。班主任工作的心理学基础主要涉及行为主义心理学、认知心理学、人本主义心理学、多元智能理论等。

（一）行为主义心理学

行为主义心理学（Behavioral Psychology）是美国现代心理学的主要流派之一，也是对西方心理学影响最大的流派之一，其创始人是美国的心理学家毕生（John Broadus Watson）。行为主义心理学主张以客观的方法研究人类的行为，从而预测和控制有机体的行为，强调科学心理学所研究的只是能够由别人客观观察和测量的外显行为，构成行为基础的是个体的反应，集多个反应即可知行为的整体，个体行为不是与生俱来的，不是由遗传决定的，而是受环境因素的影响被动学习的，经由对动物和儿童实验研究所得到的行为的原理原则，即可推论解释一般人的同类行为。

行为主义心理学对班主任工作具有一定的启示。班主任在日常工作中应做到适度维持班主任的权威形象，一方面要塑造学生的行为，另一方面要矫正学生的不良行为，同时还要合理运用班级规则与秩序的约束力做好班级管理。

（二）认知心理学

认知心理学（Cognitive Psychology）是最新的心理学分支之一。认知心理学主张把人脑看作类似于计算机的信息加工系统，强调人头脑中已有的知识和知识结构对人的行为和当前的认识活动有决定作用，强调认知过程的整体性。1967 年美国心理学家奈瑟尔（Ulric Neisser）《认知心理学》一书的出版，标志着认知心理学已成为一个独立的流派。

班主任在工作中运用认知心理学时，要注意深入把握学生的认知特点，有效开展策略训练，培养学生自控能力和反省认知，防止心理效应带来的认知偏差。

（三）人本主义心理学

人本主义心理学（Humanistic Psychology）兴起于 20 世纪 50 年代的美国，代表人物是美国社会心理学家、比较心理学家亚伯拉罕·马斯洛（Abraham Maslow）和美国心理学家卡尔·罗杰斯（Carl Rogers）。马斯洛的人本主义理论包括动机发展理论、需要层次理论和自我实现理论。罗杰斯的人本主义理论则包括人格的自我理论、心理治疗理论。人本主义心理学认为人的天性中就有实现自己的潜能和满足人的基本需要的倾向，动机是人类生存和发展的内在动力，需要是产生动机的源泉，需要的强度决定着动机的强度，但只有最为强烈的需要才形成人们的主要动机，还主张从人的直接经验和内部感受来了解人的心理，强调人的本性、尊严、理想和兴趣，认为人的自我实现和为了实现目标而进行的创造才是人的行为的决定因素。

人本主义心理学认为，教育的本质是发展人的潜能，教育要在满足人最基本的需要的基础上强调自我实现需要的发展。人本主义强调教学的核心目标就是挖掘学生的潜能，促进每一个人内在潜能的发展，教学就是要为学生提供一种促使他们自己去学习的情境。班主任在工作中运用人本主义心理学，要注重学生的主体能动性，全面分析、正确引导学生的需要，引入感情教育艺术，营造自由的学习氛围。

（四）多元智能理论

多元智能理论（Theory of Multiple Intelligences，简称 MI 理论）是由美国哈佛大学教育研究院的教育心理学家霍华德·加德纳（Howard Gardner）在 1983 年提出。多元智能包括语言智能、逻辑数学智能，视觉空间智能、肢体运动智能、音乐智能、人际智能、内省智能，自然智能。多元智能理论认为，智能由同样重要的多种能力而不是由一两种核心能力构成，各种智能是多维度地、相对独立地表现出来，而不是以整合的方式表现出来的；每一个个体的智能都各具特点，个体智能的发展方向和程度受环境、教育的影响和制约；智能强调的是个体解决实际问题的能力及创造出社会需要的有效产品的能力。多元智能理论重视的是多维地看待智能问题的视角。

由此可见，班主任在工作中运用多元智能理论，要树立正确的学生观，用赏识和发现的眼光去看待学生，敏锐、全面地理解、认识和评估学生的能力、兴趣，向学生提供多种多样的展示机会，在充分尊重学生发展独特性的同时，保证他们的全面发展。

三、班主任工作的社会学基础

班主任工作与社会学相关，涉及的主要理论基础包括结构功能理论、社会冲突理论和符号互动理论。

（一）结构功能理论

结构功能理论是由美国社会学家塔尔科特·帕森斯（Talcott Parsons）在 20 世纪 40 年代提出的。结构功能理论认为，社会是具有一定结构或组织化手段的系统，社会的各组成部分以有序的方式相互关联，并对社会整体发挥着必要的功能。社会整体以平衡的状态存在着，任何部分的变化都会影响整体并最终形成新的整体平衡。在教育社会学中，结构功能主义把教育看作社会整体的一个组成部分，担负着重要的社功能。在班主任工作中，班主任要在结构功能理论指导下，分析班级要素及其功能，正确发挥班级的社会化功能，重视班级的个性化功能，发挥班级的保护功能。

（二）社会冲突理论

社会冲突理论（Social Conflict Theory）是20世纪60年代后期流行于美国及西欧一些国家的理论流派之一，其主要代表人物是美国社会学家刘易斯·科塞（Lewis Coser）和德国社会学家拉尔夫·达伦多夫（Ralf Dahrendorf）。社会冲突理论重点研究社会冲突的起因、形式、制约因素及影响，是作为对结构功能主义理论的反思和对立面提出来的。科塞认为冲突具有五项正功能：冲突对社会与群体具有内部整合的功能，冲突对于社会与群体具有稳定功能，冲突对新社会与群体的形成具有促进功能，冲突对新模范和制度的建立具有激发功能，冲突是一个社会中重要的平衡机制。

社会冲突理论对班主任工作具有重要参考价值。班主任要正视班级内部冲突并发挥其正功能，要引导学生形成班级的凝聚力，强化集体意识和班级认同感；要积极预防破坏性冲突的发生，妥善处理已发生的冲突。班主任要善于利用协商、调停、权威解决冲突。

（三）符号互动理论

符号互动论（Symbolic Interactionism）是一种主张从人们互动着的个体的日常自然环境去研究人类群体生活的社会学和社会心理学理论，由美国实用主义哲学家威廉·詹姆斯（William James）提出。符号互动论认为符号互动过程创造、维持和变革社会结构，行动者能够在各种情境中进行界定、分类和让自身与周围的事物相互调适。符号互动理论主张人类拥有“自我”，因为这种自我使人们具备扮演“他人角色”“通过他人之眼审视自身”的能力。

符号互动理论要求班主任在工作中要转变教育本质观，帮助学生形成正确的自我认知和自我理解能力，增进人际关系，加强班级组织建设，主动引发师生互动，加强师生合作。

四、班主任工作的管理学基础

班主任工作在很多方面都涉及班级的管理问题，因此班主任应该在管理学的视域下开展工作，并学习古典管理理论、行为科学管理理论和权变管理理论等有关管理学理论。

（一）古典管理理论

古典管理理论形成于19世纪末、20世纪初，是西方管理理论总称，由泰罗的科学管理理论、法约尔的管理过程理论和韦伯的古典行政组织理论构成。古典管理理论在科学管理方面强调通过科学方法来管理组织和工作，以提高效率和生产力；在行政管理方面，强调组织结构、职权和职责等行政管理要素的重要性，以确保组织的正常运转；在管理原则方面提出了一系列管理原则，如分工、权威、纪律、统一指挥等，以指导管理实践；在经验管理方面，强调管理者应该依据自己的经验和直觉来管理组织和工作，以取得成功；在社会责任方面，强调组织应该承担社会责任，关注员工福利和社会环境问题。

古典管理理论的主要观点对管理学的发展和实践产生了深远的影响，对现代管理理论和实践仍有启示意义，同时对我们做好班主任工作也具有重要启示。例如，班主任需要保持班级管理思维的前瞻性，注重班级管理制度的稳定性，讲究班级管理手段的协调性，追求班级管理目标的效益性，注意班级规则的作用发挥，等等。

（二）行为科学管理理论

行为科学管理理论始于20世纪20年代中期至30年代初，它研究人的行为产生、发展和相互转化的规律，以便预测人的行为和控制人的行为，主要代表人物主要有美国管理学家梅奥（Aeorge Mayo）等人。目前行为科学已在管理上得到广泛的应用，并取得了明显的成效。它的成功改变了管理者的思想观念和行为方式。行为科学管理理论主张把人的因素作为管理的首要因素，强调以人为中心的管理，重视职工多种需要的满足；综合利用多学科的成果，用定性和定量相结合的方法探讨人的行为之间的因果关系及改进行为的办法；重视组织的整体性和整体发展，把正式组织和非正式组织、管理者和被管理者作为一个整体来把握；重视组织内部的信息流通和反馈，用沟通代替指挥监督，注重参与式管理和职工的自我管理；重视内部管理，忽视市场需求、社会状况、科技发展、经济变化、工会组织等外部因素的影响；强调人的感情和社会因素，忽视正式组织的职能及理性和经济因素在管理中的作用。

行为科学管理理论的着重点在于人，它关注人的兴趣态度、情绪积极性等对工作及其效率的影响。管理行为是人的行为，因此可以说，行为科学管理理论是从管理的主体角度进行的。行为科学管理理论对于做好班主任工作具有一定的借鉴意义。班主任要注重师生之间人际关系的建立，正确对待班级中的非正式团体，注重采用艺术性激励手段，发挥学生在班级管理过程中的主体作用，调动学生学习的积极性和主动性。

（三）权变管理理论

权变管理理论是20世纪60年代末、70年代初在经验主义学派基础上进一步发展起来的，代表人物是美国学者弗雷德·卢桑斯（Fred Luthans）。他在1973年发表了《权变管理理论：走出丛林的道路》一文，1976年出版了《管理导论：一种权变学说》，系统介绍了权变管理理论，提出了用权变理论可以统一各种管理理论的观点。权变管理理论认为，在管理实践中要根据组织所处的环境和内部条件的发展变化随机应变，没有什么一成不变的、普适的管理方法。成功管理的关键在于对组织内外状况的充分了解和有效的应变策略。

权变管理理论告诉管理者要不断调整自己，使自己不失时机地适应外界的变化，或把自己放到一个适应自己的环境中。学校的教育管理特别是班级管理，也可借鉴权变管理理论的相关思想。在班务管理工作中，班主任可引入系统观点，实现班级管理最优化。班主任要提高自己的应变能力，对班级实行动态管理，学会准确把握偶然变量的影响及其性质。

五、班主任工作的其他理论基础

随着社会的发展，现代管理理论应用于各个管理领域，班级管理也需要运用现代管理理论指导各项管理工作。我国学者根据管理学与教育学的基本原理，结合班级管理的特点，总结概括出五种理论，即整分合理论、全员参与理论、实践锻炼理论、调节控制理论、整体育人理论。

（一）整分合理论

整分合理论认为，要提高班级管理的效率，对如何完成整体工作必须有充分细致的了解，在此基础上，再将整体分解成一个个基本要素，进行明确的分工，使每项工作规范化，建立责任制，然后进行科学的组织综合，即整体把握、科学分解、组织综合。

（二）全员参与理论

全员参与理论认为，在班级管理中应认识到人是管理的核心要素，必须调动各方面人员的积极性，共同参与管理，才能使管理效果达到最优化。

（三）实践锻炼理论

实践锻炼理论认为，班级学生各种能力的发展是在实践中逐步实现的，班级管理者必须根据教育目标的要求和学生身心发展的特点设计合适的实践活动，引导和激励学生积极参与实践活动，在活动中锻炼成长。

（四）调节控制理论

调节控制理论认为，可以通过健全管理机构来进行班级管理，形成反馈回路，及时掌握信息，适当调节控制，确保班级管理的有序进行。

（五）整体育人理论

整体育人理论认为，班级中学生都是完整的个体，具有独立的人格、个性，班级管理对学生的影响是综合统一表现在学生身上的。因此，班级管理应面向全体学生，促进学生全面和谐发展。

总之，班级管理是一项复杂的系统工程，只有按照班级管理理论的要求进行管理，才能减少盲目性，增强针对性，实现班级管理的科学化。

第三节　班主任的角色定位

班主任应为每一名学生终身幸福奠基——有创造幸福的能力，有理解幸福的思维，有奉献幸福的风格，有体验幸福的境界。班主任应当用自己的教育引导每一名学生幸福、健康、快乐成长。

一、班主任是学生的主要精神关怀者

班主任最重要的角色是学生的精神关怀者。德国哲学家卡尔·雅斯贝尔斯（Karl Jaspers）认为，教育过程首先是一个精神成长过程。精神关怀更深刻、更准确地反映了班主任教育劳动的意蕴，体现了班主任“以人为本”的教育理念，表达了班主任对学生的情感和态度。

精神关怀是班主任的首要任务和根本要求。精神关怀主要是关怀学生的心理生活、道德情操、审美情趣等方面及其成长与发展，即关怀他们的精神生活质量和精神成长，关怀他们当下的精神生活状况和他们未来的精神发展。班主任在工作中，需要做到以下四个方面：

第一，注重学生的个体差异。一方面，关注学生的个体差异，发现学生的特殊才能和闪光点，让具有不同认知方式、智力水平、环境背景的学生的思维与能力得到不同发展，为每一个学生提供相适应的有效学习机会，从而促进教育公平发展。另一方面，对有不良行为倾向的学生和学习习惯不好、情绪不稳定的学生，帮助他们分析原因并加以矫正。班主任要随时引导学生换位思考，认识错误，自我剖析，改正错误，同时帮助不同的学生找到表现自己的领域和方面，发现其长处并促进学生达到某种高度。古罗马教育家普罗塔克（Plutarch）说过："儿童的心灵不是一个需要填满的罐子，而是一颗需要点燃的火种。"一个好的班主任应该用宽容的心和敏锐的眼去发现学生身上一点一滴美好的地方，精心培育，细心呵护，用学生的长处促进学生的成长，不断健全学生的人格。

第二，关注学生的精神需求。学生的需求包括物质需求和精神需求。学生需要各种关怀，特别是精神关怀。班主任的精神关怀要引导学生实现从功利物欲到精神境界的升华，使学生执着于崇高、真诚和友善的精神追求。在对学生精神关怀的实践中，班主任要不断增长教育智慧，提高精神关怀的艺术性。具体来说，要做到五个"学会"：学会关心和爱护，学会理解和宽容，学会赏识和激励，学会信任和期待，学会尊重和沟通。

第三，唤醒学生的主体意识。班主任不应只向学生灌输思想道德知识或强加一些道德规范，而是要唤醒学生的主体意识，不断激发学生的主体发展欲望，使他们自觉地将外在的社会规范、要求内化为自身的成长、发展需要，从而在内心获得一种提升境界、完善人生的动力。班主任要在尊重学生人格的基础上，从课前、课中、课后三个方面着手：课前五分钟，唤醒学生的学习热情；课中创设情景，唤醒学生的参与意识；课后开展各项活动，唤醒学生的自觉行为。

第四，促进学生的全面发展。我们要培养合格的社会主义建设者和可靠接班人，就必须坚持五育并举，注重学生德智体美劳全面发展。班主任要把对学生的精神关怀放在优先位置，通过精神关怀和培育，让学生理智地使用所学知识和技能造福国家、社会、家庭和个人。

【链　接】

在2023年"六一"国际儿童节到来之际，习近平总书记到北京育英学校看望慰问师生时指出，"新时代中国儿童应该是有志向、有梦想，爱学习、爱劳动，懂感恩、懂友善，敢创新、敢奋斗，德智体美劳全面发展的好儿童。"[1]在第三十六个教师节到来之际，习近平总书记向全国广大教师和教育工作者致以节日的祝贺和诚挚的慰问。他强调，希望广大教师不忘立德树人初心，牢记为党育人、为国育才使命，积极探索新时代教育教学方法，不断提升教书育人本领，为培养德智体美劳全面发展的社会主义建设者和接班人作出新的更大贡献。[2]

① 习近平：《争当德智体美劳全面发展的新时代好儿童》，《人民日报》，2023年6月2日。

② 习近平：《不忘立德树人初心 牢记为党育人为国育才使命 不断作出新的更大贡献》，新华网，2020年9月9日。

二、班主任是全面关心学生发展的人生导师

班主任要关心学生的全面发展，关心学生的终身发展，关心全体学生的发展。这三个方面是教育的根本要求，是学生成长的本质需求，也是学校教育的现实需要。

班主任在工作中，首先要更新教育理念，树立素质教育理念，引导学生全面发展。其次，适应课程改革，促进学生协调发展，提升学生的核心素养。再次，搭建成长平台，鼓励学生自主发展。不要做“保姆型”或“警察型”班主任，要做智慧型班主任。最后，实施多元评价，支持学生个性发展。班主任要正确对待“全面性”和“个体性”的辩证关系，以马克思主义关于人的全面发展学说为指导，促进学生德智体美劳全面发展。以多元智能理论为指导，注重学生语言智能、数理智能、交流智能等多方面的基本发展和特长发展，引导学生扬长避短，实现“合格+特长”发展。总之，班主任不但要做好班级的日常管理工作，而且要做深入细致的学生思想工作，做一盏航标灯，帮助学生树立正确的人生观；当一座连心桥，与任课教师、家长、社区形成教育合力；做一个经营者，管理好、经营好班集体，努力成为学生的人生导师。

三、班主任是影响学生发展的“重要他人”

“重要他人”是美国社会学家米尔斯（Charles Wright Mills）首先明确提出的一个概念。所谓“重要他人”，是指对个体的社会化过程具有重要影响的具体人物。美国心理学家埃里克森（Erik H. Erikson）把人生发展分为八个阶段，每个阶段都有影响其发展的“关键影响人”，即“重要他人”。例如，儿童期的关键影响人是父母、家庭，而学生发展过程中的重要他人很可能是班主任。作为影响学生成长的重要他人，班主任主要承担的角色是家长代理人、学生楷模、心理保健者、学生的朋友和知己。

2009 年《教育部关于印发〈中小学班主任工作规定〉的通知》指出：班主任是中小学的重要岗位，从事班主任工作是中小学教师的重要职责。教师担任班主任期间应将班主任工作作为主业。班主任是中小学日常思想道德教育和学生管理工作的主要实施者，是中小学生健康成长的引领者，班主任要努力成为中小学生的人生导师。

我国教育家段力佩先生曾说：“每所中学有二三十个班级，每个班级都有几十个学生集合在一起上课、活动。如果学校没有一支二三十人的班主任队伍起主导作用，则各班就不能形成健全的班集体，学校就只有二三十个难以驾驭的学生群。”

由此可见，班主任是班级教育教学工作的组织者和领导者，是学校领导的有力助手，是对学生进行思想政治教育的骨干力量，是沟通学校和学生各种组织以及家庭、社会共同教育学生的桥梁，是联系班级各任课教师的纽带。

那么，作为班主任，如何才能成为影响学生的重要他人呢？这就需要班主任以高尚的人格濡染学生，以深厚的教育情怀关爱学生，以渊博的学识吸引学生，以出色的能力折服学生，以真挚的情感打动学生。

【拓展阅读】

埃里克森的人格理论——人生八个阶段

爱利克·埃里克森（Erik. H. Erikson，1902—1994），美国发展心理学家与精神分析专家。他在安娜·弗洛伊德的理论基础上创立了心理学派新的分支“自我心理学”，提出了心理发展理论。他把人生划分为八个阶段，认为每一阶段都存在特有的矛盾，矛盾的顺利解决是人格健康发展的前提。

序号	阶段	大致年龄	阶段特征
1	婴儿期	出生～18个月	获得基本信任感而克服基本不信任感
2	幼儿期	18个月～3/4岁	获得自主感而避免怀疑感与羞耻感
3	学前期	4～5岁	获得自主感，克服内疚感
4	学龄初期	6～11/12岁	获得勤奋感，避免自卑感
5	青春期	11/12～17/18岁	自我意识的确定与形成，获得同一感，克服同一性混乱
6	成年早期	17/18～30岁	建立家庭，获得亲密感（友情、爱情），避免孤独感
7	成年期	30～65岁	中年与壮年期：成家立业，获得创造力感，避免自我专注
8	成熟期	65岁以后	老年期：获得完美感，避免失望感

【育人故事】

教诲如春，师恩似海

编者按：本文为作者求学期间的亲身经历。此文曾发表于《安康日报》，2019 年 10 月 17 日综合版。

光阴荏苒，又一个教师节即将来临。作为教师的我，不由想起了我曾经的老师们，想起了我小学时的班主任姚老师。我的思绪情不自禁飞回到了三十多年前。虽然姚老师离开我多年了，这期间，我无时无刻不铭记着她曾经对我的教诲与帮助。每当忆起在我最为困难最为无助的时候，是姚老师给我无私的帮助与关怀，这种发自内心的感动与怀念让我心情久久不能平静。

姚老师是我小学三年级的班主任，连续三年一直带着我们班级。她一直在我们的村小教书，有时也住校。我家附近有一条小河，村子的人大都去那里洗衣服。我家恰好就住在通往村子小河的路旁。每次姚老师路过我家去小河洗衣服，总忘不了站在路边过问我的学习。记得我三年级时，由于收割水稻不小心将自己的左腿割伤，导致一两个月无法行走，父母将我背到教室上课。考虑到我受伤的腿长时间下垂容易浮肿，每次上课前，姚老师总会找一个小凳子放在我课桌下面，让我把腿放在凳子上，而且也不用起立。有时候中午放学她会给我把自己做的饭菜送到教室。虽然过去多年，依然让我难忘。

渐渐地，我读了初中和高中，姚老师也调到村子另一所小学任教，但她对我的关心仍然如初。每到暑假，我也总会抽空去探望她。这期间我和姚老师始终保持着联系。那时农村家庭收入不多，富裕的不多，而我家则非常贫困。虽然家里人口不多，但是，在 20 世纪 90 年代，如果一个农村家庭仅靠农业收入同时要供两个高中生上学，还是非常不容易的。记得那时，父亲体弱多病，母亲在农村信用社给职工们做饭，每月仅有二十几元钱的工资。这样的境况，父母供给我们兄妹上中学，真是难上加难。每到开学，母亲常常为了我们的学费，焦虑得无法入睡。可是，即使这样，母亲说，她没有多少文化，却一定要让孩子多读点书。于是就这样，我和妹妹还是苦撑到了高中毕业。我比妹妹高两个年级，早两年参加高考。就在我翘首等候高考成绩的时候，等来的却是落榜的消息，辛辛苦苦，十多年寒窗苦读却没有得到应有的结果，辜负父母，也辜负了老师平时对我的期望。带着灰暗的心情，我本想着出门打工，但心有不甘，也不知去往何方，况且自己什么技术也不会。

沮丧、无助的日子煎熬了一两个月。转眼到了收割水稻的时候。虽然心情郁闷，但家里的农活还是要做，我也算是家里的主要劳力，不干又能指望谁呢？记得那是九月初的一个下午，我和家人正在农田里干活，姚老师正好从田边经过，叫住了我，很惊讶地问我怎么还在家里，怎么没有去上学呢？当时我强忍住眼泪诉说了高考失败又没有钱复读的情况。姚老师说怎么没有早给她说呢？她让我不要着急，她去想想办法。第二天一大早，姚老师就送了我高考复读需要的学费。虽说只有几百块钱，但对我来说就像是救命稻草一样。于是我又回到了梦寐以求的课堂，如饥似渴地学起来。第二年，我终于达到了分数线上了大学。一个农家子弟，在最困难的时候，班主任老师施以援手，帮助我圆了大学梦，也圆了父母望子成龙的梦。正因为如此，我高考志愿毫不犹豫地填报了师范专业，我要做姚老师一样的老师，用自己的智慧和爱心去教育我的学生。当我拿着大学录取通知书给姚老师报告时，她又再一次资助了我，鼓励我继续努力。记得她经常向我提到“逆境出人才”，而今我也在逆境中摸爬滚打了多年，工作中也会遇到一些困难，但凭着自己的一股韧劲总能把工作干好。

就在我即将大学毕业之时，突然听到几个小学同学传来班主任老师因肝病去世的消息。一切来得太突然，我毫无心理准备，一时竟不知如何是好。姚老师的音容笑貌立刻浮现在我眼前，她身材高大，说话声音爽朗，和蔼可亲。经过一番商量，我们几个同学相约着一起去送老师一程。我们鞠躬默哀，送上鲜花。我默默地伫立良久，满腹的话却无从说起，泪水模糊了双眼。那时那刻谁又能理解我的心情呢？

如今，我已在教师岗位上工作了二十多年，也取得了一些成绩。每当夜深人静或独处时，我总会想到如果没有班主任老师那关键时刻的援助，怎会有我的今天呢？如果说我的成长中除了父母以外，我想，毫无疑问，我的小学班主任将是最重要的人。每当我遇到困难时，常常回忆起老师对我的教诲、帮助和鼓励，怀念着老师慈母般的关怀，从心底铭记着恩师的一切！此时此刻，当我再次提笔追忆班主任姚老师对我点点滴滴的关爱，竟一时语塞，唯一留下的是无限感恩，无限怀念。教诲如春，师恩似海，愿师生情谊地久天长！

四、班主任是学生合法权益的保护者

班主任要正确把握《中华人民共和国教育法》《中华人民共和国教师法》《中华人民共和国义务教育法》《中华人民共和国未成年人保护法》等教育法律法规，全面准确地理解教师的权利和义务，学会依法保护自身和学生的合法权益，不断增强教育法制观念，提高思想素质和业务水平。《中华人民共和国教师法》规定教师应当履行“关心、爱护全体学生，尊重学生人格，促进学生在品德、智力、体质等方面全面发展；制止有害于学生的行为或者其他侵犯学生合法权益的行为，批评和抵制有害于学生健康成长的现象”等义务。《新时代中小学教师职业行为十项准则》第五、第六条分别规定：关心爱护学生，加强安全防范。由此可见，保护学生合法权益，既是法律对教师应尽义务的规定，也是教师职业道德规范的要求，更是学生成长与发展的需要。

总之，班主任是教师集体中的关键少数，是优秀的教师，是成就学生未来的“重要他人”。班主任要有“子规夜半犹啼血，不信东风唤不回”的执着、坚韧，具备“精诚所至，金石为开”的强烈事业心和责任感，才能用爱心和真诚在老师和学生之间架起一座沟通的桥梁，打造一个互动的平台，让爱心传递守望，让生命与使命同向同行。

第四节　班主任的基本能力

班主任是学校管理中的重要力量，是中小学教师中的关键少数。新时代中小学班主任，任务光荣，责任重大。班主任既要具备中小学教师的一般能力，还要具备班主任所特有的能力和素质。班主任是班级工作的组织者、班集体建设的指导者、学生健康成长的引领者，是学生主要的“精神关怀者”。因此，班主任的能力直接影响教育的效果。一般来说，班主任应具有以下六种能力。

一、组织管理能力

班主任是班级的管理者，班级的各项工作都由其负责。一个优秀的班主任必须首先具备良好的组织管理能力。班主任的组织管理能力主要包括计划能力、常规管理能力、组织开展活动能力、判断能力、决策能力、指导能力以及协调能力。班主任是否具备较强的组织管理能力，决定着班级的面貌，也影响着学生的成长。

在日常工作中，班主任还要提高以下几方面能力：① 全面了解学生的能力：能了解学生整体情况，了解学生个体情况。② 正确评价学生的能力：评价要客观公正；评价要有激励性。③ 转化后进学生的能力：晓之以理的说服力；动之以情的感染力；导之以行的持久力；要反复抓、抓反复。④ 选拔、培养班干部的能力：能慧眼识才，准确选拔班干部；能知人善用，合理安排班干部；能科学指导，精心培育班干部。⑤ 组织班级活动的能力：能科学确定活动内容；能周密安排活动计划；能有效地指导活动实施。

二、思想教育能力

开展学生思想教育，这是班主任的首要任务。思想教育是做好整个教育工作的基础和前提。所以，班主任要善于做学生的思想教育工作，具备较强的思想教育能力。那么，班主任如何做好学生的思想教育工作呢？首先，要留心观察，深入了解，把握学生的不同特点。班主任平时要仔细观察学生的言行和思想动态，了解他们对班级工作的意见和要求，要深入了解学生的家庭状况、身体素质、年龄以及智力状况等，掌握他们的性格特点和在同学中的形象，以形成纵横联系的信息网络，做到对每个学生心中有数。其次，坚持赏识教育理念。对待学生的点滴进步和闪光点，要毫不吝啬地赞美、肯定、鼓励。一个充满信任的眼神，一个充满希望的笑脸，一种能引起学生共鸣的手势都会使他们受到鼓舞，增强勇气。再次，讲究思想教育中的谈话艺术。在和学生谈话时，要注意：谈话要及时，谈话前要做好准备，谈话中适时使用好话（表扬性的语言），要进行心理换位（换位思考），要尊重学生的人格。最后，把握教育时机，提高教育效果。在进行思想教育时，班主任需要抓住以下时机：学生换了新的环境时，每一个新学期的开始，当学校、班级里乃至社会上发生突发事件时，学生个人犯错误、受到挫折或取得成功时。

三、沟通与交往能力

作为新时代班主任工作的新基本功之一，沟通能力关系着师生、家校的幸福指数。当班主任在与学生、家长或是任课教师沟通时，要注意以下几点：第一，良好的倾听是沟通产生效果的前提。倾听不只是沟通的前奏，也是一种沟通的方式，当我们面对怒气冲冲的家长时，当我们面对泪眼婆娑的学生时，如果能够投之以关切的目光，心平气和地为对方端一个凳子，问上一句“有什么需要我帮忙吗”。这种在意的态度、关切的目光、用心的聆听将起到很好的作用。第二，沟通需要坦诚地接纳。认真倾听与接纳对方观点常常是紧密联系在一起的。没有对当事人的心理解码，很难谈得上有很真诚的后续有效沟通。接纳不是单纯的让步。有接纳，才能达成部分共识。只有接纳别人，才能为进一步的良好沟通打下坚实的基础。第三，沟通需要不断整理思路。沟通既需要多一份理性和冷静，也需要有跳出沟通看现状的目光。通过整理思路，观察事态，准备预案，才能将沟通有效推进。第四，沟通需要适度地妥协。沟通并非都是一路坦途，适度的妥协是非常有必要的，话不一定一次说完，目的不一定全盘达到，这样的妥协不是为了让步，而是更好地促进沟通。双方达成共识，有了共识，才有望解决问题。第五，沟通需要稳步迁移。从达成共识到逐步转向班主任预设的教育点，需要一些适度的过渡。我们可以选定一些对方观点中自己比较赞同的地方予以肯定，以便在情感上达成共识。

班主任的人际交往能力在中小学班级管理中也十分重要。在学校教育这个系统中，班主任工作属于思想教育管理范畴，必须要与校长、教导主任、其他班主任和各科任课教师发生联系。这些联系，是做好班主任工作所不可缺少的。要保证这些联系的工作协调性和目的同一性，就要有意识地搞好人际交往，否则班主任工作绝对做不好。由此可见，班主任的人际交往能力不仅是做好工作的基本需要，而且是做好工作的先决条件，是实现教育信息反馈、协调各方面教育因素、优化教育效果的重要保证。因此，每一个班主任都应该在其特定关系结构中成为人际交往的艺术家。

四、自我控制能力

班主任工作繁杂，上接学校领导，下连每个学生，对外要与家庭、社会加强联系，对内还要与任课教师加强沟通。总之，凡是与学生教育相关的方方面面都要照顾到。在面对千头万绪的工作和各种压力时，班主任的自我控制能力就显得尤为重要。特别是在日常工作中，往往会遇到一些犯错的学生，甚至是屡教不改的学生。班主任在处理这些问题时，难免缺乏耐心、细心，出现急躁情绪。这时，控制好自己的情绪显得十分重要。因此，班主任应做到以下几点：第一，保持冷静。当遇到学生犯错误时，班主任如果采取“硬碰硬”的教育方法，很容易发生冲突，使自己失去威信。因此，不妨保持冷静、沉默，采取“冷处理”，等学生心情平静后再找他谈话，更容易达到教育的效果。第二，宽容大度。宽容大度是一种长者风范、智者修养。当班主任怒气冲天时，切记“金无足赤，人无完人”。或者多想想自己当学生时也许也曾说过错话，做过错事，将心比心，换位思考来提醒自己。也可多想一些情绪失控后的害处，吸取前人的教训，这样就会克制自己的情绪。第三，深入调查。没有调查就没有发言权。对待学生出现的错误，班主任切忌主观臆断、处事武断，要深入调查，查明缘由，弄清真相，再对症下药，以免出现对学生的误解。第四，自我反思。学生犯了错误，班主任如果对其大发雷霆，并不能让学生诚恳接受，有时还会把事情弄僵。在发脾气之前，不妨反思一下自己，或许会收到令人满意的效果。如果学生面对班主任的批评不服气或顶撞时，班主任更应该反思一下自己的态度和方法。

五、创新学习能力

班主任工作是一项创造性的工作，没有也不可能有固定不变的模式。要想做好班主任工作，必须不断更新教育理念，学习新思维、新内容、新举措，这就要求班主任要有创造性、创造力和创新精神。班主任工作创新艺术是班主任教育思想、教育能力、教育素养、教育风格和教育智慧等方面综合素质的体现，是班主任在教育、管理、活动和协调等实践过程中表现出来的精湛、娴熟、巧妙并带有鲜明个性化特点的教育艺术。在面对学生时，班主任需要以与时俱进的眼光予以关照，以创新发展的教育予以引领。

在班主任工作中，班主任需要用正确的导向培养学生的创新能力；转变教育理念，实施创新教育；采取行之有效的方法，确保创新教育的实施。班主任创新教育工作时，首先要发挥学生的主体作用，引导学生以积极的、主人翁的姿态投入学习过程中。其次要提倡学生质疑，培养学生敢想敢说的创造精神、批判精神，使他们成长为创造性、开拓性人才。最后要解放创造力，培养创新精神，让学生从寻常事物中发现问题，提出问题，使问题得到新颖独特的解决。在班级管理中，班主任要充分挖掘和利用学生的闪光点，因势利导，开发出每位学生身上蕴藏的潜能。

六、自我反思能力

自我反思是班主任提高自己工作水平的重要途径。班主任是班级的组织者、管理者，其工作对象的复杂性、特殊性和多变性要求班主任经常进行反思。反思不仅体现在问题出现后，还应体现在日常教育管理中，每堂课、每件事、每天、每月，每学期都应该有反思。总之，班主任要勤于反思、善于反思，不断提高自己的工作水平。具体来说，班主任的自我反思可以从以下几方面入手：

第一，反思自己的教育行为是否有效。有效的行为才能创造价值。班主任首先要从任课教师的角色出发，经常反思自己的教育行为是否有效，自己的备课是否充分，教学内容是否符合学生，授课方式是否充分调动了每一个学生的注意力，自己的课堂是否生动，学生的学习兴趣是否高涨，教育方式是否为学生接受，等等。班主任要反思对学生的思想教育是否能够引起学生的共鸣和认同。

第二，反思自己是不是一个学习者。古人云：吾生而有涯，而知也无涯。要做一个有为的班主任，首先就要与时俱进，不断更新自己的教育理念，树立正确的学生观和人才观，提升自己的教育能力。在日常工作中，班主任要向书本学习，向同事学习，向网络学习，通过阅读、反思、聆听、实践的方式，提升自己的教育教学技能，提升自己的文化素养，始终以一个学习者的姿态，永葆教育的激情，避免职业倦怠。

第三，反思自己是不是一个研究者。教育是一门艺术，也是一门科学。班主任要做教育的研究者，探寻教育的基本规律，研究学生思想教育的方法。十年树木，百年树人。人才培养是一个系统工程，需要倾注教师毕生的精力。如何落实立德树人根本任务，将学生培养成才，是广大教师，尤其是班主任所需要深入思考的重大课题。因此，班主任应始终以教育家的心态研究如何开展课堂教学，如何对学生进行思想教育，如何营造班级文化，如何提高学生综合素质，等等。

第四，反思自己是不是一个服务者。学校是育人的重要场所，学生正处于学习科学文化知识、长身体的关键时期。班主任在传道、授业、解惑的同时，还要充当好教育服务者的角色，要关心学生的身体状况，关注学生精神需求，为学生做一些服务工作。

第五，反思自己是不是一个创造者。创造是教育的灵魂。今天的教育已不能仅仅停留在传递文化知识和技能上，而应该把学生生命中探索的欲望燃烧起来，将其创造的潜能开发出来，让他们拥有一个充满信心、勇于开拓的积极人生，这是教育的使命。因此，班主任要反思自己的教育理念是否能满足学生未来几十年发展的需求，不断更新自己的教育理念，不断创造新的教育教学方法。

第六，反思自己是不是学生的知心人。班主任要做学生的知心人，唯有如此，才能产生巨大的教育力量。唐代诗人白居易曾说，“感人心者，莫先乎情”。学生犯了错误，班主任要用一颗包容的心去对待他们，做学生的知心朋友，从尊重、爱护他们出发，使学生从中感受到老师对自己的爱，从而引导他们主动改正缺点。因此，班主任要反思自己平时是否向学生善意地微笑，在课堂上是否有传达关爱的眼神或是信任与鼓励的话语？总之，班主任要反思日常教育行为，努力做学生的知心人。

总之，班主任首先要有责任心，其次才是教学水平。在教学过程中，学习先进的教育教学理论是与时俱进、紧跟时代步伐的表现，而反思能力则是班主任在整个工作中循环的关键点。在这个点上不断地充实、提高和完善自己，是自我学习的重要表现。反思能力的培养不是一蹴而就的，一旦形成，将会一直伴随班主任工作。苏霍姆林斯基（B.A.Cyxomjnhckn）曾经说过：“没有自我教育的教育，不是真正的教育。”反思不仅是对教学的反思、对学生的反思，还有对教育现象、教育价值等的反思，它应该成为班主任工作中不可缺少的部分。反思将有助于班主任从一个普通的班级管理者提升为一个具备专业素养的班主任，有利于班主任的专业发展。

第五节　班主任的工作职责

班主任是学校教育第一线的骨干力量，是学校教育工作最基层的组织者和协调者。履行好班主任的职责，必须树立正确的教育理念，遵循中小学生身心发展的规律，运用科学的教育方法，善于利用各种教育资源。班主任不仅应该努力协调好各任课教师，做好班级的管理和建设工作、学生的教育和引导工作，积极支持少先队、共青团、班委会开展班级活动，还应该成为沟通学校、家庭、社会的纽带，及时了解学生在家庭和社区的表现，引导家长和社区配合学校共同做好学生的教育工作。

一、中小学班主任工作的重要意义

中小学班主任是中小学教师队伍的重要组成部分，是班级工作的组织者、班集体建设的指导者、中小学生健康成长的引领者，是中小学思想道德教育的骨干，是沟通家长和社区的桥梁，是实施素质教育的重要力量。中小学班主任工作是学校教育中极其重要的育人工作，既是一门科学，也是一门艺术。在全体教师都要努力承担育人工作的情况下，班主任的责任更重，对其要求更高。做班主任和授课一样，都是中小学的主要工作，班主任队伍建设与任课教师队伍建设同等重要。加强中小学班主任工作，对于贯彻党的教育方针、全面推进素质教育、把加强和改进未成年人思想道德建设的各项任务落在实处具有十分重要的意义。

二、中小学班主任的工作要求

为深入贯彻落实《中共中央 国务院关于进一步加强和改进未成年人思想道德建设的若干意见》，充分发挥中小学班主任教师在学校教育工作中的骨干作用，促进学生德智体美劳全面发展，2006 年教育部印发了《关于进一步加强中小学班主任工作的意见》，对中小学班主任的工作职责提出了明确要求。

（一）要做好中小学生的教育引导工作

认真落实学校德育工作的要求，积极主动地与其他任课教师一道，利用各种机会开展思想道德教育，引导学生明辨是非、善恶、美丑，从身边的小事做起，逐步树立社会主义荣辱观，确立远大志向，增强爱国情感，明确学习目的，端正生活态度，养成良好的行为习惯。

（二）要做好班级的管理工作

加强班级的日常管理，维护班级良好的教学和生活秩序。坚持正面教育为主，对学生的点滴进步及时给予表扬鼓励，对有缺点错误的学生要晓之以理、动之以情，进行耐心诚恳的批评教育；做好学生的综合素质评价工作，科学公正地评价学生的操行，向学校提出奖惩建议；努力营造互助友爱、民主和谐、健康向上的集体氛围，形成有特色的充满活力的班级和团（队）文化；加强安全教育，增强学生的自护意识和能力。

（三）要组织好班集体活动

指导班委会、少先队中队、团支部开展工作，担任好少先队中队辅导员，组织开展丰富多彩的团队活动；积极组织开展班集体的社会实践活动、课外兴趣小组、社团活动和各种文体活动，充分发挥学生的积极性和主动性，培养学生的组织纪律观念和集体荣誉感。

（四）要关注每一位学生的全面发展

教育学生明确学习目的，端正学习态度，掌握正确学习方法，养成良好学习习惯，增强创新意识和学习能力；了解和熟悉每一位学生的特点和潜能，善于分析和把握每一位学生的思想、学习、身体、心理的发展状况，科学、综合地看待学生的全面发展，及时发现并妥善处理可能出现不良后果的问题；注意倾听学生的声音，关注他们的烦恼，满足他们的合理需求，有针对性地进行教育和引导，为每一名学生的全面发展创造公平的发展机会。

三、中小学班主任的职责与任务

为了进一步加强中小学班主任工作，发挥班主任在中小学教育中的重要作用，保障班主任的合法权益，全面推进素质教育，2009 年 8 月教育部印发了《中小学班主任工作规定》，对班主任的工作职责与任务做出了明确规定：

第一，全面了解班级内每一个学生，深入分析学生思想、心理、学习、生活状况。关心爱护全体学生，平等对待每一个学生，尊重学生人格。采取多种方式与学生沟通，有针对性地进行思想道德教育，促进学生德智体美全面发展。

第二，认真做好班级的日常管理工作，维护班级良好秩序，培养学生的规则意识、责任意识和集体荣誉感，营造民主和谐、团结互助、健康向上的集体氛围。指导班委会和团队工作。

第三，组织、指导开展班会、团队会（日）、文体娱乐、社会实践、春（秋）游等形式多样的班级活动，注重调动学生的积极性和主动性，并做好安全防护工作。

第四，组织做好学生的综合素质评价工作，指导学生认真记载成长记录，实事求是地评定学生操行，向学校提出奖惩建议。

第五，经常与任课教师和其他教职员工沟通，主动与学生家长、学生所在社区联系，努力形成教育合力。

【育人故事】

师生同行共甘苦，一路相伴花开

编者按：本案例选自全国中小学班主任优秀经验，作者为长春市十一高中北湖学校 2020 级高二领航 14 班班主任潘子龙老师。

回首往昔，十八年的班主任生涯中，我已经将数百名少年送入了各类大学，但于我而言，让我终生难忘的却是曾经的这样一个少年——小天。人们对他的评价是“他已经把作为一个学生能惹的祸都惹全了”。从此我便常常收到同事们投来的同情的目光，然而我却从来没有过不平，因为在我心中每个学生都能被教好，每个老师也都能教好学生。如果还没有成功，那只是他还没有遇到愿意发现他身上优点的老师。在不知道第几次与他家长沟通后，我终于发现了他远远超出常人的优点，那就是极为孝顺。当很多孩子因为在学校的要求下给妈妈洗了一次脚便骄傲时，小天已经坚持每天为母亲洗脚六年了。这是多么难得而又纯真的孝心呐！因此我更确信他就是我能教好的学生，而我也一定是那个能教好他的老师，因为我是唯一一个努力寻找他优点的老师，也是第一个坚信他能成才的人。他并不富裕的父母为了让他在上、放学时能够更舒服一些，能够有足够的时间休息，买了一台二手车，我则和他的父母建立了“小天逆袭”的微信群，每天都指导他们如何与他沟通，及时解决问题，直至深夜。我在学校常与之谈心，随时帮他改正缺点，指导他成长。

就这样过了一年多，渐渐地小天不再打架了，他身上的戾气竟然慢慢化解了。然而这种做法却让他产生了强烈的依赖性。就在我儿子出生的那一天，我和往常一样去上班，第一节下课才悄悄离开学校，可是我心里却总是出现小天，于是我又悄悄地返回了学校。果然，他逃课了，我心中的愤怒已经无法遏制了，特别是想到即将临盆的妻子，伤感夹杂着失望化作无尽的悲伤，一股脑儿倾泻而出。一阵咆哮后，我哽咽地说："孩子，你学习不好我不会歧视你，你不爱学习我不会怪你，你违纪我不会放弃你，可是你已经开始变好了，你都改掉多少毛病了，你都做出了多大牺牲了，你就要成功了，为什么偏偏要在这个时候走回头路啊？我们一起付出了那么多的努力，我们怎么面对，你的父母付出了多大的代价，你怎么面对？"也许是想到了父母和我对他所做出的努力，他也跟着红了眼圈。我平静了下来，淡淡地对他说："你知道我还没有孩子。虽然我们年龄差距不大，但其实我一直把你当儿子来培养。可今天你就要有一个小弟弟了。"他惊讶地瞪大了眼睛。我看了一眼手表，抬头说："也许现在他已经来到人世了。而我多希望以后能骄傲地跟他说，你有一个小天哥哥当初超级顽劣，但心底十分孝顺、善良，结果硬是把所有的毛病一点儿一点儿全都改了过来，后来在所有看不起他的目光中长成了一个顶天立地的英雄，你以后一定要像他。"他看到我平静的脸上缓缓流下的泪水，突然打断了我的话，"咚"的一声跪在了地上，一把抽出了腰带递给我，哭着说："潘老师，你打死我吧，我不是人，我不配做你的学生，我对不起你！"

我扶起小天，一边为他扎着腰带，一边用依旧平缓的语气对着泣不成声的他说道："我从没想过一下子就让你脱胎换骨，但是我从来没怀疑过你一定能脱胎换骨。我们都需要时间，我可以陪你一起渡过难关，但是一定不要再走回头路好吗？"纷飞的泪水从这个顽劣少年猛烈点头的面庞上如雨泻下。

从那以后他开始疯狂地学习，可一段时间后又因为压力过大而与人冲突，把人打进了医院。我赶到现场，看到了一地的碎玻璃和斑斑的血迹，还有一双直勾勾的、满是惊恐的眼睛。他第二次给我跪了下来。"老师，我……我知道我这次肯定不能再留下来了，我唯一的遗憾就是我对不起你。"那一刻，我的心揪了起来。虽然只是外伤，但伤者出于愤怒，坚持要把他扭送公安机关。我深知他的过错必须付出代价，但我更清楚地知道他灵魂深处有着牢固的善根，如果不给他争取一次改过的机会，国家未来将会少一个优秀的建设者。因为我信任他，于是我倾尽全力，亲自带着他一次又一次去跟伤者及其家属道歉。最终对方被我的诚意打动了，同意只是赔偿医药费便就此作罢。而这一次，小天真的彻悟了。

最终他用九个月时间将成绩提高了一百多分，成功考入了北京航空航天大学，如今已是一名出色的飞行员、副机长。他还给他的爸爸妈妈买了一套大房子。毕业时，我向他张开双手想要拥抱他，而他则给我磕了一个头，说："这次真的要离开你了，没给你丢人。三个头，我从没有觉得不妥，因为在我心里早就拿你当爸了，对你低了三次头，以后我能抬头一辈子。"是啊，三年我帮他开启了一扇成才的大门，三年作为班主任的我也对认可、赏识，包容、相信、耐心、坚定、牺牲这些词汇的理解更加深刻了，我更懂得了什么叫作"立足三年，放眼一辈子"。我又何尝不是在他的带动下成长如斯呢？师生、父子、摆渡人、灵魂工程师，这一次我倒更想说我们是同行者。

"嗡。"一条微信展开——"老爸，出来啊，我抱着孙子来看你了。"我淡淡一笑，放下抓着头发的双手说："我写的这本书就叫一路相伴吧。"

（资料来源：https://jbgzs.basic.smartedu.cn/）

【思考与训练】

一、名词解释

1. 班主任
2. 重要他人

二、简答题

1. 简述班主任工作理论的构成?
2. 班主任担负的角色有哪些?
3. 班主任需要具备哪些基本能力?
4. 班主任工作的职责与任务是什么?

三、辨析题

先判断正误，然后简要说明理由。

1. 班主任的工作任务就是提高学生的学习成绩。

2. 班主任工作非常重要，学校领导应该轮流安排教师担任班主任。

3. “一个班集体的班风、班貌，就是其班主任人格的化身及其教育艺术的展现。”这话不无道理。

四、实践训练题

假如你是一个新班主任，在第一次班会上，就你个人形象和讲话设计一个方案。

提示：

1. 设计形象：注重衣着、仪容、举止等，让学生感到新班主任是一个值得尊敬的、有修养、有气质的班主任。

2. 设计讲话：① 介绍自己的个性、优势、学历等，让学生感到新班主任是一个值得接受的、有特长、有学识的班主任。② 讲解自己对班级工作的设想，描绘未来发展前景，让学生感到新班主任是一个值得信赖的、有能力的班主任。

第二章　班主任的师德修养

教育的根本任务是立德树人，要培养德智体美劳全面发展的社会主义建设者和接班人。落实立德树人的任务，教师是关键。习近平总书记 2016 年教师节前夕在北京八一学校与教师座谈时提出了四个“引路人”：广大教师要做学生锤炼品格的引路人，做学生学习知识的引路人，做学生创新思维的引路人，做学生奉献祖国的引路人。[①]习近平总书记同北京师范大学师生代表座谈时指出：“一个人遇到好老师是人生的幸运，一个学校拥有好老师是学校的光荣，一个民族源源不断涌现出一批又一批好老师则是民族的希望。”[②]班主任作为中小学生成长过程中的“重要他人”和“人生导师”，在教书育人、立德树人方面发挥着极其重要的作用。本章重点就新时代教育的根本任务，新时代师德建设的意义、要求等方面进行论述。

第一节　新时代教育的根本任务

党的二十大报告指出，我们要坚持教育优先发展、科技自立自强、人才引领驱动，加快建设教育强国、科技强国、人才强国，坚持为党育人、为国育才，全面提高人才自主培养质量，着力造就拔尖创新人才，聚天下英才而用之，办好人民满意的教育。教育是国之大计、党之大计。培养什么人、怎样培养人、为谁培养人是教育的根本问题。育人的根本在于立德。我们要全面贯彻党的教育方针，落实立德树人根本任务，培养德智体美劳全面发展的社会主义建设者和接班人，加强师德师风建设，培养高素质教师队伍，弘扬尊师重教社会风尚。[③]

党的十八大报告进一步强调把立德树人作为教育的根本任务，培养德智体美劳全面发展的社会主义建设者和接班人。[④]2014 年 3 月，教育部发布《教育部关于全面深化课程改革 落实立德树人根本任务的意见》（教基二〔2014〕4 号），指出：“立德树人是发展中国特色社会主义教育事业的核心所在，是培养德智体美劳全面发展的社会主义建设者和接班人的本质要

① 《习近平在北京市八一学校考察时强调　全面贯彻落实党的教育方针　努力把我国基础教育越办越好》，《人民日报》，2016 年 9 月 10 日。

② 习近平：《做党和人民满意的好老师——同北京师范大学师生代表座谈时的讲话》，《人民日报》，2014 年 9 月 10 日。

③ 习近平：《高举中国特色社会主义伟大旗帜　为全面建设社会主义现代化国家而团结奋斗——在中国共产党第二十次全国代表大会上的报告》，新华社，2022 年 10 月 25 日。

④ 胡锦涛：《坚定不移沿着中国特色社会主义道路前进　为全面建成小康社会而奋斗——在中国共产党第十八次全国代表大会上的报告》，《人民日报》，2012 年 11 月 18 日。

求。”由此可见，教育的根本任务是立德树人，要培养德智体美劳全面发展的社会主义建设者和接班人。

一、立德树人的内涵

“立德树人”即立德和树人。何谓“立德”？意思为树立德业。《左传》载：“太上有立德，其次有立功，其次有立言，虽久不废，此之谓不朽。”意思是人生最高的境界是立德有德、实现道德理想，其次是事业追求、建功立业，再次是有知识有思想、著书立说。这三者是人生不朽的表现。“立德”居于人生三不朽之首。

何谓“树人”？意思是培养人才。《管子·权修》载：“一年之计，莫如树谷；十年之计，莫如树木；终身之计，莫如树人。”十年树木，百年树人。立德是树人的前提和基础。青少年时代是逐步形成世界观、人生观、价值观的关键时期，“扣好人生的第一粒扣子”非常重要。国无德不兴，人无德不立。道德对于个人、对于社会都具有基础性意义，做人做事第一位的是察德修身。

立德树人是中华优秀的传统文化。立德树人是对我国传统教育思想的传承与发展，是中国特色社会主义教育的本质体现，是新时代贯彻党的教育方针的要求。将“立德树人”作为教育的根本任务，有着特定的内涵和时代的意义，这对增强民族认同感、文化归属感，坚定“四个自信”有着极大的促进作用。德是人之德，德是成“人”的根本。离开人，德无寄生之地；德是人之魂，人无德不立，非人也。因此，立德与树人是一体的，立德树人是“立育人之德”与“树有德之人”的有机统一。

习近平总书记在全国教育大会上强调，培养什么人，是教育的首要问题。我国是中国共产党领导的社会主义国家，这就决定了我们的教育必须把培养社会主义事业建设者和接班人作为根本任务。①

党的十九大报告要求“落实立德树人根本任务”，将“立德树人”的定位置于“全面发展”之上，这是以习近平同志为核心的党中央继承、丰富和发展党的教育方针的集中体现，是对党的全面发展的教育方针的重大发展，是党的教育理论创新的最新成果，具有以下三个方面的深刻含义：一是立德树人揭示了教育的本质，是对教育本质的最新认识；二是立德树人揭示了德育在学校教育中的突出地位，强调促进人的德性成长是教育的首要任务，体现了党对人的全面发展的最新要求；三是立德树人揭示了道德发展与人的全面发展的辩证关系，强调德性成长是人的全面发展的根本保障，体现了党对教育规律的深刻认识。②

【链　接】

2016 年 12 月 7 日，习近平总书记在全国高校思想政治工作会议上指出，高校立身之本在于立德树人。③

① 教育部课题组：《深入学习习近平关于教育的重要论述》，人民出版社 2019 年版，第 72-73 页。
② 教育部课题组：《深入学习习近平关于教育的重要论述》，人民出版社 2019 年版，第 47-48 页。
③ 本书编写组：《习近平总书记教育重要论述讲义》，高等教育出版社 2020 年版，第 48 页。

2017 年 10 月，党的十九大提出："全面贯彻党的教育方针，落实立德树人根本任务，发展素质教育，推进教育公平，培养德智体美全面发展的社会主义建设者和接班人。"①

2018 年 9 月 10 日，习近平总书记在全国教育大会上的重要讲话中多次提到"立德树人"，并强调："要把立德树人融入思想道德教育、文化知识教育、社会实践教育各环节，贯穿基础教育、职业教育、高等教育各领域，学科体系、教学体系、教材体系、管理体系要围绕这个目标来设计，教师要围绕这个目标来教，学生要围绕这个目标来学。凡是不利于实现这个目标的做法都要坚决改过来。"②

2019 年 6 月，中共中央、国务院印发的《关于深化教育教学改革全面提高义务教育质量的意见》再次强调，落实立德树人根本任务，健全立德树人落实机制。③

二、新时代立德树人的重大现实意义

第一，立德树人是人才成长的根本规律。党的十八大以来，以习近平同志为核心的党中央始终把立德树人作为学校教育的根本任务。习近平总书记强调："人才培养一定是育人和育才相统一的过程，而育人是本。人无德不立，育人的根本在于立德。这是人才培养的辩证法。办学就要尊重这个规律，否则就办不好学。"习近平总书记在尊重教育规律，坚持立德树人，丰富、完善和发展党的教育方针方面提出了一系列新论断、新主张，提出了"五个强调"：一是强调扣好人生的第一粒扣子；二是强调理想信念教育；三是强调加强社会主义核心价值观教育；四是强调加强中华优秀传统文化教育；五是强调加强劳动教育和实践教育。习近平总书记的上述论述是对新时代中国特色社会主义教育发展规律的深刻把握和最新成果，深刻回答了如何培养人的重大问题。④

第二，立德树人是人民满意的教育的根本要求。改革开放以来，党和国家在确立教育优先发展战略地位，深刻回答培养什么人、如何培养人的同时，也不断回答为谁培养人的重大问题。习近平总书记在党的十九大报告中指出："办好人民满意的教育……落实立德树人根本任务"，深刻体现了以人民为中心的发展理念。立德树人，既是人民满意的教育的根本要求，也是人民满意的教育的根本标准，进一步回答了为谁培养人的重大问题。⑤

第三，立德树人是实施素质教育的根本目的。党的十八大以来，习近平总书记多次强调，要深化教育改革，推进素质教育，创新教育方法，提高人才培养质量，努力形成有利于创新

① 习近平：《决胜全面建成小康社会　夺取新时代中国特色社会主义伟大胜利——在中国共产党第十九次全国代表大会上的报告》，《人民日报》，2017 年 10 月 28 日。

② 《习近平在全国教育大会上强调　坚持中国特色社会主义教育发展道路　培养德智体美劳全面发展的社会主义建设者和接班人》，《人民日报》，2018 年 9 月 11 日。

③ 《中共中央 国务院关于深化教育教学改革全面提高义务教育质量的意见》（中发〔2019〕26 号），中国政府网，https://www.gov.cn/zhengce/2019-07/08/content_5407361.htm

④ 教育部课题组：《深入学习习近平关于教育的重要论述》，人民出版社 2019 年版，第 49-52 页。

⑤ 教育部课题组：《深入学习习近平关于教育的重要论述》，人民出版社 2019 年版，第 53-54 页。

人才成长的育人环境。2016年9月9日，习近平总书记在考察北京市八一学校时指出，素质教育是教育的核心。党的十九大报告中要求“发展素质教育”。坚持立德树人，发展素质教育，必须系统推进以下四个方面的改革：一是必须建立协调各方的共同育人观；二是必须树立育人为本的教师职业观；三是必须统筹推进学生的全面发展；四是必须树立育人为本的教育政绩观和教育评价观。[①]

三、立德树人是新时代教育的根本任务

班主任应如何实现立德树人并落实这一教育的根本任务呢？需要从以下四个方面着手：

第一，以社会主义核心价值观为思想引领，树立正确的教育观。社会主义核心价值观是社会主义核心价值体系的内核。党的十八大提出，倡导富强、民主、文明、和谐，倡导自由、平等、公正、法治，倡导爱国、敬业、诚信、友善，积极培育和践行社会主义核心价值观。这24个字是社会主义核心价值观的基本内容，为培育和践行社会主义核心价值观提供了基本遵循。当今世界，经济全球化、政治多极化、文化多样化、价值多元化，把社会主义核心价值观融入国民教育全过程需要教师的文化自觉与教育引导。以社会主义核心价值观为思想引领，是新时代师德建设的题中应有之义。

第二，以关爱学生、淡泊名利、自尊自律为核心内容，提升个人师德修养。《国家中长期教育改革和发展规划纲要》指出：加强教师职业理想和职业道德教育，增强广大教师教书育人的责任感和使命感。教师要“关爱学生，严谨笃学，淡泊名利，自尊自律”，以人格魅力和学识魅力教育感染学生，做学生健康成长的指导者和引路人。关爱学生是教师特有的职业情感，严谨笃学是教师职业的基本特征，淡泊名利是教师职业的崇高美德，自尊自律是教师职业的内在要求。这四个方面构成教师职业道德的有机整体。教师要时刻以身作则，做学生的榜样。韩愈说：“师者，所以传道受业解惑也。”教师作为传道者，自己首先要明道、信道，以德立身、以德立学、以德施教、以德育德，争做四有好老师。

第三，以教育教学实践为基本途径，扎实做好教育教学工作。教育教学活动是教师职业的主要活动。教学永远具有教育性。离开了教育教学实践，师德建设就成了无源之水、无本之木。教师的天职是教书育人，其社会角色决定了其有责任、有义务为青少年的健康成长创造良好的环境和条件。实践证明，教师良好的职业道德只有在教育教学活动中通过言传身教才能取得良好效果。

第四，以立德树人、教书育人为根本目标，努力提高人才培养质量。师德是教师职业的灵魂，教书是教师职业的主要表征，育人是教师职业的根本目的。作为教师，教书不仅是其谋生的重要手段，更是其实现人生价值的主要载体。为人必须立德，教师尤其如此。立德是教师自身完善的客观需要，更是青少年健康成长的必然要求。立德树人是师德建设的根本目标，立德的根本目的在于树人。

---

① 教育部课题组：《深入学习习近平关于教育的重要论述》，人民出版社2019年版，第55-58页。

四、立德树人的实施路径

基于全员育人、全程育人和全方位育人的要求，学校通过课程育人、教学育人、文化育人、活动育人、实践育人、管理育人、协同育人等途径实施立德树人。

（一）课程育人

课程是学校育人的专门载体，也是最重要的育人载体。课程育人包括两个方面，一是思政课程，二是课程思政。思政课程是专门的德育课程。学校可以通过开设面向全体学生的德育课程，对学生进行教育引导。课程思政则要充分挖掘其他学科课程的德育因素，使思政教育融入各学科课程，发挥不同学科独特的育人功能。授课教师可以围绕坚定理想信念、厚植爱国主义情怀、加强品德修养、增长知识见识、培养奋斗精神、增强综合素质等育人目标，从家国情怀、绿色发展、工匠精神、职业道德等方面找准思政元素与专业知识的融入点，将价值引领与知识传授、技能训练等有机融入教育全过程，培养学生的人文素养和综合能力。例如，语文、历史、地理等课程要利用课程中语言文字、传统文化、历史地理常识等丰富的思想道德教育因素，潜移默化地对学生进行世界观、人生观和价值观的引导。

（二）教学育人

教学永远具有教育性，这是教学的基本规律。因此，教学必须把知识传授与思想教育相统一，发挥学科教学内容、教学方式方法和教师人格的育人作用。在教学过程中，教师以自身精湛的教学艺术、渊博的专业知识、宽广的学术视野等，为学生树立榜样。针对教学内容，教师可以深挖课程思政元素，将知识教学和思想教育有机结合。教师还可以发挥教学评价的激励作用，激发学生学习的积极性，帮助学生树立自信心，促进学生不断进步与成长。

（三）文化育人

文化化人，文化立人，文化具有潜移默化的作用。学校文化包括物质文化、制度文化和精神文化，但核心是精神文化，物质文化、制度文化是精神文化的外化。班主任要加强对学校校史、校训、校风等精神内涵的凝练和宣传，开展宣扬红色革命文化、中华优秀传统文化、社会主义先进文化和地方文化的活动，鼓励学生自主设计班名、班训、班歌、班徽、班级口号等积极营造班级文化，形成特色和品牌。班主任还要注重营造良好的课堂文化，教师要灵活运用各种教学方法手段，激发学生的求知欲，营造和谐、民主、愉悦的课堂氛围。

（四）活动育人

活动育人是立德树人的教育手段，活动是青少年最喜闻乐见的参与形式。学校要使学生在各种活动中获得道德认知并将其转化为道德行为，就必须组织开展主题明确、内容丰富、形式多样、吸引力强的教育活动，例如校园文化节、纪念日活动、仪式教育活动、团队活动、参观、访问、调研、考察、志愿服务以及科技、文娱、体育等社团活动等。例如，教师可以利用春节、元宵、清明、端午、中秋、重阳等中华传统节日以及二十四节气，开展介绍节日历史渊源、精神内涵、文化习俗等校园文化活动，增强传统节日的体验感和文化感；组织学生举办丰富多彩、寓教于乐的校园节（会）活动，培养学生兴趣爱好，充实学生校园生活，磨炼学生意志品质，促进学生身心健康发展。

（五）实践育人

综合实践活动是从学生的真实生活和发展需要出发，从生活情境中发现问题，转化为活动主题，通过探究、服务、制作、体验等方式，培养学生综合素质的跨学科实践性课程。综合实践活动是国家义务教育和普通高中课程方案规定的必修课程，是贯彻落实党的教育方针的重要举措，是提升学生综合素质的主要抓手，对于全面推进素质教育具有重要意义。中小学教师要组织开展各类主题实践，例如，可以利用爱国主义教育基地、公益性文化设施、公共机构、企事业单位、各类校外活动场所、专题教育社会实践基地等资源，开展不同主题的实践活动，不断增强学生的社会责任感、创新精神和实践能力。

（六）管理育人

管理也是一种教育，不同的管理方式蕴含不同的教育。要发挥管理育人、制度育人的作用，将立德树人体现在学校、班级管理之中。《中小学德育工作指南》指出："要积极推进学校治理现代化，提高学校管理水平，将中小学德育工作的要求贯穿于学校管理制度的每一个细节之中。"作为班主任，要制定班级民主管理制度，形成学生自我教育、民主管理的班级管理模式，还要全面了解学生，加强班集体管理，强化集体教育，建设良好班风，通过多种形式加强与学生家长的沟通联系，各学科教师要主动配合班主任，共同做好班级德育工作。

（七）协同育人

实施家校合作，协同育人是德育工作的一项重要举措。中小学需要积极争取家庭、社会共同参与和支持学校德育工作，引导家长注重家庭、注重家教、注重家风，营造积极向上的良好社会氛围。《中小学德育工作指南》（以下简称《指南》）指出，"坚持协同配合，发挥学校主导作用，引导家庭、社会增强育人责任意识，提高对学生道德发展、成长成人的重视程度和参与度，形成学校、家庭、社会协调一致的育人合力"，"构建社会共育机制，建立多方联动机制，搭建社会育人平台，实现社会资源共享共建，净化学生成长环境，助力广大中小学生健康成长"。由此可见，实施家校合作育人是完善现代学校制度、创办优质学校的现代教育理念，家校合作育人是促进学生核心素养提升和全面发展的重要途径与教育力量，也是落实“德育常态化开展，建立全员、全过程、全方位”合力育人机制的必要条件。

五、新时代班主任落实立德树人的策略

（一）将“立德树人”作为班级管理的核心理念

当前，教育要求促进学生全面发展，与之相适应，“立德树人”的教育理念也得到了更广泛的重视。在这一背景下，将“立德树人”理念融入班级管理具有重要的现实意义，也是班级管理在时代背景下的必然要求。在树立“立德树人”核心理念过程中，班主任要充分发挥自身对班级学生的影响作用，为了使班级管理各项工作都能体现出“立德树人”的教育理念，班主任应注意以下事项：首先，班主任要严于律己，在学生面前展现良好的品德修养和师德师风。班主任做到“立德”“律己”，才能帮助学生认同这一理念。其次，将学生放在平等位置，理解尊重他们的所思所想和人格尊严，以身作则，春风化雨，才能让学生切实体会到“立德树人”这一理念。最后，对待不同学生，班主任应秉持一视同仁的态度，不区别对待，不偏袒，不徇私，向学生传递良好的价值理念。唯有如此，班主任才能更好地推动“立德树人”成为班级管理核心理念。

（二）将“立德树人”作为班级建设的根本目标

班级管理与班级建设密不可分，其中，制度建设奠定了班级运行的基础规范，是班级建设的主要内容。良好的班级管理制度能有效提升班级管理的效率，也能更好地展现班风班貌。因此，为了使“立德树人”理念更好地融入班级建设中，同样需要在班级制度层面确立“立德树人”的重要性，将其作为班级制度建设的根本目标，有效帮助师生更好地实践“立德树人”理念。为此，班主任需要注意以下两点：一方面，在进行制度设计时，班主任要做好充分的调查准备工作，结合学生心理发展阶段与本班学生特点，合理采纳学生提出的建议，并且要充分考虑各种现实可能性，使班级制度具备较强的实用性。另一方面，立德树人不仅应表现在制度制定过程中，在制度贯彻和实施中落实“立德树人”理念也同样重要，这要求班主任在实践中既要注重科学管理，又要充分体现人文关怀，根据实际情况灵活变通，充分体现出立德的特点。

（三）将“立德树人”作为班级管理的行动指南

在日常班级管理与教学活动之外，各种各样的班级活动也是班级管理的重要组成部分。活动的开展能有效促进班级内学生的情感联系，对于提升班级凝聚力有较大的积极作用。在这一过程中，将各种班级内外的活动作为载体，使“立德树人”这一理念充分融入管理过程中，并成为行动指南，帮助学生充分了解“立德树人”这一教育理念。以最基础的班级卫生大扫除为例，学生各司其职，这一活动是培养学生责任意识和劳动能力的重要手段。在这一过程中，可以使负责不同领域之间的同学开展一些良性互动，增进同学之间的友情，提升班

级凝聚力。在每周班会时间，班主任应积极创新班会活动开展形式，增进师生之间的了解，帮助同学互相认识彼此身上的特长与优点，这样就使“立德树人”不仅仅是通过班主任来影响学生，而且学生之间也能够相互影响。

第二节　新时代师德建设的意义

教师是教育的根本，是教育事业发展的基础，是提高教育质量、办好人民满意教育的关键。师德是教师的灵魂，是教师素质的核心，是教师的立身之基和执教之本，是加强和改进青少年学生思想道德建设的重要保证。

一、教师职业道德的内涵

教师职业道德是指教师在从事教育教学活动时所应遵循的行为规范和必备的品德的总和。它是教师职业的特殊道德要求，是调整教师与学生、教师与教师、教师与学校领导、教师与学生家长以及教师与社会其他方面关系的行为准则。

二、教师职业道德的特点

（一）教师职业道德要求的崇高性

教师的根本任务是立德树人，教书育人。教师职业的自身特点决定了教师应具有崇高的精神境界和高尚的道德品质。教师职业对社会具有直接影响，人们对教师的期望值很高，对教师的道德要求更高。

（二）教师职业道德意识的自觉性

教师职业的最大特点是培养人、塑造人。教师不仅要用自己的丰富知识教人，而且更重要的是要用自己的品格教人。这就要求教师以身立教，言传身教，具有高度的自觉性。

（三）教师职业道德行为的示范性

教师的劳动对象是活生生的人，是儿童和青少年，他们具有向师性、模仿性的特点。因此，教师的行为时时处处要起到示范表率作用。高尚的师德是一部生动的人生教科书，对学生起着潜移默化的作用，让其终身受益。

（四）教师职业道德内容的时代性

我国教师职业道德有其优良传统，如因材施教、循循善诱、言传身教等。在此基础上，也需要与时俱进，因此，我国的教师职业道德规范先后四次修订，努力体现时代特点。

三、新时代师德建设的重要意义

（一）加强师德建设是培养新时代合格人才的客观需要

国运兴衰，系于教育；教育兴衰，系于教师。人才培养，关键在教师，首要在立德。党和国家高度重视师德师风建设。党的十八大以来，习近平总书记多次就加强师德师风建设发表重要讲话，强调评价教师队伍素质的第一标准是师德师风，先后对广大教师提出“四有”“四个引路人”“四个相统一”“六要”的标准和期望，要求在全社会大力弘扬尊师重教的良好风尚，让广大教师在岗位上有幸福感、事业上有成就感、社会上有荣誉感，让教师成为让人羡慕、最受社会尊重的职业。教师作为引领社会发展与进步的重要群体，必须努力提高自身素质，尤其要加强师德修养。而要做到这一点，就必须加强师德建设，教育引导广大教师把教书育人、立德树人放在首位，率先垂范，做先进生产力和先进文化发展的弘扬者和推动者，做新时代合格人才培养的教育实践者。

（二）加强师德建设是促进教师专业化发展的内在要求

教师是一种良心职业，师德是一种职业品质，具有特殊的教育价值。因为道德是做人的根本。师德是教师专业发展的内在维度与应有之义，更是教师职业的灵魂所在，是衡量专业水平高低的重要标准与内容。教师专业发展必须从师德建设抓起，从师德完善做起。教师专业发展过程首先是师德提升过程。师德作为教师专业伦理的核心，应该成为教师专业发展的重中之重。

（三）加强师德建设是促进学生全面健康成长的必然选择

俗话说，教师是学生的镜子，学生是教师的影子。这说明教师的言行对学生的影响是巨大的。教师的师德对学生的影响也是终身的，它比知识传授产生的影响更持久、更强烈。中小学生正处在世界观、人生观、价值观的养成时期，教师要言传身教，为他们做出榜样，作为一个有责任感的教师，不仅要学高，还要身正，通过自己的身教去提高学生的道德素养。教师只有具有良好的道德，才能在教书中实现育人，通过立德，实现树人的根本目的。

第三节 新时代师德建设的要求

一、突出课堂育德，在教育教学中提升师德素养

充分发挥课堂主渠道作用，引导广大教师守好讲台主阵地，将立德树人放在首要位置，融入渗透到教育教学全过程，以心育心，以德育德，以人格育人格。把握学生身心发展规律，实现全员全过程全方位育人，增强育人的主动性、针对性、实效性，避免重教书轻育人倾向。

加强对新入职教师、青年教师的指导，通过老带新等机制，发挥传帮带作用，使其尽快熟悉教育规律、掌握教育方法，在育人实践中锤炼高尚道德情操。将师德师风教育贯穿师范生培养及教师生涯全过程，师范生必须修学师德教育课程，在职教师培训中要确保每学年都有师德师风专题教育。

二、突出典型树德，持续开展优秀教师选树宣传

大力宣传新时代广大教师阳光美丽、爱岗敬业、甘于奉献、改革创新的新形象。深入挖掘优秀教师典型，综合运用授予荣誉、事迹报告、媒体宣传、创作文艺作品等手段，充分发挥典型引领示范和辐射带动作用。开展多层次的优秀教师选树宣传活动，形成校校有典型、榜样在身边、人人可学可做的局面。组织教师中的“时代楷模”、全国教书育人楷模、国家教学名师、最美教师等开展师德宣讲。鼓励各地各校采取实践反思、情景教学等形式，把一线优秀教师请进课堂，用真人真事诠释师德内涵。

三、突出规则立德，强化教师的法治和纪律教育

以学习《中华人民共和国教师法》、新时代教师职业行为十项准则系列文件等为重点，提高全体教师的法治素养、规则意识，提升依法执教、规范执教能力。制订教师法治教育大纲，将法治教育纳入各级各类教师培训体系。强化纪律建设，全面梳理教师在课堂教学、关爱学生、师生关系、学术研究、社会活动等方面的纪律要求，依法依规健全规范体系，开展系统化、常态化宣传教育。加强警示教育，引导广大教师时刻自重、自省、自警、自励，坚守师德底线。

【拓展阅读 1】

中小学教师职业道德规范（2008 年修订）

1. 爱国守法。热爱祖国，热爱人民，拥护中国共产党领导，拥护社会主义。全面贯彻国家教育方针，自觉遵守教育法律法规，依法履行教师职责权利。不得有违背党和国家方针政策的言行。

2. 爱岗敬业。忠诚于人民教育事业，志存高远，勤恳敬业，甘为人梯，乐于奉献。对工作高度负责，认真备课上课，认真批改作业，认真辅导学生。不得敷衍塞责。

3. 关爱学生。关心爱护全体学生，尊重学生人格，平等公正对待学生。对学生严慈相济，做学生良师益友。保护学生安全，关心学生健康，维护学生权益。不讽刺、挖苦、歧视学生，不体罚或变相体罚学生。

4. 教书育人。遵循教育规律，实施素质教育。循循善诱，诲人不倦，因材施教。培养学生良好品行，激发学生创新精神，促进学生全面发展。不以分数作为评价学生

的唯一标准。

5. 为人师表。坚守高尚情操，知荣明耻，严于律己，以身作则。衣着得体，语言规范，举止文明。关心集体，团结协作，尊重同事，尊重家长。作风正派，廉洁奉公。自觉抵制有偿家教，不利用职务之便谋取私利。

6. 终身学习。崇尚科学精神，树立终身学习理念，拓宽知识视野，更新知识结构。潜心钻研业务，勇于探索创新，不断提高专业素养和教育教学水平。

[资料来源：《教育部 中国教科文卫体工会全国委员会关于重新修订和印发〈小学教师职业道德规范〉的通知》(教师〔2008〕2号)，http://www.moe.gov.cn/srcsite/ 10/s7002/200809/t20080901_145824.html]

【拓展阅读2】

新时代中小学教师职业行为十项准则

教师是人类灵魂的工程师，是人类文明的传承者。长期以来，广大教师贯彻党的教育方针，教书育人，呕心沥血，默默奉献，为国家发展和民族振兴作出了重大贡献。新时代对广大教师落实立德树人根本任务提出新的更高要求，为进一步增强教师的责任感、使命感、荣誉感，规范职业行为，明确师德底线，引导广大教师努力成为有理想信念、有道德情操、有扎实学识、有仁爱之心的好老师，着力培养德智体美劳全面发展的社会主义建设者和接班人，特制定以下准则：

1. 坚定政治方向。坚持以习近平新时代中国特色社会主义思想为指导，拥护中国共产党的领导，贯彻党的教育方针；不得在教育教学活动中及其他场合有损害党中央权威、违背党的路线方针政策的言行。

2. 自觉爱国守法。忠于祖国，忠于人民，恪守宪法原则，遵守法律法规，依法履行教师职责；不得损害国家利益、社会公共利益，或违背社会公序良俗。

3. 传播优秀文化。带头践行社会主义核心价值观，弘扬真善美，传递正能量；不得通过课堂、论坛、讲座、信息网络及其他渠道发表、转发错误观点，或编造散布虚假信息、不良信息。

4. 潜心教书育人。落实立德树人根本任务，遵循教育规律和学生成长规律，因材施教，教学相长；不得违反教学纪律，敷衍教学，或擅自从事影响教育教学本职工作的兼职兼薪行为。

5. 关心爱护学生。严慈相济，诲人不倦，真心关爱学生，严格要求学生，做学生良师益友；不得歧视、侮辱学生，严禁虐待、伤害学生。

6. 加强安全防范。增强安全意识，加强安全教育，保护学生安全，防范事故风险；不得在教育教学活动中遇突发事件、面临危险时，不顾学生安危，擅离职守，自行逃离。

7. 坚持言行雅正。为人师表，以身作则，举止文明，作风正派，自重自爱；不得与学生发生任何不正当关系，严禁任何形式的猥亵、性骚扰行为。

8. 秉持公平诚信。坚持原则，处事公道，光明磊落，为人正直；不得在招生、考试、推优、保送及绩效考核、岗位聘用、职称评聘、评优评奖等工作中徇私舞弊、弄虚作假。

9. 坚守廉洁自律。严于律己，清廉从教；不得索要、收受学生及家长财物或参加由学生及家长付费的宴请、旅游、娱乐休闲等活动，不得向学生推销图书报刊、教辅材料、社会保险或利用家长资源谋取私利。

10. 规范从教行为。勤勉敬业，乐于奉献，自觉抵制不良风气；不得组织、参与有偿补课，或为校外培训机构和他人介绍生源、提供相关信息。

[资料来源：《教育部关于印发〈新时代高校教师职业行为十项准则〉〈新时代中小学教师职业行为十项准则〉〈新时代幼儿园教师职业行为十项准则〉的通知》（教师〔2018〕16号），http://www.moe.gov.cn/srcsite/A10/s7002/201811/t20181115_354921.html]

【拓展阅读3】

中小学教师违反职业道德行为处理办法（2018年修订）

为深入贯彻习近平新时代中国特色社会主义思想和党的十九大精神，深入贯彻落实全国教育大会精神，扎实推进《中共中央 国务院关于全面深化新时代教师队伍建设改革的意见》的实施，进一步加强师德师风建设，我部对2014年印发的《中小学教师违反职业道德行为处理办法》进行了修订。

[资料来源：《教育部关于印发〈中小学教师违反职业道德行为处理办法（2018年修订）〉的通知》，http://www.moe.gov.cn/srcsite/A10/s7002/201811/t20181115_354924.html]

【拓展阅读4】

教师教育振兴行动计划（2018—2022年）

2018年2月教育部等五部门关于印发《教师教育振兴行动计划（2018—2022年）》，明确落实师德教育新要求，增强师德教育实效性，将学习贯彻习近平总书记对教师的殷切希望和要求作为教师师德教育的首要任务和重点内容。加强师德养成教育，用“四有好老师”标准、“四个引路人”“四个相统一”和“四个服务”等要求，统领教师成长发展，细化落实到教师教育课程，引导教师以德立身、以德立学、以德施教、以德育德。

[资料来源：《教育部等五部门关于印发〈教师教育振兴行动计划（2018—2022年）〉的通知》（教师〔2018〕2号），http://www.moe.gov.cn/srcsite/A10/s7034/201803/t20180323_331063.html]

【拓展阅读 5】

中共中央 国务院关于全面深化新时代教师队伍建设改革的意见

百年大计，教育为本；教育大计，教师为本。为深入贯彻落实党的十九大精神，造就党和人民满意的高素质专业化创新型教师队伍，落实立德树人根本任务，培养德智体美全面发展的社会主义建设者和接班人，全面提升国民素质和人力资源质量，加快教育现代化，建设教育强国，办好人民满意的教育，为决胜全面建成小康社会、夺取新时代中国特色社会主义伟大胜利、实现中华民族伟大复兴的中国梦奠定坚实基础，中共中央 国务院就全面深化新时代教师队伍建设改革提出相关意见。

[资料来源:《中共中央 国务院关于全面深化新时代教师队伍建设改革的意见》(中发〔2018〕4 号), https://www.gov.cn/zhengce/2018-01/31/content_5262659.htm?TPWlanWarnChecked=0]

【育人故事】

师生对话，在价值引领中同行

编者按：本案例选自全国中小学班主任优秀经验，作者为中国人民大学附属中学朝阳学校白雪洁老师。

八年班主任时光，我每天和十几岁的少年们朝夕相处。他们是有思想、有活力的一代，一代人有一代人的长征，一代人有一代人的担当，青少年定要以实现中华民族伟大复兴为己任。这些孩子正处于人生的拔节孕穗期，培养他们肩负时代重任的使命感，需要精心的引导和栽培，更需要让他们经受风吹雨打的考验。今天我要讲的故事就是从一场雨开始。

国防教育的第一天，刚开始站军姿，天空就飘起了毛毛雨，雨水很快沾湿了学生的头发和衣服，队列中也开始窃窃私语，大家有些站不住了。到了第二天，军训的新鲜感逐渐变成了队伍中的疑惑和抱怨声。有人说，我以后也不当兵，干吗要军训？有人说，不能解释只能服从，这就是军队纪律？还有人说，解放军打胜仗就靠踢正步？听到这些声音，我并不觉得惊讶。想想自己上中学军训的时候，站军姿累了，踢正步脚疼的时候，不也有过这样的疑惑吗？但这正是我带着孩子们开展国防教育、提高思想政治水平的最好时机，向问题出发，让学生们自己去寻找答案。于是，当天中午，我精心策划了一个小班会。我让大家一起讨论一下，军训为什么要踢正步。班长说为了整齐划一，体育委员说可以增强班级凝聚力，还有同学说能提高纪律性。我笑了笑：“大家说得都对，但不全对。打仗确实不靠踢正步，但从踢正步开始，可以造就一支打胜仗的队伍。”

我想跟大家讲一个小故事。你们知道吗？在朝鲜战场，美国士兵一直忌惮中国人民志愿军里一种神奇的声音。这种声音一旦响起，志愿军战士们就会奋不顾身地向前冲锋，哪怕是枪林弹雨也视死如归。这种神奇的声音就是我们的军号。大家想过吗？这种不顾一切、不假思索的冲劲是怎样练就的？教室里鸦雀无声。第一排的男生突然激动地站起来跟我说，“老师，中国军队第一课都是从队列训练开始的。这种反复的训练，可以造就一个军队最基本的素质，服从命令，听从指挥。”听到这番话，我激动地走到学生们中间，看着那个孩子，对他说：“这种服从，就是融个人于集体，融小我于国家，甚至付出生命的代价也在所不惜。中国共产党，正是因为有这样的付出和信念，我们才得以胜利。你们都跟我说，今年最棒的剧是《觉醒年代》，那你们最喜欢的情节是什么？”一听到《觉醒年代》，整个班沸腾了，也顾不得举手。孩子们站起来就说，“老师，就是陈延年兄弟奔赴刑场那里，还有他们赴法求学时回眸一笑重叠，我哭得稀里哗啦。”“老师，还有陈独秀征求李大钊党的名称，李大钊挥笔写下‘中国共产党’五个大字，太震撼了。”

看着这些眼里闪光的少年，我走回讲台，告诉大家：在中国觉醒的百年之后，当时代的集结号响起时，我们都要时刻准备好，奋不顾身地奔向新征程，去实现中华民族伟大复兴的中国梦。军训不是为了让我们去当兵打仗，但可以让我们记住这股力量。班会过后，训练一到休息，班长就带着大家一起唱强军战歌，歌声飘荡在操场上空，乘着歌声的翅膀，我们班也在结业的阅兵式中荣获最佳方阵奖。“十一”返校后，我翻开孩子们交回的国防日志，小智写道：“从苦难到辉煌，强国有我，我要以军训之名赴青春之约。”小博写道：“我以后可能不会当兵，但因为有了每一次的军训，我相信我们不会再让苦难重演。”看到这样的话，我十分自豪与欣慰。我给每一个孩子的日志上都留了这样一句话：“生逢其时，强国有你。”

这个国庆，我们班的班长和体育委员，他们牺牲了整个假期的时间，代表学校，代表北京，前往上海参加第七届亚洲杯中文辩论锦标赛。体委小德在他的日志中回忆：七天七夜的苦战，每次都将自己逼到了绝境，却又在每一次感觉快要坚持不住的时候，跟自己说，再冲一把！最后，我们学校代表队斩获殿军，我个人也荣获全程优秀辩手。直到领奖的那个瞬间，我突然意识到，这应该算是个开始，剩下的就是下一个故事的目标。我在小德的日志中跟他对话说，“人无钢骨，安身不劳；奋斗路上，不负时代，不负韶华。”

青春中充满了成长的疑问，疑问中充满了师生间的对话。细数高中这一年来我跟学生间的系列对话，从读一本好书到系好人生的第一粒扣子，从做时代追梦人到请党放心，强国有我。高中阶段，正是一个人世界观、人生观和价值观形成的关键时期。眼前的这些孩子，不正是强国有我的每一个我吗？请党放心，是我们的承诺。实现承诺不仅仅需要一腔热忱，更需要坚定不移的理想信念和扎根祖国的实践力量。强国的志气此刻长，强国的骨气此刻养，强国的底气此刻壮。教育的路很长，我愿在青春的对话与提问中，看青春的力量在接续奋斗中激荡。

（资料来源：https://jbgzs.basic.smartedu.cn/）

【思考与训练】

一、名词解释

立德树人

二、简答题

1. 立德树人的实施路径有哪些？
2. 教师职业道德有什么特点？
3. 新时代师德建设的要求是什么？

三、论述题

1. 请举例说明中小学班主任应如何做到立德树人。
2. 请谈谈教师的师德修养和教书育人之间的辩证关系。
3. 新时代班主任如何贯彻落实“立德树人”根本任务？

第三章　班主任的礼仪修养

《荀子·修身》中记载，人无礼则不生，事无礼则不成，国家无礼则不宁。德国教育家第斯多惠（Friefrich Diesterweg）说，教师本人是学校里最重要的师表，是最直观的、最有教益的模范，是学生活生生的榜样。要是自己还没有培养和教育好，他就不能发展、培养和教育别人。英国教育家洛克（John Locke）说，做导师的人自己应当具有良好的教养，随人、随时、随地都有适当的举止和礼貌。班主任是与学生相处时间最长的老师，其言行举止对学生起到了潜移默化的作用。因此，对于班主任来说，提升礼仪修养十分重要。本章主要介绍班主任礼仪修养的意义、特点、规范以及日常交际礼仪。

第一节　班主任礼仪修养的意义

一、班主任礼仪有助于学生思想品德的培养

班主任是学生的知识、思想和行为的指导者、示范者，班主任的礼仪行为常常被学生模仿。班主任的衣着发型、举止姿态、语言特点、谈吐风格、待人接物、人际交往等，都会有学生暗自效仿。这些对学生可谓“无声之教”。良好的班主任礼仪有助于形成和谐融洽的师生关系，对学生思想品德的教育和培养产生直接影响。

二、班主任礼仪有助于课堂教学效果的提高

课堂教学是一门综合性很强的艺术，不仅需要班主任具备渊博的知识、科学的方法，还要有与其职业相符的仪表、举止、风度。班主任礼仪具有较强的外显性和感染性。如果班主任不注重仪表、举止，就会引起学生的反感，影响其教学效果；如果班主任举止端庄、衣着大方、姿态动作得体，就会表现出一种适度的“仪态美”，教学就会取得更好的效果。

三、班主任礼仪有助于优良校风的形成

学校是培养和教育学生的文明场所。优良校风要靠全体师生员工的共同努力才能形成。其中起重要作用的是班主任。如果班主任都能够爱岗敬业，甘为人梯，就能形成严谨治学、孜孜不倦、无私奉献的群体。班主任群体风貌的优化会通过校内外活动对其他成员形成潜移

默化的作用，从而促进优良校风的形成。

四、班主任礼仪有助于社会主义精神文明的建设

礼仪属于社会公德，是每个社会成员都应遵循的最基本的公共生活准则。学校是建设社会主义精神文明的重要阵地，而中小学精神文明建设关键在班主任。班主任的职责决定了他首先要教育好自己，然后才有可能用自己高尚的师德、文明的礼仪、优雅的风度去净化学生心灵，使之养成良好的礼仪习惯，从而不断良性循环，增强公民公德意识，提高民主素质。

第二节　班主任礼仪修养的特征

一、班主任礼仪的示范性

在学生心目中，班主任是神圣的，学生不仅会认真学习班主任教给的所有内容，还会模仿班主任的行为模式和思维方式。因此班主任的知识、眼界、品格及一言一行等，都对学生有重大影响。俗话说“近朱者赤，近墨者黑”，班主任自身形象能直接影响学生形象的塑造。学生通过对班主任形象的观察和模仿，能形成对自己形象的定位。在年龄越小的学生的意识中，班主任越是值得尊敬和学习的人。即使到了高年级，学生视野开阔了，与班主任的关系也变得复杂了，但班主任仍然是学生生活中的重要人物，班主任形象仍然是许多学生模仿的榜样，仍然对学生的行为举止起着不容忽视的引导规范作用。

二、班主任礼仪的先进性

班主任不仅要用自己的丰富学识教人，更重要的是要用自己的品格育人，以自己的良好德行和礼仪习惯去影响学生的心灵，使之成为健康、聪明、活泼的新一代。

三、班主任礼仪的整体性

班主任的礼仪内容非常丰富，包括言谈举止、待人接物、步态手势、面部表情、衣着仪容等，它们是统一的有机整体，共同反映和体现着班主任的道德意识和伦理思想，相互制约，相互作用。

四、班主任礼仪的深远性

班主任礼仪是班主任个人道德情操的外在表现，它不仅是对班主任个人行为的规范要求，也是教育学生的重要手段，起着“以身立教”的作用。班主任良好的礼仪行为不仅是学生效仿的榜样，还有助于学生克服自己长期形成的仪容不整的不良习惯。班主任良好的礼仪不仅深刻作用于学生的心灵，塑造学生的品质，还作用于家庭和社会，不仅影响学生在学习期间

的成长，还影响学生今后的生活道路，甚至他们的一生。

五、班主任礼仪的平等性

中央电视台“百家讲坛”礼仪课程主讲者金正昆教授这样解释礼仪：“礼”指的是尊重，即在人际交往中既要尊重自己，也要尊重别人。古人讲“礼者，自卑而尊人”，实际上是一种待人接物的基本要求。如果你重视别人，别人可能就重视你。礼仪的“仪”字，顾名思义，仪者仪式也，即尊重自己、尊重别人的表现形式。在人际交往中，尊重是前提，平等是基础，即使是师生之间也是如此。

六、班主任礼仪的审美性

礼仪文化具有很高的审美价值，班主任礼仪的审美性主要是指班主任的文明礼仪对学生以及他人的感觉、领悟方面的影响。班主任礼仪的审美性主要表现在：班主任端庄的仪容、仪表，会让学生赏心悦目。作为“人类灵魂的工程师”，当其内在的学识修养和外在衣饰打扮和谐地统一起来，让人于朴实大方中见高雅的情趣，于整洁得体中见丰富的涵养，班主任就会给学生以美的熏陶和感染。班主任优雅的风度也体现了班主任礼仪的审美性。风度是学生认识班主任、评价班主任的最重要的方面之一。美的风度令人陶醉，令人向往。

第三节　班主任礼仪修养的规范

文明礼仪教育是培养学生良好行为习惯和提高思想道德素质的重要途径，是推进素质教育的重要环节。加强中小学文明礼仪教育，既是弘扬中华民族传统美德的需要，也是培养社会主义合格公民的必然要求，是需要常抓不懈的重要工作。因此，中小学班主任要加强自身礼仪修养。

一、班主任礼仪的基本要求

（一）谈吐文明，准确优美

班主任的语言要文明纯洁，切忌粗鲁污秽，用词力求准确规范，切忌模糊不清；班主任要加强语言修养，说好普通话，做到语调亲切自然、抑扬顿挫、快慢轻重恰当。班主任要能够根据教学内容，熟练运用教育语言技巧，形成自己独特的语言风格。

（二）举止从容，风度优雅

英国哲学家培根（Francis Bacon）说：“相貌的美高于色泽的美，而秀雅合适的动作的美，又高于相貌的美，这是美的精华。”班主任的举止从容，风度优雅包括以下几个方面：

一是谈笑有节制。课上课下，班主任的言谈都要适度，做到抒情达意，又不让学生厌烦。

还要注意“笑”的技巧，要有分寸。二是举止要从容。班主任的举止应该从容坦荡，不能过于随便或过于做作、装腔作势，引起学生反感。三是动作要得体。班主任的动作要准确、有力、得体，与恰当的言谈交映成辉，相得益彰。四是正确运用体态语。班主任恰当运用体态语言，有意识地让自己的体态语言为教学服务，会起到意想不到的效果。

（三）仪态端庄，稳重大方

仪态端庄，稳重大方，是指班主任的仪容仪表、姿态要端正、庄重，自然而又不失分寸，发型做到简洁，发色自然，妆容得体，饰品搭配协调、雅致。

（四）衣着朴素，整洁得体

衣着朴素是指衣服的颜色或样式不浓艳、不华丽；整洁是指衣服要整齐清洁，不能尘埃遍布，马虎邋遢；得体则是指穿着要得体、恰当，符合身份和特定的场合。

二、班主任的发型要求

班主任的发型基本要求是整齐、清洁、固定、自然、光泽、美观、长短适中。班主任发型不要过分追求时尚，更不要标新立异。发型应与脸型、体型、头型、年龄协调，与季节相适应，与个人气质相适应。对男女班主任发型的具体要求如下：

男班主任的发型要求是前不覆额、侧不遮耳、后不齐领、面不留须。女班主任的发型要求短是不染夸张和怪异颜色，前不过眉，侧不遮耳，过肩宜扎起。班主任发型忌脏、乱、怪、染、假、寸头、光头。

三、班主任的目光要求

班主任的目光一般涉及角度、部位、时间、方式、变化等五个方面。具体要求如下：

（一）目光的角度

在注视他人时，目光的角度在某种意义上意味着与对方的亲疏远近。注视他人的角度通常有以下三种：平视、仰视、俯视。平视一般适用于普通场合的交流与对话，或者是身份地位基本平等的人与人之间的交流，例如班主任与同事之间的交谈或者课题研讨。仰视表示尊重、敬畏之意，适用于面对尊长之时。参加面试的人倘若碰到比较年长的评委，可以适当采用这种目光表示对评委的尊重。俯视一般用于身居高处之时。这种目光不宜多用，并且要慎用。班主任在讲课时，多处于位置比较高的讲台之上，不自觉地便成了俯视，一方面是为了观察学生的方便，另一方面，班主任也要学会利用俯视的目光建立自身的威信。

（二）注视的部位

在人际交往中，目光所及之处，就是注意的部位。注视他人的部位不同，不仅说明自己的态度不同，也反映双方关系有所不同。班主任在与同事走近之时，在与学生交流之时，都要严格遵守目光注视的基本常识，例如不宜“目中无人”，不宜过多地注视对方的头、腿、脚与手部。通常允许注视他人的常规部位有以下几处：额头、双眼、眼部至唇部、眼部至肩部等。班主任与学生谈话时，眼睛应注视对方双眼到嘴巴的“三角区”。

（三）注视的时间

在人际交往中，尤其是与熟人相处时，注视对方时间的长短往往十分重要。在交谈中，听的一方通常应当多注视说的一方，以表示友好、重视以及对其所谈论话题感兴趣。若对对方表示友好，则注视对方的时间应占全部相处时间的 1/3 左右。若对对方表示关注或者是表示感兴趣时，则注视对方的时间应占全部相处时间的 2/3 左右。若注视对方的时间不到相处全部时间的 1/3，表明你对对方及其谈话都不感兴趣。总之，班主任可以通过留意注视的时间长短来判断自己的讲课是否受学生或评委的欢迎，判断自己的行为是否会给别人带来不悦的情绪。

（四）注视的方式

注视他人，在交际场合可以有多种方式的选择。班主任在注视方式上应当有所把握，切不可因为注视方式的不妥而影响工作或交流。班主任比较常用的注视的方式有直视、凝视、环视、盯视等。班主任在课堂中不能长时间注视某位学生，否则，学生会认为自己出现了什么问题，导致不能专心听讲。对精力不集中、做小动作或窃窃私语的学生，班主任可以凝视他几秒钟，待双方目光接触以后再移开，这样既起到了告诫的作用，又保护了学生的自尊心。

（五）目光的变化

一般与对方目光接触的时间是与对方相处总时间的 1/3，每次看别人的眼睛 3 秒左右，会让对方会感觉到比较自然。在向对方问候、致意、道别的时候，都应面带微笑，用柔和的目光去注视对方，以表示尊敬和礼貌。在日常交流时，要将目光柔和地落在对方脸上，而不是单单注视，否则会让人感觉不友善，也不能从头到脚反复打量对方。即便对方的穿着有不得体的地方，也应该使目光尽量柔和，变化时不留痕迹。“散点柔视”是与别人交流时非常得当的目光运用，也就是将目光柔和地投射到对方脸上，而不应在某一点凝聚。师生在交谈中，应注视对方的眼睛或脸部，以示尊重别人。但是，当双方缄默无语时，就不要再一直看着对方的脸了。

（六）目光使用的禁忌

班主任在日常工作或是课堂教学中，应当注意恰当使用目光，切忌出现以下几种情况：一是责怪的目光。这种目光容易使学生产生逆反心理，造成学生对班主任的抵抗。二是漠视的目光。这种目光说明班主任只顾做自己的事，不看对方说话，是怠慢、冷淡、心不在焉的流露。三是呆板的目光。眼睛转动稍快表示有活力，但如果太快则给人不真诚、不庄重的印象。眼睛也不能转得太慢，否则会被认为“缺乏生气”。四是看完学生后突然一笑。这容易让人觉得是一种讥讽。五是面无悦色的斜视，这容易让人觉得是一种鄙夷。

四、班主任的面部修饰

（一）眉部修饰

眉毛应坚持修剪，要将其长度、形状进行及时调整，可将多余的眉毛去除，保持清晰的眉形。为了眼睛更传神，女班主任可以描一描眉毛和眼线，但尽可能不要太黑太深。

（二）眼部修饰

眼睛是心灵的窗口，能反映人的神采和风韵。在课堂教学中，班主任和学生的目光交流对于加强师生互动、提高教学效果至关重要。班主任在眼部修饰方面，要注重眼部清洁，确保眼睛无分泌物，不充血。首先，要保持眼部四周的清洁，如出现眼干涩的情况，应及时对眼部进行清洁。其次，发现眼部不适，需要立即看医生，以免造成眼睛的伤害。对于佩戴眼镜者，不要长期疲劳用眼，出现眼疲劳时，可取下眼镜，轻揉眼部，使眼部得到一定程度的舒缓。

（三）耳部修饰

耳朵是接受声音信息的重要器官。班主任在日常生活中，要做到耳朵内外干净、无分泌物。值得提醒的是，我们要养成及时清洁耳部卫生和修剪耳毛的习惯。一般来说，女班主任可以根据脸形特点选配得体的耳环，但不提倡有吊坠的或其他形状夸张的耳环，这会分散学生注意力，给人不庄重的感觉。

（四）鼻部修饰

班主任要做到鼻孔干净，鼻毛不外露（注意修剪），鼻端不能留有污秽物。上班之前，应照照镜子，及时修剪鼻毛，以免影响自身形象。对女班主任而言，可以在鼻梁上略施淡粉。

（五）口部修饰

男班主任的胡子要刮干净，保持牙齿整齐洁白，口中无异味，嘴角无泡沫，公共场所不嚼口香糖等食物。在生活中，要确保口部及牙齿清洁，无食品残留物，饭后应及时漱口。为了使嘴唇富有润泽感，女班主任可用唇彩或唇膏，但避免用过深的口红，唇线不宜刻画得太深，以免显得过于突兀。

面容是最引人注目的地方，其重要性不言而喻。总体来说，班主任面部修饰的基本要求是洁净、自然、健康。洁净主要是指勤洗澡、勤洗脸，脖颈以及手部都应干干净净，并经常注意去除眼角、口角及鼻孔的分泌物。自然主要指的是面部既要修饰，又忌讳标新立异或“一鸣惊人”，提倡自然、简练、朴素。健康是指面部应保持健康、端庄大方，面部肌肤红润透亮，呈自然健康色。五官也应保持健康，例如眼睛如果有眼疾，略显不健康时，应及时就诊。

五、班主任的着装规范

班主任着装的总体要求是端庄、大方，不过于鲜艳；含蓄、稳重，不过于前卫；简单整洁。不拖泥带水；美观、和谐，不过于土气。着装应遵守应景和得法原则。着装应当优先考虑到自己即将出现或主要活动的地点，尽量使自己的着装与自己处的环境保持和谐一致，而绝不可以我行我素、自以为是，使着装同所处环境格格不入或反差过大。同时，着装也要遵循时间（time）、地点（place）、场合（occasion）的 TPO 原则。

（一）男班主任着装要求

男班主任一般穿西装、衬衫，要懂得“三个三”，即三色原则、三一定律、三大禁忌。三色原则，即男士在正式场合穿着西装套装时，全身颜色限制在三种之内。三一定律，即男士穿着西服、套装外出时，身上有三个部位的色彩必须协调统一，即鞋子、腰带、公文包。最理想的选择是三者皆为黑色。三大禁忌，即在正式场合穿着西服、套装时，不能出现三个现象：一是袖口上的商标没有拆；二是正式场合穿夹克打领带；三是正式场合穿西服、套装时，穿尼龙丝袜或白色袜子。

另外，西装宜以深色为主，避免艳丽的颜色。穿西装时，如何扣好纽扣也有讲究。根据着装惯例，一颗扣的西装要扣好；两颗扣的只需扣上面一颗，平时可以都不扣；三颗扣的，扣中间一颗或上面两颗；双排扣西服，通常情况下，纽扣全部扣上。要注意保持西服平整挺括、线条笔直，定期对西装进行护理。

如果穿便装，一般说来没有多少严格的限制或规定，但同样需要遵守相关礼仪。一是便装的选择。所穿便装的款式、颜色，一定要与自己的性格、年龄、形体、脸型、肤色以及所处场合、季节等诸因素协调一致。二是便装的场合。班主任在非正式场合里可以身着便装，即只有在休闲场合才可以身着便装。在休闲场合中，班主任着装应重点突出“舒适、随意、自然”。三是便装的搭配。便装在穿着时有不少自由度，可以任意发挥，但仍应注意下列问题：第一，风格协调。第二，色彩和谐。第三，面料般配。

【知识拓展】

西装的搭配

1. 衬衫的搭配。与西装搭配的衬衫，应当是正装衬衫，有下述四点注意事项：一是大小要合身。二是袖长要适度。三是下摆要掖进裤腰之内；四是衣扣要扣上。不打领带时，应解开衬衫领扣。

2. 领带的搭配。在公务场合需打领带，在休闲场合则不必。

3. 腰带的搭配。腰带的宽度应在 2.5～3 厘米之间，颜色要与鞋的颜色配合。

4. 鞋袜的搭配。穿西装时，一定要穿皮鞋，黑色皮鞋和深褐色的系带皮鞋是最佳之选，袜子则与裤子、鞋同类颜色或较深颜色，勿选白色或者其他浅色。

（二）女班主任着装要求

女班主任的服装比男班主任更具个性特色，但是要注意自己的榜样作用、导向作用。在校园穿着不要过分暴露、过分艳丽、过分奢华。服饰价格不求很高，但是要协调，合理搭配，无论是颜色系列还是饰物、手包等，要注意细节，体现高雅、大方、端庄的风度。

1. 西装的要求

女西装配西装裙的职业套装更能体现女性的高雅气质和独特魅力。西装上衣应长短适中，如果配裤子，上装可稍长些。无论配裙子或裤子，一般宜采用同一面料，使得整体感强。西装的“V”字形领口要高低适中，胸围和腰身都不要有紧绷感。前襟不翘，后身不撅，前后身处在一个水平线上。女班主任在选择西装时要注意下面几点：

（1）女士西装款式多样，要根据自己的年龄、体形、皮肤、气质、职业等来选择，讲究皮鞋、袜子、皮包、饰物、发型、化妆与西服的配套协调。

（2）挑选西装时，选择基本色最好，不需要流行的颜色，黑、褐、灰或者条纹、碎点的图案比较好，面料质地要好。

（3）女班主任在一些正式场合一般需要着西装，如接待外宾，外出访问，出席典礼、庆典等。

2. 套裙的要求

套裙，是西装套裙的简称。在许多正式场合，它是女班主任的首选。其上身为一件女式西装，下身是一条半截式裙子。套裙不仅会使着装者看起来干练而成熟，而且还能烘托出其所独具的韵味，使之显得优雅和妩媚，可以很好地体现出女班主任的职业特点和女性魅力，并且与具体场景相协调。在一般社交场合，女班主任可以穿连衣裙或穿中式上衣配长裙。夏季可穿长、短袖衫配长裙或过膝裙。在宴请等正式社交场合，一般要穿长裙，至少要长过膝盖，不应穿长裤、牛仔裤和超短裙。

套裙的搭配，亦是女班主任必须重视的。第一，衬衫。衬衫在公共场合不宜直接外穿，衬衫的下摆必须掖入裙腰之内，不得任其垂悬于外或将其在腰间打结；衬衫的纽扣要一一扣好，除最上端一粒纽扣按惯例允许不扣外，其他纽扣均不得随意解开。第二，衬裙。衬裙特指穿在裙子之内的裙子。一般而言，穿套裙时，必须要穿衬裙。衬裙的色彩最好为单色，并且不宜出现任何图案。第三，内衣。选择内衣时，最关键的是要大小适当合身，还要特别注意内衣不要外露、外透等。

3. 女班主任着装的禁忌

一忌脏，即忌懒于换洗衣服而使衣服皱皱巴巴；二忌露，即不宜身穿露胸、露肩、露背、露腰以及暴露大腿的服装。三忌透，即外穿的衣服不能过于单薄透明，不外穿吊带衫。四忌短，即不能穿着过于短小的服装，不应将肌体部位暴露出来。五忌紧，即不宜穿着紧紧地包裹自己身体的服装。六忌异，即忌着装过分怪异、色彩过于艳丽。

六、班主任的站姿规范

（一）班主任站姿的要求

班主任的站姿总体要求是端正、稳重、亲切、自然，具体来说，主要有以下几个方面：首先，正向抬头，双目平视前方，嘴唇微闭，面带微笑，自然平和。其次两肩平行、放松，稍往下压，使人体有向上的感觉。再次，躯干挺直，身体重心应在两腿的中央，做到挺胸、收腹、立腰，双臂自然下垂于身体两侧或放在身体前。男班主任双腿张开与肩同宽，保持身体的端正；女班主任则两脚并拢，脚尖呈“V”字形。

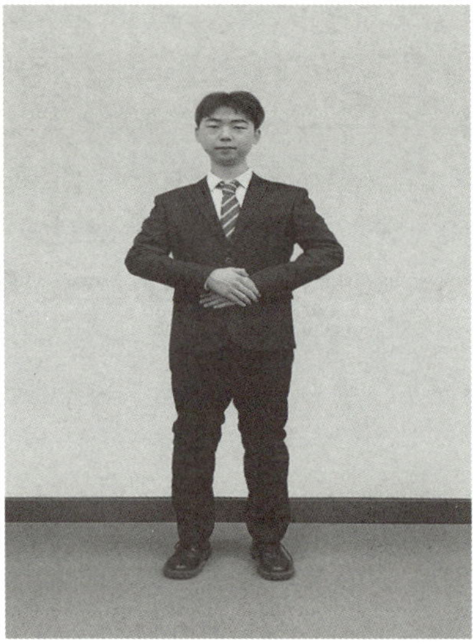

（二）班主任站姿的禁忌

一忌长时间手撑讲桌，影响学生们听课情绪；二忌身体不稳，左右摇晃；三忌位置固定不变，显得呆板；四忌侧身而站，缺乏修养；五忌站时重心移动太快，彰显信心不足；六忌远离讲桌，不合礼仪规范；七忌双手交叉抱在胸前，显得傲慢。

七、班主任的坐姿要求

（一）班主任落座的方法

男班主任落座时，膝部可以分开一点，但不要超过肩宽，也不能两腿叉开，半躺在椅子上。女班主任在落座前应回视座椅，右腿退后半步，待右小腿后部触到椅子后，方可轻轻坐下。坐定后，膝盖并拢，腿可以放在身体正中或一侧。如果想跷腿，双腿需并拢。女班主任如果穿短裙，一定要小心盖住膝盖，防止“走光”。

（二）班主任坐姿的方式

1. 正襟危坐式

该坐姿适用于课堂上或正规集会，要求上身和大腿、大腿和小腿都形成直角，小腿垂直于地面。双膝、双腿包括两脚的跟部都要完全并拢。

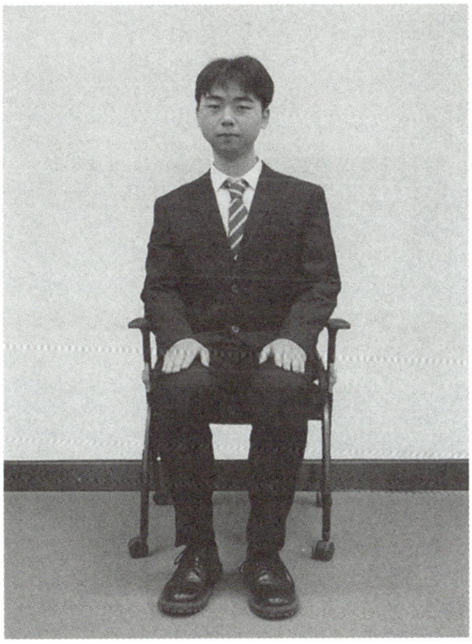

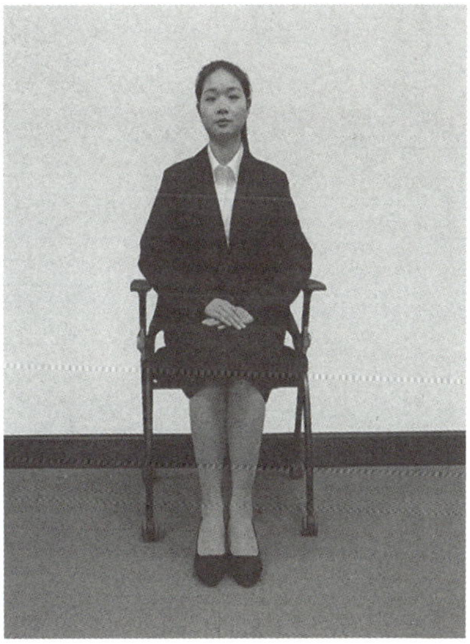

2. 双腿斜放式

该坐姿适合于穿裙子的女班主任在较低的位置就座时所用。要求：双腿首先并拢，然后双脚向左或向右侧斜放，力求使斜放后的腿部与地面呈 45°。

3. 前伸后曲式

该坐姿对女班主任适用，要求大腿并拢后，向前伸出一条小腿，并将另一条腿屈后，两脚脚掌着地，双脚前后要保持在一条直线。

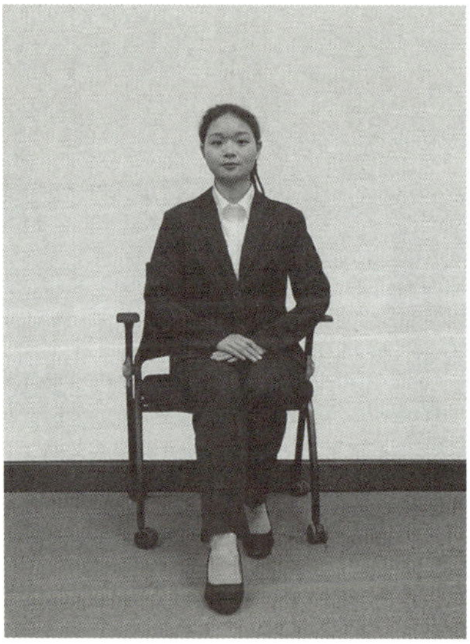

4. 双腿叠放式

该坐姿适合穿短裙的女班主任采用，要求将双腿一上一下交叠在一起，交叠后的两腿间没有任何缝隙，犹如一条直线。双脚斜放在左或右一侧。斜放后的腿部与地面呈 45°，叠放的上脚尖垂向地面。

5. 双脚内收式

该坐姿适合与学生交谈时采用，男女班主任都适合。要求是两条大腿首先并拢，双膝可以略为打开，两条小腿可以在稍许分开后向内侧屈向，双脚脚掌着地。

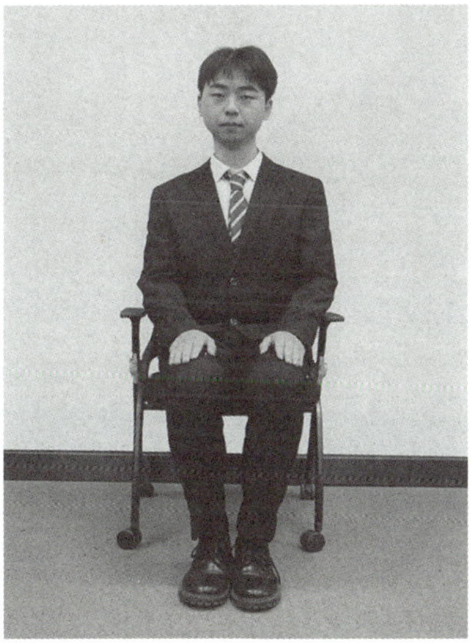

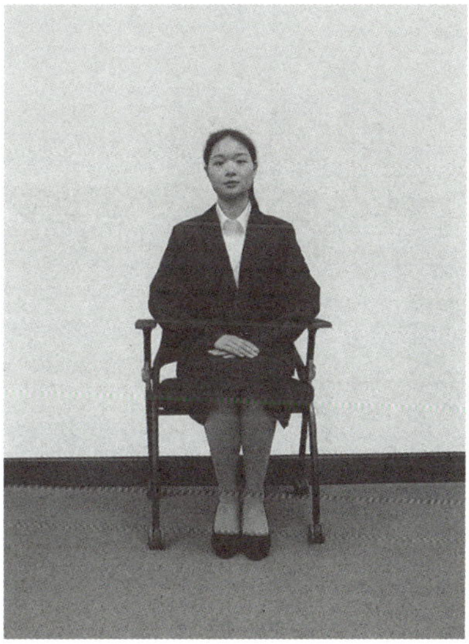

6. 垂腿开膝式

该坐姿多为男班主任所用，比较正规，要求上身和大腿、大腿和小腿都成直角，小腿垂直于地面。双膝允许分开，分的幅度不要超过肩宽。

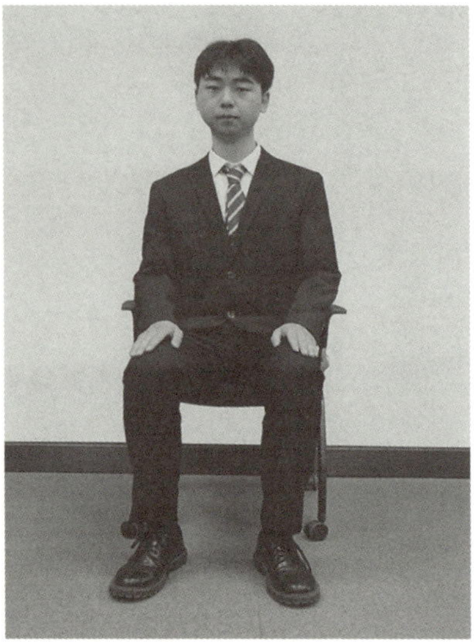

7. 双脚交叉式

该坐姿适用于各种场合，男女班主任都可选用。双膝先要并拢，然后双脚在踝部交叉。需要注意的是，交叉后的双脚可以内收，也可以斜放，但不要向前方远远地直伸出去。

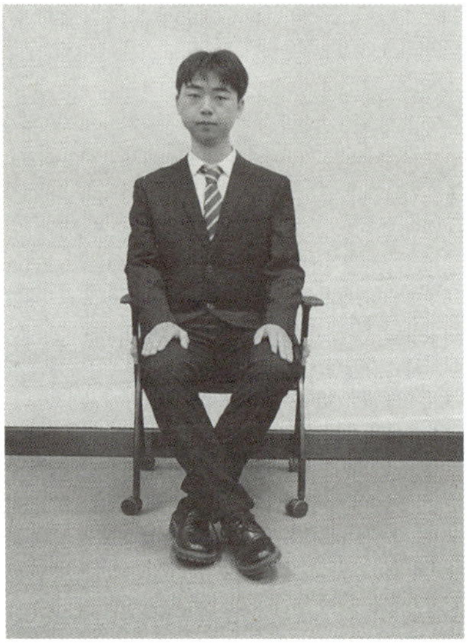

（三）班主任坐姿规范

1. 头要端正

不出现仰头、低头、歪头、扭头等情况。整个头部看上去，应当如同一条直线一样，和地面垂直。在办公时可以低头俯看桌上的文件等物品，但在回答学生问题时，必须抬起头。在和学生交谈的时候，可以正向对方，或者面部侧向对方，不可以把头后部对着对方。

2. 上身直立

坐好后，身体也要端正。需要注意：① 班主任在就座时，不应把上身完全倚靠在座椅的背部，最好不要倚背。② 在课堂上，不要坐满椅面，最合乎礼节的是坐椅面的 3/4 左右。③ 身体的朝向。交谈的时候，为表示重视，不仅应面向学生，而且应同时将整个上身朝向对方。

3. 手臂的摆放

① 手臂放在双腿上。双手各自扶在一条大腿上，也可以双手交叠放在两条大腿上，也可以双手相握后放在双腿上。② 手臂放在身前桌子上。把双手平扶在桌子边缘，或是双手相握置于桌子上，也可以把双手叠放在桌子上。③ 手臂放在椅子扶手上。当正身而坐时，要把双手分扶在两侧扶手上；当侧身而坐时，要把双手叠放或相握后放在侧身一侧的扶手上。

（四）班主任坐姿的禁忌

（1）双腿叉开过大。无论大腿叉开还是小腿叉开，都非常不雅观。特别是身穿裙装的女班主任更不能忽视这一点。

（2）架腿方式欠妥。坐后将双腿相架的正确方式：两条大腿相架、并拢。忌把一条小腿架在另一条大腿上，两腿之间留出大大的空隙，显得过于无礼。

（3）双腿直伸出去。这样既不雅观又妨碍别人。身前如果有桌子，双腿尽量不要伸到外面去。

（4）切忌争先。在落座时不能抢在外宾、长辈、女士之前入座。

（5）切忌满座。坐在椅子上，切不可将整个椅面坐满，也不要仰在椅背上。

（6）切忌先走。离座时，应当合礼而有序。如辞行之时，当先则先；送客之时，该后则后。

（7）将腿放在桌椅上。为图舒服，把腿架在高处，甚至抬到身前的桌子或椅子上，这样的行为过于粗鲁。也不要把腿盘在座椅上。

（8）抖腿。坐时，不停地抖动或摇晃腿部不仅让人心烦意乱，也给人以不安稳的印象。

（9）脚尖指向学生。不管采用哪一种坐姿，都不要以脚尖指向学生，这种做法缺乏礼数。

（10）脚蹬踏他物。坐下后，脚部要放在地上。忌用脚乱蹬乱踩。

（11）用脚自脱鞋袜。在学生面前就座时，用脚自脱鞋袜，显然是不文明之举。

（12）手触摸脚部。就座以后用手抚摸小腿或脚部，既不卫生又不雅观。

（13）手乱摆放。就座后，双手应放在身前，有桌子时放在桌上。不要单手、双手放在桌下，或是双肘支在面前的桌子上，或夹在双腿间。

（14）双手抱在腿上。双手抱腿，本是一种惬意、放松的休息姿势，在教室和办公室则不宜如此。

（15）上身向前趴伏在讲台上。在教室中，不要上身趴伏在讲台上，显得无精打采。

（16）仰靠椅背，跷起并摇动二郎腿，会给学生留下傲慢和随意的印象。

（17）漫不经心地手托下巴。

（18）散漫懈怠地坐在椅子上转身写板书。

（五）班主任不同场合的坐姿

（1）在比较轻松的场合，可以坐得比较舒展、自由。

（2）比较严肃的场合适合正襟危坐。要求上体正直，落座在椅子的中部，双手放在桌子上，或将手放在扶手上。稍分小腿或并膝，小腿前后相错，左右脚相掖。

（3）女班主任在社交场合，为了使坐姿优美，可以采用略侧向的坐姿，头和身子朝向对方，双膝并拢，两脚相并、相掖、一前一后都可以。在落座时，应把裙子理好、掖好，以免不雅或走光。

（4）如对方是尊者、贵宾，坐姿要端正，坐到椅面的 3/4 处，身体稍向前倾，向对方表现出积极、重视的态度。

（5）与学生在办公室谈话时，上身微前倾，眼睛平视学生，面带微笑，让学生感到亲切、真诚。

八、班主任的走姿要求

（一）班主任走姿规范

班主任起步时以站姿为基础，上身略为前倾，身体重心在前脚掌上，两脚跟走在一条直线上，脚尖偏离中心线约 10°，步态轻盈稳健，速度适中，不要过快或过慢。过快给人轻浮的印象；过慢则显得没有时间观念，没有活力。行走时，头正颈直，上身挺直，挺胸收腹，两眼平视前方，面色爽朗，双肩平稳，双臂以肩关节为轴自然摆动。男班主任行走时要走成两条直线，脚步要大方、稳重、有力。女班主任行走时要走成一条直线，脚步要行如和风，自如、匀称、轻柔。要注意步幅适当，着装不同，步幅也要有所不同。

（二）班主任走姿的特点

班主任行走步伐要稳健、自信、刚劲、有力，体现一种胸有成竹、沉稳自信的风度和气质。一般来说，在课堂上行走，步频要慢，每秒约 1 至 2 步，且步幅小；欢快、热烈的场合步频较快，每秒 2.5 步左右，步幅应较大；庄严的大会，步频以每秒 2 步为好，步幅自然。行走时挺胸抬头，目视前方，摆臂自然。

（三）班主任走姿的禁忌

（1）忌弯腰屈背。班主任在教室中的来回走动是不可缺少的。走时，身板要挺直，两肩要端平。

（2）忌步履蹒跚。走动时步伐宜稳健有力。

（3）忌面无表情。班主任在校园内行走要始终保持微笑，给学生以亲切感。

（4）忌东张西望。班主任行走时应避免东张西望，宜目视前方。

（5）忌步子迈得过大或过小，以免有跨越感或谨小慎微感。

（6）忌敞开衣襟。班主任行走中不敞开衣襟，不斜披衣服。

（7）忌拖着鞋走路。

（8）忌勾肩搭背，并排而行。

（9）忌走路时吸烟、吃东西。

九、班主任的蹲姿要求

（一）班主任蹲姿规范

班主任下蹲拾物时，应两腿合力支撑身体，使头、胸、膝关节在一个角度上，使蹲姿优美，做到自然、得体、大方，不遮遮掩掩。女班主任无论采用哪种蹲姿，都要将腿靠紧，臀部向下。下蹲时，我们还需要注意以下几个方面：① 弯腰捡拾物品时，忌两腿叉开，臀部向后撅起，这是不雅观的姿态。也忌两腿展开平衡下蹲，其姿态也不优雅。② 下蹲时注意避免内衣不显露。③ 蹲下需要注意迅速、美观、大方。若用右手捡东西，可以先走到东西的左边，右脚向后退半步后再蹲下来。脊背保持挺直，臀部一定要蹲下来，避免弯腰翘臀的姿势。男士两腿间可留有适当的缝隙，女士则要两腿并紧。

（二）班主任蹲姿的方式

1. 高低式蹲姿

下蹲时，双腿不并排在一起，而是左脚在前，右脚稍后。左脚应完全着地，小腿基本上垂直于地面；右脚则应脚掌着地，脚跟提起。此刻右膝低于左膝，右膝内侧可靠于左小腿的内侧，形成左膝高右膝低的姿态。臀部向下，基本上用右腿支撑身体。男性在选用这一方式时往往更为方便，女士也可选用这种蹲姿。

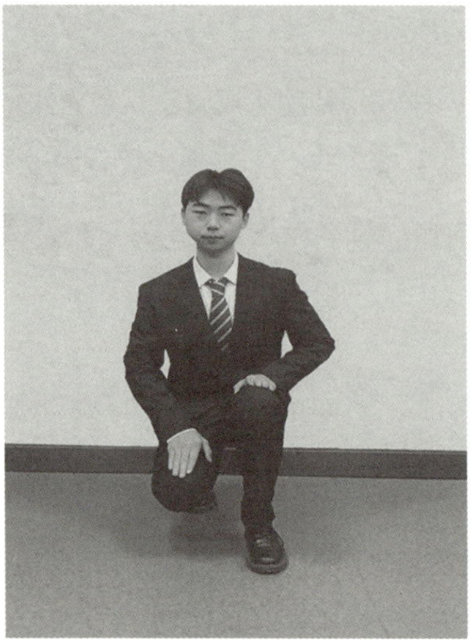

2. 交叉式蹲姿

交叉式蹲姿通常适用于女性。其特征是蹲下后以腿交叉在一起。这种蹲姿的要求是下蹲时，右脚在前，左脚在后，右小腿垂直于地面，全脚着地右腿在上，左腿在下，二者交叉重叠；左膝由后下方伸向右侧，左脚跟抬起，并且脚掌着地；两脚前后靠近，合力支撑身体；上身略向前倾，臀部朝下。

3. 半蹲式蹲姿

一般是在行走时临时采用。它的正式程度不及前两种蹲姿，但在应急时也可采用。基本特征是身体半立半蹲。要求在下蹲时，上身稍许弯下，但不要和下肢构成直角或锐角；臀部务必向下，而不是撅起；双膝略为弯曲，角度一般为钝角；身体的重心应放在一条腿上；两腿之间不要分开过大。

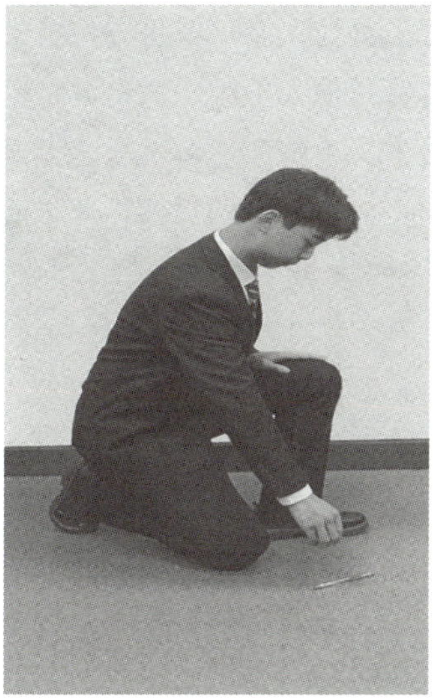

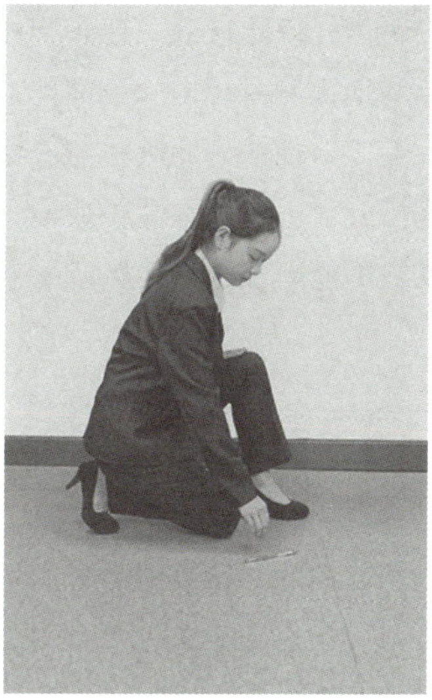

4. 半跪式蹲姿

又叫作单跪式蹲姿。它也是一种非正式蹲姿，多用在下蹲时间较长，或为了用力方便时。双腿一蹲一跪，要求在下蹲后，改为一腿单膝点地，臀部坐在脚跟上，以脚尖着地。另外一条腿应当全脚着地，小腿垂直于地面。双膝应同时向外，双腿应尽力靠拢。

（三）班主任蹲姿的禁忌

一忌突然下蹲。蹲下来的时候，不要速度过快。当自己在行进中需要下蹲时，要特别注意这一点。二忌离人太近。在下蹲时，应和身边的人保持一定距离。和他人同时下蹲时，更不能忽略双方的距离，以防彼此“迎头相撞”或发生其他误会。三忌方位失当。在他人身边下蹲时，最好是和他人侧身相向。正面他人，或者背对他人下蹲，通常都是不礼貌的。四忌毫无遮掩。在大庭广众面前，尤其是身着裙装的女士，一定要避免下身毫无遮掩的情况，特别是要防止大腿叉开。五忌蹲在凳子或椅子上。无论在哪种场合，蹲在凳子或椅子上都是不雅行为，班主任更不能出现这种情况。

第四节　班主任的日常交际礼仪

在日常工作中，班主任除课堂之外，还要经常和学生、同事、家长打交道，参加各类集会和活动。在此过程中掌握有关礼仪规范，对于树立班主任良好形象、教育引导学生具有重要意义。

一、班主任的课堂教学礼仪

课堂是班主任教书育人的主要阵地，也是一个非常严肃的场所。因此，班主任要特别注意在课堂上的礼仪规范，努力做到仪表端庄、语言得体、表情亲切、举止优雅，为学生树立良好的榜样。

首先，课堂上，班主任主要以站姿为主，但要有安定感和力度，抬头、双目向前平视，面带微笑。上身挺直，身体重心放在两腿中间。没有特殊情况，不坐着、不靠着上课，在教室不宜过多来回走动。

其次，班主任要加强与学生的目光交流，合理分配课堂目光。目光要亲切自然、自信友善，关注全体学生，注视时间要适当，注视的位置要得体，注视的方向要合宜。面部表情要丰富，但不要做作，要温和自然。

最后，班主任要注重课堂语言的运用。讲话的口气应和蔼、谦逊，语调要抑扬顿挫、平和温柔、亲切感人。不能对学生使用蔑视、憎恶、讨厌之类的语气，恶语伤人，不对学生粗暴地大喊大叫。在提问时，要做到多用敬语，“请”字当头，不中途打断学生发言，更不可挖苦讽刺学生。

二、班主任的集会礼仪

（一）升旗礼仪

升国旗是中小学的重要活动之一。班主任应带头做好学生的表率，升国旗时，要严肃认真，精神饱满，着装得体，身体直立，挺胸昂首，双手下垂靠拢身体两侧，保持立正姿势，行注目礼，注意自己的眼神要始终随国旗移动，望着国旗，直至国旗升至杆顶。同时应带头唱好国歌，以自己的激情来感染学生。在升旗过程中，不可出现东张西望、交头接耳、嬉闹谈笑、接打电话和吃东西等现象。如戴有帽子、墨镜，须脱帽、摘下墨镜，不能把手插进口袋。升旗仪式结束后，应组织学生安静有序离开，不得拥挤，不得高声喧哗。

（二）典礼礼仪

开学典礼、毕业典礼等活动是学校比较隆重的大型集会，班主任参加典礼活动，应着装整洁，按时出席。班主任的服饰要显得庄重，不可随意。如果受邀发言，要态度诚恳，认真对待。刚刚入学的新同学希望从老师那里获得有关学校的介绍，学习规划、方法的指导等，毕业生则希望聆听老师的谆谆教诲。因此，班主任参加典礼活动时的发言需要提前精心准备。

（三）节庆礼仪

班主任在参加传统的喜庆节日如春节、元宵节、中秋节等时，可根据自己的实际情况，穿色彩鲜艳的服装，精心修饰容貌，精神愉悦，言语礼貌，举止端庄。在庆祝方面，做到隆重、喜庆、大方、节俭，不铺张浪费，倡导健康、绿色的理念。在参加传统怀念节日如清明节、端午节、重阳节等活动时，班主任要着装得体，表情庄重，不穿过于艳丽的衣服，不化浓妆等。

（四）会议礼仪

班主任参加会议时应衣着整洁，仪表大方，准时入场，进出有序，依会议安排落座，开会时应认真听讲，不要私下小声说话或交头接耳。发言人发言结束时，应鼓掌致意，中途退场应轻手轻脚，不影响他人。

班主任如果担任会议主持人，应衣着整洁，大方庄重，精神饱满，切忌不修边幅，邋里邋遢。走上主席台应步伐稳健有力，行走速度适中，不宜过快。入席后，如果是站立主持，应双腿并拢，腰背挺直。持稿时，右手持稿的底中部，左手五指并拢自然下垂；双手持稿时，应与胸齐高。坐姿主持时，应身体挺直，双臂前伸，两手轻按于桌沿。主持过程中，切忌出现搔头、揉眼、抖腿等不雅动作。主持人应口齿清楚，思维敏捷，简明扼要，根据会议性质调节会议气氛，或庄重，或幽默，或沉稳，或活泼。主持人对会场上的熟人不能打招呼，更不能寒暄闲谈，会议开始前，可点头、微笑致意。

班主任若应邀进行主旨发言，应衣着整洁。走上主席台应步态自然，刚劲有力，体现一种成竹在胸、自信自强的风度与气质。发言之前，应面对主席台的听众和台下听众鞠躬致意，发言时应口齿清晰，讲究逻辑，简明扼要。如果是书面发言，要时常抬头扫视一下会场，不能低头读稿，旁若无人。发言完毕，应对听众的倾听表达谢意。

自由发言则较随意，但要注意，发言应讲究顺序和秩序，不能争抢发言。发言应简短，观点应明确。与他人有分歧，应以理服人，态度平和，听从主持人的指挥，不能只顾自己。如果有会议参加者对发言人提问，应礼貌作答，对不能回答的问题，应机智而礼貌地说明理由，对提问人的批评和意见应认真听取。即使提问者的批评是错误的，也不应失态，让人把话说完，不可急躁，出言不逊。

三、班主任的交往礼仪

（一）班主任与学生交往的礼仪

在校园里，班主任与学生相遇，学生停步主动说“老师好!”，班主任应用眼睛亲切地看着学生，面带微笑回应学生的问候。如果遇到与学生同行的家长或其他同学，也要礼貌地致意。

班主任在与学生谈话时，应注意三点：一要选择好地点和场合。如果商讨工作或表扬学生，可以在教室或办公室。如果批评或了解不宜公开的情况，可以在操场边走边谈或其他清静的场所谈，这样容易被学生接受。二要做到师生平等。谈话时，班主任要认真虚心听取学生意见，让其把话说完。如果批评学生，谈话前要充分调研，对问题的处理要客观公正。还可以过一两天进行一次“补谈话”，例如前一次班主任的态度如不够冷静或处理不够恰当，应向学生适当道歉或说明情况。三要讲究礼节。当学生应邀到班主任面前时，班主任要热情地打招呼。谈话前，可请学生坐下；谈话后，班主任应起身送学生离开。

当班主任与学生谈心时，首先要知道自己的岗位职责要求。谈心与谈话不一样，是双向平等交流，不能以窥视对方隐私为目的，不能把学生的秘密告诉他人。其次，尊重学生、耐心倾听，不要做不必要的小动作。第三，要注意控制自己的情绪，说话不宜颠三倒四。第四，不要居高临下，讽刺挖苦，不宜问学生不愿回答的问题。第五，不宜用太长时间谈论自己，不宜在交谈中频频接打手机，也不宜在交谈中提及对方的伤心事。

（二）班主任与同事交往的礼仪

班主任与同事交往，应做到以下几点：

第一，以礼相待。见到同事要热情地打招呼问候，也可微笑、招手致意等。遇到同事生病，要关心问候。同事出差归来应主动问好。

第二，言行高雅。不打听别人私事，不背后议论其他教职工，不散布是非，不闲聊谈笑。如在办公室，要保持安静，认真工作、认真学习、认真研究，不说、不做任何与办公无关的事。

第三，清洁整齐。在办公室里，要做好清洁卫生和物品摆放工作。负责卫生值日工作的班主任，要提前到办公室，按要求自觉做好工作。办公用品时刻保持整洁、美观。上班时第一个进入办公室的，主动开好门窗，准备开水等；最后一个离开办公室的，要把门窗、电器等关好。

第四，不妨碍别人。集体办公室内不吸烟，不会客谈私事，不高声讲话，不做体育运动，不玩电脑游戏，不高声放录音等。

（三）班主任与家长交往的礼仪

首先，如有家长到办公室来访，应热情欢迎，微笑起立，让座倒水。接待家长中途如要离开，或手头要处理比较紧急的工作，应对对方说“对不起，请稍后”。回来后或事情处理好了，应向对方说“不好意思，让您久等了”。如果被访的班主任正好不在，其他教师也要热情接待，并帮助寻找被访者。班主任在与家长谈话过程中，要以平等的身份、友善的态度开始谈话，尊重家长及其意见，认真倾听家长的叙述，控制好谈话的声音和距离，营造宽松的氛围。谈及学生缺点时，要注意方式，不宜将学生的问题或缺点放大。当谈话结束家长走时，应起立送至门口道别并说“欢迎您下次再来!”“慢走!”“再见!”。

其次，班主任在召开家长会时，要服饰庄重，举止文雅，具有亲和力和信任感。会议准备要充分，主题明确，主次分明，设计好开会程序，布置好教室，营造宽松友好的环境，做好发言准备。会议时间到时应准时开会，不拖拉。如有本班任课班主任发言，要充分体现对家长的尊重和对学生的热爱，以引发家长的共鸣。当家长陆续进入会场，班主任要热情接待，一视同仁，切不可以厚此薄彼。家长会气氛应民主、和谐、轻松，切不可把家长会开成“一言堂”，也不能搞公开批评，注意保护家长和学生的自尊心。

最后，班主任在家访时，要注意相关礼仪。要衣着朴素，仪表端庄，讲究礼仪，力求语言朴实诚恳，举止大方。何时家访，要选好时机，提前与家长沟通，确定时间并按约定时间到达。班主任在家访中要用语恰当，态度诚恳，举止稳重，温文尔雅，避免责难。家访时间不宜过长，双方都坐好后，应尽快步入主题，不要东拉西扯，浪费时间。家访结束后应起身告辞，向家长表示前来“打扰”的歉意，同时要及时对学生加以督导，确保家访的持续效果。特别要提醒的是，班主任切记不可借家访解决私事，也不得接受家长馈赠和宴请，自觉遵守廉洁从教的规定。

【育人故事】

阳春布泽，万物光辉

编者按：本案例选自全国中小学班主任优秀经验，作者为黑龙江省哈尔滨市风华中学付纪原老师。

我2006年毕业于哈尔滨师范大学汉语言文学专业，一直在哈尔滨市风华中学任教。回首做班主任以来的15年，除去万分的感慨以外，胸中更充斥着骄傲与自豪，青春的身影与足迹都留在美丽的风华园。这里有讲台上的慷慨激昂、书桌旁的循循善诱、校园里的谈笑风生、家访时的苦口婆心。我知道，我是因为喜欢，所以选择，因为选择，所以热爱。教育就像春日暖阳，把希望洒满大地，而我亦无怨无悔，将爱心、耐心、慧心、包容之心一并赋予我热爱的教育事业，让学生这一朵朵小花都能被春光笼罩，成全每一个幸福的生命。

“师者懂爱，‘带刺’玫瑰会怒放。”我们都期望着自己的学生是尽善尽美的，却常常会遇到并不美丽的学生。他就像一朵“带刺”的玫瑰，喜欢用尖刻的语言、不友好的举动对待周围的同学，自暴自弃地对待学习，于是他就被同学疏远着，被优异成绩的大门关在外面。我看不到他眼睛里的泪水，却感受到他的心在哭泣。当我走进他的家，走进这个破旧的屋子，我感受到他心中强烈的自卑感。当我面对他带着酒气、言语中夹杂着些许脏字的父亲时，我理解了这颗心冲动多次的原因。当我知道只有小学文化的父母在无能为力之时，只能对他拳脚相加，我懂得了他自暴自弃的无奈。这颗很久以来一直孤单的心不能只靠我一个人温暖，因为它太寒冷了，我要和我的学生一起去温暖他。

于是班级中出现了一个生日日历，上面记录着每位学生的生日。每到有学生过生日的时候，我们就会为他开一个简短却温馨的生日会。开始时是天真好笑地送出“福如东海、寿比南山”之类的祝福。我告诉学生祝福要发自内心，要滋润被祝福者的心。渐渐地，生日会的内容、形式都丰富生动了，我也期待着他的生日的来临。终于这一天到了，小主持人似乎也想到了他不受欢迎，怕出现尴尬的气氛，所以还想到了用击鼓传花找寿星优点的办法，游戏中这枝“玫瑰”用直直的目光温柔地注视着每一个找他优点的同学，他第一次为全班同学唱了一首英文歌。当生日歌响起的时候，我看到他眼睛在晶莹地闪光。也正是这样一个生日的细节，让这个孩子在集体中赢得了他最需要的认可，也使整个集体都充满着温暖。

在每年的端午节，我的学生也都会为我过生日。开始的时候，孩子们会送我礼物，如果我不制止，那么很可能过生日送礼物就会成为同学攀比的理由，甚至影响学生形成正确的价值观。于是我就引导学生最好的礼物不是物质上的，而是带着被祝福的人心灵上的温暖，哪怕只是一句祝福，只要真心就有价值。以后我每年过生日他们都要悄悄地准备很久，这个蛋糕是这些孩子们用自己攒下的零花钱凑在一起买的。这本诗集从组织、书写到装订成册，是全班参与完成的。

此后我开始了家访之旅，每一届学生家几近走遍，与学生的心灵愈加贴近，我渐渐明白了教育究竟从何而来，是源于一个教师的善良仁爱和不加粉饰的道德修养。喜爱墙角的花朵，才会千方百计地去为他寻找阳光。而这一切与物质利益绝无关系，只为实现一个最美丽的教育梦想。“德为人先，行为世范”“感人心者莫乎情，南风悠悠暖人心”，我用南风效应触及孩子们的心灵，起到了润物细无声的效果。古人有云：“教者也，长善而救其失也。”

“师者会爱，静待花开。”他是个学习成绩优异但并不阳光的男孩。我知道，只纠错未必能触动到他。教育者如何才能收获到更好的效果呢？第一种是简单地奉献与给予，这种爱简单而直接，但收效甚微。第二种是帮助对方获得精神层面的自尊与自信，师者会爱，才能让花朵挺起胸膛，绽放美丽。利用去年线上教学的时间，我每天都会在批改作业的时候打上长长的一段评语，有对于学习的指导，对他思想的启发，向他提出开放性的问题，亦有朋友式的交流，可是他一直没有任何回复。直到二十几天以后的 3 月 25 日有了一条回复——“老师，今天作业会晚传，我没有看过《汤姆·索亚历险记》，小卷不太会做，等我今天看完电影做完再传给您。”我暗自庆幸，在我的一再启发下，他终于有反应了。到了31日，他居然主动传给我他改过的作文，我留的是修改片段，可他主动发了修改的全文，还问我哪里需要继续修改，“小倔瓜”终于慢慢进入状态。我们聊的话题更广了，聊了文学，还聊了鲁迅。我说你的语言很是犀利，有时候就像鲁迅的语言啊，但是对待爱你的人和身边的朋友就要收一收锋芒，要不然很容易伤人。他表示赞同，并说以后要改一改了。这就是第三种表达爱的方法，创造际遇，搭建舞台，让对方获得心灵的成长。对学习成绩较为突出的学生，要注意顶着光环行走的人，也就是我们常说的晕轮效应的影响。每一个学生都有他独特的优点，能给每一个学生赋能，先理解走近他，赞扬优点，激发强烈的自尊心，他们就能慢慢地成长。

岁月不老，青春不朽，生逢其时，责任在肩。在未来的教育征程上，我将用为党育人、为国育才的格局，用爱去开启心灵，用耐心和慧心去成全教育。为自己赋能，成全生命的真谛，尊重每一朵花的成长规律，在春日阳光的照耀下，让每一朵不同的花绽放出属于自己的色彩！

（资料来源：https://jbgzs.basic.smartedu.cn/）

【思考与训练】

一、简答题

1. 班主任礼仪修养有什么意义？
2. 班主任礼仪修养的特点有哪些？
3. 班主任日常交际有哪些礼仪？

二、论述题

班主任的礼仪修养对学生日常教育有什么影响？

三、实践训练题

对照班主任礼仪规范中的不同姿态要求，练习讲解、示范不同姿态，并以照片形式发送任课教师邮箱。

1. 走姿和站姿。

2. 坐姿：

（1）男士：正襟危坐式、双脚内收式、垂腿开膝式、双脚交叉式。

（2）女士：正襟危坐式、双腿斜放式、前伸后曲式、双腿叠放式、双脚内收式、双脚交叉式。

3. 蹲姿：

（1）男士：高低式、半蹲式、半跪式。

（2）女士：高低式、交叉式、半蹲式、半跪式。

第四章　班主任研究学生的艺术

全面了解和研究学生是做好班主任工作、有效进行班级管理的前提和基础，是做好各项班级教育工作、有效进行班级管理的前提，是班级教育过程中有效开展各项工作必不可少的基本环节，是制定科学合理的班级教育目标的前提，也是有效开展班级活动的需要和对学生进行个别教育的必然要求。班主任了解学生包括对学生个体的了解和对学生群体的了解两部分。本章主要介绍班主任了解和研究学生的意义、内容和方法以及中小学生身心特点及相应的教育策略。

第一节　了解和研究学生的意义

一、了解和研究学生是落实立德树人根本任务的需要

立德树人是中小学教育的根本任务，是适应教育发展的新形势、提高教育质量、办人民满意教育的必然要求和迫切需要。在中小学这样的重要教育阵地，立德树人有很大的作为空间，也蕴含着丰富的教育内容。作为班主任，要充分发挥中小学教育的主渠道、主阵地作用，全面了解每一个学生，深入研究每一个学生，引导中小学生系统学习习近平新时代中国特色社会主义思想，自觉把个人理想融入中国特色社会主义的共同理想，坚定知党、爱党、跟党走的信心和信念，大力弘扬中华优秀传统文化和社会主义核心价值观，教育引导学生形成良好的道德品质和行为习惯，把青少年培养成有理想、有本领、有追求、有担当的新时代弄潮儿。

为此，班主任一方面要以身作则，言传身教，以自身的道德素养、行为准则、治学态度等影响教育学生，以科学、务实、创新的学风熏陶学生，以优良的品质、高尚的情操、优秀的业务塑造学生，在教育活动和课堂教学中进行有机渗透，采取多种途径发掘和培养学生强烈的创造欲望、敏锐的创新精神和脚踏实地的实践能力，培养学生坚毅、冷静、果敢、严谨的学习品质和探究精神，从而将立德树人根本任务落实到教育的每一个环节和全过程。

二、了解和研究学生是开展班级管理工作的基本要求

新时代班主任面临着新的历史使命，新时代人才培养目标要求班主任不能做简单、封闭的“教书匠”，而要在班集体建设活动中多方位、多渠道地对信息社会的知识信息进行及时筛

选，然后输送给学生，在给学生搭建系统的智力框架的同时，必须注重学生的思想道德、身体心理、劳动技能、创造力等方面的和谐全面发展，从而培养出德智体美劳全面发展的新时代好少年和有理想、敢担当、能吃苦、肯奋斗的新时代好青年。

苏联教育家苏霍姆林斯基指出："了解和研究学生是掌握教育艺术的基本功。"班主任的工作对象是有思想、有自尊心的学生。了解和研究学生，包括了解学生个体和集体两个方面。班主任需要了解和研究学生个体的思想品质、学业成绩、兴趣、爱好、特长、性格、成长经历以及家庭情况、社会环境等。如果对学生个体进行综合了解、全面分析，就为了解学生集体奠定了良好的基础，也为班主任开展班级管理工作做好了铺垫。了解学生集体，除了了解德、智、体、美、劳几个方面的基本情况外，还要研究班集体的发展情况、各类学生的特点和比例、干部情况、传统作风、主要特点和不良倾向等。

可以说，班主任的班级管理工作对于建立和发展班集体，全面实现班级目标，全面提高教育质量，实现为党育人、为国育才的初心使命，努力培养堪当民族复兴重任、勇于创造世界奇迹的国之栋梁都具有十分重要的意义。长期的教育实践证明，要做好班级管理工作，班主任就必须从了解和研究学生着手。

三、了解和研究学生是做好班主任工作的重要前提

在班级管理过程中，班主任往往较多关注优等生的发展和后进生的转变，很少针对不同学生的情况来研究学生的心理和行为。有的班主任因为在班级管理过程中不能对学生的行为表现做出专业精准的分析和判断，从而无法巧妙地驾驭班级管理，导致班级管理工作效率低下。行为是一个人的素质和潜能的外显。关注一个学生的行为，需要班主任运用恰当的途径去观察，既体现了"以生为本"的教育理念，又是班主任能力素质发展的基本要求。班主任只有在准确观察和分析学生的行为特点或者爱好的基础上，才能全面掌握学生的信息，从而运用相应的管理和沟通策略，更加有效地促进学生的进步。

班主任对学生的管理，如果离开对学生这一主体的观察、了解、研究和分析，很难想象其管理班级和学生的能力会有所提高。班主任是学生健康成长的主要管理者，对班主任而言，适应学生的多样性行为是一项必要的任务，同时也是一种宝贵的财富，也会得到回报。也就是说，班主任只有对学生的行为表现进行认真了解，深入研究，才可以促进师生之间的交流与沟通，进而成为学生的良师益友。

第二节　了解和研究学生的内容

一、了解和研究学生个人情况

俄国教育家乌申斯基说："教育者应该努力了解一个人，从他所有的弱点和伟大处来看，

从他所有的日常琐细需要和伟大精神愿望来看，他实际上是怎样一个人。”[①]班主任了解学生的一般情况包括家庭背景、成长经历、生活习惯、生活环境、消费情况等。学生的个性特点包括兴趣、爱好、特长、气质类型、性格等。除此以外，教师还需要了解学生的思想品质、学业成绩、德智体美劳等方面的发展情况。班主任了解学生，不能把注意力只集中在少数优秀学生和调皮学生身上，而忽视对全班学生的全面了解，否则就可能在班集体工作中陷入盲目、被动。由于学生的情况是在不断发展变化的，因此，要不断掌握新情况，研究新问题。

二、了解和研究学生集体情况

班主任了解学生集体包括学生个体的德、智、体、美、劳诸方面的发展状况，班集体的主要特征、干部状况、传统作风及倾向等。具体来说，主要包括：

（1）了解班级的基本构成：男女人数比例、学生来源、日常表现、学生学习层次人数比例、家庭结构、经济情况、家长文化、职业等。

（2）了解社会环境：时代大环境、国内大环境、社区环境，这些很大程度上决定了孩子的性格、思想及习惯。

（3）了解学校环境：包括学校、年级、班级环境及特点。

（4）了解人际环境：了解学生交往的对象、人数、地域、频率、内容等。

总之，班主任要教育好学生，就要先从了解学生做起。班主任工作可以说是从了解学生开始的，从多方面了解和研究学生是顺利进行班主任工作的前提条件。只有掌握了学生的思想状况、心理特点、道德情操、友谊情感、学习情况、生活习惯等，才能从学生的实际出发，有的放矢地进行教育。

第三节　了解和研究学生的方法

一、观察法

法国著名科学家巴斯德（Louis Pasteur）说，“你们要给自己的热心找到一个不可分割的伴侣，这个伴侣就是严格的观察。”班主任要善于通过课堂教学、课外活动、班级例会、社会实践等活动，观察学生的表现和真实情况，进而研究分析学生各自的思想品质、兴趣爱好、才能特征等。观察愈是深入细致，就愈能正确认识学生，从而更好地、有针对性地教育学生，做好班级管理工作。因此，想要了解学生，就要学会观察。

观察法是班主任在班级管理中最常用的方法。教师在班级管理中直接观察学生的外部行为表现，从而对其思想进行了解和研究。班主任运用观察法了解学生，可以从以下几方面入手：

① 张艳华：《浅谈班主任的用人之道》，《中国西部科技》，2010年第3期，第96页。

1. 自然观察

自然观察法，不言而喻，就是日常观察。它能通过观察直接获得资料，不需其他中间环节。因此，观察的资料比较真实。它能捕捉到正在发生的现象，能搜集到一些无法言表的材料，因此观察到的是学生最真实、最本真的一面。

2. 固定时间观察

即在固定时间内对学生进行观察。比如：有家长反映孩子最近数学课有退步，教师就专门在数学课上对某学生进行观察。观察发现，该学生在数学课上经常睡觉，精神不集中。分析原因，是因为数学课一般都在上午的最后一节课。由于这位学生是一名留守儿童，晚上无人监管，所以最近沉迷网络游戏，晚上睡得比较晚，一到最后一节课。就开始犯困，所以常常出现数学课开小差、瞌睡、精神不振等现象。老师找到了原因，就能对症下药，找到学生进行谈话，进行批评教育，使其改正。

3. 特设情境观察

在特定环境中观察包括学生的学习行为、人际互动情况，对教师授课的反应等。通过这些观察方法，深入地了解学生。班主任运用观察法需要注意：第一，坚持观察的客观性；第二，坚持观察的全面性和系统性；第三，坚持观察的目的性和计划性；第四，要掌握观察技术，并随时做好观察记录。

二、资料分析法

资料分析法就是通过研究书面材料来了解学生情况。记载学生情况的书面材料很多，包括学生入学登记表、学籍卡片、体格检查表、成绩单、作业、试卷、学习计划、学习总结，实验和实习报告、周记等，都记载着学生的思想、学习、健康的发展情况。为了深入研究学生，班主任应当要求学生详细填写班级日志，班主任也要经常撰写工作笔记，做学生卡片，并将积累的有关学生的书面材料妥善保存。这些都是班主任了解和研究学生的基本材料，是进一步研究学生的基础。研究书面材料，要与平时的观察、谈话及教师和学生反映的情况综合起来分析，尽可能获取真实可靠的结论。班主任运用资料分析法应注意：第一，坚持发展的观点，资料代表过去，不代表现在和将来；第二，坚持全面的观点，资料记录情况有限，不代表全部；第三，坚持更新的观点，注意收集资料，不断积累更新。

三、谈话法

班主任有目的地跟学生、学生干部谈话，可以深入了解学生本人及其他学生的意见和情况，掌握本班学生动态。谈话如要取得良好的效果，在谈话前，班主任应当认真考虑谈话的目的、谈话的中心内容、谈话的方式及时间的选择等。在谈话过程中，班主任对学生要亲切自然，态度和蔼，以与学生平等的身份对话，认真倾听学生的意见。要讲究谈话技巧，善于启发学生讲真心话，不要急于求成，一次不行可等一等，找机会再谈。要注意倾听学生说话，让学生把话说完，不要有不耐烦的情绪，边听边思考，联系学生的一贯思想言行，和平时观察的印象以及听其他学生反映的情况综合起来加以分析，不要听了一面之词就轻率地得出结论。班主任的谈话要具有教育性，循循善诱，针对学生的思想问题持续进行教育。谈话后，要把掌握的情况以及自己的看法和感受记下来，不断积累班主任工作的资料。

【拓展阅读】

班主任的六种谈话方式

1. 商讨式谈话：以商讨问题的方式与学生谈话。此方式适用于性格倔强、脾气暴躁、感情容易冲动的学生。

2. 点拨式谈话：用暗示手段或名言警句等提示学生明白某些道理。此方式适用于自我意识强、独立感受力强、心理敏感的学生。

3. 触动式谈话：用严肃的态度、激烈的语调、尖锐的语言给学生触动，促其改变。此方式适用于具有惰性心理、依赖心理和试探心理的学生。

4. 谈心式谈话：用诚恳的态度、亲切的语言与学生交流，注意谈话艺术。

5. 突击式谈话：属于个别谈话方式，用于自我防卫心理强的学生，针对学生问题或错误突击谈话。

6. 渐进式谈话：有目的、有步骤、有层次地谈话。此方式适用于内向、孤僻、有自卑心理的学生。

四、调查访问法

调查和访问是深入了解和研究学生的方法。特别是专题调查，对学生的思想动态或对某一问题做深入了解，弄清前因后果，都具有重要意义。调查的对象很多，可以向学生调查，向任课教师、学生家长调查，也可以向有关部门工作人员（如公寓管理员、餐厅服务员）以及社会群众调查。

调查方式应根据调查目的来确定，可以采取个别访问，也可以采取开调查会、座谈会的形式进行。班主任的调查访问应采取诚恳、虚心的态度，不带偏见地了解客观、真实的情况。例如，向学生做调查，最重要的是要亲近他们，同他们打成一片，既做学生的老师，又做学生的知心朋友，这样对学生的了解才会深入。向任课教师做调查，可以了解学生的思想、学习态度、学习进展情况，根据了解到的情况，及时制定针对性的教育方法，从而帮助学生更好地进步。

【拓展阅读】

班主任了解学生的十个“妙招”

1. 通过学生入学档案初步了解学生：做到“未见其人，先知其情”。

2. 通过学生介绍进一步了解学生：自我介绍、书写个人简历、同桌介绍等。

3. 通过平时的观察不断了解学生：深入宿舍、班级、课堂观察。

4. 通过开展集体活动多角度了解学生：义务劳动、主题班会、联欢会、各类比赛、郊游等。

5. 通过与学生交谈直接了解学生：闲谈、个别谈话、座谈会等。

6. 通过任课教师广泛了解学生：与各个任课教师交流。

7. 通过班团干部深入了解学生：与班、团干部交流，但切忌只听一面之词。

8. 通过家访、家长会全面了解学生：拜访、信函、电话、QQ、微信和家长会。

9. 通过学生的周记、家校联系本了解学生。

10. 通过班级博客、班级论坛等网络平台了解学生。

第四节　小学生身心特点及教育策略

一、小学低段学生的身心发展特点

小学低段学生是指小学一、二年级学生。这一阶段的学生在身体发育上处于平稳发展时期，且身高平均每年增长 4 到 5 厘米，体重增加 2 到 3 千克，心率、血压、肺活量及其他生理指标都不稳定，且与成年人的指标有较大差距，骨骼易弯曲，肌肉力量较小。大肌肉动作的协调性比幼儿期有很大发展，小肌肉动作的协调性比较差。比如，一年级学生写字时，不仅速度慢，而且不工整。这一阶段的儿童不宜做强度太大、时间太久的体育运动。在训练写字、弹琴等这些小肌肉运动的动作时，要注意动作的规范性。

小学低年级学生的脑功能发育处于飞跃发展的阶段。他们的大脑神经活动的兴奋性水平提高，表现为既爱说又爱动。他们的注意力不持久，一般只有 20 分钟左右。他们的形象思维仍占主导，逻辑思维很不发达，很难理解抽象的概念，他们的独立性和自觉性较差，在生活、学习、活动等各个方面都需要成人的监护和具体指导。小学低年级学生最显著的特点是对老师有特殊的依恋心理，几乎无条件地信任老师，他们对老师的信任往往超过了对家长的信任，常挂在他们嘴边的话是“我们老师说……”。他们开始评价自己和别人，但评价自己时只看优点，评价别人时容易受成人的左右，很少能顾及客观外界与自我的关系，只会以自我为中心，按自己的目的去行动。

根据小学低年级学生的身心发展特点，小学低年级的老师应充分利用学生对自己的信赖感，培养深厚的师生感情，同时要在各个方面为学生做出榜样，使学生的这种信赖感能够更加持久。

二、小学中段学生的身心发展特点

小学中段学生是指小学三、四年级学生。这一阶段的学生除大脑外，各项生理指标只在量上比一、二年级学生有所提高，基本没有质的飞跃，仍处于平稳发展之中，但是他们的大脑却处于迅速发展时期。9 岁儿童 1350 克的脑重量相比 7 岁儿童 1280 克的脑重量，有较大幅度的增长。大脑神经的机能得到进一步加强，心理活动更趋稳定，明显的表现是他们比一、二年级学生更容易集中注意力听课，语言能力有一定提高，但因正处在由第一系统向第二系统转换的过渡阶段，常常出现“有话说不清”的情况。同时，他们的逻辑思维开始迅速发展。在接触“好与坏、对与错、主要与次要”等概念时尽管还有些模糊，但已有了初步的认识。

处在这一阶段的小学生，最明显的心理特点是自我意识突然萌发并逐渐增强，其主要表现是对外界事物有了自己的认识、态度，开始尝试自己做出判断。他们不再无条件地信任老师，而且特别关注老师是否公平。由于这一阶段的小学生在心理上处于“动荡”的过渡时期，不听老师话的现象开始出现，班级工作的难度明显加大。此时，班主任工作的重点是在学生的“动荡”中仍能赢得学生的信任。

三、小学高段学生的身心发展特点

小学高段学生是指小学五、六年级学生。这一阶段的学生一般为 10 ~ 12 岁，属于人体发育的少年时期。总的来说，他们身体发育处于增长率高峰阶段，身体素质指标均有提高，短跑男生优于女生，灵敏素质发展也极为敏感，学习和掌握技术动作较快。五、六年级学生处于敏感素质发展即将交替的阶段，速度、灵敏、柔韧等素质的最佳发展阶段快要过去，力量、耐力等素质的敏感期即将到来，是素质发展的大好时期。他们的心脏仍属于小学生特点，脉搏频率较快，但心脏发育十分显著，已接近中学青春期特点。因此，适当加大运动量，会使学生的心脏容积和心脏功能得到显著发展。这一阶段的学生脑重量已接近成人水平，大脑活动的机能也有显著提高，大脑兴奋机能也增强了，他们的身体发育再次进入一个高速发展期，被称为第二发展期。

小学高段学生在心理方面，他们的感知觉属于少年阶段的特点，因此身体练习时应相对提高难度和标准。他们集中注意的能力有所发展，集中注意力、专心致志的时间可达 30 分钟左右，有意记忆在不断发展，开始由教师布置任务的记忆过渡到自觉的记忆。他们已从具体形象思维向抽象逻辑思维过渡，但仍然是同直接与感性经验相联系，仍然具有很大成分的具体形象性，依然习惯于模仿实际动作。一起活动时，双方开始注意性别界限，男性女性的性别特点明显地表露出来。男女生均显露出其各自的心理特点，出现相互反感的倾向。五、六年级学生的自我评价意识逐步得到发展，愿意按理由讲道理，智力和体力相结合的能力得到发展，对老师的行为敢于提出意见，对老师不公正的处理会有不满的表现。他们的独立意识也进一步发展，常常认为自己已经长大成人，甚至比大人们还高明，因此爱自作主张，顶撞老师和家长。在这一阶段，老师要在理解学生的基础上，利用学生要求独立的心理特点，给他们做事的机会，帮他们成功，以此调动他们关心班级、为班级做贡献的主动性和积极性。

四、小学生常见的心理问题

（一）入学适应问题

儿童从幼儿园进入小学，从校园的自然环境到老师、同学的人际关系环境都是陌生的，还有学习的压力、校纪校规的约束等，都构成了新入学儿童心理适应的严峻挑战。部分儿童会出现适应不良现象，大多表现在产生情绪障碍，如焦虑不安、抑郁、害怕等；注意力不集中，然后对学习失去兴趣；不能约束自己，总是违反纪律等。

（二）逃学与厌学问题

据调查，有厌学情绪的小学生占总数的 5%～10%。这些小学生主要是对学习缺乏兴趣，学习比较吃力，导致长期落后，又缺乏赶上去的勇气和毅力，老师未能及时给予鼓励，挫伤了学习的积极性。因此，他们或是在课堂上东张西望，魂不守舍，或是在下面偷偷看动画书或玩玩具，或是打瞌睡，有的干脆逃学、旷课。还有一些成绩优秀的学生由于心理承受能力较差，一旦别人超过自己或目标未达到，就容易产生厌学情绪。

（三）人际交往问题

小学生家庭交往的对象多为成人，是在“以自己为中心”的“顺境”下生活的，因此学生普遍存在任性、固执、依赖性强的特点。进入新的集体后，在集体中的位置已改变，但仍以自我为中心去与别人交往，便容易唯我独尊，不能善解人意；遇到困难不能克服，缺乏自信心，交往中容易出现过重的恐惧感、过强的防范心理，其结果是封闭自己，导致人际交往的焦虑感。

（四）过度依赖心理

如今的社会，父母对孩子百般呵护，甚至溺爱，容易造成孩子自立能力较差。遇到困难时一次又一次向父母求助，得到帮助就产生了依赖感。久而久之小学生就像温室里的花，经不起风吹雨打，意志力非常薄弱。

五、小学生的教育策略

（一）以良好的心理素质影响学生

俄国教育家乌申斯基说：“没有教育者个人对受教育者的直接影响，就不可能有深入人心的真正教育。只有个性才能影响个性的发展和形成。”[①]班主任的人格就是教育的力量。班主任可以用自身美好的心灵去塑造学生健康的心灵。因此，班主任对学生全面健康成长起着重要作用，只有心理素质高的班主任才能培养出心理健康的学生。班主任必须努力提高自身的心理素质，否则就无法承担培养高素质学生的重任。

（二）开展形式多样的班集体活动

生动活泼的班集体活动可以促进人际交往，建立团结、合作、友爱、互助的人际关系，帮助学生体验在集体中的乐趣，使具备不同才能的学生都可以找到表现自己、取得成功的机会，从而促进身心和谐发展。因此，班主任设计的活动一定要有针对性，即在活动中培养学生哪些心理品质，设计什么样的活动作为载体来培养学生，班主任都要做到心中有数。

（三）巧用学生气质类型因势利导

巧妙利用不同气质类型小学生的心理特点，因势利导，解决其心理问题，是班主任不可忽视的方法之一。尽管气质类型无所谓好坏，但作为一个人的行为特征，在社会生活中会表现出适宜或不适宜的情况。例如，胆汁质的学生倾向于大胆、坦率、热情，但又有些易粗心、莽撞和刚愎自用；多血质的学生显得活泼开朗、机敏灵活，但往往不够踏实，心思多变；黏液质的学生比较稳定、踏实、有耐心，但不够活泼，比较固执、迟缓；抑郁质的学生细致、谨慎，多思多想，但怯懦、孤僻，易退缩。班主任要善于利用小学生每一种气质类型的积极方面，给他们提供表现的机会。例如，对黏液质的学生，不必强制他们接受，可以采取启发或感化等方式去说服他；对抑郁质的学生，不要在公开场合点名指责；对于胆汁质的学生，注意不要针锋相对去激怒他们。班主任要学会分辨出一些基本的心理障碍倾向，采取科学的态度慎重对待。

（四）着重心理分析处理学生矛盾

因为心理健康教育注重的是人的发展性问题，在处理学生的矛盾时，不能简单地告诉学生对与错就行了，还要多问几个“为什么？”“你当时是怎么想的？”，为学生提供多种选择，让学生在自悟中慢慢使自己的心理得到发展。

（五）上好班级心理辅导活动课

班级心理辅导活动课也可以看作班级团体辅导，是对学生实施心理干预的一种有效方式。

① B.A.苏霍姆林斯基：《给教师的建议》，长江文艺出版社2014年版，第173页。

班主任对本班学生比较了解，在上好班级心理辅导课方面具有一定优势。班主任在心理老师的指导下，根据本班实际情况选取课题，使授课内容更具针对性，符合学生的身心发展要求。学生通过亲身体验，获得学习、生活、社会适应与发展的技能，提高自我心理调适能力，促进身心健康发展。

（六）帮助家长提高心理辅导水平

许多学生的问题往往来自家庭，因此，心理健康教育工作需要学校、家庭的共同参与和配合。班主任要采取各种渠道帮助提高家长的心理辅导水平，让家长成为自己工作的得力助手。一是定期召开家长会，改变家长会“班主任讲、学生家长听”的模式，以体验式为主，选取一些典型的教育案例，让家长充当各种角色参与其中，亲身感受，从中了解孩子心理，改进自己教育方式。二是对一些“问题孩子”的家长，班主任要多与他们交流，让他们对孩子充满信心，给予孩子更多的关爱，帮助孩子取得进步。三是让一部分具有成功教育经验的家长向大家介绍经验，这些来自身边的案例，对家长来说往往更具有教育意义和现实意义。

第五节　初中生身心特点及教育策略

学生进入初中后，便同时进入了人生的青春期，他们面临着人格再造的“第二次诞生”，错综交织的矛盾和激烈振荡的内心世界，使他们产生了诸多不同于以往的显著特点。

一、初中生的生理特点

初中生处在青春发育期的开始阶段，这是个体发育的第二个高峰期，这一时期身体和生理机能都会发生急剧的变化，主要表现在以下方面：

首先是外形的变化方面，身高迅速增长，每年至少要长高 6～8 厘米，体重每年增长 4.4～5.5 千克。初中三年以后，男女生的体重已接近成人。其次，第二性征出现。第二性征是发育的外部表现，是初中生身体外形变化的重要标志，男女生在外形上的差异日益明显。最后，内脏机能方面，进入青春期后，初中生身体各个系统和器官的生长发育很不平衡，骨骼的增长比肌肉快，四肢的增长又比躯干快，因此窄肩、扁胸、长腿，很像“豆芽菜”。他们心脏的发育跟不上各器官和系统的生长，所以青少年容易发生头晕、疲劳、心跳加速、血压升高等现象。他们大脑的发育在量上没有显著的增长，因为儿童在 10 岁以前脑重量已有成人的 95%，但在质的方面则有较大进展，以抽象逻辑思维为主，能根据假设进行推理，思维的创造性、批判性日益明显。

二、初中生的心理特点

从心理学角度来说，初中生属于少年期，这一时期指 11 岁到 15 岁。这是一个半幼稚、半成熟、半独立、半依赖，自觉性和幼稚性错综复杂矛盾的时期，也有人称之为“断乳期”“危险期”“反抗期”“躁动期”“人生峡谷期”等。这一时期是个充满矛盾困惑的时期。随着生理的发育成熟，心理也会产生系列变化，主要表现在以下几方面：

第一，初中生的思维开始由具体形象思维向抽象逻辑思维过渡。初中生的抽象逻辑思维能力相对具体形象思维能力已具有较大优势，他们已能够不断地离开具体事物，根据抽象命题进行逻辑推理。但很大程度上还属于“经验型”，即思维活动在许多情况下还需要具体的感性经验的支持。思维的独立性和批判性有了显著发展，但又有较多的片面性与主观性。他们喜欢怀疑、争论，不肯轻信老师、家长的意见和书本中现成的结论，表现出明显的反抗性和对权威的否定，也就是通常所说的“逆反心理”。由于知识经验的不足和思维发展不够成熟，他们看问题容易片面和钻牛角尖。

第二，初中生情绪冲动，意志薄弱，情感较快发展。初中生一般富有朝气，但带有冲动性，不善于克制，行为不易预测。因此人们常说这一时期是令人操心的年龄。同时，他们对待父母和老师的感情往往是矛盾的，他们渴望父母和老师把他们当成人看待，可是却还是摆脱不了少年的幼稚与冲动及对成年人的依赖。因此，他们常常处于矛盾之中。另外，性成熟对心理活动的影响会引起少年情感上的一系列变化，如羞愧、焦虑和对自己、对异性的格外关注等。尤其高年级的同学表现更为突出，低年级时尚不知在异性面前表现自己，随着年龄的增长，在异性面前的表现欲增强。伴随情感的社会性进一步增强，在独立意识的驱使下，他们的高级情感发展迅速。

第三，初中生渴望独立自主，具有较强的个性。初中生具有强烈的渴望独立自主的愿望，要求充分发挥自己的作用，但内心深处希望得到关心和帮助，例如他们会主动帮助老师或家长做一些事情，但一定要听到赞扬，若赞扬迟迟未来，他们会不开心。外向一些的孩子会直接或间接地问“你怎么不表扬我？”。心思很细的孩子会时刻想到“你对我是不是关心，是不是不好？”，而且通常认为批评或要求严格不是对自己好，尤其是当被父母责骂之后。父母说是为自己好时，他是很不理解的，这就是青春期自我意识高涨的一个重要表现。同时，他们反对家长和老师把他们当孩子看，过分的监护和管束常常使他们反感。他们常常以自觉和不自觉的反抗和不服从来作为改变与成人不平等地位的一种手段。他们具有依附性，但又离不开老师和家长。同时，初中生自我意识不断增强，他们开始要求了解别人和自己的个性特点，了解自己的体验和评价，自己能够更自觉地评价别人和自己的个性品质。但是他们评价别人和自己的品质的能力与成人比起来还是不高，而且是不稳定的。另外，他们个性的发展还体现在道德意识和道德行为的发展上。道德信念、理想开始形成，可能是以某些具体的人的形象作为自己的理想，也可能是以代表个性道德品质的总和的概括性的形象作为自己的理想。

三、初中生的教育策略

第一，加强初中生思维方法的训练及思维品质的培养。初中生的思维发展在向抽象思维发展，所以我们应该改革教学方法，采取正确有效的教学策略，通过适当的活动来培养学生的观察力、注意力、记忆力、想象力和创造思维能力，不断转变学生的学习方式。同时还应该注意培养他们的各种思维品质，使他们思维的独立性、深刻性、批判性、敏捷性和灵活性得到高度发展。教师应注意有意识地通过各种教学，培养学生进行逻辑的分析综合活动，自觉地从本质上看问题，敢于怀疑和探究，对自己的思维活动进行良好的自我监控，能基本符合实际地认识自己、认识他人和客观事物，正常评价外界，恰当认定自我。

第二，加强学生学习兴趣的培养，努力发展学生的特长。初中阶段的学生身体发育逐步完善，好动、好奇心强，喜欢参加活动，在活动中愿意充当角色，在指导角色中好胜心强。我们要针对其心理特点进行兴趣诱导，指导学生参加文体活动、科普活动，以满足其心理需要，促进其特长的培养与形成。例如，组织田径、球类及登山、拔河、游泳等多种体育活动，既锻炼身体，又使其体育特长得到发挥；组织文艺汇演、歌咏比赛、书法绘画、乐器演奏活动，锻炼培养学生的审美素养和文艺才能；组织学生参加科普活动，让他们动手动脑去探讨大自然的奥秘，培养其创新和探索精神；组织学习竞赛，开展比进步活动，以此提高学生的学习积极性，克服学习中的懒惰和厌倦情绪。

第三，加强对初中生情感的教育引导。针对初中生进入性成熟的过渡期带来的特点，教师需要对学生进行青春期教育，减少初中生身心变化带来的不良好奇心或心理上的混乱与恐慌，帮助他们懂得在与异性交往中如何自制、自重和尊重对方。性意识的觉醒不可压制，正确的做法是引导他们把精力集中在学习上，如开展青春期生理卫生讲座，消除性的神秘感，组织丰富多彩的班队活动，引导男女学生自然地在集体中建立团结友爱的关系，教育学生自尊、自重、自爱。对于初中生早恋问题，应该仔细分辨正常交往和早恋的界限，以开导为主，指出未成年学生早恋的不利因素，同时通过生动活泼的教学活动和其他课外知识来丰富他们的生活，培养学生多方面的兴趣，让他们健康地学习和生活。

第四，加强对初中生社会交往的教育引导。进入青少年时期，初中生与他人的社会交往逐渐增多，针对初中生渴望有独立性而又自控能力差的特点，班主任要加强对初中生社会交往的教育引导。初中生社会交往需要注意两点：第一，与成人的交往。青少年意识到自己接近成熟，渴望尽早进入成人社会，因而产生与成人交往的需要。但在实际进行过程中，主客观上遇到的困难不少。从主观上看，青少年对成人的态度比较矛盾，他们对教师和父母的感情变得内敛和含蓄，表面上表现出疏远和执拗。他们渴望得到成年人的理解和支持，又反对过分的管束和监护。从客观上看，在与成年人的交往中，青少年处于被指导的地位，在一定程度上处于服从地位，这让独立性日益增强而自我评价又尚未成熟的初中生很不适应。因此，独立性和平等问题成了青少年与成人相互关系中较为复杂的问题。成年人只有在尊重、信任的前提下，以“朋友+指导者”的身份出现，交往才有可能顺利进行，这时才可能实施有效的教育。第二，与同伴的交往。青少年的独立性要求同伴之间的交往是平等的。在与同伴的交往中，他们对社会、他人及自己的态度重新发生了变化，逐步形成新的评价标准，开始重新认真审视自我。中学时代结下的友谊往往在人生中占有很重要的地位。教师、家长既要尊重其独立性，又不可能完全放任不管，应该关心他们交友、所参加社团活动的性质及发展方向，及时给予必要的指导和帮助。

第五，抓好学生自律性的培养，引导他们与困难做斗争。进入初中以后，学生的独立性日渐大于依赖性，教师要利用这一点培养他们自理、自治、自教的能力，指导他们独立思考，学会自学，使他们在生活上依靠家庭而不依赖家庭，在学习上依靠教师而不依赖教师，在获取知识上依靠课本而不依赖课本，逐步走向独立生活、独立学习与工作的轨道。初中生进入中高阶段时，他们往往自作主张，但又不能为所欲为，因此产生了对抗性，表现在达不到欲望时就对着干或阳奉阴违。对学生的对抗性，教师需要思考如何利用与诱导转化，使之向好的一面发展。因此，我们要引导学生学习法律法规知识，进行行为规范训练，在客观规律和社会法制的指导下，敢于与不良现象做斗争，敢于向科学技术进军，使对抗性向好的一面转化。

第六，协同家长创设有利于相互理解的教育环境和关系。初中生具有渴望独立性而自控能力差的特点，教师应协同家长创设有利于相互理解的教育环境和关系，用亲切的关怀、启发、引导代替限制。在日常生活中，有的家长对于孩子的交往活动加以限制，甚至私拆孩子的信件；有的家长只让孩子学习，不准参加其他活动；有的教师对学生的兴趣、爱好和爱打扮、爱穿着等不理解而加以限制等。这些问题往往让家长和老师头痛。但作为家长和教师，要注意教育方法，对学生进行正确的引导，而不是一味地限制。

第七，积极开展心理健康教育活动。首先，学校及教师要针对初中生的心理特点及知识要求，让他们从多角度、多场合接受心理健康教育，引导他们正确认识其自身身心发展特点，掌握解决心理问题的方法和技巧，转变不良行为，从而使其具备良好的心理和社会适应能力。其次，教师应积极挖掘各学科课程中心理健康教育的内容，在各学科教学中渗透心理健康教育。例如，历史课中英雄人物的坚强意志和英雄事迹，语文课文中人物心理的描写，都对学生的心理会产生积极影响，达到“润物细无声”的效果。最后，教师还要利用体育手段促进学生心理健康。实验表明，经常参加中等运动量体育锻炼的中学生，在人际关系、心理等方面的健康水平显著高于常人。体育锻炼能够改善心理环境，调节心理健康，是进行心理健康教育的重要手段之一。因此，学校应经常开展丰富多彩的文体活动，使学生保持身心健康。

第六节　高中生身心特点及教育策略

一、高中生的身心发展特点

（一）生理发展特点

在身体形态方面，经过初中阶段的快速增长，中学生身高到高中阶段基本处于缓慢增长期。一般男生 16 岁、女生 15 岁开始，身高每年增长不到 1 厘米。到 18 岁基本稳定。体重与身高一样，经过一段快速增长期后，16 岁开始体重每年增长 1 千克左右。男生到 20 岁左右，体重基本稳定，而女生到 18 岁体重就基本稳定。在体重的成分中，男女有一定的差别，男生的肌肉增长较快，肌纤维明显增粗，肌力显著加大，而女生相对来说脂肪较多。

在身体机能方面，高中生的结构和机能已能够达到成人水平，兴奋与抑制过程基本平衡，第二信号系统起着重要调节作用。高中阶段正处于青春期的中、后期，因此也会由于神经过程的稳定性缘故而表现为掌握动作的协调性下降，尤其女生表现得更为明显，但这只是暂时现象。随着青春期的发育，高中生的动作协调性又会逐渐得到提高。高中以后，呼吸肌增强，频率减缓，深度加大，肺活量也增大。一般男生肺活量在 3600 mL 左右，女生在 2500 mL 左右。随着年龄增长，他们的心跳逐渐减慢，高中生心跳次数与成人比较接近，一般心率在每分钟 78 次左右。进入成年期以后，心率一般在 70 次左右，通常女性比男性平均每分钟高 2 次。高中生除力量素质发展显著外，其他素质大部分处于缓慢增长阶段，18 岁以后趋于稳定，基本达到成人水平。

（二）心理发展特点

第一，不平衡性。青年期是个体的生物性和社会性发展走向成熟的时期。作为青年初期的高中生，正处在从幼稚的儿童期向成熟的青年期过渡的阶段。在这一时期，高中生的生理发展迅速走向成熟，而心理的发展却相对落后于生理的发展。他们在理智、情感、道德和社交等方面还未达到成熟的标准，指标还处在人格化的过程中。也就是说，高中生的生理与心理、心理与社会的关系是不同步的，具有异时性和较大的不平衡性。

第二，动荡性。高中生生理、心理发展的不平衡性，以及生理和某些心理发展同道德和其他社会意识发展之间的不平衡性，一方面创造了个性发展以及道德和社会意识发展的条件，另一方面也造就了高中生心理过程的种种矛盾和冲突，表现出一种成熟前的动荡性。例如，他们思维敏锐，但片面性较大，容易偏激；他们热情，但容易冲动，有较大的波动性；他们的意志品质在发展，但在克服困难中毅力还不够，往往把坚定与执拗、勇敢与蛮干混同起来，在面对社会、他人与自我之间的关系上，容易出现困惑、苦闷和焦虑，对家长和老师表现出普遍的逆反心理和行为。

第三，自主性。高中生随着身体的迅速发育，自我意识明显增强，独立思考和处事能力有较大发展，在心理和行为上表现出强烈的自主性，迫切希望从父母的束缚中解放出来，开始积极尝试脱离父母的保护和管理。他们具有很强的自尊心和自信心，在对人生与社会的看法上也有了自己的主张。他们不满足于父母、老师的讲解和书本上现成的结论，对成人的意见不轻信、不盲从，要求有实事求是的证明和有逻辑的说服力。对许多事物都敢于发表个人意见，并经常为坚持自己的观点而争论不休。

第四，前瞻性。青年时期是连接过去与将来的中间环节，是从过去通向未来的过渡阶段。处于青年初期的高中生有着最广阔的未来前景和最佳的前景距离，他们对发展与未来充满了憧憬和向往。这种面对未来的前瞻性使得高中生特别富于理想，激励高中生不断地追求自我实现。

第五，进取性。生理上迅速走向成熟，加上心理上的迅速发展，使得高中生精力充沛，血气方刚，反应敏捷，上进心强，不安现状，富于进取，颇具“初生牛犊不怕虎”的劲头。他们乐于开拓，敢于创新，积极向上。

第六，闭锁性。高中生不像儿童时期那样经常向成人敞开自己的心扉，他们的内心世界变得更加丰富多彩，但又不轻易表露出来，心理发展呈现闭锁性特点。他们非常希望有单独的空间，有个人的抽屉，并喜欢把抽屉锁起来，好像有什么秘密似的。他们不大爱对长辈说话了，喜欢自己写日记。这种心理发展的闭锁性使得高中生容易感到孤独，因此又产生了渴望被人理解的强烈愿望。他们热衷于寻找理解自己的人，对知心朋友坦率地说出内心的秘密。

第七，社会性。与小学生和初中生相比，高中生的心理发展越来越多地受到社会的影响，他们对社会现实生活中的很多现象都感兴趣，喜欢探听新鲜事，很想像大人一样对周围的问题做出褒贬评论，对社会活动的参与日益活跃，喜欢“假如我是校长”这类角色扮演活动。他们对自治、自理、自立、组织社团、创办协会、俱乐部等方面的要求，充分表明他们思考问题已远远超出了学校的范围，主人翁意识日益强烈，尤其是对未来生活道路的选择成为他们思考的重要问题。

二、高中生常见的心理问题

高中生心理健康问题主要表现为喜怒无常、情绪不稳、自我失控、心理承受能力低、意志薄弱、缺乏自信、学习困难、考试焦虑、记忆力衰退、注意力不集中、思维贫乏、学习成绩不稳、难以应付挫折以及青春期闭锁心理等，在行为上容易出现打架、骂人、说谎、考试作弊、厌学、逃学，严重的还会出现自伤或伤人现象。我们可以把以上表现归结为以下几类：

（一）学习类问题

学生进入高中以后，学习的压力、心理压力越来越大，容易造成精神上的萎靡不振，从而导致食欲不振、失眠、神经衰弱、记忆效果下降、思维迟缓等。厌学是目前高中生学习活动中比较突出的问题，不仅是学习成绩差的学生不愿意学习，一些成绩较好的学生也会出现厌学情绪。与此同时，考试，特别是较为重要的考试，会让一些高中生的焦虑情绪更为严重，甚至出现焦虑泛化现象。

（二）人际关系问题

首先，学生与教师的关系问题。中学时期，教师仍然是学生学习的理想目标和公正代表，他们希望得到教师的关心关爱与理解。如果教师对学生缺乏关爱、理解和沟通，学生则会感到失望。其次，同学中的关系问题。高中生除了希望得到老师的理解和支持外，也希望在班级、同学之间有被接纳的归属感，寻求同学、朋友的理解与信任。由于同学关系不融洽，甚至关系紧张，有的学生就会流露出孤独感，想恢复与同学的关系，但又不知道该怎么去做。最后，学生与父母的关系问题。民主型的和睦家庭能够给高中生一个温暖的归属港湾，而专制型家庭中，父母与其子女之间不能进行正常沟通，易造成孩子孤僻、专横的性格。家庭生活的种种伤痕，会给高中生造成不同程度的心理伤害，从而引发不同的心理问题。

（三）青春期心理问题

高中生的青春期闭锁心理主要表现是趋于关闭封锁的外在表现和日益丰富复杂的内心活动并存于同一个体。可以说，封闭心理是青春期一个普遍存在而又特殊的标志。高中生若在消极情绪控制之下，封闭与外界的任何心理交流，将是一个值得注意的征兆。同时，情绪激荡、表露而又内敛是高中生的另一个心理特点。青春发育期的生理巨变必然引起高中生情绪的激荡。这种动荡的情感有时表露，有时内敛。一个微笑可以使他们情绪飞扬，彻夜兴奋，然而他们内心激动、高兴或苦恼、消沉，表面上又似乎很平静。他们有话、有秘密想对别人倾诉，可无论碰到父母还是老师，却又缄默不言。这种情况如果得不到理解，便会出现压抑心理，甚至出现比较严重的焦虑和抑郁问题。

另外，早恋问题也是高中生的常见问题。中学时代，特别是高中阶段，正值青春发育期，而这一时期最突出的矛盾之一是性发育迅速成熟与性心理相对幼稚的矛盾。高中生受认知能力和个性发展的限制，特别是在教育引导不及时、不得力情况下，性心理发展易表现出相对的幼稚性。所以高中生自认为认真的、朦胧状态下的恋爱就出现了。尽管这种恋爱带有好奇和模仿成分，却是一个让教师、家长十分关注的问题。

（四）挫折适应问题

高中生的挫折是多方面的，包括学习方面、人际关系方面、兴趣和愿望方面以及自我尊重方面的问题。其原因有客观因素、社会环境因素以及个人主观因素。面对挫折造成的困难与痛苦，高中生的反应方式一般有两类，即消极反应和积极反应。消极的挫折适应方式一旦习惯化、稳固化，在一定的情境中，挫折状态即使有所改变，其行为仍会以习惯化的适应方式如影随形地出现。于是，消极挫折适应方式也就转化为较为严重的、需要长期耐心教育的心理健康问题了。

三、高中生的教育策略

（一）努力做学生的知心朋友

班主任在学生的心目中具有较高的权威，古人说："亲其师，信其道"。因此，班主任要学会做学生的知心朋友，真诚地对待每一个学生，坦诚地与学生进行情感交流，善于感受学生的内心世界，从学生的内心感受出发处理问题，调动学生的积极性，接纳学生的言行，给学生热情的正面支持；创造机会，给学生以成功的体验；以真诚的爱赢得学生的接纳和认同，让学生对其产生依赖感和信任感，使自己的言行在班级管理中产生天然的权威性和深厚的影响力。

（二）开展积极健康的班级活动

班主任要善于发现学生存在的问题，有针对性地组织开展各种活动，在活动中让学生加强沟通交流，消除思想障碍，提高自我认识，促进健康成长。可以开展主题班会、经验交流会、座谈会、辩论会等，帮助学生树立正确的世界观、价值观和人生观，树立奋发向上、立志成才的思想观念，培养学生的竞争意识，提高学生的交往能力，塑造学生健康的人格品质。如果没有班级活动，仅靠说教管理，必如一潭死水，缺少生机与活力，没有朝气蓬勃的生命力，其发展可想而知。

（三）做好个别学生的心理辅导

班主任要经常与学生谈心，把握学生的心理脉搏，可设立"悄悄话"信箱，鼓励学生与自己进行心灵对话，拉近与学生的距离。班主任应建立班级学生心理档案，发现有问题的学生要重点关心关注，跟踪了解教育，也可联系学校心理教师，同家长合力，有的放矢地开展心理咨询活动，疏解学生的心理烦忧。

（四）在学科教学中渗透心理教育

在教学过程中，教师要创设一种和谐、宽松的氛围，与学生建立一种和谐合作的关系，尊重每一名学生的心理需要。在教学中，教师要给予学生关心和爱护，满足学生的依恋需要，注意以平等的态度对待学生，以民主的方式组织教学，满足学生日益增长的成人感和独立性的需要。特别在学生犯错时，要注意保护他们的自尊心，以满足学生的尊重需要。教师和学生的情感交融，其中最基本的成分是爱的情感。教师对学生的"慈爱"，学生对教师的"敬爱"，以及学生之间的"友爱"交织在一起，构成尊师爱生的主旋律。和谐的气氛使大家如沐春风，教师情绪饱满、思路清晰；学生思维敏捷、想象丰富。师生彼此体验教与学的愉悦和快乐，把教与学的过程上升到一种美好的境界。

（五）在日常教学中实施成功教育

在日常教学中，教师首先要帮助学生认识自我，使每个学生努力获得成功，树立自尊和自信，形成良好的自我观念，告别消沉，以积极的姿态投入新的学习。其次，要坚持正确的学生观，既承认学生的差异，又坚信每个人是有潜力的，一旦得到开发，便会成功。只有这样，我们的教师才不至于将一些学生放弃。再次，要采取积极的评价方法，多表扬、多鼓励，少批评、少训斥，使学生获得不同程度的成功体验。在评价学生时，横向对比是必要的，但纵向发展对比更为重要。最后，要挖掘学生的“闪光点”，鼓励学生发展兴趣、特长。成功是多方面的，对待学生的作业，首先要肯定做对的，不要只盯做错的。即使做错了，也可用“分步评价法”肯定其合理正确的成分，分析错误的地方，让学生满怀信心地去努力争取成功。

总之，在教育教学过程中，教师应该基于学生的核心素养和整体素质的提高，树立心理健康教育理念，将知识教学、能力培养有机地渗透在教育教学活动的全过程，灵活运用教育学、心理学、教育心理学的原理和方法，积极开展学生的心理健康教育，真正达到教书育人的目的。

【育人故事】

信任与爱，不负期待——来自子夜的微信

编者按：本案例选自全国中小学班主任优秀经验，作者为北京市通州区第六中学周子夏老师。

信任与爱，不负期待，2020 年 3 月本是开学季，突如其来的疫情却阻断了师生回归校园的步伐，同学们被迫居家学习，紧锣密鼓的初三备考也被扰乱了节奏。一天深夜，“叮咚”一声将我从睡梦中惊醒，迷迷糊糊地打开手机，我看到了一条长长的微信，这条微信来自小 A。小 A 是一个心思细腻但不善于表达的女孩，眼前她发来的这条微信瞬间让我睡意全无。夜深人静，我的心情却颇不宁静。我一字一句读着小 A 的文字，一个 15 岁女孩儿的无助、压抑、焦虑让我感同身受。小 A 深夜向我倾诉自己内心最真实的想法。此刻，我应该成为她生命中最值得信赖的那个人。这份信任加之期待，我定不辜负。她的微信里提到很多问题，让我很难在短时间内逐一答复，而且我希望她早点入睡，白天好有充沛的精力去上网课。

在小 A 的微信中，她提到编辑这条微信已经用了一个多小时的时间，而她当天的语文背诵还没有完成打卡。我首先安抚她说：“小 A，我特别感动，你能给我发来这么长的微信，你能和我说这么多，是出于对我的信任。只要你有需要，我愿意随时帮助你。我认真读完了你发来的每一个文字，这些问题我白天都会一一为你解答，背诵打卡的事，我早上会和语文老师打招呼，你先不用着急，赶紧睡觉，其他事情我们慢慢解决。”很快，我就收到了小 A 的回复，我们相约午饭后电话联系。我们沟通完已经是 1：17 了。重新躺下的我却久久无法入睡。一大早，我就把小 A 的微信导出到电脑文档里，左下角显示的数字再次触动了我——2512。我梳理着这 2500 多字的微信，总结出困扰

小 A 的三个主要问题：一是数学寒假作业没有写完，内心焦虑，害怕被老师批评而不知所措；二是居家学习让她感到初三备考动力不足，担心被同学超越；三是手机成瘾，经常熬夜，导致白天上课精神不振。

我将这些问题逐一写在本上，并将解决方法列在后面，认真准备着中午的电话沟通。电话一接通，小 A 问好的声音有点儿发颤，我捕捉到她激动的心情，安慰道："老师梳理了你所有的问题，不过我觉得这些问题并不像你想象得那么严重。我们可以一项一项来解决。没有完成的数学寒假作业，你可以每天写一点儿，你写完多少我就给你判多少，直到完成为止。因为你的诚实，老师愿意帮助你，所以不用担心，更不要焦虑，现在同学们都居家学习，谁都难免出现不自律的状况，这不是你一个人的问题。想要跟惰性抗衡，我们就要好好想办法，比如可以每天给自己制定合理的计划，行动起来充实自己，就会减少焦虑感。"

对于小 A 来说，最难克服的问题是经常熬夜刷手机，导致身心疲惫，学习效率低下。我们一起商讨后决定先用技术手段解决，给经常看的娱乐 App 设置使用时间，超过设定时限后，系统会自动禁止使用。

接下来的日子，小 A 每天都会把时间安排表发给我。我也会及时为她提出优化建议。坚持两周后，小 A 开心地告诉我，她不光用在学习上的时间增多了，还改掉了一些坏习惯。我也继续鼓励她："你是很自律的孩子，每个人都有迷茫或者低迷的时候，但一切问题都可以找到解决的办法。"同时我坚持每天查看小 A 晚上各科作业的打卡时间，提醒她不要熬夜。经过一段时间的调整，她的作息慢慢规律起来。有一天我发现她夜里 12:07 才提交最后一科的作业，便关心地问是不是发生了什么事儿，怎么又熬夜了。没想到我竟然收到了她的语音回复："老师，我是因为准备考试才睡得晚的。"接着她又给我发来一条又一条语音，向我诉说着考前的紧张，讲述着自己复习的过程，我感到十分惊喜。要知道，之前小 A 一直用文字和我交流，这是她第一次用语音来回复我。对于这个性格内向的孩子来说，发语音是需要勇气的，就说明她正在努力改变自己。我连忙回复她："合理安排复习时间，不要熬夜，也不要给自己太大压力，尽吾志而无悔。"此后小 A 开始经常问我数学问题，有时讲解需要画图，如果只使用语音很难讲清，征得她的同意后，我们便开始使用视频讲题，这对于她来说更是一个巨大的进步。两个多月的时间，我们的沟通形式，从文字到语音再到视频，我们一路相伴，逐梦前行，最终小 A 如愿以偿地升入了自己理想的高中。

现在她依然和我保持着联系，有时会和我一起回忆初中难忘的时光，有时会跟我分享自己高中的趣事。每次看到小 A 的笑容，都让我想到那暖春里的玉兰绽放，馥郁芬芳。爱是孤寂春夜里星星点点的灯火，爱是为纯情的灵魂觅一方栖息的净土。我希望用自己的爱与智慧化解掉学生青春旅程中的羁绊。信任，不可辜负！

（资料来源：https://jbgzs.basic.smartedu.cn/）

【思考与训练】

一、简答题

1. 小学高年级学生有哪些心理特点?
2. 初中生的情绪情感特点有哪些?
3. 高中生的心理问题有哪些?

二、辨析题

先判断正误，然后简要说明理由。

1. 低年级小学生对老师的批评一般不会放在心上。所以，批评过后别理他们，过几天就好了。
2. 学生的自控能力随年龄的增长而提高，初中生已经达到可以完全自控的程度。

三、案例分析题

小莲自小聪明伶俐，上小学时学习成绩一直很好。2002 年秋季，刚满 13 岁的她进县城上初中。但不久父母发现女儿放学常常回家很晚，在家学习时常常心神不定，双休日总要去学校，学习成绩明显下降。有一天父母从女儿的书包中发现几封信，一看才知道她早恋了！到初三毕业，她已谈过 3 个男朋友。

请问，该案例反映了初中生在交友与友谊方面的哪些新变化？作为班主任，该如何解决这些问题?

四、论述题

初中生和高中生在身心发展方面有何不同？班主任应如何实施中学生的教育?

第五章 班级的日常管理

班级是学校教育教学工作最基层的组织单位，班级日常管理是学校工作的重要组成部分，班级日常管理是班集体正常运行的必要条件。学校的各种目标、制度、计划等都要靠班级具体实施。学校工作的优劣是通过各项班级工作来体现的，因此，搞好班级日常管理工作就显得十分重要。班级日常管理不当往往会造成班级整体混乱和不协调，会影响班级管理目标的实现。所以，班主任对班级的日常管理不可忽视。本章主要介绍班级日常管理的内涵、班级日常管理的实施、健全班级规范的方法、学生日常行为规范训练、综合素质评价以及班主任的计划与总结。

第一节 班级日常管理的内涵

欧洲有一个故事：一匹马的马掌上由于少了一颗铁钉而失去了一个马掌；这匹马由于失去了一个马掌而在奔跑中摔倒；由于这匹马的摔倒而使得骑在马上的将军摔死；由于将军的阵亡，这个兵团打了败仗；由于这场败仗而失去了一座城池；由于一座城池的失陷而亡掉了一个国家。它揭示了这样一个道理：一个不起眼的细节可能导致灾难性的后果，即细节决定成败。在学校，班集体正常运行离不开良好的班级日常管理。

一、班级日常工作管理的内涵

班级日常工作管理是指教育者从培养人的目标和班级工作的实际出发，对班级学生的日常行为进行经常性教育，对班级整体进行常规性管理的工作。所谓学生的日常行为，是指学生每天在自身的生命活动过程中，以及在班级学习生活中表现出的最基本、最一般的精神面貌及行为表现，例如出勤学习、课间活动、同学交往、学生的情绪、身心健康等状态。

二、班级日常工作管理的实质

日常工作管理是班级管理的重要内容之一，是班级工作的基础。班主任对学生的管理首先从班级日常管理开始。班主任与学生的交流，对学生各方面现实表现的了解主要在班级日常管理中，对学生的教育也是在班级日常管理中进行的。因此，班级日常工作管理的实质可以说是指导、规范和控制学生的行为和意向，使之按学校及其社会的要求去行动。

第二节 班级日常管理的实施

班主任进行班级日常管理既是一项琐碎的工作，同时又是一项艰巨的工作。班级日常管理有自己的客观规律，同时表现形式又是千变万化的。班主任不应满足于按常规办事，而应发挥工作中的独创性，以顺应改革开放的新形势，创造出更多的班级日常管理的新方法、新经验。一般来说，班级日常管理主要包括四个方面：班级教学常规管理、班级行为常规管理、班级偶发事件的处理和班级总结与评比。

一、班级教学常规管理

（一）建立正常的班级教学秩序

建立正常的班级教学秩序主要包括指导学生制定学习计划、做好课前预习、课后复习、抓好课堂纪律、有效完成作业等。学习计划的制定要注意有效性和可行性，要体现各科学习的平衡。对较为薄弱的科目，可适当多分配一点时间，并安排在学习效率较高的时段。如果制定的计划不能按时完成，可安排第二天补上。同时还可考虑适当修正学习计划。

（二）抓好自习课与考试纪律

自习课是由学生自行进行预习、复习和完成作业的课，一般由学生自己安排，必要时教师也可在班辅导，它是学生提高自学能力的有效途径。自习课也是课，因此每个学生必须遵守课堂纪律，保持安静、不喧哗，不走动，并且要加强计划性，防止盲目性和随意性。考试纪律对于加强学风建设具有重要作用，因此，班主任需要通过多种方式，对学生加强诚信教育，杜绝作弊，教育学生淡化分数，消除精神压力，抵制作弊风气，维护考试的严肃性。在考试前，班主任应在学生考试作弊心理动机分析的基础上，有针对性地采取教育措施：第一，重视思想教育，杜绝作弊根源。学校和家庭要加强对学生的思想品德、学习目的性、学习态度的教育，强调考试的意义、目的，形成良好的学习风气，从思想上杜绝考试作弊的根源。第二，淡化分数观念，消除精神重压。作弊的直接诱因是追逐分数。学生、家长、教师均应淡化考试分数观念，改变以单纯的分数来衡量教学和学习的优劣。第三，培养正确的是非观，抑制作弊的风气。有的学生作弊是认知失调、是非不清造成的。这就要引导学生认清所谓"哥们义气"不是真正友谊，不能在考试时相互"帮忙"，从而使学生自觉地纠正作弊行为。第四，协同配合，根治作弊陋习。学校要与家长配合，全面协调，引导学生不能单纯以分数来衡量学习的优劣，让他们从分数的枷锁中解放出来，这样有利于根治考试作弊。

（三）抓好学生日常纪律

班级要对学生的出勤情况进行统计，这是加强班级管理、督促学生自觉遵守纪律、培养良好班风学风的重要措施。因此，班主任需要加强对学生到校、到课的管理，教育学生树立时间效率观念，定期将学生出勤情况在班级内进行公示，对长期缺勤特别是无故缺席的学生要及时关注，教育引导，必要时联系家长，弄清学生缺勤的真正原因。在加强学生日常出勤的考勤方面，班主任需要发挥好班干部的作用，例如，早、晚自习由班长或其他班干部负责点名。课间操、课外体育活动由体育委员点名。

（四）安排好学生座位

安排学生座位是班级日常管理中的一项重要工作。排座位是一门艺术，学生的座位排得是否科学、合理、有效，将直接决定着班级的凝聚力和向心力的形成，关系到学生的学习情绪、纪律状况和班级课堂气氛的好坏，涉及学生与学生、学生与教师、家长与教师，甚至家长与家长之间的诸多关系，以及班主任甚至学校在社会、家长、学生心目中的形象，对于打造良好班风班貌、促成优秀班集体的形成起着不可低估的作用。编排座位应遵循的三个原则：首先，平等原则。座位编排在客观上存在着好与差的区别。这里所说的平等，即不以学生的家庭背景以及与自己关系的亲疏安排座位，要把安排座位的依据，如按照个子高矮、照顾近视者、身体残疾者等情况向学生讲清楚，接受全体学生的监督，在班级里营造和谐、平等的民主气氛。其次，轮换原则。这一原则似乎只体现了使每位学生获得了座次的平等。实际上它还隐含着其他教育作用。因为，每一次调换都会使学生产生一种新鲜感，对调节学生心理有一种积极的作用，也为学生之间扩大交往提供了空间，对学生们建立友谊大有裨益。最后，统筹原则。座位排好后，最好每周轮换一次，要想方设法使学生轮换时仍保持相对稳定，周围的学生，要在性格、性别、爱好特长、是否班干部等方面保持多样性。这种全盘考虑、统筹规划的方法有利于学生之间互相学习、相互影响、相互帮助，有利于形成健康的心理品质和良好的班风。

【拓展阅读 1】

编排座位的方法

1. 安排座位应当充分考虑学生的个头高矮、视力好坏、自控能力强弱、互助能力高低等个性特点，而对于这些个性特点，学生自己最了解。

2. 排座位时，一定要平等，同时接受全体学生的监督，让学生觉得你不徇私情，恭敬可亲，要借此树立良好形象，营造和谐、平等的民主气氛。

3. 把选择座位的主动权交给学生，让学生自己找同桌，自己监控自己，不仅是对学生上进愿望的信任，而且能对“座位”这一教育资源实行合理配置。

4. 当然，排座位不能像放羊，每个座位都要学生自愿申请，左邻右舍共同评议，教师视其理由充分与否加以裁夺。

5. 对上进心强的学生，相互监督、共同进步有帮助，爱捣蛋的学生也不会凑在一起，班级的学习氛围也不会因此受到不良的影响。这样做了以后，不少学生通过最佳搭配，达到了扬长抑短或相扶相长的学习效果。

（资料来源：魏书生《班主任工作漫谈》，漓江出版社 2021 版）

【拓展阅读 2】

常见学生座位安排法

1. 自然型：按身高排座位，由低到高。该方法优点是操作简单，比较公平；缺点是抹杀个性，忽略个体需要。

2. 互补型：让成绩或性格差异很大的学生坐在一起。该方法优点是希望成绩好的学生影响帮助成绩差的学生；缺点是容易引起成绩好的学生及家长的反对，也容易遭到自尊心强的后进学生的反感，打击其自尊心和自信心。

3. 竞争型：让成绩好的坐在一起相互竞争（占中心位置）。该方法优点是好的可能更好，缺点是差的可能更差。

4. 自主型：让学生根据自身志趣自由组合。该方法优点是回避许多矛盾，充分尊重学生的自主性，但需要建立在学生有非常强的自控能力基础上；缺点是自控能力弱，危害更大。

二、班级行为常规管理

班级是学校开展教育活动、传授科学文化知识的基本单位。班主任通过组织和领导班集体，协调任课教师与学生的关系，联系学校、家庭和社会来实现对全班学生的教育教学工作。班级行为常规管理是班主任工作的一项重要内容，对全班学生的教育教学工作影响极大。班级行为常规管理主要包括以下几个方面：

（一）考勤、请假

考勤是加强班级管理，督促学生自觉遵守纪律的重要措施，由任课教师或班干部负责。考勤主要包括全勤、病假、事假、旷课、迟到、早退等。一般上课考勤由授课教师或班干部负责；自习、早晚自习考勤由班长或其他班干部负责；课间操、课外活动考勤由体育委员或其他班干部负责。班长每天向班主任汇报班级考勤总体情况，班主任在学期末将考勤记录在学籍卡和成绩报告单上。对无故迟到、早退或旷课者，要给予批评教育或纪律处分。学生请假应严格遵守学校的规章制度并履行相关手续。学生请假需向班主任提供家长或医疗单位开具的证明，得到证实后方可批准，不可出现“先斩后奏”的现象。如有特殊情况，事后必须补假条，否则作旷课处理。

（二）学生值周

值周学生的任务主要包括检查全天出勤、校服、广播操、升旗出勤人数，检查中午纪律，检查其他情况如课间主干道骑车、踢球等不良现象，以及检查食堂排队就餐纪律并按要求处理吃剩的饭菜及杂物，如有严重违纪现象，须立即向班主任汇报。值周学生要以身作则，戴牌上岗，准时到岗。

（三）卫生保健

加强学生的卫生保健教育是班主任的日常工作内容之一。班级的卫生保健日常管理主要包括卫生值日、眼保健操卫生习惯养成、常见病预防、身体检查等。班主任应经常性开展卫生保健教育工作，引导学生养成健康、良好的生活习惯。班主任要安排卫生值日表，加强对班级卫生情况的检查与指导并提出具体要求。每天值日学生需要对教室门窗、地面、课桌、讲台、黑板、清洁区等进行清洁。

三、偶发事件的处理

偶发事件是指在教育过程中发生的事先难以预料、出现频率较低，但必须迅速做出反应、加以特殊处理的事件。偶发事件的成因主要有学生性格异常、感情障碍、人际冲突、不良道德行为、天灾人祸、外来干扰等。偶发事件是班主任最头痛的事，处理偶发事件是对班主任工作艺术的考验。偶发事件虽然是偶发的，但往往影响很大，处理不好，常常造成十分严重的后果。有时后果虽不严重，但造成的影响却对班主任以后的工作十分不利。所以，班主任必须十分注意偶发事件的处理，注意研究偶发事件的特点、成因、处理方法，努力防止偶发事件发生，即使偶发事件突发，也会因心中有备而无患。

（一）偶发事件的特点

1. 突发性

偶发事件往往以突然的方式爆发，常常和社会上的重大事件、学生家庭重大变故或学生本人的意外遭遇联系在一起，例如学生在校意外受伤、突发疾患、急性腹泻等。由于偶发事件的突发性，班主任常常会手足无措。

2. 偶然性

偶发事件往往是出乎人们意料之外。偶发事件一旦发生，便在班级和学生个体中造成爆炸性的反应，轻则中断正常课堂教学，重则影响全校教学秩序。

3. 紧迫性

偶发事件一旦发生，必须马上予以处理，班主任必须当机立断，妥善解决。处理偶发事件，班主任首先要控制住自己的感情，沉着冷静，不慌不乱。其次要了解情况，掌握分寸。“了解”是教育的钥匙，是处理偶发事件的前提。在偶发事件发生后，班主任要注意调查研究，了解事情发生的原因，然后再审时度势，采取灵活的教育方式予以处理。最后，偶发事件发生后，班主任要善于依靠集体的力量，运用集体的智慧来解决。

（二）处理偶发事件的原则

1. 冷静沉着

偶发事件因其突发和难以预料，常常令班主任措手不及，心理容易失衡，特别是有些事件纯属学生不讲文明、不守纪律所致，有的甚至是个别学生对教师的“公然挑衅”，很容易使班主任产生“是可忍，孰不可忍”的愤怒情绪，并产生使出“杀手锏”“杀鸡儆猴”的想法。在这种情况下，班主任产生恼怒、委屈、急躁的情绪是可以理解的，但千万不能失去自制力和理智，因为处理偶发事件的大忌就是缺乏冷静。鉴于此，班主任需要注意以下两点：第一，通常偶发事件发生后，学生处在不冷静的状态之中，班级气氛也很紧张，学生们都十分关注班主任的态度和情绪。班主任如能遵循冷静、沉着的原则，不仅能够稳定事态，同时也是对学生的一种教育和示范，使学生的情绪也趋于平静，这就为处理偶发事件确定了一个良好的开端，打下了一个良好的基础。第二，班主任如果缺乏冷静，急于解决问题，就会忽视对偶发事件的成因和来龙去脉做认真的了解，容易偏听偏信、主观臆断，或是只从现象来认识和解决问题，容易急于下结论，急于判断是非。这样就难以把握处理偶发事件的分寸，造成处理不当和失误。所以，当偶发事件发生后，班主任一定要保持冷静，马上了解情况，认真分析并把握处理的分寸。班主任遵循沉着冷静的原则，就要迅速果断地决策，化解激化的矛盾冲突，稳定当事人的情绪，对全班学生提出要求，并随机采取必要的措施。要特别注意的是，对于比较严重的偶发事件，班主任要第一时间向学校相关部门及主管领导汇报，不可擅自做主，盲目解决。

2. 因势利导

因势利导是处理偶发事件的一个重要原则。要做到因势利导，就必须做到以下三点：第一，全面了解学生。班主任平时要注意观察了解学生，分析研究学生，积累和占有资料，只有这样，遇到偶发事件才会心中有数，才会处变不惊，才会找到开启学生心灵之门的钥匙。第二，努力形成融洽的师生关系。班主任平时要善于组织各种活动，善于调节学生的矛盾关系，善于排除学生的心理障碍。当偶发事件发生后，要善于与学生沟通，善于取得集体舆论的支持，这样就会得到学生配合，使学生容易接受班主任的临时安排，使偶发事件更容易得到处理。第三，善于发现和捕捉偶发事件中的“闪光点”和转化的“契机”。班主任要挖掘积极因素，化不利为有利，将偶发事件的处理迅速纳入最为有利的轨道。

3. 重在教育

偶发事件多半是比较孤立的事件，也多半发生在少数学生身上，但处理偶发事件却要着眼于大多数，提高教育的效果。除了极个别的偶发事件涉及个人隐私，不宜公开处理外，大多数偶发事件都可以用来“借题发挥”，作为教育的内容。班主任处理偶发事件，不仅要解决某个具体的矛盾，教育某个具体的学生，而且要通过偶发事件的处理，使大多数学生总结教训，提高认识，受到教育。心理学研究成果表明，平时学生的心理处于相对平衡状态，偶发事件的爆发使这种心理平衡被打破，这时他们对周围信息反应特别敏感，思想矛盾特别尖锐，也是学生最易接受教育的时机。抓住这些时机，常常可以收到意想不到的理想的教育效果。因此，只要处理得当，偶发事件也常常可以成为教育学生的契机。

（三）处理偶发事件的方法

1. 以变应变法

当课堂教学超出原来的设想，突然出现意料不到的情况，且影响到正常的教学时，我们可以采取以变应变的方式。例如著名特级教师于漪老师上课时，几只蝴蝶飞进了教室，吸引了同学们的注意力。于漪老师是这样处理的：她首先让学生把蝴蝶赶走，然后以“蝴蝶飞进教室”为谜面打一谜语，猜一词牌名。同学们苦思冥想不得其解时，于漪老师给出了答案：“‘蝶恋花’啊，因为你们都是祖国的花朵!”在同学们的笑声中，于漪老师又开始了她的讲课。

2. 借题发挥法

即把课堂教学中的偶发事件巧妙地融进自己的教学中，利用课堂教学中出现的意外情况，借题发挥，大做“文章”。一位政治特级教师也碰到过麻雀飞进教室的情况，他借“不速之客”麻雀的出现，给大家讲了一个“麻雀的冤案”的故事：“20世纪五六十年代，我国曾经把麻雀与苍蝇、蚊子一起列入害虫名单，在全国开展消灭麻雀的运动。理由是麻雀偷吃掉大量的粮食。但后来研究表明，麻雀蒙受了冤屈，因为麻雀对人类的益处远远大于它对人类的危害。”之后，他又以此为题，让学生运用所学的哲学原理加以分析。同学们反应热烈，兴趣十足。有的从矛盾主次方面的角度，说明麻雀对人类有利有弊，但利大于弊，看问题应抓住本质和主流；有的运用普遍联系的原理，分析消灭麻雀会破坏生态平衡；还有的从认识发展的角度，说明人类对麻雀的认识经历了一个不断深化的过程……这样，这位教师巧妙地借麻雀的出现，引导学生复习巩固了所学知识。

3. 将“错”就“错”法

一次，一位教师在高二化学油脂的教学中，误把“油脂”写成“油酯”，遇到这种情况怎么办？假如教师碍于面子，将错就错，不加纠正，那是绝对要不得的。但如果我们能够借“错”生智，来个将“错”就“错”，则不失为一种良好的教学机智。当这位教师发现自己出现了错误而学生没有发现时，他立即对学生说：“你们好好想一想，老师刚才写得对吗？能不能把‘油脂’写成‘油酯’呢？‘脂’和‘酯’有何联系？”学生听后，开始重新审视和思考，发现了错误，进行了辨析，他们对“脂”和“酯”有了更深的理解。

4. 实话实说法

承认自己的失误，实话实说。有一位化学教师课堂实验出现失误，燃烧着的金属钠在充满氯气的集气瓶里冒出的不是白烟，而是黑烟。同学们一脸愕然，这位化学教师随机应变："这块金属钠为何燃出黑烟？请同学们回忆一下金属钠的物理性质及其贮存方法。"全班同学立刻由惊愕变得活跃。一位同学抢着发言："金属钠性质活跃，不能裸露在空气中，而是贮存在煤油中！""你说得对！"教师满怀歉意地对大家说："刚才就是由于我的疏忽，实验前没有将沾在金属钠上的煤油擦干净，结果发生了实验事故。为了揭示上述错误原因，我不准备回头处理煤油，而是将沾有煤油的金属钠继续燃烧下去。请大家想一想，燃烧的过程中，烟的颜色将发生怎样的改变？""黑烟之后将出现白烟！"实验结果证明了大家的预测。化学教师宣布："同学们，你们的预测实现了！"全班响起了热烈的掌声。化学教师坦诚的襟怀、实事求是的品质、灵活的教学机智赢得了大家的赞许。

5. 因势利导法

所谓"势"，是指事情发展所表现出来的趋向。处理偶发事件时，要注意发现和挖掘事件本身所表现出来的积极意义，然后或顺势把学生引向正路，或逆势把学生拉向正轨。曾有学生在粉笔盒里放了一条冬眠的蛇，希望给新接班的女班主任一个下马威。但那位教师巧妙地运用了这种方法，将消极因素转化成了积极因素。她待同学们安静下来之后，带着余悸平缓地说："据说，每位接我们班的新老师都收到过一份大家赠送的特殊礼物，王老师的灰老鼠、郑老师的大王蜂……而我呢，你们送了一条蛇。"她微微笑了笑，指着那条蛇说："我是第一次这么近看到蛇，刚才还摸到它，着实吓了一跳。不过我觉得捕捉蛇的同学挺勇敢，至少有一定的捕蛇经验……我相信，凭他们的能力，不仅仅能做到勇敢，还应该做出点其他什么，老师相信你们。"那几个调皮的学生原本等着看"戏"，却没料到老师居然表扬了自己，那可是非常难得的，但不知为什么他们就是高兴不起来，只是呆呆地听老师讲有关蛇的知识。第二天早晨，这位老师走进教室，一股清香扑鼻而来，她惊喜地看到讲台上的粉笔盒里插着一束野花。教室里鸦雀无声，从此，这个班变了。

6. 暂时悬挂法

暂时悬挂法就是冷处理，对教室中发生的偶发事件采取淡化的方法，暂时"搁置"起来，或是稍作处理，留待以后再从容处理。这种方法多用在学生与学生之间、学生与教师之间发生争执对立或课堂教学中个别学生发生了一些较严重的违纪事件时。因为发生偶发事件后，学生多半头脑发热，情绪不稳，很难心平气和地接受教育。有时甚至会产生严重的逆反情绪，使局面难以收拾。而教师也容易心理失衡，缺乏充分的心理准备和冷静的分析，如果贸然进行"热处理"，难免发生失误或难以取得最佳的教育效果。例如，一位教师上课时，刚走进教室，就看见同桌的小王和小张在打架，你推我拉，互不相让。这位教师没有慌张，也没有大声训斥学生，而是微笑着说："怎么啦，你们俩都已经是高中生了，有了小矛盾还不会处理？

双方冷静一下，相信你们能够自己解决的。好，我们开始上课。”随着教师的话语，同学们松了一口气，小王和小张也松开了手，不好意思地低下了头。一场“龙虎斗”平息了下来。这种方法既避免了事态的激化，又没有浪费教学时间，更主要的是让学生自己解决纠纷，引导学生进行自我教育。

7. 爱心感化法

偶发事件经常发生在一些学困生身上，他们自尊心强，同时自卑心理也较重，他们十分渴望得到教师的信任和尊重，即使做了错事，也希望得到谅解。作为教师，特别是班主任，应坚信每个学生都是可以教育好的。在处理偶发事件时，注意把严肃、善意的批评与信任、鼓励结合起来，把“尽量多的要求”与“尽可能多的尊重”结合起来，切不可感情用事，用训斥甚至是体罚或变相体罚等方法简单粗暴地处理，以免激起师生之间的矛盾，造成师生之间对立情绪的扩大。这正如苏霍姆林斯基所说：“教育，这首先是关怀备至地，深思熟虑地，小心翼翼地触及年轻的心灵。在这里，谁更有细心和耐心，谁就能获得成功。”

8. 巧给台阶法

课堂上，对于那些好出风头或恶作剧的学生，在对他们进行批评教育时，要注意给他们台阶下，千万不能闹对立，避免把矛盾扩大。对偶尔犯错误的同学更应如此。有一位小学教师上课时刚出现在教室门口，正在舌战中的同学立即七嘴八舌地向他告状，说小王把沙子撒进了小丽的眼睛。小王矢口否认，小丽则边擦眼泪边号啕大哭，整个教室一片混乱。这位教师通过观察，很快做出判断：小王欺负小丽，但小丽的眼睛眼里并没有沙子。她大哭只是想借老师的嘴批评小王为自己出气。怎么办？如果当堂查问，势必影响上课。如果不问，小丽则会哭个不停。老师先叫同学们静下来，然后从口袋里掏出手帕，帮小丽擦眼泪：“不要哭，让老师帮你把沙子弄出来。”说着，一本正经地检查小丽的眼睛，并且帮她吹了几下，边吹边问：“还有沙子吗？还痛吗？”“不痛了。”小丽巴不得趁机下台阶。这位教师进一步给她台阶：“不痛就不要哭了。哭鼻子不是坚强的孩子！这件事到底怎么回事，咱们下课再说。现在上课。”小丽真的不哭了，教室立即静下来，课进行得很顺利。

9. 巧妙暗示法

巧妙暗示法除了暗示外，还有个别提醒、重点提问、幽默调侃等方法。这些方法多用在那些上课注意力不集中、思想开小差的学生身上。当偶发事件发生时，教师可视情况用语言、眼神、手势等进行暗示。如果暗示不起作用，教师可换用个别提醒法，可以边讲课边走到该生身边，轻轻地敲敲他的书本或课桌。如果以上两种方法都不见效，还可以尝试重点提问法，通过个别提问，让学生把注意力转移过来。在多年的教学实践中，有经验的教师或班主任会发现，在课堂上适度进行幽默调侃，也是唤起学生注意，避免学生分心的有效方法。如发现有学生打瞌睡，教师随即说了句“春风吹得书声醉，莫把课堂当睡堂”。同学们一笑，那位同学也睡意全无。再如对于个别开小差的学生，可提醒道：“唯物辩证法告诉我们，任何事物都是一分为二的，但唯有一心不可二用，上课时一定要集中精力。”

10. 停顿休整法

当学生精神疲劳，无法集中精力学习时，教师可暂时停下来，让学生闭目养神，休息几分钟，或做做小游戏，或唱上一支歌，或讲个幽默风趣的小故事……待学生精力恢复、注意力集中时再讲课，效率会大大提高。[①]

总之，作为班主任或任课教师，我们要善于观察和思考，根据不同的情况，因势利导，采取相应的应变方法，利用自己的教育机智，巧妙化解课堂内外的偶发事件，从而取得良好的教育教学效果。

【案例分享】

课堂偶发事件的冷处理

有一天下午，我正在上课，班里挺安静的，大家都聚精会神地听着，突然有个男生粗声说了一声：“踢我干吗？”大家都转过去看着那个男生，我走到他的身边，他说：“赵某踢我凳子。”赵某是班里最好动的一个男孩，他体育非常好，是学校体育队的，平时在班里也挺有权威的，学习成绩虽然不怎么好，但是人不错，下课经常会主动和我说话。我走到他的桌旁，但我不想中止我的课堂教学，我就轻轻地对他说：“赵某，你不要再踢了。”可没想到他却态度强硬地说：“我没踢！”

我就说：“踢没踢你心里总清楚吧。”他不吱声了。我也没和他争辩，继续微笑着上课了。没想到，下课后，我正整理着我的教学用书准备离开教室时，他与刚才检举他的人吵起来了，我赶紧过去大声地喝住了赵某。赵某走开了，他情绪比较激动，我没有马上把他叫到办公室去谈话，而是让他冷静后想清楚找我。之后我也不和他说话，上课也不提问他，而他总是低着头，有时偷偷地看我的表情，这样持续了一天。不说话多难受，终于他来找我了，到办公室时，见到我他还是觉得有些不好意思。我搬了个凳子让他坐下，我对他说：“赵某，我们今天就很随意的很平等地谈谈心，我觉得你平时也挺主持正义的，班里其他同学吵架，是你去把他们拉开的，我们就暂且不追究你那天到底有没有踢黄某的凳子，但是如果你觉得吵架能解决问题的话，那你平时为什么还要去劝别人不要吵架呢？”他说：“老师，这一天，我觉得过得挺不舒服的，我用吵架处理问题是错的，对不起！”我笑着说：“你不用和我说对不起的，而应该对那位同学说才对。”他点头答应了。当我下午去教室上课时，他早就和那位同学有说有笑了。孩子毕竟是孩子！

① 苏勇：《课堂偶发事件的类型及处理办法》，《基础教育课程》，2007 年第 1 期，第 22-24 页。

案例分析：

众所周知，师生之间经常会产生一些大大小小的矛盾，随着年龄的增长，他们的个性和见识也随之增长，他们有自己的见解和主张，并且自尊心特别强。学生犯了错误时，不能当着众人的面对他们大声呵斥和责骂，这样只会招来反感和叛逆。现代教育理念更推崇平等的师生关系，鼓励教师更多地贴近学生，在相互理解和信任的环境下实现教育的目标。那么，怎样处理师生之间的矛盾？怎样达到师生之间的理解和信任呢？

一方面，班主任要善于控制自己的情感。案例中的事件是课堂上的偶发事件，虽然踢凳子事件的人证有，但如果老师停止教学，让赵某当场承认凳子是他踢的，非得在课堂上解决问题，弄僵了也许会让自己下不了台，而且教师愤怒的情绪也会传染给全班学生，以至于这节课不能完成教学任务，其他学生也陪着浪费时间。魏书生说："无论课前我有什么烦恼和不快，一到上课，就得像川剧演员变脸一样，换作笑脸面对学生。"案例中老师始终能稳定自己的情绪，虽有生气，但很快控制了，使学生能平静地继续上课，学生们从老师身上也学到了沉稳的品质。

另一方面，班主任要把握时机，及时与学生沟通。学生在冲动时，往往不太理智，这时谈话也许要费力，事情过后，冷静下来想想，学生自己也会反省到自己的错误，毕竟学生是有一定是非观念的。案例中，老师在课堂上采取了冷处理，既照顾了学生的自尊，又使课堂教学正常进行。冷静后的谈话使学生心悦诚服地接受批评，进而改正错误，师生的矛盾得到消除，师生心灵更加理解和信任对方。

四、班级总结评比

（1）学期操行评定：对学生的思想、道德、学习、心理等方面进行评定，分为优、良、中、差四个层级。可以采取学生自评、班干部联评、班主任总评的方式。

（2）三好学生评定：从德智体美劳发展，操行评定层级，学习成绩、体育成绩等综合评定。三好学生由学生民主推荐，任课教师也可推荐，赞成票不低于70%。

（3）优秀学生干部评定：以身作则，乐于助人，群众基础好，学习成绩符合学校规定。

【拓展阅读】

班干部的职责分工

班长职责：① 领导各班委成员进行相关工作，并检查其工作的执行情况。对班上学习、纪律、劳动、卫生和生活情况全面负责。② 及时处理班上出现的突发性事件。③ 研究班上存在的热点、难点问题，并及时与班主任沟通。④ 负责定期召开班干部会议等。⑤ 组织好晨读。

副班长职责：① 负责每天班上同学的出勤、校服、发型等个人卫生检查。② 负责检查外卫生区。③ 负责统计班级值日小组、学习小组量化评比。④ 协助班长工作。⑤ 协助宣传委员出板报。

卫生委员职责：① 对班级卫生情况全面负责，检查眼保健操。② 负责督促当日值日生一天两扫，确保教室、清洁区的清洁。③ 负责了解每天值日卫生工作情况，检查是否有未完成者，平时教室内是否有乱扔垃圾现象，如有发现，应及时制止并让其捡起扔垃圾桶里。④ 要求值日组长每天督促值日生将黑板、讲台擦干净并整理好讲台。⑤ 每天早到校，检查教室卫生，发现问题及时解决。

学习委员职责：① 组织好全班同学的学习，抓好科代表的工作，督促和检查科代表收发作业情况，了解完成作业情况，定期召开科代表会，尽量解决同学们在学习上的困难，及时向科任教师汇报。② 协助各科任教师组织好教学，组织同学们参加各科学习竞赛，及时向班主任或班委会汇报工作。③ 经常与小组长联系，掌握班级同学学习情况，学习上要开展互帮互助，发现同学抄袭作业要及时制止。④ 及时向班主任老师（或任课老师）反映同学在学习上的建议和要求。

体育委员职责：① 在课间操、升旗、集会上维持好站队的秩序，做到“快、静、齐”。② 做好运动会的报名动员及参赛工作。③ 课外体育活动负责领借、归还体育用品，如有损坏要报告体育老师。

宣传委员职责：① 负责黑板报、广播稿的编辑工作。② 对班上的舆论导向负责，加强对同学的思想教育。③ 负责组织配合学校的各类文艺活动。

纪律委员职责：① 发现同学遗失东西要及时报告老师。② 对同学发生争端，要及时疏导，严重恶性事件要报告老师。③ 提醒大家不能在教室、走廊大声喧哗、跑闹。④ 经常提醒同学外出时教室的门窗安全。⑤ 注意时间，及时提醒同学中午进班上自习。⑥ 注意日常行为，同学出现违纪应及时制止。

各科课代表职责：① 明确本科作业的种类。将当天老师布置的作业及时提醒给各位同学。② 课前应及时领发作业本，并协助老师搬送教具、作业到教室。③ 收交作业必须及时。④ 了解同学作业完成情况，并记录好作业记载本。⑤ 及时向任课老师反映同学们对作业多少的要求或学习上不懂的地方。⑥ 每位课代表应该成为同学们的榜样，首先自己要及时完成，上交各科作业，并杜绝抄袭作业现象。⑦ 老师临时外出未布置作业，课代表应根据本科实际适量布置作业。

各小组长职责：① 督促全组同学遵守学校各项规章制度。② 督促全组同学认真学习，按时收交或检查本组学生作业本，并将当天缺交或缺做作业情况向科代表汇报。③ 对本组同学的学习、生活、思想情况和对各学科的教学情况，及时向科代表或班主任老师汇报。④ 完成老师、班长布置的其他任务。

卫生组长职责：① 做好卫生分工，各司其职。② 每天早到检查早上室内卫生：地面、外窗台、垃圾桶、水盆。③ 课间督促组员倒垃圾、擦黑板、打水。④ 放学值日一定把卫生做彻底，不留死角。检查门窗、灯、窗帘。

第三节　学生日常行为规范训练

著名教育家叶圣陶曾说："什么是教育？简单一句话，就是养成良好的习惯。"好习惯可以让人受益终身。然而，好习惯的形成，需要对日常行为进行长期的规范和训练。

一、中小学生日常行为规范的内容

学生日常行为规范是指国家和社会对学生道德素质和文明规范的基本要求。为全面落实党的十八大和十八届三中、四中全会精神，深入贯彻习近平总书记系列重要讲话精神，积极培育和践行社会主义核心价值观，进一步增强中小学德育的针对性、实效性，根据学生发展的新特点，教育部在广泛征求意见的基础上，制定了《中小学生守则（2015 年修订）》。具体包括九个方面：

爱党爱国爱人民。了解党史国情，珍视国家荣誉，热爱祖国，热爱人民，热爱中国共产党。

好学多问肯钻研。上课专心听讲，积极发表见解，乐于科学探索，养成阅读习惯。

勤劳笃行乐奉献。自己事自己做，主动分担家务，参与劳动实践，热心志愿服务。

明礼守法讲美德。遵守国法校纪，自觉礼让排队，保持公共卫生，爱护公共财物。

孝亲尊师善待人。孝父母敬师长，爱集体助同学，虚心接受批评，学会合作共处。

诚实守信有担当。保持言行一致，不说谎不作弊，借东西及时还，做到知错就改。

自强自律健身心。坚持锻炼身体，乐观开朗向上，不吸烟不喝酒，文明绿色上网。

珍爱生命保安全。红灯停绿灯行，防溺水不玩火，会自护懂求救，坚决远离毒品。

勤俭节约护家园。不比吃喝穿戴，爱惜花草树木，节粮节水节电，低碳环保生活。

《中小学生守则》共 282 字，涵盖学生德智体美劳全面发展的基本要求，涉及对学生品德、仪表、生活方式的要求，人际交往中的要求，学校学习和集体生活的要求，家庭生活要求，公共场所和社会生活的行为要求等各个方面，促使中小学生从小树立正确的国家观、集体观、道德观、法治观、人生观、价值观等，养成良好的行为习惯，促进身心健康发展。

二、中小学生日常行为规范训练的方法

为了达到《中小学生守则》提出的九个方面的要求，班主任在日常管理中必须加强对中小学生行为规范的训练。

（一）通过榜样，示范行为规范

榜样示范是以他人的高尚思想、模范行为和卓越成就来影响学生品德的方法。榜样包括伟人的典范、教育者的示范和学生中的好样板。班主任运用榜样示范，首先要选好学习的榜

样，激起学生对榜样的敬慕之情，引导学生用榜样来调节自身行为，不断提高修养。

（二）通过活动，养成行为规范

英国作家威廉·梅克比斯·萨克雷（William Makepeace Thackeray）说："播种行为，可以收获习惯；播种习惯，可以收获性格；播种性格，可以收获命运。"我国著名儿童教育家陈鹤琴曾说："习惯养得好，终身受其益。习惯养不好，终身受其累。"中小学生日常行为习惯的养成教育是促进学生终身发展的教育。规范行为，养成良好的习惯，是学生健康成长的根本保证。班主任可以利用班会活动、班、团队活动以及文娱活动、体育活动、公益劳动、社会实践、军训、研学、参观游览、社区服务等其他教育活动对学生进行行为规范的教育。

（三）通过考核，强化行为规范

班主任根据行为规范的要求，对中学生的行为习惯进行考核，并将其纳入品德考核中，如可设基本分、奖励分、惩罚分，激励学生。

（四）通过环境，陶冶行为规范

班主任需要有目的、有计划地创设有利于日常行为规范化的教育环境，对学生进行潜移默化的熏陶和感化，如创建班级环境、校园环境、教育环境。

（五）通过教学，渗透行为规范

学生的大部分时间是在课堂中度过的，各科的教学内容中也都包含了行为规范的教育内容。班主任要善于调动任课老师的积极性，请任课老师结合教学内容渗透行为规范教育，对课堂中出现的不良行为习惯及时批评，对好的行为表现及时表扬。同时，各任课教师结合教学内容开展，联合家庭、社会形成合力。要充分利用社会的力量，组织学生参加社会实践活动，开展职业体验，和先进人物、精英人物见面。还要加强与家长的联系，利用家长会、一线通、电话等机会，取得家长的配合与支持，争取更好的教育效果。

总之，从学生入校到毕业，要通过几年的训练，使之形成良好的行为习惯。为此，班主任必须有目的、有计划地制定相关制度，创造性地开展各种活动，依靠检查、督促、评比、表彰等手段，保证行为规范训练长期有效地进行。老师是学生的榜样，中小学学生具有较强的可塑性，要求他们执行的日常行为规范，班主任老师自己首先要率先垂范，以身作则，只有这样，才能真正达到训练学生日常行为规范的目的。

第四节　班级规范的制定与实施

一、班规的内涵

班规是班级成员共同遵守承诺的行为规范及评价规定。有研究表明，优秀教育管理者与无效教育管理者之间最主要的不同点是处理规章制度的方式。有效管理者明确规则且认真执行，低效管理者则未明确规则或随意提出规则，且不会认真执行规则。

班规是一种典型的潜在课程。班主任要增强班级管理的科学性、公平性，就必须依靠班规管理班级，使班级活动的开展及其奖罚有法可依，从而提高班级管理的有效性，避免随意性。科学管理的表现形式之一就是要研究规律，而后制定制度，制定“班规”。班级管理也是如此，在班级中要不断形成“班级最高权威不是班主任，而是规章制度。班内强调规则面前人人平等，人人都要照章办事，共同维护制度的权威”的良好局面。

二、制定班规的意义

班规可以说是班主任管理班级和教育学生的基本依据。每一位班主任往往都要通过制定一系列奖惩条例来约束和规范学生的行为，倡导良好的习惯和操行，达到激励和鞭策学生的目的，以此形成健康良好的班风和学风。在实际工作中，很多老师都感觉现在的学生越来越难管了，学生逆反心理又特别强。在他们面前，老师的教育有时候显得苍白无力。新课程的改革和施行，同时也把学生放到了教育教学的最高地位，要求教育工作者给予学生足够的关注和尊重。在此背景下，制定一套科学合理的班规就显得尤为重要。

三、制定班规的原则

（一）班规制定要“顺”

所谓“顺”，即要“顺应民意”，顺应学生的要求。班主任要尊重学生的人格、情感和个体差异，鼓励学生提出不同意见，充分调动学生参与班级管理的积极性，让学生充分行使民主权利。这样才会让学生感受到自己是班级中的一员，从而体现出主人翁精神，增强学生的自尊和自信。班规可以由班长牵头，班委讨论，再由全班学生民主投票通过。这种学生自主制定的班规，更易于学生自觉遵守。

（二）班规制定要“细”

制定班规时要仔细、缜密，要让每一个细小的地方都有章可循，使之具有较强的可操作性。例如，有些学生没有完成作业，但又不勇于承认错误，而是谎称忘在了家里。因此，在班规中可以对这种现象进行明确界定，即“不交作业和忘记带作业都是违规”，依照班规都要扣分。忘记带作业的，要责成其第二天带来，否则依照班规应当按欺骗行为处理。这样，一方面要求学生应按时完成作业，另外也教育学生要诚信，最后即使是学生真的忘了带作业，也可以给他起到提醒作用，以后就不会再忘记了。

（三）班规制定要“全”

班规的制定要全面，平时发现某个要求可以设为规则的，和学生协商后都可以列入班规中，并在实践中进行合理增删。比如某个班级的早读，原本班规中并没有关于早读的规定，但是由于学校要求早读要大声朗读，而这一点学生又很难都做到。经过学生提议，班委讨论决定对早读大声朗读和不认真读书的同学分别给予加分和扣分。

（四）班规制定要“人性化”

班规在很多人的印象中往往是一些冷冰冰的条条框框。我们提倡，班规制定应该充满人性化和“温度”，让犯了错的学生既能改正错误，又不产生抵触情绪。比如，可以以劳动最光荣的方式奖励犯错的学生打扫教室，帮办公室打水等，这样可以让学生拥有一个积极的心态去面对错误和改正缺点。另外，班规应当是赏罚分明的，不仅有对犯错学生的约束，还有对良好行为的提倡和鼓励。

总之，一个科学合理的班规可以使班级正常运行，可以使班主任的一些工作得以顺利开展，同样也能使班主任的工作轻松容易一些，从而达到预期的教育目的。

四、班规的执行与实施

（一）民主决策选出班干部

一个班级要通过民主的方式选出学生心目中的班干部，这样才会具有良好的群众基础，便于今后开展工作。接到一个新的班级之初，班主任应当通过观察和以往经验，委任部分同学组成临时班委，经过一段时间的磨合以后，再由学生通过民主投票选出正式的班委。班干部是学生自己选出来的，原则上学生会更易于接受，也便于班干部的管理。

（二）树立班干部的威信

班委组建后，班主任应大胆让班干部管理班级，而不应该什么事都插手。恰恰相反，有些事情可以先装作看不到，看看负责此事的班干部如何处理，事后再给予班干部一定的指导。与此同时，班主任一定要做好班干部的坚实后盾，在班上帮助树立班干部的威信。

（三）将他律转变为自律

班主任的管理、班干部的监督、班规的约束都是让他人和规则来约束学生，也就是“他律”。管理的最高目标应当是实现自我约束，即学生本人自己约束自己。当然，这种境界是很难达到的，但是这在部分方面也并非全无可能。比如，有的学生上课中途以上洗手间为由随随便便出门。对这种情况如果放任不管，久而久之就会形成课堂教学纪律松散的局面。班主任要通过教育引导学生课前做好准备，严格自律，树立自我约束意识，从而逐步形成自我管理氛围。

（四）重视检查和量化评比

班规制定以后，想要发挥其作用，班主任就必须依托班委加强检查落实，督促学生自觉践行班规。同时，还需要在班级内部进行量化评比。班级管理量化评比作为学校常规管理的重要手段，通常是通过学生干部的检查进行量化计分，并开展班级之间或班级内部学生之间的评比。其宗旨是通过评比活动，促进良好的校风、班风、学风的形成，促进学生良好行为习惯的养成。因此，班级量化评比应成为班主任工作的得力措施。在开展量化评比中，班主任和班干部要防止出现庇护、放纵、干涉、偏激四种误区，要正确处理班级量化评比过程与结果的关系，不能过分看重结果，更不能为在评比过程中得高分弄虚作假，甚至人为地制造不公平。班主任要重视过程管理，教育引导学生在参与过程管理中提高认识、受到教育、学习先进、改正不足。

（五）恰当运用奖惩措施

班主任是班级工作的领导者、组织者和实施者，同时也是实施奖惩的首要执行人。班主任在进行班级管理、实施德育教育过程中，奖惩制度通常会起到很大作用。因此，班主任可以恰当运用奖罚措施来教育引导学生改正错误、积极向上，养成良好的行为习惯。班主任在奖惩制度的执行过程中，要注意两个方面的问题。

一方面，奖惩要对事不对人。在执行奖惩制度时，一要实事求是，对取得进步的学生应当给予肯定和奖励，要让违规违纪的学生接受惩罚。二要及时执行。在实施奖惩时要“趁热打铁”，让奖励和惩罚发挥出最好的效果。三要专人负责制。奖惩策略经常会因为班主任的工作繁忙而没有落实到位，抑或由于参与奖惩的人数过多，导致难以掌控。因此，奖惩制度的监督和落实必须由专人负责。

另一方面，平时要加强对学生的规则教育。健康的心态是班主任实施规则教育的基础。规则教育的实施会面临很多困难，班主任要清楚，学生在接受规则教育时，会受到各种因素的干扰，如社会环境、家庭环境、人际交往和个人习惯等，学生的规则意识很有可能在同伴的影响或者眼前某些利益的驱使下难以养成。班主任在充分了解这样的教育常态后，对于学生的屡次犯错就会有一定的心理准备，这样在很大程度上就降低了惩罚给学生带来的消极影响。同时要不急不躁，耐心坚持。和教学相比，规则教育更考验班主任的耐心。有些班主任在学习上对学生百讲不厌，但在学生反复犯错后，会出现不耐烦的情绪，甚至认为学生“朽木不可雕”；有些班主任为了快速解决问题，可能会利用惩罚来压制学生，这样的方式从某种程度上会让班主任获得一时的“成功”，但事实上，惩罚对学生的影响越来越深，随之而来的问题也会越来越多。作为班主任，要明白不能因为学生出现多次的失范行为就否定一个学生，规则教育如同学科教育一样，要循循善诱，教师需要将耐心进行到底。

第五节　学生综合素质的评价

一、学生综合素质评价的内涵

综合素质评价是基于学生成长发展事实，对学生学业修习状况、核心素养和日常行为表现的系统评价，旨在客观反映学生德智体美劳全面发展情况。评价内容主要分为道德品质、学业水平、交流与合作、运动与健康、审美与表现、社会实践等六个方面。中小学开展学生综合素质评价，有利于促进学生认识自我、规划人生，积极主动地发展；有利于促进学校把握学生成长规律，切实转变人才培养模式；有利于促进评价方式改革，转变以考试成绩为唯一标准评价学生的做法，为高一级学校招生录取提供重要参考。

二、学生综合素质评价工作的目的及意义

首先，开展学生综合素质评价是搞好学校德育工作的重要环节。学生综合素质评价为全面了解和检验学校德育工作的实际效果、更好地组织开展德育序列化工作，促进学生健康成长提供了科学的管理方法。过去对学生思想品质的评价通常只靠班主任写评语的办法进行，致使学生之间思想品德行为表现模糊，难以比较。综合素质评价为德育工作者测量和评定学生的表现提供了较为科学的依据。

其次，开展学生综合素质评价具有导向功能和诊断功能。一方面，学生综合素质评价的导向功能表现在可以指导学校教育工作，使学校教育工作有更加明确的工作方向，也可以指导学生的思想行为朝着社会所期望的方向发展，对合乎社会规范的行为给予肯定、否则给予否定，这对学生思想行为的发展起到社会导向作用。另一方面，学生综合素质评价的诊断功能表现在它可以鉴别学生思想、行为的优劣，让学生及时了解自身的优、缺点，促进学生的自我认识、自我教育、自我控制，帮助学生逐步养成良好的思想品质。

最后，开展学生综合素质评价有利于学校对整体工作及其效果的检验和改进，借助评价，学校和教师可以及时了解学生思想、行为、学业等情况，使教育工作和教学工作更具针对性，为进一步检验和改进学校教育教学工作提供参考借鉴。

三、学生综合素质评价工作的原则

（一）评价主体的多元化原则

改变单纯由教师评价学生的做法，采取自评与他评相结合的方式，强化学生在评价中的主体地位，加强学生的自评和学生间的互评，使评价成为学生、教师、管理者、家长共同参与的交互性活动。激发评价主体和客体各自在学生评价中的能动作用，充分发挥家长评价这一环节应有的功能，让家长广泛参与学校的评价改革。

（二）评价目标的发展性原则

以激励学生健康、主动、全面、和谐和可持续发展为目标，表扬学生的进步，分析和理解学生的不足，提供诚恳的建议和帮助，关注每一个学生的发展现状及未来发展趋势，使学生明确自己发展的努力方向，促进学生发扬成绩，弥补不足，健康快乐地成长。

（三）评价内容的全面性原则

从德、智、体、美、劳等方面综合评价学生的发展，培养学生高尚的道德品质和良好的公民素养，终身学习的愿望和能力，以及强健的体魄、良好的心理素质、健康的审美情趣，

促进学生全面和谐发展。既要注重学生科学文化素质的评价，又要注重学生基础性发展目标的评价，纠正单纯以文化课考试成绩评价学生、选拔学生的错误做法。

（四）评价方法的多样化原则

采取定量评价和定性评价有机结合的方法，评价结果采用等级评定、描述性评语、质性评语相互补充、相互结合的方式，充分体现不同评价方法的优越性和互补性。

（五）评价过程的动态化原则

学生评价的着眼点要瞄准学生自身的纵向发展，不仅关注结果，更关注学生成长发展的过程。终结性评价要与形成性评价有机结合，更加注重形成性评价。评价要贯穿于知识技能的学习、良好思想品德和心理素质的培育，创新精神和实践能力的培养，学生个性的发展和多种潜能的开发以及体质健康等学生素质发展的全过程。

（六）评价结果的客观性原则

评价要做到客观具体、实事求是。在进行综合评价时，从评价的标准和方法到评价者所持有的态度，特别是最终的评价结果，都应符合客观实际，不能主观臆断或掺入个人情感因素。评价结果要做到实事求是，有理有据，用事实、案例和数据说话。

四、学生综合素质评价应克服的心理效应

（一）趋中效应

趋中效应是指评价者对评价对象既不愿给予优秀者太高的评价，也不愿意给予劣者太低的评价，尽量缩小差距，向中间状态集中的心理现象。为什么会出现趋中效应？一是班主任对学生缺乏全面深刻的认识，只能模糊处理；二是持有平均主义思想，不愿承认学生差别，填平补齐，皆大欢喜。

（二）参照效应

参照效应是指某些评价对象的“形象”影响着对另一些评价对象的印象的一种心理现象。产生这种效应的原因在于班主任在评价中将学生分门别类，并单纯地以比较的方法给出评价结果。在现实中，一个班学生呈现为正态分布，优秀、落后学生处在两端，占少数，中间学生占大多数。受到班主任关注的一般是两端的学生，而不是中间段，所以对他们的评价往往缺少准确性和针对性。因此，克服参照效应的关键在于，班主任要把学生放在集体中评价，更要把学生视为独立的个体，给予学生有针对性的评价。

（三）晕轮效应

晕轮效应是指在观察某个人时，他的某些品质或特征看来非常突出，从而掩盖了对其他特征、品质的知觉和评价。有些班主任评价学生，以学习成绩好坏来概括一个学生的整体。

如果班主任的晕轮效应是以成绩为标准，那么学生就会注重学习，而会忽略其他。因此，在评价学生时，班主任不应带个人偏见，给予学生公正而准确的评价。

五、学生操行评语的撰写

操行是指学生的思想、学习、劳动、体育锻炼等各方面的表现。操行评定就是对学生一学期（或一学年）的思想品德及各方面的发展变化情况做出评价。每个学期末给学生写操行评语是班主任的一项常规工作。

（一）操行评语的含义及功能

操行评语是指在一定时期内，班主任根据自己对学生的长期观察和了解，依据德育目标、学生守则、行为规范以及学校的规章制度，在学生个人小结和小组意见的基础上，对学生各方面表现所进行的综合性评价。其目的在于通过对学生德、智、体、美、劳以及个性品质和行为特征的评价，肯定长处，指出不足，明确今后努力方向，教育和鼓励学生进步，同时帮助家长全面了解学生在校的表现，积极主动地与学校配合，共同教育好学生。因此，操行评语是对中小学生进行教育的重要手段，其内容和形式都直接影响到它的教育效果。班主任实施操行评定应以肯定性评价为主，肯定学生的优点，评价应兼顾客观性和动态性，评价要全面、有特色、言简意赅。

评语是学期结束后班主任写给学生的书面评定，它是教师工作中的一个重要手段，它对引导学生品德健康发展起着非常重要的作用，具体来说主要有以下几方面功能：

首先，评语具有激励与导向功能。评语是教师教育影响力的延伸，是社会培养目标的具体表现。学生是评语的第一读者。从教师写的评语中，学生能够看到教师对自己的肯定性评价和否定性评价。他们会通过教师的不同评价做出不同的反应和行为。

其次，评语具有诊断与自省功能。教师要根据学生的不同年龄特点、品德发展状况、爱好特长、性格特点来对学生进行评价，这样才能收到“诊断”的效果。学生也会根据教师的评价进行“自省”，提高自我意识水平和自省能力。

再次，评语具有沟通与联结的功能。评语可将学校与家庭、班主任与各任课教师沟通起来，使学校教育与家庭教育联结在一起，形成教育合力。

最后，评语具有和谐与相容的功能。评语可以促进班级和谐人际关系的形成，变师生之间心理相斥为心理相容。由于教师与学生在思想修养、社会地位、文化程度、兴趣爱好和年龄等方面均存在差异，容易形成“代沟”和师生间的隔阂，因此运用评语，能缓和师生之间的关系，使之和谐融洽。

总之，评语在学校德育工作中有着非常重要的作用，这四个方面的功能是相互联系、相互依赖、相互决定的。我们必须正确地看待它、重视它，以提高学生德育工作的实效性。

（二）撰写操行评语的技巧

一是不落俗套、格式求新。班主任不要使用类似于“该生”的词，这样的指代会把师生间的距离拉大。相反，使用第二人称或称呼其“某同学”就要亲切很多，以平等的态度、商讨的口吻，好似茶余饭后、树下道旁与学生进行个别谈话一样，会让学生感觉亲切温暖。心与心交融，情与情沟通，使学生读起来就有新奇感、亲切感，大大增强了易受性。同时，在评语的形式和内容上要灵活多样，避免程式化。

二是抓住特征、突出重点。世界上没有完全相同的两片树叶，即使同一片树叶从不同的角度看也是不相同的。教师写评语时，要针对每个学生的特征给予恰当的评价，力争做到任选一段评语到班上去念，同学们都能猜得出是谁来。诚然，要做到这样很不容易，特别是中等生，优缺点比较类似，要面面俱到，不分主次，势必写成抹杀个性的“公式化”评语，使学生看了生厌。为了真正掌握每个学生的思想实际和生活实际，可以给学生立档案。写评语时根据平时观察记录的材料，综合分析，找出特征，确定重点，反复推敲，仔细琢磨，积累写评语的必要感情。

三是推心置腹、情深意长。为了在语句上体现感情，评语一定要避免冷漠的、空洞的训诫，而要用充满希望和信心的爱的语言写出对学生的深情厚谊。对优等生不搞“一俊遮百丑”，不只停留在“戒骄戒躁”上，而是在鼓励的同时“泼点冷水”，指出努力方向。对那些有严重缺点的同学，也决不用通牒性的词语，如决不容许、后果自负等，而是用“我相信你一定会改正”“你其他方面都不错，如能把这一个缺点克服就好了”“你应该有决心改正”“我耐心地等待你的进步”等充满希望与信心的词语。班主任要把自己的热情和对学生的爱心融入评语中，做到“真、善、美”，把评语写实、写活、写美。

【案例分享 1】

评语书写“三字经”：爱、情、心

1. 用“爱”书写，温馨评价

“我知道你会尽力干好每一件事。对你来说，虽然课堂上的知识你不能很好地吸收，但你总是努力学习，真让老师感动！你是个积极向上的好孩子，我相信在不远的将来有一片蔚蓝的晴空在等你。”这是写给一名学习很努力但进步不大的学生的评语。

2. 用“情”书写，注重激励

例如：“你是个很有体育天赋的孩子，继续努力，或许你可以成为下一个刘翔；你是个爱劳动的孩子，每次大扫除，脏活、累活你都抢着干，带给大家一片洁净、一份开心。如果你能把自己收拾得干干净净该多好。你的成绩差没关系，只要不断努力，加上老师和同学的帮助，相信你会进步很快！”这样的评语客观地指出缺点，也找出优点，催人上进，学生看了之后能不感动吗？

3. 用“心”书写，情真意切

“××同学，或许你认为自己在班级里是一个不起眼的角色，可是老师一直在默默地注视着你。那天老师发现你早早来到教室，把黑板擦得干干净净，真的很棒！其实你身上有很多闪光点……”这是写给一名自信心不足的学生的评语，字里行间流露出教师对他的爱。

【案例分享 2】

五种风格的评语案例

1. 表扬版

数学老师说“思宇思维敏捷”，英语老师说“思宇背书、记单词速度快”，音乐老师说“思宇学竖笛很投入”，体育老师说“思宇活泼有朝气”，同学们说“思宇开朗，乐观”……语文老师很奇怪，他说“思宇发言有质量、思宇阅读很专注”，可他又说“思宇的字……”（特级教师宋运来的评语案例）

嗨！阳光帅气的男孩，棋下得不错哦！曾把自称下棋厉害的初中生杀得片甲不留呢！下棋时彬彬有礼，做操时规范有力，读书时一丝不苟，写字时专心致志……安静的你是那么帅气！你喜欢数学，常常找老师要那些稀奇古怪的数学问题，你思考的样子特别帅。你思维开阔，课堂上常常在不经意间蹦出智慧的火花，让大家刮目相看。（特级教师程红兵评语案例）

2. 建议版

你一直是个非常爱读书的孩子，这是非常难能可贵的。需要注意的是，读书不要局限在儿童小说一个方向，你既可以围绕一个喜欢的方向，中外结合去读；也可以围绕一个喜欢的作者，进行深度阅读。读文章的时候其实就是在读人。自然、历史、地理、天文……小说之外，别有洞天。借助假期来尝试改变阅读方式，你一定会发现一个新的阅读天地。（全国十佳班主任田冰冰评语案例）

3. 风趣幽默版

你一定听过牛顿的故事，牛顿在做实验时，由于太专注，把怀表当鸡蛋扔进锅里煮了。你是一个聪明的孩子，如果你像牛顿那样认真，以他为榜样，认真对待每件事，一定会学有所获。

最后一个月，恭喜你“逆袭”成功，课堂上专心致志的神情和妙语连珠的发言“秒杀”了许多人哟，也为期末考试画上了圆满的句号。

4. 学科特点式

×××同学：

你的活泼与开朗、善良与真诚是一如既往的，但老师很不幸地告诉你：这学期你的表现是 $a>0$ 的二次函数的对称轴的左边部分的一个动点——y 随 x 的增大而减小了。这学期里你有些迷茫，你失去了自己的理想和目标，你的学习出现了一些问题，纪律上也有些放纵。马上初三了，老师真诚地期待你能运动到二次函数的最低点，找到自己的奋斗目标，释放出你所有的潜力，再运动到 $a>0$ 二次函数的对称轴的右边部分，让 y 随 x 的增大而无限增大。

5. 古文体

汝生于书香门第，喜读书。通达明理，开朗乐观。挫折不能压骨，忧烦不使低眉。时有非常之事，亦曾处之泰然，常援疑质理，好学善守。然汝时有蹉跎之意，散惰颇甚。若不熟读圣贤之书，以至学识浅薄，泯然众人，岂不哀哉，痛哉？

【案例分享 3】

中小学生操行评语案例

◆你是个热情开朗、善解人意、诚实质朴、令人信任的女孩，偶尔犯错的时候能虚心接受他人意，知错就改。关心爱护集体荣誉，热心助人，坚强勇敢，课堂练习完成情况较好，你对待问题常有自己的观点，老师希望你别轻易停下你前进的脚步，勇敢地朝着你选定的方向展翅飞翔。在今后的学习生活中，我期待看到你成功的笑容。

◆你是个善良温和的男孩，很懂事，关心他人关心集体，而一切都只在默默中进行。你也很活泼开朗，总是给身边的人带来快乐。这个学期学习上进心增强了，平时也会努力了，所以成绩进步很快，很令人欣喜！只要坚持不懈，更加刻苦勤奋，你一定会体验到更多的成功喜悦。在与同学相处时，多一些自信和豁朗的心态，你会感受到更多的快乐。

（三）评语撰写的常见问题

仅凭教师个人的观察和了解写出的传统操行评语往往存在很大弊病，主要表现在：

1. 千人一面，缺乏针对性

由于平时对学生缺乏观察、了解，觉得这生与那生差不多，写不出个性化的内容，只是用“遵守纪律”“团结同学”等常用词语来搪塞，似是而非。

2. 冷漠淡然，缺乏情感性

操行评语惯用的开头往往是“该生怎样怎样”，有的甚至还出现“笨”“傻”等侮辱性的词句，既伤害学生，又不利于拉近师生间的情感距离。

3. 主观臆断，缺乏客观性

操行评语只凭班主任独自“发挥”，由于受个人成见等心理因素影响，评语往往有失公允，使学生产生抵触情绪，出现负面效应。

4. 行文枯燥，缺乏艺术性

操行评语采用“思想 + 学习 + 期望”这一固定格式，老生常谈的话语，使评语往往抽象、缺乏新意个性，不能很好地激发学生的上进心和进取精神，达不到教育目的。

【拓展阅读】

中小学生操行评语撰写攻略

赞美长处，引起学生成功的体验；理解宽容，引起学生信任的体验。
推心置腹，引起学生反思的体验；鼓励进步，引起学生自信的体验。
体贴入微，引起学生关爱的体验；开导劝诫，引起学生自律的体验。
亲切活泼，引起学生平等的体验；名言警句，引起学生激励的体验。

（四）评语撰写的注意事项

一份好的评语对学生的健康成长将起到不可估量的教育导向作用，因此，撰写操行评语丝毫马虎不得。

1. 针对个性，突出重点，产生“引导效应”

班主任写评语时，若能抓住平时的小事，注意归纳，针对学生的个性特点，做到知人而写，评如其人，那么评语就会发挥出积极导向功能，产生“引导效应”。黑格尔是德国著名的哲学大师，据说他从小由于家庭影响，一心想成为一名牧师，但后来大学老师为他写的短短一段评语却改变了他的一生。老师在评语中写道：健康状态不佳，中等身材。不善辞令，沉默寡言。天赋高，判断力健全，记忆力强。文字通顺。作风正派。有时不太用功。体质一般。神学有成绩，虽然定式讲道不无热情，但看来不是一名优秀的传道士。语言知识丰富，哲学上十分努力。[①]这则评语突出了黑格尔的个性，深深触动了黑格尔，给他指出了努力的方向，引导黑格扬长避短，最终走上从事哲学研究工作的道路。

2. 纵向比较，注重发展，产生“激励效应”

班主任应该用发展的眼光看待每一个学生，既做横向比较，又做纵向比较。给优秀学生写评语，宜多采用横向比较，和其程度相当的同学比较，和比其更优秀的同学比较。给后进学生写评语，则要注意把学生和他自己过去对比，和上个学期比，要充分看到他们自身的进步和发展，并及时给予肯定，使他们对未来充满信心。例如，有位班主任这样写道：“你是个文静的小女孩儿，这学期担任了语文课代表，帮我做了许多工作，累坏了吧？在这里我说声谢谢你，你是否从中也有所收获呢？你的作文文笔流畅，思维敏捷，真的是进步不小啊！但我希望你能对自己的要求更高一些，平时要注意积累材料。”在“比较和激励”的指导思想下写出的评语能够产生“激励效应”，激发学生学习的动力，增强学生学习的信心，促进学生健康成长。

① 陈木：《由黑格尔评语说开去》，《党建与人才》，2001 年第 2 期，第 26 页。

3. 内容具体，语气亲切，产生“感化效应”

给学生的评语虽不能面面俱到，但也不能泛泛而谈、空话套话连篇、不痛不痒。要抓住学生突出的一两点小事，融入班主任的情感，以肯定和鼓励的语气为主，这样，优秀学生才会百尺竿头，更进一步，后进学生也能追赶超越，迎头赶上优秀学生，产生“感化效应”。例如，有一则评语这样写道：“孩子，老师想对你说：你辛苦了，我多么希望你在文化课上像画画儿一样专心，像搞设计一样投入，像扫地一样认真。”读到这则评语的人可能会深切体会到，老师既点出学生的优点，又巧妙地道出其不足，表达了对学生深深的爱。

总之，操行评语是学校管理和班级管理不可低估的教育环节，操行评语的优劣一定程度上会影响学生的学习和生活。好的评语犹如洒向学生心田的甘露，可以充分发挥出评语应有的教育功能。

第六节　班主任工作计划与总结

一、班主任日常工作计划的制定

在一个完整的班级管理中，计划、施行、检查和总结是四个基本环节，各个环节都是管理全过程不可缺少的。四个环节有序运行，就构成一个管理周期（也叫管理闭环），并往复循环。各个班级千差万别，但其管理过程却是共同的。因此，班级管理就是以上四个环节的有机结合、有序运行和管理周期的循环运转、螺旋上升的过程。班主任日常工作管理范围小、内容全；管理层次低、工作细；管理方法杂、难度高。这就决定了班主任工作必须讲究计划性。

（一）制定班主任日常工作计划的依据

（1）上级指示：教育方针、政策法规，上级教育行政部门的管理目标和下达的任务、学校总体管理工作计划。

（2）学校要求：学校工作计划为整个学校管理规定了明确的任务，对教育目的和当前形势做出了明确论述，它是制定班主任工作计划的直接依据。

（3）班级实际情况。班级状况是班主任工作计划的基础，管理计划的制定只有从班级实际情况出发，才能使班主任工作计划具有科学性、针对性和可操作性。班级情况包括学生人员构成、学习情况、思想情况、体质状况、骨干状况、班级特点等。

（二）制定班主任工作计划的要求

（1）班主任工作计划的基本要求：① 要有明确的目的。② 保证对学生进行德智体美劳全面教育的有机统一。③ 要注意计划的现实性和可行性。④ 要注意计划的超前性和明确的远景规划。⑤ 要注意班级工作的灵活性。

（2）班主任日常工作计划的内容：① 班级基本情况分析。② 工作目标，包括总体、阶段、各层次具体目标。③ 措施安排，包括教育活动。组织力量与分工、时间步骤。④ 检查办法，包括按时检查、随时抽查、学生自查等。

（3）班主任日常工作计划的形式，主要包括学期计划、月计划和周计划。

（三）班主任日常工作计划的实施

1. 班主任日常工作计划的实施原则

第一，及时性原则。班主任在工作中要及时完成预设的工作计划内容，以促进学生在实施计划过程中健康成长。第二，灵活性原则。计划是事先预设的，难免有不周到之处，班主任在落实计划的过程中，需要灵活处理、调整计划中的不合理元素，完成好计划。第三，实效性原则。坚持理论联系实际，从学生需求出发，从学生的问题出发，落实计划时采用多种方法，使计划更具实效性。

2. 班主任日常工作计划的实施步骤

第一，认真制定科学合理的工作计划。根据班级及班级学生的特点制定计划，使计划更趋科学、合理。第二，分析某一计划内容的特点，选择优势学生参与，落实工作计划。根据计划编制的内容，选择班级中具有此方面优势的学生，组织好此类活动，带动大家共同参与，共同受益。第三，调整计划中不合理的因素，最大限度发挥其教育作用。计划是预先编制的，难免有不当之处。执行计划时，需要对计划的不合理因素进行调整，以体现教育作用的最大化。第四，利用各方面资源，进行资源整合，完成班主任工作计划。教育是集体的智慧，班主任一人很难完成。因此，在执行计划时，班主任要善于利用各方面资源如任课教师、家长、社区等，完成工作计划。第五，及时总结，发现问题。计划落实后，要马上总结，发现执行计划过程中存在的问题，避免下一周期中重复发生。

二、班主任工作总结的内涵与意义

（一）班主任工作总结的内涵

班主任工作总结是对一定时期内的班主任工作加以总结、分析和研究，肯定成绩，找出问题，从中得到经验和教训，摸索事物的发展规律，获得规律性的认识，用于指导下一阶段工作的一种书面材料。它所要解决和回答的中心问题，是对某种工作实施结果的总结和概括，是对以往工作实践的一种理性认识。班主任工作总结的特点是评论性、过程性、实践性和概括性。班主任工作总结按时间分为三个类型，即年度总结、学习总结和活动总结。

（二）班主任工作总结的意义

班主任工作总结是班主任对工作实践进行反思的书面报告形式。写好班主任工作总结，对于教师积累育人经验、提高管理水平和教育成效具有重要意义。第一，班主任工作总结是做好班主任工作的重要环节。通过它，可以全面地、系统地了解以往工作情况，可以正确认识以往工作中的缺点，可以明确下一步工作的方向，少走弯路，少犯错误，提高工作效率。第二，班主任工作总结是班主任认识班主任工作的重要手段，是由感性认识上升到理性认识的必经之路。通过总结，班主任可以将管理班级时所积累的零星的、肤浅的、表面的感性认识上升到全面的、系统的、本质的理性认识上来，找出班级工作和学生发展的规律，从而掌握并运用这些规律，提高班主任工作质量。第三，班主任工作总结可以提高班主任的写作水平。班主任在写工作总结时，须勤于思索，善于概括，这样可以提高班主任的理论水平，实现实践经验的理论升华。同时，在进行总结时，班主任要对工作的失误有充分的认识，勇于承认错误，并运用理论对其错误进行归因，从而间接提高班主任的写作水平。

（三）班主任工作总结的内容结构

班主任工作总结一般由标题、正文和结尾三部分组成。

1. 标题

班主任工作总结的标题应居中排列，大体上有两类构成形式：一类是公文式标题，一类是非公文式标题。公文式标题由单位名称、时间、事由、文种组成，例如《××学校 2020—2021 学年度工作总结》。非公文式标题比较灵活，例如《推动课程改革，培养高素质人才》。

2. 正文

班主任工作总结正文的结构由前言、主体和结尾组成。① 前言。即正文的开头，一般简明扼要概述基本情况，交代背景，点明主旨或说明成绩，为主体内容的展开做必要的铺垫。② 主体。这是总结的核心部分，其内容包括做法和体会、成绩和问题、经验和教训等。对于一般的工作总结，重点应放在成绩和经验方面。③ 结尾。班主任工作总结的结尾可以概述全文，可以说明好经验带来的效果，也可以提出今后努力方向和工作改进建议。

3. 结尾

该部分包括署名和时间两项内容，依次分上、下两行写在正文右下方。

（四）撰写班主任工作总结的注意事项

1. 坚持全面性原则

工作总结中常常出现两种情况：一种是好大喜功，搞浮夸，只讲成绩不谈问题。另一种是将总结写成了检讨书，把工作说得一无是处。这两种做法既不是实事求是，也不全面。班主工作总结要如实地、一分为二地、全面地分析评价自己的工作，对成绩不要夸大，对问题不要轻描淡写。

2. 坚持理论性原则

班主任工作总结要写得有理论价值。一方面要抓主要矛盾，无论谈成绩或谈存在问题，都不要面面俱到。另一方面，对主要矛盾要进行深入细致的分析，谈成绩要写清怎么做的，为什么这样做，效果如何，经验是什么；谈存在的问题，要写清是什么问题，为什么会出现这种问题，其性质是什么，教训是什么。这样的总结才能对前一阶段工作有所反思，并由感性认识上升到理性认识。

3. 坚持从实际出发原则

班主任工作总结要从本班角度来撰写。表述方式以叙述、议论为主，说明为辅，可以夹叙夹议。

4. 坚持语言准确性原则

班主任工作总结的语言要规范，应尽量使用通俗的语言，可以有专业术语，但一定要把每一个要点写清楚、写明白。

【育人故事】

有班“法”，有办法

编者按：本案例选自全国中小学班主任优秀经验，作者为重庆市大渡口区育才小学陈杰老师。

一场突如其来的疫情，两个多月的网课生活结束，让学生们变了样。同学间摩擦频繁，一言不合就吵架甚至打架。部分学生跟老师有敌对情绪，科任老师投诉，学生有扰乱课堂纪律、严重影响教学的现象。原有的班规无人敬畏，班干部在管理时常和同学发生矛盾。纪律委员因“得罪”同学备受委屈，抹着眼泪向我申请辞职。

五年级下期的学生多是十一岁左右，叛逆苗头初显。目前班级管理方法无法适应学生成长的需要，现有班规对学生没有约束力。所以我想，如何增强班规的约束力、指导力、促进力，让它成为助推学生成长、助力班级发展的强大力量。我主动学习《中小学教育惩戒规则》，恍然发现，只有“依法治班”加入惩戒规则，才能扭转班级的局面。我组织学生一起学习《中小学教育惩戒规则》，鼓励学生据此制定一部“教师法”来约束我。同学们兴奋极了，根据《中小学教育惩戒规则》第十一、十二条，制定了两条“教师法”，收缴学生物品必须归还给家长，若违反照价赔偿，不能因个别同学违纪而惩罚全班，若违反，罚做清洁一次。我允诺并签字，同学们欢呼不已。我带头学“法”，还组织学生、家长、任课老师一起学，班级成员渐渐都有了“法治意识”。接下来，我带领学生选择班级亟待解决的两个问题，本着帮助同学改正错误的原则，全班讨论表决通过了两条试行“班级法”。我将我们的“班级法”在家长群公示并实名通过后，及时向学校报备。全体同学在“班级法”上签字，并将其张贴在教室醒目位置。“惩戒”不是目的，只是教育的一种手段，适时适度的惩戒给犯错的学生一记教训、一次警醒，是在期待他根本的改变。在“立法”基础上，推选“班级三人法院”，审“案情”，开“罚单”，两名“惩戒大使”，男女生各选了一名“仲裁委员”，专门负责受理同学的“申诉”。同时，我还用砸金蛋的方式，在既定的惩戒方法中随机选择一种，将严肃的惩戒和轻松的游戏融合，希望柔化“惩罚”而最终实现“警戒”的作用。

但“班级法”颁布后不久，我班的小乐同学就“以身试法”。他在英语课上做语文作业，老师提醒他，他还大发脾气，把作业直接扔在地上，扰乱了课堂纪律。考虑到小乐是初犯，“三人法院”的同学们根据他的意愿，开出了向老师道歉并制作“学习短视频”的罚单。但没过多久，我又接到关于他上课打架的投诉，自习课上，我才问了他两句，他就冲我大喊大叫，又一次扰乱了课堂纪律。这一次，他抽中了当我一周“助教”的补救措施。小乐已经连续两次受到惩戒了。我马上组织班委开会，希望大家关注小乐最近的情况。一段时间后，大家反馈小乐近期有很大的改变。于是，我又牵头成立了由正副班主任、部分班委、小乐的同桌组成的“关怀委员会”找小乐谈心，观察记录下他近期优秀的表现。填写在“亮点放大镜”记录本上。不久，班级还召开了“微班会”，肯定了小乐近期的表现。课后我也和小乐谈心，鼓励他要调节情绪，正确对待学科的偏好，他的状态有了变化，愿意主动和我交流也没有了发脾气、扰乱课堂纪律的行为。

从那以后，“关怀委员会”也成为我们班的常设机构，除了和被惩戒同学谈心，利用“亮点放大镜”记录同学优点之外，同学们还开发了“勤提醒、促自律”工作方法，抚慰、激励被惩戒的同学。惩戒不是教育的终点，也不是学生的绊脚石，而应该是学生的助推器，是学生的垫脚石，让学生在错误中吸取教训，期待学生取得更大的进步。“班级法”的建立实施，让班级氛围变得和谐温暖，同学间无谓的争吵、争斗少了。大家在“班级法”的指导下，规范了言行。同学们更加重视自己的承诺，更加遵守规则。我也不再担任“救火队员”，而是成为和同学们一样的“守法者”，师生关系变得轻松、和谐。但“班级法”的建立实施并不是一劳永逸的，随着学生成长的动态变化，班级“法”也会变弱，也会变得不合时宜。在我与学生的“斗智斗勇”中，我还会不断想办法让我们的“班级法”有力度，也有温度。

（资料来源：https://jbgzs.basic.smartedu.cn/）

【思考与训练】

一、名词解释

1. 班规
2. 偶发事件
3. 操行评定

二、简答题

1. 班主任安排学生座位应注意哪些问题？

2. 制定班规应遵循什么原则?
3. 班主任应如何处理偶发事件?
4. 班主任在写操行评语时应注意什么问题?
5. 班主任工作总结的内涵是什么?

三、辨析题

先判断正误，然后简要说明理由。
1. 班主任是班级的领导者,因此,综合评价学生并写出评语应按照班主任的个人意见决定。
2. 寒暑假学生回到了家里，班主任没有必要再对他们进行教育和管理。

四、论述题

试述执行班规的具体做法及其理由。

五、案例分析题

请对下面的操行评语进行点评，指出该评语的优缺点。

德国著名哲学家黑格尔当年从神学院毕业的时候，他的老师给他写过一则评语：健康状态不佳，中等身材。不善辞令，沉默寡言。天赋高，判断力健全。记忆力强。文字通顺。作风正派。有时不太用功。体质一般。神学有成绩，虽然定式讲道不无热情，但看来不是一名优秀的传道士。语言知识丰富，哲学上十分努力。

六、情景实践题

迎接新老师的“第一招”

随着一阵清脆的上课铃声，缪老师精神抖擞地迈进教室。今年，他又接了一个新班，面对40多个陌生的面孔，看到这些熟悉的神色——孩子们总是以种种期待而又疑虑、好奇而又狡黠的神气来观察新老师。缪老师开始了他的开场白：“同学们，我姓缪——”他正准备转身板书“缪”时，突然，不知从哪个座位上发出一声模仿猫咪的叫声“喵 —”，于是理所当然地引出了哄堂大笑。面对调皮学生不大不小的玩笑，缪老师微笑着说：“同学们，别忙着先夸奖我‘妙’。从今天起，我们一起来学习，到时候再请你们给我做评价，到底妙不妙。”学生们安静了，担心“暴风雨将要来临”的惊恐也消失了。自然，这个开场白是成功的，第一堂课在亲切平和的气氛中顺利进行。学生听到“缪”，忽又联想到猫咪叫，脱口而出一声“喵”，这恐怕是个并非恶意但是不适时的玩笑。如何处置这种意想不到的“事件”，可能会出现这样四种处理的方式：

A. 脸色气得刷白，眼一瞪，桌一拍，拂袖而去，跑到校全长或班主任面前大发其火：“这个班我是无法教了!”

B. 板着脸，竖起眉，威严地说：“刚才是谁学的猫叫？站起来！……”

C. 平静得如同没有发生任何事一样，等学生笑声煞住，他便冷冷地、平缓地开始他的讲课。当然学生们不知他葫芦里卖的什么药，观察他、猜测他，心里怎么也平静不下来。

D. 如缪老师那样，恰到好处地处理了这个“突发事件”。

如果你是上面教育情境中的缪老师，你将如何选择以上哪种处理方式化解课堂上的偶发事件？为什么？如果采取其他几种处理方式，可能会产生哪些影响？

第六章 班集体的组织与建设

班集体是学校教育工作的基本单位。美国心理学家库尔特·勒温（Kurt Lewin）认为，一个人的行为是个性与环境中各种力量相互作用的结果，班级集体是学生个性所处环境、情景力场，它影响着学生的行为及个性心理特征、道德规范和行为准则。由此可见，班集体建设对于学校教育和人才培养来说显得十分重要。本章主要介绍班集体建设的基本方法、班级人际关系的构建、班干部的选拔与培养以及正确班级舆论的形成。

第一节 班集体概述

一、班集体的概念

苏联教育家马卡连柯说，“只有在集体中，个人才能获得全面发展其才能的手段”[①]。班集体是促进学生全面发展和个性社会化的理想“家园”。“集体是活生生的社会有机体，它之所以是一个有机体，就因为那里有机构、有职能、有各部分之间的相互关系和相互依赖。如果这样的因素一点也没有的话，也就没有集体了，所有的只是随随便便的一群人罢了。每当我们给个人一种影响的时候，这影响必定同时应当是给予集体的一种影响。”

我国著名教育家陶行知先生是中国早期集体教育实践的代表人物。他曾提出“集体生活是全盘教育的基础”“用集体生活培养个人的集体精神”“实行集体主义自我教育”等有关集体教育的观点，并在开办晓庄师范、山海工学团、育才学校等教育改革实践中，进行了“即知即传”“小先生制”“师生合作创造”“集体共学五路探讨”“学生自治”等一系列实验活动，为后来形成和发展具有中国特色的集体教育实践提供了帮助。

那么，班集体的概念究竟如何界定呢？班集体是指按照一定的教育目标和任务，班级成员共同努力建设形成的，以集体主义价值观为导向的，具有坚强领导核心、自觉自律、公正舆论、团结友爱、勤奋好学的集体风尚的，为班级整体目标的实现而努力学习、积极活动的学生集合体。

二、优秀班集体的特征

教育实践证明，优秀的班集体一般具有以下特征：

---

① 张京海：《发挥班集体作用》，《教育与职业》，1987 年第 2 期，第 19 页。

（一）正确的政治方向，共同的奋斗目标

优秀的班集体首先要有坚定正确的政治方向，有创建本班集体的总目标、计划和总结，并能够有组织地开展创建活动。其次，每个学生有与班集体目标一致的个人奋斗目标，并为实现班级目标努力实践。再次，要有本班学生设计的班名、班级口号、班徽、班规等。最后，全班学生有为班级、同学服务的班级小岗位，共同参加班级管理。

（二）健全的组织结构，坚强的领导核心

班干部是班集体的核心，在班集体建设中，他们是班主任的有力助手。优秀班集体要有符合班级实际的组织机构，即根据班级日常活动及学生发展需要，创造性地设立相应的班委会。因此，班主任要重视班干部的选拔和培养，充分发挥他们在班级中的作用，带动全班同学和集体不断前进，并建立起威信高、能力强的班委会，赋予每个班干部对集体的责任。

（三）严格的规章制度，严明的组织纪律

优秀班集体的每一个成员均应遵守国家法律、社会公德，遵守学校规章制度和本班班规，经常性通过各类形式认真学习《中小学学生守则》和相关制度，平时做到举止文明，牢固树立和践行社会主义核心价值观，模范遵守社会公德，创造和维护文明、整洁、优美、安全、和谐的学习和生活环境。同时，班级应建立符合本班级实际情况的班级文明公约，班级学生干部应以身作则，带领同学模范遵纪守法，班委会督促班级成员严格遵守校级班规。班级如有成员被认定存在各类违纪现象，班委会应采取及时有效的方法，号召班级其他同学帮助该同学及早改正。

（四）公正的集体舆论，优良的班级风气

优秀班集体需要营造积极健康正确的舆论氛围，并且能凝聚成一股巨大的教育力量，发挥各种舆论阵地如黑板报、意见箱等的交流沟通、教育激励作用。班内要有先进典型，学习有榜样，形成你追我赶的良好风气。学生有明确的学习目标、良好的学习习惯。班内有勤奋、谦虚、好学、乐学的良好学习氛围，并形成严谨求实的学风。每个学生的努力、特长和进步等都能得到鼓励与肯定，学生在自我价值的实现中感受快乐。班级有全班同学引以为自豪的特色，如爱心帮扶特色、绿色环保特色，让学生的身心得到健康发展，并能辐射到其他班级甚至全校。同学之间能互相帮助，特别是对学习有困难的学生有各种帮扶措施，全班同学能在学习过程中体会到快乐。全班学生各门学科成绩良好或有明显进步，成为学校各班学习、追赶的榜样。

（五）和谐的人际关系，丰富的课外活动

优秀班集体的学生应能正确处理好与集体、与他人之间的关系，日常生活中学生尊敬师长，教师热爱关心学生，师生关系融洽。关心弱势学生，团结帮助后进学生，每个学生都能感到集体的温暖，心情舒畅，班内没有被孤立者，人人都是幸福的个体。学校、平行班级对

班级反映良好。能创造性地开展活动，充实学习生活，丰富精神世界，班级活跃有生气。学生能积极参加班级、年级、少先队、共青团、学校组织的活动，积极参加体育锻炼，人人参与课间操、眼保健操活动。

总之，班集体是学生成长的园地，可以满足学生的心理需求，使他们获得知识，增长能力，开阔视野。良好的班集体对学生的成长有着积极的影响。班主任需要带领班干部和全班学生创建优秀班集体，积极开展各种有益活动，让学生在活动中培养团队合作精神和集体荣誉感，增进彼此间的信任和理解，感受学习的快乐和幸福并健康成长。

第二节　班集体建设的基本方法

一、掌握班级情况

摸清班情是建设班集体的基础。只有把班情掌握得清楚，才能正确判断班级在德智体美劳各方面的实际情况，以利于准确地找出差距和确定奋斗目标，使班级建设增强针对性，减少盲目性，提高工作效率。要摸清班情，班主任需要进行必要的了解、调查、观察、访问等工作。调查的原则是真实、准确、详细、全面。调查的方法可以采用多种形式，如直接谈心，也可以走访前任教师、查阅书面资料、了解家长，必要时也可以进行问卷调查。摸清班情，能够使班主任心中有数，在班级管理上做到有的放矢，这是带班的第一程序，是开展班集体建设的前提。

二、提出奋斗目标

提出班级奋斗目标是开展班级建设的关键环节。因为班集体奋斗目标一经提出，就为全班同学明确了奋斗方向，促使班集体沿着德智体美劳全面发展的轨道前进。制定班集体奋斗目标一定要切合本班实际，要具体、明确，使目标在不同阶段发挥导向、激励功能。班级目标可有远期目标、中期目标和近期目标。班级目标产生的方法可以由班主任经过认真考虑和准备后提出，然后由班级核心及全班同学讨论通过；也可自下而上发动学生酝酿，产生初步意见，然后经班级核心及班主任认真归纳研究以后产生。总之，一定要重视发挥学生在制定班级目标中的积极性、主动性和主体作用。在制定目标过程中，学生越主动，那么将来在实施中他们的积极性就越高。班级奋斗目标正式确立，就为确定小组目标、个人奋斗目标提供了遵循和依据。

三、确立班级核心

班级核心是班集体建设的指挥机构，一般指班委会（中队委员会）和团支部组织。班干部、中队委员、团支委和班级骨干应当是班级全体学生的优秀代表。他们是班级的中坚力量，是践行班级制度的示范者，是开展班级教育活动的带头人。实践证明，班集体凝聚力的强弱和良好班风能否形成都与班级核心骨干能否发挥作用密不可分。因此，班主任在确定核心成员的时候，应持认真、慎重的态度。选定班级核心骨干，尤其是确立主要班干部的时候，应当把握一定的标准。例如，学生必须思想进步、品德端正、是非分明、成绩较好、人际关系健康良好，有一定的组织能力和语言表达能力，又甘愿为大家服务，热心为集体办事等，必要时还可实行干部轮换制。

四、制定班主任工作计划

在了解班情的基础上提出了班级建设的奋斗目标，并已确立了班级核心骨干之后，就应当开始认真、缜密地着手制定班主任工作计划了。制定班主任工作计划要坚持目的性、整体性、群众性、稳定性、灵活性、超前性和现实性相结合的原则。制定班主任工作计划时需要注意以下几点：

（1）拟定班主任工作计划之前，需要了解班级特点，了解学生特点。掌握第一手资料，会为后面制定的相关制度、公约以及准备开展的活动带来便利。

（2）班主任工作计划中要有切实可行的班级活动安排，无论什么活动，都要为班级风气建设服务，为学生成长服务。

（3）班主任工作计划中，需要注意对个别学生的教育工作。不能只讲全面，不讲个体发展。

（4）班主任工作计划应落实到行动中，需要具体实施方案，不能计划与实际脱离，成为纸上空谈。

五、开展班级课内外活动

班集体建设的目的任务之一是保障课堂教学活动和有益课外教育活动正常进行，而课堂教学活动和课外教育活动的正常进行必然会大大促进班集体建设。可见，抓好课堂教学和课外活动质量是建设良好班集体的迫切需要，也是班主任的主要工作之一。课堂是学生德智体美劳五育并举、综合素质得以全面发展的主渠道，因此，班主任有责任追求和培养正常、有序、生动、高效的课堂质量。同时，班主任应当努力成为教学的强者，以提高全班学生学习积极性和学习能力为己任，通过课堂教学活动，营造良好的学习风气，带动良好的班风形成，这对班集体建设将起到决定性的推动作用。

课外教育活动，为学生全面发展和不同方向素质的提高进一步提供了阵地、场所和条件，尤其是使有兴趣爱好的学生有了用武之地。通过各项有益课外活动的开展，全班同学倍加热爱给予他们无限乐趣和温馨的集体，倍加敬重指导他们开阔知识视野的教师。这种和谐向上的氛围不仅有利于班级凝聚力的早日形成，而且对班级建设也会起到不可估量的促进作用。

总之，从掌握班情到确立班级奋斗目标，从选择班级核心到制定班主任工作计划，可以说，都是为课内课外的工作运转服务的。提高课内课外活动质量，既是班集体建设最重要的组成部分，又是班集体建设的出发点与归宿。

六、定期开展班级评价

评价是对班集体建设的各个环节及有关工作进行科学的、客观的分析和评估。评价分为定期评价和不定期评价。评价内容一般以班集体的六项标准（班级目标、班级核心、班级制度、课内外活动、班级人际关系、班级舆论导向）为导向，要把成绩谈透，把问题找准。评价形式分为自我评价、客观评价。自我评价可采用问卷、座谈等形式，客观评价可以请任课教师、校领导、家长及社会有关方面评价。真正客观、有效的评价。既能够总结上一阶段（学期）的成绩与不足，可为下一阶段工作提供依据和先导。

第三节　班级人际关系的构建

哈佛大学有一项长达 75 年的跟踪研究，在跟踪了 724 人以后，发现生活幸福的人有一个共同点——良好的人际关系。美国心理学教授霍华德·弗雷德曼（Howard Friedman）和莱斯利·马丁（Leslie Martin）在 20 多年的研究中发现，长寿的 6 个因素中，排在第一位的竟然是人际关系。社会科学通过大数据统计和跟踪调查的方式证实了关系对幸福和长寿的重要意义。心理学也同样发现：人际关系对心理的重要性，正如氧气对于身体一样，不可或缺。

人际关系的好坏对青少年的成长也起着非常大的作用。对青少年而言，建立好人际关系，可以让自己更加自信乐观地去面对成长中的问题，而班集体是培养良好人际关系。让个性形成和发展的理想场所，师生、生生之间互助、合作的交往可以增进学生对他人的感知、认识和理解，学会遵循必要的社会规范、规则，从而促进自身社会化进程，为日后成人、成才打下坚实的基础。

一、班级人际关系的概念

班级人际关系，是指班集体成员在班级生活和交往中形成的人与人之间的各种直接关系的总和。这种关系既是一种融合道德、责任、价值、规范的社会关系，也是种体现集体成员之间情感、认识、态度、行为互动的心理关系。其中，师生关系是主导性的关系，往往会起到决定性作用。

良好的师生关系是和谐班集体形成的重要条件，也是教育获得成效的保证。教育的过程是师生之间不断交流的过程，既有各种信息的发出和反馈，又有情感的相互交流。这种互动构成教育、教学的氛围、背景，在师生之间形成了“知识场”和“心理场”。因而班主任的交往风格和民主作风往往成为能否形成良好人际关系的关键。研究表明，中学生开始有了独立性意向和参与社会活动的需要、受人尊重的需要、友谊的需要和交往的需要等，这种社会性的需求引起人际关系的重大变化，使其出现了一种疏远父母和老师的“闭锁性”和寻求能坦言相告的伙伴的“开放性”趋向。但是他们常常不懂该如何择友和进行友伴交往。因此，班主任需要从以下几点出发，做好指导和协调工作。

（一）把握班级人际关系的脉搏

班主任可通过班值日记录、与学生个别谈话，甚至全班自由大探讨等方式，收集信息并进行研究，测定班内人际关系现状，弄清每个学生在班级关系中的地位和不断变化的心态。

（二）强化集体主义伦理观念

班主任应教导学生尊重别人的个性，形成对人对己的正确评价，将“心中有他人，心中有集体”作为学生处理人际关系的最高准则。几十人的班中总有性格孤僻的学生，明显地表现出不协调的情绪。比如有男生作业常不能按时完成，上课看课外书，达标考核时唯独他“不及格”。这时候，老师可以一方面教育同学们应宽容别人的错误，引导他们换位思考，打消抵触情绪；另一方面主动找那男生谈心，给予其热情关怀和指导，令其重树信心。一个班级不应该存在被“遗忘的角落”。

（三）注意调节师生的心理距离

班主任不宜只扮演严加管教的单一角色，应力求既是严师又是良友，既要有教师的尊严，又要努力形成凝聚力，因为“亲其师”才能“信其道”，才能“受其术”。在班会课时，班主任应该脱下教育者的“帽子”，融入学生中，与学生坦诚相见，推心置腹地商讨班级中存在的问题，找到解决的途径，比如如何形成积极发言的气氛，怎样加强文明礼貌行为训练等。实践表明，班主任适当地采用现身说法是极具教育力度的。

二、班级人际关系的类型和基本特点

（一）班级人际关系的类型

班级人际关系，即同伴关系，是在同学之间进行交往和相互作用的基础上建立起来的同学之间的心理关系，它是除教师之外的班级成员间关系的总和。根据学生之间心理的相容程度，班级人际关系可分为友好型、对立型和疏远型三种类型。

1. 友好型

同学之间在心理上彼此相容、相互接近、相互吸引，表现为融洽、信任、亲密、友好。

2. 对立型

同学之间在心理上彼此不相容、相互排斥，表现为摩擦、反感、冲突等。

3. 疏远型

同学之间在心理上相互忽视，关系若有若无，同学之间情感淡漠，相互之间很少交往，几乎不进行非正式的交往。

（二）班级人际关系的基本特征

一般来说，班级人际关系具有以下基本特征：

（1）丰富性：班级人际关系所蕴含的内容和角色关系十分丰富，既有师生关系，也有生生关系。

（2）开放性：班级人际关系是一个动态开放的系统，动态地反映了集体与个体、个体与个体、集体与环境的相互作用。

（3）协调性：班级人际关系具有自我调节功能。学生在班主任的教育引导下，能够相互和谐相处，学生通过交往，能够调整相互的人际关系。

（4）相融性：班级里不同个性的学生之间能和谐相处。

（5）参照性：班级成员能把集体人际关系蕴含的精神和规范作为自己行为参照标准，积极参与集体活动，自觉维护集体人际关系和谐。

三、良好班级人际关系的作用

人际关系常常受到基本心理因素影响，其中认知因素是影响人际关系的心理基础，情感因素是影响人际关系的直接因素，行为则是影响人际关系的重要因素。

良好班级人际关系是班集体形成、巩固和发展的基础，是调动集体成员积极性的重要条件，是集体成员形成良好品德的重要条件，也是集体成员个性健康发展的必要条件。

四、构建和谐班级人际关系的方法

建立良好的师生关系应该坚持平等原则、尊重原则、团结原则和因材施教原则。作为一名老师，尤其是班主任老师，如何与学生相处？这是一个永久而急剧变化的话题。但是，人与人之间的交流是一个相互沟通、理解和支持的过程，所以解决这个问题，光有爱和热情是不够的，班主任还要掌握一定的方法技巧，也需要讲究一定的相处艺术。只有这样，才能沟通师生之间的情感，增进相互了解，促进心理相融，提高学生认知。那么，如何构建和谐的班级人际关系呢？班主任可以采取以下方法。

第一，情境熏陶法。情境对班级人际关系改善有一种潜移默化的作用，使用这种方法要注意：加强班级内部的学风、班风建设，使班内形成和谐的文化氛围，促进凝聚能力，形成正确的集体舆论，这对协调人际关系有不可替代作用。

第二，实践锻炼法。实践对学生来说，既包括课堂内，又包括课堂外。首先，可在课堂学习中建构集体性学习模式，教师可以采取小组合作模式，促进学生之间的交流沟通，提高学生的参与度、积极性和主动性。开展课外活动，一般也可以分小组进行，这样既能够增进团结，开阔眼界，也加深了师生间、学生间的感情，促进良好人际关系的形成。

第三，活动融入法。班主任可以通过参加学生活动，放下教师的身份，成为学生活动的一员，拉近与学生的距离，与学生多谈心，关心鼓励他们，从而建立起良好的师生关系。

总之，人是一切和谐的核心，也是和谐的价值所在。学生和谐是校园和谐的关键，而学生和谐主要体现为班级和谐。构建和谐校园的关键是形成平等友爱、融洽和谐、相互帮助、共同进步的人际关系。建立班集体和谐的人际关系，其核心是高度重视学生的情感因素，尊重学生、依靠学生、发展学生，强调平等、协助和共同参与。

第四节　班干部的选拔与培养

如果把班级比作一把伞，班主任是伞柄，班主任通过班干部这些骨架撑起班级这把大伞。班干部就像骨架一样，对班级之伞起着不容忽视的作用。班干部是班集体的中坚力量，是班集体建设的核心、班主任的得力助手。做好班干部的选拔和培养，调动这部分同学的热情，是建设良好班级的关键。

一、班干部的角色和素质要求

班干部一般在班级中扮演着学习者、服务者、沟通者和管理者等不同的角色。班干部应具备以下几方面的基本素质。

第一，责任心。班干部应守信用，做到诚实守信，这样才会给同学一种可靠的感觉，提升自己在同学心目中的地位。具体说来，班干部应该说到做到，凡是跟同学说过或答应过同学的事，一定要做到。即便是要付出一定的代价，也要去做。就算真的做不到，只要你真的努力去做了，同学们自然会体谅。

第二，学习力。成绩好的班干部工作起来一般比成绩不好的班干部要顺利得多。因为拥有好成绩就拥有了一种专长，容易让同学信服自己。班干部首先要把自己的学习搞好，这是前提。班干部还需要有一定的管理学常识。没有管理常识的班干部是不可能管好班级的。因此，学习班级管理知识有利于日后工作的顺利展开。

第三，心理力。一名班干部需要带领同学们去完成任务，其间会遇到许多挫折，这些挫折无疑是对同学们毅力和信心的考验。面对挫折，班干部所表现出来的心理能力绝对要比周围的同学强。不然凭什么去领导别人呢？再者，如果一有挫折，作为“主帅”的班干部都已经垂头丧气，不再坚信目标会实现了，那么还能期望同学们去实现目标吗？班干部拥有强大的心理力，才能具有号召力，才能引导同学们积极地去完成任务。

第四，领导力。班干部作为一名领导，应具有去领导和影响别人的愿望，具备作为一个领导人的气质。领导气质是一个班干部最难培养的，需要大量的工作经验，所以需要长期的过程来培养。正因为难，所以才显得它的珍贵，有领导气质的人做领导工作是非常顺畅的。

第五，沟通力。大量事实证明，要成为一名出色的班干部，拥有较强的沟通能力显得尤为重要。它是班干部与班主任和同学们交流的桥梁，是团队合作中的制胜法宝，是有效应对各类任务和突发事件的最佳途径，是班集体工作顺利开展的有效保障。

二、选任班干部的基本方法

班干部的选用方式一般包括以下四种：任命制、选举制、竞选制和轮换制。

（一）任命制

任命制是指在确定班干部人选时，班主任通过查看学生档案，或者从以前该班的任课教师处了解情况，由班主任任命决定。采用这种方式的班主任往往从便于班级管理、班级发展的角度出发，指定的多是曾经担任班干部甚至一直担任班干部、有能力协助班主任开展班级工作的学生，或是班主任对其有好感者。在教育实践中，这种方式运用得较多，这种方式充分体现了班主任的权威。从班级管理的角度来看，班主任任命制有利于班级纪律和班级秩序的维持，有利于班级工作的顺利开展，但这种方式也存在不可忽视的弊端。从对中小学生社会化的影响来看，班干部的人选由班主任独自包办，任命产生，忽视了学生作为班级主人的主体地位，班主任的“专制独裁”易挫伤学生参与班级建设的积极性，同时也不利于培养学生的民主意识，所任命的人选不一定是大多数普通学生心目中胜任的班干部。学生容易体验到班主任的专制权威，容易丧失对班级活动的参与热情和积极性。

（二）选举制

选举制的通常做法是把班干部职位列在黑板上，由全班学生不记名投票选出他们心目中理想的班干部职位的人选，当着全体学生的面，完成唱票程序，某一职位得票最多的人当选。这种方式可以体现公平、公正的原则，充分发扬民主精神。这一过程有利于培养学生的民主意识和参与意识。选举的结果可以体现大多数学生的意愿，坚持公平、公正原则，能很好地调动全体学生的积极性、参与性，而且当选的班干部易得到班级多数学生的支持。

（三）竞选制

竞选制是让每名学生都有参与班干部竞选的机会。首先是报名要竞职的班干部职位，然后报名的所有学生在全班学生面前发表演说，演说的内容通常包括竞选这一职位的原因和优势及任职后的计划等。演讲完毕，全班学生通过比较所有竞选者的能力素质等，把票投给其中最能胜任的学生。这种方式可以使学生选择自己喜欢和擅长的职位，上任后一般会更认真地对待自己的职位，对班级负责。

（四）轮换制

轮换制是不看成绩、能力等条件，让每位学生都有机会在班内任职，不论其成绩好差、能力强弱等，所有学生都可以实现在班级中担当“管理者”角色的愿望，体现班级学生人人平等的原则。轮换制可以体现平等原则，但存在一定弊端。每个学生都有资格担任班干部会导致班干部职位的优势和含金量大大降低，不利于调动学生的任职积极性，难以培养学生对班集体的责任感，也难以提高班级管理效率。

总之，作为教育工作者，我们要充分认识各种班干部选拔方式的利弊，在教育实践中采用合理的选拔方式，最大限度地发挥班干部的教育作用。

三、培养班干部的常见方法

班干部的培养，一般可以通过以下几个方法完成：

第一，加强思想教育。班主任要教育指导学生树立平等、自律、职责、竞争、服务意识。第二，开展岗位培训。班主任既要面向集体，也要有针对性地开展一对一培训，指导学生当好班干部。第三，注意方法指导。班主任要做到言传身教，手把手地指导学生，提供经验和方法指导。第四，利用个别谈心。对于班干部，还需要重点培养，有针对性地培养。第五，注重评价艺术。对班干部要多激励表扬，少批评指责，充分调动他们的工作积极性。

【拓展阅读】

不同类型学生的班干部职位

1. 成就型学生：适合班长或团支书

这类学生比较看重成果，有强烈的好胜心，注重自我形象，希望与众不同，精力充沛，风趣幽默，擅长演讲，不胆怯紧张，有很强的说服别人的能力。他们是班长或团支书的最佳人选。

2. 追求完美型学生：适合卫生委员

这种人格的学生有极强的原则性，相当追求完美，他们的书桌总是整整齐齐、干干净净；作业写得一丝不苟、规规矩矩，很少有修改液涂抹、墨汁滴落的痕迹。将班里的卫生任务交给他们，你绝对可以放心。

3. 乐于助人型学生：适合生活委员

这类学生相当温和友善，有求必应，乐于帮助班里每一位有困难、有问题的同学。他们在班级里的人缘相当不错。

4. 责任型学生：适合宣传委员、小组长

这种人格的学生最大特征是忠诚。他们有高度的责任感和强烈的团队意识，做事小心谨慎，不轻易相信别人，为别人做事尽心尽力，不喜欢受人注视，有一定的写作能力。

5. 活跃型学生：适合文娱委员

这类学生积极乐观、阳光幽默、整天笑眯眯的，喜欢投入体验快乐及情绪高昂世界，也多才多艺，可以活跃班里课堂气氛，娱乐活动有了他们就会增添无限快乐。

6. 奉献型学生：适合劳动委员

这类学生能够吃苦耐劳，他们勤快、体壮、嘴厉、眼尖并且能严格执行纪律制度，能够让班主任感到放心。

7. 正义型学生：适合纪律委员

这类学生具有正义感、侠义心，又不记仇，敢说敢管。班主任可以把纪律工作交给他。

8. 强壮型学生：适合体育委员

这类学生个高、体壮，在球场上可以冲锋陷阵，有一定的号召力，品行端正，能够胜任体育委员。

9. 领袖型学生：视情况委以重任

“领袖型人格”的学生说话大声，喜欢以命令口吻说话，对其他同学发号施令，崇尚独立自主，凡事都按自己意愿办，不喜欢靠别人。选择这类学生当班干部须谨慎，要防止他们滥用权力。

第五节　正确班级舆论的形成

集体舆论是指集体中占优势的、为大多数人所赞同的言论和意见。建设班集体舆论对学生健康成长有着重要的意义：集体舆论能使学生分辨现实生活中各种意见、各种评论，哪些是正确的，哪些是不正确的，从而发挥导向作用；通过舆论评价明辨是非，激励、鼓舞学生健康成长，引导学生不断进行自我教育。

一、建设正确班集体舆论的原则

班主任进行正确班集体舆论建设需要遵循以下原则：

第一，坚持以社会主义的核心价值体系为指导。要把社会主义核心价值体系纳入中小学教育的全过程。

第二，坚持从学生心理发展的需求出发。要以人为本，把学生终身发展和学生的根本利益作为班级舆论建设的根本的出发点、落脚点。

第三，坚持正面舆论导向，弘扬闪光点，鼓舞人。舆论建设要重在发现学生的闪光点，不断鼓舞他们。

第四，坚持民主平等的原则。班级舆论建设过程中，以理服人，要重视各种舆论的建设和引导。

二、班集体舆论建设的主要方法

一般来说，班主任开展班集体舆论建设可采用以下方法：

第一，班主任要有正确的舆论引导。班主任要及时传达国家重大路线、方针、政策，认真执行党和国家有关规定，营造正确的舆论氛围。

第二，班主任组织全班学生讨论，不断形成班集体舆论。班主任可组织学生充分讨论，提出班级前进的目标，班级的精神支柱，班级的座右铭，形成班集体发展导向性的舆论。

第三，班主任工作可以用贺卡、寄语教育每一个学生。

第四，班主任还可以就学生熟悉的问题或社会热点问题等，采用讨论、辩论形式进行舆论建设。

【案例分享 1】

班级座右铭

有一所中学，生源不太理想，学习基础考试分数都不太高，但是这些孩子们有一个上高中的愿望。高一开学，每个同学都是带着这样良好的愿景来到这所学校。班主任老师做了调查，和学生商量，用一段简明的话来表达大家的这种愿景和心情，形成班级的座右铭。在班主任引导之下，同学们经过讨论，形成了这样三句话："我选择了高中，我就选择了拼搏；我选择了高中，我就选择了吃苦；我选择了高中，我就选择了攀登。"

这三句话醒目地写在教室里，成为班集体的一个座右铭，一个推进这个新集体前进的动力。期中考试以后，针对当时的情况，班主任和同学们又立了一组座右铭，这是班主任的主导班级舆论建设的一个重要的方面。

【案例分享 2】

吴老师的毕业寄语

吴老师是一位年轻的班主任，学生初三即将毕业，吴老师怀着十分激动的心情，给每个同学写了一百字左右的毕业寄语。她把全班学生召集在一起，把同学们分成七人一组，然后开始念毕业寄语，但不说是给谁的，让同学猜。但是吴老师写寄语的最后就是"爱你的朋友×××"。同学们听到班主任念，忽然发现这个寄语是给自己的，一下子眼泪就流下来了。这样的寄语，是对班上几十个同学说的，不是一对一直接给具体学生，而是形成了一个班级的舆论。让同学们看到了经过三年，这个集体得到了多么好的成长。

【案例分享3】

新年贺卡风波

新年快到了，八年级3班班长从批发商店买了一些贺卡，回来以后卖给同学。赚钱不多，一共卖了三批，赚了大概60多块钱。班主任发现了这个问题，就找他做了一次个别谈话。这个班长对这次个别谈话中老师提出的很多意见都接受了，但是还有些不同的观点。最后通过全班辩论，大家一致同意用赚的钱帮助班里一个有残疾的同学。

三、班集体舆论建设的注意事项

作为班主任，要做到以下几方面：

第一，善于运用表扬、批评、奖励、惩罚等教育手段。第二，重视形成正确的集体舆论导向，加强对学生的正面引导，例如好人好事、不良行为都要及时引导。第三，有目的、有意识地组织、吸引学生参加各种集体活动，例如开展文艺活动、体育竞赛、社会实践、义务劳动等。第四，充分利用舆论阵地，例如通过班会、团队活动、墙报、黑板报等发挥正确舆论导向。第五，把握时机，促进学生的自我教育和自我反思。第六，是严格要求自己，发挥班主任的表率作用。

【案例分享】

“四颗糖果”的故事①

人民教育家陶行知先生任育才学校校长时，有一天，他看到一个男生用泥块砸自己班上的同学，陶校长发现并及时制止了那个男生，让他放学时到校长室去。放学后，陶行知来到校长室，男生早已等着挨训了，可是陶行知到来后却笑着掏出一颗糖果送给他，说：“这是奖给你的，因为你按时来到这里，而我却迟到了。”男生刚接过糖果，陶行知又掏出第二颗糖果放到他的手里，说：“这是奖励你的，因为我不让你打人时，你立即住手了，这说明你很尊重我，我应该奖你。”男生惊讶地看着陶行知。这时陶行知又掏出第三颗糖果塞到男生手里，说：“我调查过了，你用泥块砸那些男生，是因为他们欺负女生，你砸他们说明你很正直善良，且有跟坏人作斗争的勇气，应该奖励你啊！”男生感动极了，他流着眼泪后悔地说道：“陶校长，我错了，我砸的不是坏人，而是同学。”陶行知满意地笑了，他随即掏出第四颗糖果递过来，说：“为你正确地认识自己的错误，我再奖给你一块糖果……”

陶行知先生善于发现学生身上的亮点，及时给予表扬和鼓励。这四块糖果里闪耀着他人性的光辉和教育的智慧。

---

① 李东辉：《陶行知四块糖果教学生》，《中国校园文学》，2003年第6期，第68页。

【带班育人方略】

建立班级坐标系，培育有“度”新青年

编者按：本案例选自全国中小学班主任优秀经验，作者为北京市通州区第六中学教师周子夏老师。

2017 年 7 月，我迎来了自己的新一届学生。最初的班集体就如同一张空白的数学坐标纸。全班 35 人，分别来自八所小学。每一个学生就像一个又一个位置不一的散点，习惯不同，没有明确的目标方向，个性鲜明又兴趣广泛。如果想让班集体变得自然有序、立体丰满、绚丽多彩，作为数学老师的我，希望带领同学们一起逐步建立起班级的坐标系。通过延伸班级的“长度”，培养学生的习惯，让学生学习有方，眼里有光；通过增加班级的“厚度”，组织丰富的班级活动，为学生搭建舞台，施展才华，增加底蕴；通过提升班级的“高度”，培养学生的家国情怀，让学生最终成为眼里有光、手握墨笔、心系远方的新青年。

一、延伸班级的“长度”，培养“眼里有光”的有为青年

（1）小组评比养习惯。在学期初，我们通过小组讨论，一起制定常规评比的项目与规则，培养学生的规则意识，有序生活。

（2）主题班会正行为。我们召开了一系列班会，规范学生的言与行。例如，在讨论管理时间等有效方法时，学生们提出，在时间计划表当中增加“监督人签字”一栏来提高学习效率。

（3）班级标语带气氛。当学生们逐步建立起行为习惯与学习习惯后，我们在班级布置上一起制定班级标语，通过投票选出“无奋斗不青春”这个励志标语。学习委员还书写每日标语，希望可以激励同学们不懈努力，无悔青春。

（4）学科故事助学习。当学生们思想渐渐成熟，他们经常会提出“我们为什么学习这个知识”这样的问题。为解答学生心中的疑惑，我从数学学科入手，开展知识分享活动，分享数学知识背后的历史故事，例如数学符号史、哥德巴赫猜想、毕达哥拉斯学派与无理数、对称的世界、刘徽割圆术等。后来，学生们也主动加入其中，他们相继开展了宪法的历史、微生物的开辟者、故宫的建筑美等主题分享。良好的生活习惯和学习习惯，让我的学生们逐渐成为眼里有光之人。未来之路很长，而他们的心中已有方向。

二、增加班级的厚度，培养手握“墨笔”的有才青年

（1）传统艺术塑底蕴。制作陶艺和泥塑可以培养学生的创新思维和动手能力。我发现班内有学生喜爱相声，便举行相声大会，让学生们在笑声中体会传统艺术的魅力。

（2）兴趣特长养气质。我鼓励学生积极加入学校合唱队，参加大赛，积累经验，

发挥音乐特长，为有书法爱好的学生提供平台，去开阔视野。

（3）师生共舞树信心。我们一起参加舞蹈团展演，也一起在校运动会入场式当中舞蹈。初三的运动会入场式，我也加入其中，伴随着音乐《沧海一声笑》，武林风范、侠者之风尽显。全校掌声响起，这是属于我们八班的高光时刻。

（4）微班会战疫情。2020 年学生们居家学习期间，为了使学生们更加自律，又有动力去完成初三的复习。我们每天在开网课前的 20 分钟，会使用视频会议召开微班会。每天的微班会都会围绕一到两个小问题展开。微班会结束后，我会将班会总结发送到家长群当中，一直坚持到中考前。不知不觉中，我的学生已成为手握墨笔的有才青年，也铸就了他们笑傲人生的底气。

三、提升班级的“高度”，培养“心系远方”的有志青年

（1）亲自陪伴共锻炼。此活动不仅让家长有机会与孩子一起锻炼身体，还可以让他们有时间互相沟通，相互陪伴，增进情感。

（2）行在校园，大爱天下。我们在校园内开展义卖活动，邀请家长和任课老师参加。号召同学们共同捐书给贫困地区的学校。我们还一起制作创意环保购物袋，倡议同学们为公益事业和环保事业贡献自己的一分力量。

（3）走出校园，放眼天下。我带领同学们一起走出校园，走进中国国家博物馆、中国人民抗日战争纪念馆等，培养学生们的爱国情怀。

（4）画英雄，话英雄。我们在班内开展时代英雄主题系列活动，组织学生画出心中的英雄形象。开展时代英雄主题演讲活动，让学生们意识到使命在肩，树立为国家做贡献的志向，胸怀大爱，做有志青年。三年的付出，我们的班集体硕果累累。学生在丰富的班级活动中收获知识与力量。我也获得优秀教师与优秀班主任的荣誉称号。

三年的时间，班级的长度在不断延伸，班级的厚度在不断增加，班级的高度在不断攀升。最后，期待我和我的学生们在人生之路上能一直面带笑容，眼里有光，心系远方。

（资料来源：https://jbgzs.basic.smartedu.cn/）

【思考与训练】

一、名词解释

1. 班集体
2. 班风
3. 班级人际关系

二、简答题

1. 良好的班集体具备哪些特点？
2. 建设班集体遵循哪些原则？

三、辨析题

先判断正误，然后简要说明理由。

1. 学生档案材料从文字方面反映了学生各方面的情况，因此，这是了解、研究学生的唯一依据。

2. 一个班级里，几十个学生集合在一起，成立了班委会，有了负责人，就标志着班集体已经形成。

四、案例分析题

班主任的“呵护”

我是班长，班主任非常器重我。为了维护我的威信，班主任呵护我，多次为我开脱过错。一天早晨，我由于贪睡而迟到了，同学们一下子议论开来：“班长竟然也迟到了。” “不要嚷嚷！××同学迟到是有客观原因的。”班主任的话顿时压住了同学们的议论。另一次，我和一个同学闹矛盾，一气之下，竟将人家的作业本撕得粉碎。同学们纷纷提出批评，班主任却说：“××同学作业不认真，被班长撕了本子是应该的。”他为了维护我一个班干部的威信，却伤了别的同学的心，也压制了班级的正确舆论。

又一次，我的学习成绩降到了第九名，班主任又替我说话：“某同学的成绩虽然有所下降，但是是真实的，并不亚于虚假的前五名。”这一说，前五名的同学都红了脸，低下了头。班主任的这些做法，反而使我威信扫地，同学们疏远了我，还给我取个外号叫“常有理”。与此同时，同学们对班主任也提出了不少批评，表达了诸多不满。

试运用所学的班主任的有关理论知识，评议案例中这个班主任的做法，并为案例中的班主任设计今后的打算。

第七章　班级活动的组织与开展

学生的成长面临着两个世界：知识的世界和生活的世界。知识的世界引导学生获得知识，开启智慧，拓宽视野；生活的世界启迪、培养学生的生活感受力，增进、丰富个人的生活体验。知识的世界与生活的世界相融合才能培养出完整的人。而班级活动恰恰是把知识世界与生活的世界联系起来的纽带。它对学生的个性发展和班级建设都起着至关重要的作用。本章主要介绍班级活动的含义、特点、类型，班级活动、班会活动、团队活动的组织与实施以及班级活动的创新策略。

第一节　班级活动概述

一、班级活动的含义

班级活动指在教育者（主要是班主任）的组织和领导下，为实现教育方针和培养目标，完成学校的教育工作计划，组织班集体全体成员参加的一系列活动。它包括思想品德教育活动、课外活动、劳动活动等。班级活动是班主任对学生实施各种教育的基本形式，是学生集体教育影响学生个体的教育形式，是学生个体自我教育的有效方式。

二、班级活动的特点

中小学班级活动一般具有如下特点：

1. 活动主体的差异性

班级活动一般是面向全体学生，学生的性格、志趣、爱好、基础、习惯等不同，存在差异性。

2. 活动性质的自愿性

班级活动的开展要根据学生的需要和兴趣开设，或者学生依据自己的需要和兴趣选择、自愿参加，不可强迫。活动过程中，学生自始至终是活动的主体，否则活动就不存在。活动成效取决于学生主动、自觉、积极参与的程度。教师在活动中起指导作用而非主导作用。

3. 活动内容的广泛性

班级活动的内容丰富多彩，可分为思想品德教育活动、文化学习活动、科技活动、文艺活动、劳动活动、游戏活动、综合活动等。现在的学校大多数都有兴趣小组、小发明、俱乐部、社团等。

4. 活动形式的灵活性

班级活动的规模、方式、形式可灵活多样。

三、班级活动的类型

班级活动的类型有多种不同的划分。根据活动内容，可将班级活动划分为德育活动、学习活动、体育活动、科技活动、文艺活动、劳动性活动、军事性活动等。根据活动组织形式，可把班级活动分为会议类活动，如报告会、主题班会、联欢会等；社会实践类活动，如社会调查、社会公益活动等；参观游览类活动；模拟类活动，如模拟法庭等；游戏类活动，如体育游戏、交往游戏等；竞赛类活动；学习研究类活动，如研究性学习等；仪式类活动，如升旗仪式、各种典礼等。根据活动性质，可把班级活动分为政治性活动，如班会、少先队、共青团活动、传统教育活动、学先进树新风活动等；知识性活动，如组织课外兴趣小组、举办知识竞赛等；文体性活动，如田径、球类、棋类等体育竞赛、话剧、歌曲、书法、游戏等比赛活动；实践性活动，如参观访问、实地考察、公益劳动、社会服务、志愿者活动等。本节就中小学常见的班级活动进行介绍。

（一）班会活动

班会是对学生进行思想政治教育、促进学生个性全面发展的重要途径，也是学生进行自我教育的有效形式。根据内容的不同，可将班会分为晨会、班级例会、主题班会三种形式。

（二）学习活动

学习活动是班主任为了促进学生的学习而开展的扩大学生知识视野、提高学生学习积极性和学习能力的活动，通常有学习方法讲座、知识竞赛、学习竞赛、课外阅读活动、学习经验交流会等。

（三）科技活动

科技活动是班主任为了增进学生对科技的兴趣，扩大学生的知识面，引导学生学习科学技术，培养学生的创新精神和动手能力，与任课教师一起开展的科技教育活动，主要形式有科技班会、科技讲座、科技参观、科技兴趣小组等，是课堂教学的延伸和发展。常见的活动包括小实验、小制作、小发明等。

（四）文体活动

文体活动是为了庆祝有关节日开展的文艺联欢活动和缓解学习压力、调节学习气氛而举行的周末晚会、生日晚会、校园歌曲比赛、体育活动会、小型体育竞赛等活动。开展班级文体活动对于提高学生的文化素养、培养学生的审美能力、提高学生的身体素质、活跃班级气氛、增进班级的团结、增强班级的凝聚力等都能发挥很有效的作用。

（五）社会实践活动

社会实践活动是在校外组织的教育活动，形式多样，如参观、访问、考察、社会调查、志愿服务、勤工助学、拥军优属等。按照我国基础教育课程改革的要求，社会实践活动应成为中小学生的必修课，它是课堂教学和书本学习的重要补充，可以让学生走出校门，接触社会、了解社会，体验社会生活，开阔视野，拉近学生与社会的距离，提高学生适应社会生活的能力，可以促进其理论与实践的结合、脑力劳动与体力劳动的结合，培养学生的思维能力和分析问题、解决问题的能力。

（六）团队活动

团队活动是由团支部或少先队组织发起的专门性的集体教育活动，如团日活动、少先队主题队会等，具有很强的组织性和自主性。

第二节　班级活动的组织与实施

一、开展班级活动的原则

遵守班级活动的原则是组织和管理班级活动的基本要求。班主任开展班级活动应遵循以下原则。

（一）教育性原则

班级活动的教育意义是多方面的，它可以是提高学生思想道德水平的，可以是开发智力的，可以是提高实际操作能力的，可以是增强审美情趣的、强身健体的，等等。好的班级活动应发挥教育的综合功能。班主任组织班级活动要有明确的教育目的，不能为活动而活动，搞形式主义，搞“花架子”。在制定班级活动目标时，要将立德树人与活动有机结合，寓教于乐，最大限度地发挥班级活动的育人作用。班级活动的内容要丰富多彩，使学生获得不同侧面的教育。活动过程要精心设计，对学生要有吸引力和感染力，能够调动学生参与积极性。活动结束后还要及时总结、反思，提高学生自我教育的能力。

（二）主体性原则

班级活动的参与主体是学生，班主任要尽可能多地指导，不要包办代替。活动内容应体现主体性，每项活动要从学生角度出发来确定主题。活动过程应体现主体性，活动名称要有吸引力，活动场地要有教育氛围。活动总结要及时，既要有体会，也要有改进建议。

（三）针对性原则

活动主题是班级活动的灵魂，任何一次班级活动都要有一个针对性的活动主题。一般来说，一次活动一个主题，解决一个问题。主题如何确定，这需要班主任做有心人。班主任要善于把握本班学生的思想动向和舆论热点，看看学生都在关心些什么、议论些什么，及时提炼出恰当的活动主题，通过活动给学生以正确的引导。同时，班主任还要用心关注，善于发现学生学习、生活中的各种现象，抓住与学生生活密切相关且为多数同学所关注的问题，进而提出活动主题。这样紧扣主题开展的活动对学生才有吸引力，也能最大限度地调动学生参与的积极性。

（四）多样性原则

班级活动要达到理想的教育目的性就必须注意活动内容、形式、组织方式的多样性。

首先是活动内容的多样性。开展班级活动要兼顾学生德、智、体、美、劳各方面的素质，使活动既有教育性，又有趣味性。如一个班级在制定活动计划时，主线是“通过活动促进学生全面发展”。具体安排上应既有思想教育方面的“一日常规我知道”“集体在我心中”活动，又有学习方面的“智力竞赛”活动。活动内容多样化，使不同程度的学生都有施展的机会，有成功的体验。其次是活动形式多样化。小学生喜欢求知、求新、求实、求乐。因此，班级活动形式要丰富多彩，变化新奇。如班级活动内容是“他在我的心中”，形式上可多样：可以开故事会，讲英雄模范的事迹；可以用文艺演出的形式，把本班同学的好事编成小节目演出来。再次，活动的组织方式也应多样化。除了集体活动，还可以是小组活动、团队活动，甚至是三五个人自由组合活动，兼顾学生的兴趣、爱好、发展需要，让活动更有实效性。

（五）整体性原则

整体性是指班级活动的内容、活动的全过程和活动的教育力量都要成为一个系统，用整体性的教育思想指导整体的教育活动，达到教育目标实现整体性和学生身心发展整体性的最高境界。首先，活动内容要有整体教育的考虑，要包含德、智、体、美、劳诸方面活动，形成全面的信息网络，使学生得到多方面的教育和发展。其次，活动的全过程要连贯。整体活动和个别活动是辩证统一的。就一次活动来说，只有从酝酿、设计、准备阶段发动学生全身心地投入进来，活动实施时才会有激情。教育性也就蕴含其中了。从整体活动看，活动之间也应有一个系统性和连贯性的安排。最后，要发挥教育力量的整体性和合力。班级活动要尽可能地发挥学校、家庭、社会的整体教育功能。班主任要争取科任教师的支持，向他们咨询，请他们协作；还可以经常请家长参加班级活动，作报告、出竞赛题、进行班会发言等；在争取社会力量配合时，可采取“请进来”“走出去”的方法，如邀请时代楷模、先进人物等到班里座谈，或者走访革命老前辈，和退休老人联欢，参观博物馆，进行环保小调查等。教育力量的整体性，使班级活动由封闭转为开放，家庭、社会教育力量的介入能有效地提升教育的效果。

（六）生活性原则

班级活动的内容要紧贴学生的生活，即从学生的眼中看自我内心生活、校园生活、社区生活和时代生活。班级活动的内容选择要讲究艺术，讲究“新”与“实”。“新”就是要结合最新信息、热门话题，聚焦热点，确定活动内容，以激发学生的兴趣，增强活动的吸引力。如中小学都适宜开展的“周末新闻发布会”，让学生利用周末，对从报纸、广播、电视、网络中看到和听到的社会新闻、国际新闻进行综合述评，锻炼学生的分析、综合和表达能力。再如“跳蚤市场交易会”，让学生进行图书、生活小百货等物品的交易活动，让学生充当物价员、公证员、经纪人，体验经济活动的感受。又如“为中国足球加油”的演讲活动、“心系奥运”的系列活动等，都具有一定的新意。“实”就是要因地制宜、因时制宜，班级活动的内容应结合学生的思想实际，针对学生的年龄特点。这样，班级活动才会更“接地气”。

（七）趣味性原则

班级活动的形式要具有趣味性，它是为班级活动的内容服务的。同样的活动内容，可以选择不同的活动形式。不同的形式会产生不同的效果。如同样是对学生进行“珍惜时间”的教育，有一位班主任要求学生利用课余时间，收集古今中外的惜时佳句、名人格言，这固然能使学生受到一定的教育，但花费的时间和精力过多，反而使学生抱怨。另一位班主任则以“化装晚会”的形式，通过有趣的剧本情节、生动的人物形象给学生以愉悦教育，效果要好得多。所以，班主任在组织班会活动时，要努力使活动形式有趣、新颖、灵活、生动、易于操作。

（八）易操作性原则

班级活动还应具有易操作性，开展班级活动需注意以下几方面：首先，日常活动规模要适当，要做到短、小、实。短，即时间短，一般三五分钟；小，即解决小问题，或针对班里的情况一事一议，或对一种行为展开评价，或背诵一首古诗，或表扬一个同学；实，即解决实际问题，一次集中解决一个问题，不要面面俱到。形式上也要保证实效，可以有全班、小组、同桌活动几种形式。其次，主题活动要注意频率。一学期里，班级主题活动的次数不能过多，也不能没有。活动过多，学生花费过多的精力在活动上，必然会冲击学习，使得一些学生静不下心来学习。如果活动过少，学生又会感到枯燥、乏味，滋生的一些不健康思想得不到控制，班主任只能疲于应付偶发事件。至于活动多少为宜，要依据具体情况具体分析。最后，班级日常活动要形成自动化操作。如上早操、查卫生、查作业、查纪律、主持晨会等都应是“规定动作”。每天有专人负责，固定时间进行，操作就简单了。每一次大的班级活动，事前要制定详细的方案，谁主持、谁发言、谁表演、谁摄影、谁布置会场、谁宣传报道、谁总结等都要事先安排，这样操作起来才能做到有条不紊，顺利进行。

二、组织班级活动的方法

（一）活动的选题

选题是组织班级活动的基础。选题一般需要经过三个层次的工作：

1. 班主任充分思考

选题应注意三个方面：第一，活动是否适合当前班集体建设需要，是否与班集体奋斗目标一致；第二，班集体是否有急需解决的热点问题；第三，是否与学校的教育教学计划安排冲突。

2. 班委会充分讨论

班主任把自己的设想告诉班委会，组织班干部集体讨论。

3. 由班委会征求全班同学意见

班委会可以采取座谈会或个别交谈方式，征求全班同学意见。对学生的意见要认真对待，将其作为组织活动的重要参考。有些活动还要征求任课教师、学校领导、家长的意见。

（二）制定活动计划

选题确定后，由班主任和班委会共同制定活动计划，落实组织工作。活动计划一般包括活动目的与内容、活动基本方式、活动组织领导、活动的时间和地点、活动具体准备工作等。活动计划要有书面材料，组织要明确分工，责任落实到人。在组织工作中要注意两方面问题：第一，发动全体同学参与活动，尽最大努力消灭“死角”，注意发挥活动的教育作用。第二，考虑可以借助的力量，请能够为活动“增色”的班外人员参加，提升活动的影响力和档次。例如，邀请学校领导、任课教师，家长、共建单位负责人等参加活动。还可以安排他们发言、出节目等，但要事先征得他们同意。

（三）具体准备工作

根据分工，要抓落实，主要负责人要逐一检查活动的各个环节是否落实到位。同时要注意主持人的培训，有必要提前串词、排练等。

（四）班级活动展示

活动展示需要考虑三个方面：第一，是否发动每个同学展示成果；第二，是否借助现代教育技术手段来展示成果或通过学生表演展示成果；第三，展示现场布置得如何，这关系到活动的气氛和效果。

（五）班级活动的实施

活动实施是班级活动的关键环节，也是活动过程的最高潮。为了保证活动成功，要注意两个方面：第一，全班同学的精神状态。活动前几天，要创造气氛，班干部和骨干学生要积极投入，带好头。第二，处理好活动过程中的偶发事件，尤其是安全方面，要提前做好的预案。必要时，班主任要出面解决。

（六）班级活动的总结

活动结束后，要及时总结反思，在总结中反思，在反思中成长。总结的方式多种多样，可以开总结会或者写总结材料等。班委会要反思，从确定选题到结束，还要以展板、板报或新闻报道形式进行宣传，听取反馈意见。

【案例分享】

班级活动设计案例

一、活动主题：文明与我同行

二、活动目的：

通过本次主题班会活动，培养学生良好的道德品质，从演出时的文明礼仪要求入手，让学生体验分析，从校园文明、社会文明、家庭文明方面着手，提高自身文明修养，做一名讲文明、懂礼仪的学生，为迎接上级对学校文明校园创建工作检查作准备。

三、活动方式：主题班会形式

四、活动组织：红星中学八年级二班

五、活动时间地点：2022 年 5 月 10 日八年级二班教室

六、活动准备：

1. 学生查阅资料，学习文明问候用语。
2. 搜集有关文明的诗歌、小品、文明歌曲等。
3. 搜集有关社会文明的 Flash 动画。
4. 请老师讲有关文明方面的笑话。

七、活动过程：

（一）主持人宣布主题班会开始

1. 从老师的笑话中体会课堂上的文明，学生自己发表看法。
2. 全班朗诵《班级公约》，由班长领读。
3. 诗歌朗诵《让文明与我同行》。
4. “考考你”小游戏。
5. 男女小合唱《文明我们爱你》。
6. 换位思维：今天我当老师，说说你希望你的学生怎样做到文明。
7. 看有关社会文明的 Flash 动画，从中体会社会文明。

8. “玩吹气球”游戏。

9. 观看动画《关爱母亲》，体会家庭文明。

10. 小品《今晚老师睡寝室》，体会师生之间、同学之间的情谊。

11. 全班宣读《八年级二班文明共勉誓词》。

12. 班主任总结讲话。

（二）主持人宣布主题班会结束

（三）活动的体会和反思

第三节 班会活动的组织与实施

一、班会的含义及其作用

班会是在班主任领导或指导下，以班级为单位组织的全班学生的会议或活动，是班主任对学生、班级进行组织管理、指导和教育的重要途径，也是学生民主生活的一种重要形式。班会是班主任根据学校工作要求，结合本班学生的实际情况，对学生进行教育和开展工作的有效形式，也是学生自我教育的有效方式。班会围绕一定的主题进行即为主题班会。班主任如果充分发挥学生的主动性，有计划地举行一些由班委会或其他学生组织的主题班会，加以引导，既可以达到提高认识、发展个性、愉悦生活的目的，又可以培养学生的民主意识，锻炼自理自治能力，从而达到巩固集体和良好班风的目的。

一般来说，班会具有以下几方面的作用：第一，班会使学生健康成长。班会是一个说出心里话的场所，让学生把自己难解决的事、令自己苦恼的事写成字条。班会课收集讨论，班主任循循善诱，悉心指导，同学们帮助出点子。经过一段班会课，学生会变得活泼开朗，沉默的孩子也会多几分欢笑。第二，班会使学生深受教育。一次生动活泼、富有教育性的班会课往往会给孩子们稚嫩的心灵留下深刻的印象和终生美好的回忆，起到课堂教学难以起到的作用。第三，班会能提高学生对问题的认识能力。从教育意义上讲，主题班会主要是使学生明确、统一和强化对某问题的认识。第四，班会能提高学生的自我教育能力。由于学生在主题班会中是“主角”，所以学生的创造能力、组织能力、活动能力都能得到极大提高，学生自我要求、自我完善、自我进取的精神就会不断加强。第五，班会有利于良好班集体的建设。组织得当的主题班会能产生凝聚力，起到促进班级学生团结的作用，同时由于师生共同参与，它能加深师生彼此了解，成为密切师生关系的纽带。

总之，班会是班主任演绎精彩人生和教育智慧的重要舞台。理想的班会是组织者与参与者思想、情感、行为互动的平台。把任何一种情景转化为一种教育机会，是班主任教育智慧和艺术的体现，更是师生、生生、组织者与参与者心灵互动的结果。因此，我们要“把班会进行到底!”

二、班级例会

（一）班级例会的定义

班级例会是班主任工作的一项重要内容，也是一个班级管理工作的一项具体措施，因此班主任必须认真履行，严格执行。班级例会通常一周一次，也有的两周一次，排在课程表里。班级例会通常由班主任或值周班长主持，主要内容是总结一（两）周的情况，布置工作，讨论班级活动计划等，内容不固定，有些重要的主题教育活动也利用例会的时间进行。班级例会是班主任管理班级事务、处理班级问题、开展班集体教育的重要形式。

（二）班级例会的内容要求

班主任根据学校、政教处或德育处近期的工作安排，制定每周班级例会的基本内容，一般包括：总结上周班级情况，主要包括思想、学习、纪律、卫生、安全等；解决处理本班一周问题，提出本周或下周的要求；传达学校的会议精神与工作安排。其他内容班主任可自行设计安排。

（三）班级例会的管理与要求

（1）班级例会等同于正常上课，班主任应精心准备和组织，讲求实效，形式上可以多样，或者传达通知、规定、学习制度、讨论、辩论等，但不宜进行室外的娱乐性活动。每班班级例会内容必须留有记录。

（2）班级例会必须严格学生考勤，除请假学生不能到场外，其余学生必须全部到会。严格要求班级例会纪律，杜绝迟到、早退及其他课堂违纪行为。

（3）每班班级例会时间，班主任可自行控制，但每班不得少于 20 分钟。

（4）政教处或德育处将对各班召开班级例会情况进行不定期抽查和日常检查。

（5）班主任因事、因病请假不能按时召开班级例会的，必须事先通知主管主任。并安排好代会或补会时间。若因班主任原因未能及时召开班级例会，并且延误工作或影响班级管理工作，要追究班主任相应责任。

三、主题班会

（一）主题班会的定义

主题班会是围绕一个教育主题，在班主任指导下，由学生自己组织、主持，全班同学积极参加的，内容集中、针对性强、形式多样、生动形象、新颖别致、时代感强的一种班集体教育活动。主题班会具有主题鲜明、目标明确、形式活泼多样、针对性强的特点，是班主任对学生开展集体教育、引导学生进行自我教育的有效形式，是建设良好的班集体、营造团结进取的班集体氛围的重要途径。

主题班会分为指导学习类、思想教育类、生活指导类、审美娱乐类和体育运动类等类型。主题班会的形式可以是专题讲座、主题报告会、座谈会、讨论会、纪念会、知识竞赛、展览、影剧评、参观，也可以是社会调查、音乐会、文艺演出、演讲会等。

（二）主题班会的设计

主题班会设计是为实现主题班会目标所作的设想和计划。主题班会设计是主题班会组织、实施的前提。

1. 主题班会设计的“三定”

（1）定主题。主题是班会的灵魂。班会主题的确定要体现“三性”，即针对性——针对班级的实际问题；思想性——具有教育价值导向意义；时代性——形式富有时代特色和吸引力，学生喜欢参与，积极投入。

（2）定内容。班会课内容决定班会课教育作用与效果，班会主题则决定班会内容，班会内容决定班会流程。因此，要围绕班会主题制定和设计富有针对性、教育性和创新性的班会内容。

（3）定形式。班会内容决定班会的形式。但是，班会能否受学生欢迎，学生是否积极投入，不仅取决于班会的主题和内容，还与班会的形式直接相关。班会形式关系到班会课的效果及学生参与的积极性、热情和参与投入程度。因此，班会设计一方面要尽量做到内容与形式新颖而统一，另一方面要想方设法增强班会形式的生动性，符合学生的兴趣爱好。

2. 主题班会设计的“四原则”

主题班会设计要体现思想性和教育性、主体性和参与性、时代性和针对性、活动性和互动性四大原则。

（1）主题班会要明确体现思想性和教育性。青少年往往有崇拜偶像的心理，不同时代有不同时代的偶像。如何根据当前中小学生崇拜偶像的现象和心理特点，设计一次具有教育意义的主题班会或班集体活动，引导他们形成健康向上的偶像心理？在班主任专业能力大赛上，一位参赛班主任根据要求，针对当前中小学生盲目崇拜偶像的非主流文化现象，依据中小学生偶像崇拜的年龄心理特点，设计了“偶像——我崇拜，我学习，我超越”的主题班会。这一主题具有鲜明的教育理念，体现了班级教育的主流价值观念导向思想，对学生产生了教育引导的作用。

（2）主题班会要充分体现主体性和参与性。学生是班会的主体和共同参与者。不能只用班会形式，或只是由班主任“唱独角戏”，或只听班主任“一边倒”的见解，挫伤学生的自主参与性、民主精神和开放、创新思维。有的班主任在班会课中谈论的话题，往往只有一种声音、一种认识，不容许有不同见解和多元看法。例如，对当前中小学生十分热衷的“星座”话题，不少班主任只从星座是迷信现象的角度来谈，没有深入了解青少年热衷“星座”的心理特点和需要，因而没有真正起到主题班会教育的作用。

（3）主题班会设计要自觉反映时代性和针对性。青少年是时代步伐的追随者，他们对时尚潮流具有“春江水暖鸭先知”的敏感，他们是流行文化的天生的弄潮儿。对于正处于社会化敏感时期的中小学生来说，班级是社会的缩影而非“孤岛”和世外桃源。因此，主题班会的主题、内容和形式必须具有时代精神，必须针对中小学生的关注点及其心灵的困扰之处，必须是中小学生感兴趣或热衷的话题，才会吸引中小学生积极参与，才会有旺盛的生命力。

（4）主题班会设计要重点体现活动性和互动性。主题班会的性质是主题性班会活动。活动是让青少年学生身心愉悦和焕发活力的有效形式，是激发中小学生热情与智慧的催化剂。互动是班会活动的内在要求，是班会活动成功的基本条件和有效体现。

3. 主题班会设计的基本内容

（1）确定或生成班会主题。主题是班会的灵魂，选择和确定一个学生喜欢而又具有时代意义和教育价值的好的主题是开好班会的前提和关键。主题的形成、选择和确定主要来源于以下几个方面：计划性系列主题——满足促进学生身心健康发展的需要及学校教育尤其是德育的要求；针对性现实主题——学生的学习、生活、交往等班级教育中的具体问题；时代性教育主题——传统节日、公民生活和社会时事等具有教育意义的内容。主题形成与确定一般经历这样的过程：班主任充分发挥作为班级组织和指导者的作用，用心观察、深入了解和掌握学生的思想动态；调动和发挥学生的主动性、积极性与主体精神，发动学生广泛拟题，充分酝酿，博采众长，集思广益；召集班干部最后确定主题。由学生探索生成和在学生生活中形成的主题不仅具有生命力，更重要的是，它符合并真正体现着班会以学生为主体、学生共同参与的本意。

（2）形成主题班会活动方案。主题班会活动方案的基本格式如下：班会活动构想——主题班会设计思路与指导理念；班会活动主题——体现主题班会活动理念与内容的标题；班会活动目的——主题班会活动期望要达到的目标；班会活动内容——主题班会活动过程内涵的组织结构；班会活动形式——主题班会活动内容的呈现方式；班会活动流程——主题班会活动过程的整体安排，包括开头、进行、结尾、延伸、主持人串词及班主任小结、拓展延伸、效果预测评估等；班会活动准备——人员分工、材料准备、环境布置、设备准备等。

（3）制订班会活动实施计划与流程：① 主题班会开头的设计要给人新鲜感。活动开头的设计有下面几种形式：第一种是主持人直接导入式，第二种是录像引导式，第三种是表演式，第四种是谜语游戏式。无论是哪一种形式，开头都应该注意不要太生硬，要有新颖性，给人眼前一亮的感觉。② 主题班会过程设计要有高潮呈现。主题班会可以根据主题和内容的需要，设计程序时有一到两个活动高潮，以掀起学生的活动热情或深刻感悟，通过活动高潮产生最佳教育效果。活动高潮通常可以通过以情感人的情景叙事或音乐、图片等引发。③ 主题班会结尾要自然并具有教育延伸意义。主题班会结尾要与主题各个环节形成一体，首尾相互呼应。切忌虎头蛇尾、草草收场、让人遗憾。活动的结尾，或巧妙点题，予人心领神会之感；或提出意想不到的问题，让人去沉思；或留有意境，余音绕梁，耐人寻味；或留下悬念，不断唤起学生探索的冲动。因此，虽然主题活动结束了，但活动的效果与意义依然在延续。

（三）主题班会的组织

1. 动员、组织学生参与班会活动

班会是以学生为主体的活动课，班主任要注意指导学生设计参与空间大、能吸引众多学

生参与的活动环节，调动学生的参与意识，使学生在亲身参与活动的过程中受到感染触动，感悟道理，受到教育。教育家陶行知先生说过：“真教育是心心相印的活动，唯独从心里发出来的，才能打到心的深处。”只有充分发挥学生的主体作用，使学生真正成为班会课的参与者、组织者、支持者和受惠者，班会才能成为“真教育”。

2. 班会素材的准备与加工

主题班会素材的准备与加工有厚积薄发的意义，是主题班会取得成功的重要前提。主题班会素材的准备，关键是平时要注意收集积累与班会主题相关的音乐、视频、图片、警句格言、名人名言、伟人故事、经典故事、新闻等，加上学生的周记材料。这样，才能做到厚积薄发，需要时能随心所欲、信手拈来、得心应手、运用自如。主题班会素材加工整理应注意四点：一是让素材的故事情节更感人；二是使素材给人鲜活的美感；三是让素材能留下想象空间；四是给素材赋予画龙点睛的生命主题。

3. 主持人的选拔与训练

主题班会主持人开场要有新意，能吸引人，要设计出内容及形式多样化的开场。主持人的主持要有艺术性：善于调动现场情绪和营造气氛；具有互动与交流技巧；具有组织、沟通技巧；语言流畅，有节奏感和感染力。

（四）主题班会的实施

主题班会应在主持人的主持下按计划进行。学生自始至终是主题班会的“主角”，学生通过参与班会活动，得到内心体验和实际锻炼，充分体现学生自主、合作的精神。

在活动过程中，班主任要充分发挥指导作用，随时注意活动进行的情况并给予必要调控，注意控制气氛、灵活掌握、因势利导，但是切忌个人包办，必须充分发挥学生的主人翁精神，积极培养学生的才能并切实按照活动程序进行。同时，要做好班会课的记录（流程记录、照片、视频等），以便课后反思与总结。如果遇到特殊情况，班主任要做恰当处理。

在主题班会的最后环节，根据主题班会的具体情况，班主任可做简要的总结发言，并在总结中“借题发挥”，点到实质，举一反三，以教育多数学生。班主任还要对主题班会取得的成绩予以充分肯定，同时指出不足和今后努力的方向，进一步强化主题。

在主题班会的实施过程中，班主任必须要注意以下几个问题：①一节班会课时间一般为40分钟，每一个环节都必须进行准确的时间规划，才能完成主题班会的每一个阶段性目标。时间太长，学生很容易思维分散，注意力不够集中，效果就会打折扣。②班主任须以普通一员的身份参加班会，不能随意干涉班会的进程，充分发挥学生的主体作用，充分相信学生，依靠学生，使学生成为主题班会的主人。③要有处理突发事件的心理准备。班会在召开过程中，可能会出现一些偶然事件，这些都需要班主任出面调整、处理，以保证班会继续进行。④班会进行当中还可能出现“冷场”，班主任一般要有两手准备。一是交代好主持人如何调动学生的情绪，二是在准备阶段要特地指定几位平时综合素质较好的学生做更多、更充分的准备，以随时上场表演或发言。⑤还有可能出现偏离主题的现象，这主要在以辩论赛、谈话和讨论等为形式的主题班会当中比较常见。班主任可准备一些预案，如使用某种手势、动作、眼神来提醒主持人现在跑题了，要求主持人及时采取措施加以调整引导。

【案例分享】

“我心目中的朋友”主题班会设计方案

一、设计背景

略。

二、活动目标

略。

三、活动准备

思想动员、环境布置、主持人培训、材料准备等。

四、活动内容及过程

班会主题：我心目中的朋友

班会时间：××××年×月×日×时×分

班会地点：×年级×班教室

参加人员：×年级×班学生和班级任课老师

班会主持人：A（男）、B（女）

（一）班会开场白

A：尊敬的老师、亲爱的同学们，（合）大家下午好！今天我们班会的主题是“我心目中的朋友”，由我和B同学来主持。在此，首先感谢老师和同学们给我们这样一个锻炼的机会。

B：同学们，自古以来就有很多人写出了许多赞美友谊的诗句，比如诗人李白的“桃花潭水深千尺，不及汪伦送我情”，诗人王勃的“海内存知己，天涯若比邻”等，今天我们班会的第一个活动就是诗朗诵。首先上台朗诵的是×××同学，大家掌声欢迎。

（二）诗歌朗诵（5分钟）

1. 三名学生上台朗诵关于友谊方面的诗歌；

2. 活动目的：通过诗歌朗诵，加深对友谊的理解。

（三）比一比，哪组最棒（15分钟）

1. 班会前让学生收集关于友谊的名言；

2. 将全班分成三组，在班会上每一组把自己的名言读出来，老师统计，看哪一组收集的名言最多，获得冠军的那一组得到相应奖励；

3. 主持人说出比赛的规则：谁要发言请举手后再发言；说出来的名言不能和前面说的重复。

4. 活动目的：以比赛的形式激励学生，让他们获得更多关于友谊方面的知识。

（四）“说一说”我的好朋友（10 分钟）

1. 班会前布置每个学生写一篇《我心目中的好朋友》作文，将自己想对朋友说的话写出来。然后老师从中选出几篇，让学生在班会时上台读出来；

2. 活动目的：通过实话实说，说出心中想对朋友说的话，进一步深化友谊这个主题。

（五）通过“征友启事”找到心目中的朋友（15 分钟）

1. 让每一个学生准备好一份征友启事；

2. 先让几个学生把自己的征友启事读出来；

3. 全班学生把自己的征友启事贴在黑板上，学生自由上台看征友启事，找出适合自己条件的朋友。活动目的：通过征友启事，找到适合自己的朋友。

（六）班主任总结

略。

第四节　团队活动的组织与实施

一、少先队活动

少先队活动课程是少先队突出组织属性，以实践教育为基本形式，对少年儿童进行政治启蒙和价值观塑造的跨学科实践性课程，它具有政治性、组织性、实践性和儿童性的性质。少先队活动课是学校教育中的重要组成部分，在学校教育中必不可少，同时也是学校德育教育的一扇窗口，反映一个学校学生的整体素质。少先队活动课是国家规定的义务教育阶段全体少先队员必修的活动课。

《少先队活动课程指导纲要》（2021 年版）规定：少先队活动作为国家规定的必修活动课，1 至 8 年级每周安排 1 课时，单独列入课表，集中在校外开展实践活动的课时不少于总课时的 1/3。

（一）少先队活动的课程理念

第一，聚焦少年儿童政治启蒙和价值观塑造。本课程始终将传承红色基因、赓续红色血脉融入活动主题，启发少年儿童体会党的政治主张、价值理念、精神气质，引导少年儿童树立共产主义远大理想和中国特色社会主义共同理想，从小做好全面准备，要避免仅从学科知识体系出发开展活动。

第二，坚持组织教育、自主教育和实践教育相统一。本课程充分用好少先队组织生活制度，发掘少先队组织文化政治内涵，以实践教育为主要形式，引导少年儿童在辅导员的指导下，自主设计、开展实践活动，主动获得关于政治和组织、集体、社会、国家的真实体验和感受。

第三，坚持课堂内外、学校内外、线上线下相结合。本课程鼓励把少年儿童的社会生活和个人生活作为教育资源，增强与家庭、学校、社区和社会单位等的持续互动，鼓励中小学校整合社会资源，建立联建共育机制，配合落实“双减”工作，以多种形式开展活动，鼓励线上线下联动，打造少先队网络活动空间。

第四，坚持课程的表现性评价和阶梯式激励相衔接。本课程强调开展发展性评价，关注少年儿童在活动中和活动后的价值取向、思想发展和行为表现，鼓励少年儿童进行自我评价和同伴间交流分享，要将少年儿童参加少先队活动的表现与少先队员阶梯式成长激励体系相衔接，要避免将评价简单量化为分数或等级。

（二）少先队活动的课程目标与内容

少先队活动课程以培养新时代少先队员理想信念、政治认同、组织意识、道德品行、精神品质等核心素养为目标，从政治启蒙、组织认同、道德养成和全面发展等四个课程模块入手，对少年儿童开展教育。课程具体内容如下：

第一，政治启蒙的主要内容包括习近平总书记对少年儿童的希望要求；党史、新中国史、改革开放史、社会主义发展史中的故事；中华民族伟大复兴的中国梦；中华民族共同体意识；中国共产党带领全国各族人民为实现中华民族伟大复兴不懈奋斗的光辉历程和伟大成就；中国共产党人的精神谱系；中国共产党的基本知识、习近平新时代中国特色社会主义思想等基本政治常识。

第二，组织认同的主要内容包括党、团、队关系的基本知识；少先队的历史；少先队标志、礼仪仪式等组织文化的政治内涵；少先队员的权利和义务；开展组织意识实践，如完成组织交给的任务、遵守队的纪律、服从队的决议等；开展活动实践，如主动参与队的组织生活、实践活动和阵地建设等；开展民主实践，如民主选举、讨论协商等；开展团前教育和推优入团。

第三，道德养成的主要内容包括社会主义核心价值观；中华优秀传统文化和中华传统美德；新时代社会主义公民道德等基本道德品质；革命烈士、英雄人物、时代楷模、道德模范的故事和精神品质学习与实践；集体主义道德原则，人民利益高于一切的意识，全心全意为人民服务的精神；遵守规则、遵守纪律的实践等。

第四，全面发展的主要内容包括新时代奋斗精神学习和实践；普通劳动者、大国工匠、科技工作者等奋斗榜样寻访交流；生活习惯、劳动习惯和运动习惯；集体和社会劳动体验、科技创新实践和文体活动实践，辩证思维和理性思考实践；价值评价标准和评价体系；媒介素养常识；心理调适和抗挫抗压能力；自护自救知识与生命教育等。

（三）少先队活动的课程形式

少先队活动课程主要通过组织生活、队课、仪式教育、实践活动、协同教育等形式开展，可以一种形式单独开展，也可以多种形式相结合开展。

（四）少先队活动的课程激励评价方式

少先队活动课程围绕培育新时代少先队员核心素养注重发挥队员的主体性，由队员和辅导员共同商定评价依据，重视情境表现、过程表现、能力表现，通过自我评价、辅导员评价、组织评价相结合的方式进行。

（五）少先队活动的基本流程

少先队活动的基本流程主要包括两个部分。首先是预备部分，包括整理队伍，报告人数。其中，整队和报告人数由小队长整队，报告给中队长，再由中队长向辅导员老师报告人数。正式部分包括队活动仪式和活动内容，具体分为宣布活动开始；出旗、敬礼；唱队歌、全体坐下；中队长讲话（主要说明队活动主要内容、意义）；活动开始；辅导员总结讲话。

二、共青团活动

共青团活动是指中学共青团组织紧紧围绕学校党组织在各个时期的中心工作，积极主动、独立负责地开展能体现中学生特点、发挥独立作用的实践活动。

（一）共青团活动的特点

成功的共青团活动一般具有以下五个共同特点。

第一，主题鲜明，具有时代性、启迪性和针对性。组织团的活动，首先要有明确的目的，精心选定主题。针对不同时期、不同年龄阶段中学生的特点，分析他们道德成长中的矛盾，把握他们思想发展的脉搏，抓住主要矛盾，提出发人深思的活动主题，激起学生探求真理、寻找答案的兴趣。符合中学生的需要，富有时代气息的团活动才能给学生以激励，对学生形成较强的吸引力和感召力。

第二，内容充实，具有知识性、趣味性和思想性。知识性，即用丰富的科学知识充实活动的内容；趣味性，即活动内容丰富多彩，趣味横生，能够创造一种欢乐、轻松、和谐的气氛，以吸引学生在潜移默化中受到教育和熏陶；思想性，即激发学生的政治热情，培养学生社会责任感，鼓励学生追求真理，树立理想，引导学生正确思考怎样生活，怎样做人，怎样形成完美的品格和品德。

第三，形式新颖，具有多样性、灵活性。只有丰富多彩、形式新颖的团活动，才能调动中学生参与活动的积极性。共青团活动的形式因活动的内容和要求不同而需要灵活运用，做到因地、因人、因时制宜，灵活多样，锐意创新，体现活动特色。

第四，依靠集体，发挥学生的主动性、创造性。学生应该是活动的主体。团活动是通过集体进行自我教育的有效方式，必须体现学生的主体作用，发挥学生的主观能动性，团干部不能包办代替，而应当扮演“参谋与指导”的角色，让学生真正当家作主，动手动脑，亲自实践，锻炼才干。

第五，巩固深化，注意时效性和连续性。组织任何一次活动都应注意实效，搞完一个活动并不意味着教育活动的结束，而是要认真检查总结，巩固提高。组织好团的活动，还要注意连续性，尽量使前后活动相互衔接。与此同时，团活动还应与其他课内、课外多种教育活动相互配合，协同育人，通过有系统地组织活动，使活动的教育内容循序渐进，步步深化，使学生的思想品德不断提高。

（二）共青团活动的基本类型

共青团活动的基本类型包括六个方面：

第一，激发青年热情的思想教育活动，具体为：组织观念教育；政治理论教育，即基本理论、时事政治学习教育；爱国主义教育，即民族精神、社会主义、集体主义教育；公民道德教育，即社会公德、职业道德、家庭美德教育；民主法治教育，即民主教育、法治教育、纪律教育；革命传统教育，即党的传统教育、团的传统教育。

第二，开发青年智力的学习成才活动，包括科学文化普及、业务技术培训、读书学习活动、社会实践活动。

第三，发挥青年优势的劳动生产活动，包括爱岗敬业活动、技术推广活动、献计献策活动。

第四，引导青年参与的社会公益活动，包括维护社会公德、推动城镇建设、加强社会救助活动。

第五，促进青年成长的文体娱乐活动，包括文艺娱乐活动，即文学鉴赏活动、艺术欣赏活动、百花游园活动、文艺表演活动、交友联谊活动；体育竞技活动。

第六，美化青年生活的生活服务活动，包括心理咨询活动、消费指南活动、生活美容活动、礼仪讲座活动、形体健美活动。

（三）共青团活动的策划设计

1. 活动的设计要求

首先做好设计准备：深入支部，了解情况；多做请示，勤于汇报；横向联系，加强协作；其次，了解活动的特点，包括实时性、阶段性、协调性、多样性和灵活性。再次，明确设计依据，即党政部门的中心工作、团员青年的利益需求、上级团组的工作部署和所在单位的实际情况。最后，把握设计原则，即主体性原则、效益性原则、系统性原则和可行性原则。

2. 活动的具体设计

首先，主题与口号设计。主题设计应具有鲜明性、针对性和重点性；口号设计则要体现时代性、可行性、艺术性和哲理性。其次，内容与形式的设计。内容设计包括服务、系统、具体、适度、竞争、鲜活、审美性；形式设计应遵循求异原则、求变原则、求优原则，求当原则。再次，时间与人物设计。时间设计注意自然顺序、活动种类、活动兴趣、时间间隔；人物设计要注意扩大参加人数、培养活动骨干、吸纳社会力量。第四，场地与经费设计。场地设计涉及人数多少、季节、气候、环境氛围等因素。经费设计要考虑党政支持、青年解囊、自创经费、社会运作。最后是程序设计。

3. 活动方案撰写

共青团活动方案撰写主要包括：① 活动题目，要用主题语言点题；② 目的要求，需概述活动依据和所要达到的活动目标；③ 活动口号，需用有感召力的艺术语言；④ 参加人员，要确定活动对象、预计活动人数以及组织者和活动骨干具体分工；⑤ 活动时间，确定准备时间和正式进行的时间；⑥ 活动地点，应确定正常地点和应变地点；⑦ 活动经费，应确定费用额度，说明经费来源；⑧ 注意事项，要进行必要的提醒或提出解决问题的预案；⑨ 效果评估，要对活动结果进行简要预测，留待评估。

（四）共青团活动的组织实施

（1）活动的准备。这是成功的前提，活动准备包括物质准备、场地准备和舆论准备。

（2）活动的组织。活动实施过程要做到目标明确、责任落实、程序合理、讲究时效。

（3）活动的总结。活动结束后，要及时总结、反思，提出工作改进建议，为以后的活动实施积累经验。

【案例分享】

××主题团日活动方案（基本框架）

一、活动主题

二、活动背景

三、活动目的意义

四、活动时间

五、活动地点

六、活动对象

七、活动形式

八、活动具体流程

1. 宣传工作及前期准备

2. 活动实施过程

九、活动总结

第五节　班级活动的创新策略

班级活动创新是指由学生和教师一起选择、设计出新颖独特、主题鲜明、教育意义深刻的班级活动，并由师生积极参与、全员合作，培养学生主动性的一种教育方式。班级活动是创建班集体的血液，是形成集体主义思想的摇篮，没有活动就没有集体。想开展丰富多彩的班级活动，就需要我们对班级活动进行创新。

一、班级活动观念的创新

目前，有些班级活动存在活动目标模糊、针对性不强、活动内容缺乏时代感、不受学生欢迎、活动主体处于被动参与的地位等方面问题。针对这些问题，班主任首先要更新教育观念，这是班级活动创新的前提。班级活动能否创新，关键在于教育者的观念。

首先，班主任要树立教育民主观和现代学生观，承认学生的主体价值，建立起民主和谐的师生关系。其次，班主任要认识到学生具有巨大的潜能亟待开发，开展班级活动是开发学生潜能的有效途径。再次，班主任要承认学生是具有主体地位的人，尊重学生的主体人格，激励学生主动参与班级活动。学生参与班级活动是一种认识、实践、感悟的过程。没有学生的主观能动作用，认识、实践、感悟就不可能有效地进行。因此，在班级活动中，班主任必须调动学生的主观能动性。最后，班主任应为学生提供创新的氛围、契机和一定的空间，鼓励和引导学生在各项班级活动中思索、探求和创造，从而培养学生的创新精神和实践能力。

二、班级活动的内容创新

首先，班级活动活动内容的选择要发挥学生的自主性。过去，班级活动常常是班主任发号施令，学生只是僵化地按“号令”行动，自主性和创造性难以发挥，个性特点也无法显现。

其次，班级活动的内容应将传统班级活动与现代有机融合。随着时代的发展，现代化玩具大量出现，孩子们沉浸于电动玩具、网络游戏之中，而缺少与小伙伴的合作、交流，造成视力与体能下降、社交能力差等多种问题。传统的班级活动中的一些老游戏具有健体、育智、交友等多种功能，作为班主任，善用传统游戏有着重要意义。在某学校，挑花线、抽陀螺、丢沙包、滚铁环、弹玻璃球等“爸爸妈妈玩过的老游戏”，在一些班主任老师的极力倡导下，重返校园，受到了孩子们的青睐。40 余种经过科学编排、被赋予全新内涵的传统游戏，已成为孩子们最欢迎的课余活动项目。

再次，班级活动内容需要创出特色。一方面，要考虑社会发展的现状，突出活动的时代特色。班主任要及时掌握各种社会思潮对学生的影响，要针对社会的“热门话题”、学生中的“热点问题”，及时开展有针对性的班级活动。例如，针对“高消费、攀比”的问题，组织“勤俭节约传家宝”的主题班会活动。另一方面，要根据当地风土人情、名人、特产等实际情况，突出活动的地方特色。例如，在革命老区开展“我爱红土地”的班级活动，根据当地的革命历史事实，引导学生去了解感人的革命故事，认识英勇的革命烈士，传唱经典的红色歌曲，使他们懂得今日的幸福来之不易的道理，从而激励他们立志为家乡的振兴做出贡献。

最后，班级活动内容应将活动题材与课程有机结合。学科教学中蕴含着大量鲜活的活动资源，有机结合能使两者光芒齐放。众所周知，新颖、鲜活的活动能满足学生的心理需要，诱发他们参与活动的欲望，并给他们留下深刻的印象。其实活动题材的选取是多方面的，可以从课标中选定，可以从本地资源中挖掘，可以从生活事件中提炼，可以从节日娱乐中捕捉，还可以从学科教学中选择。特别值得一提的是，我们的课程中就蕴含着很多可供选择的好题材，班主任完全可以大胆创新与实践，让活动与课程充分结合起来，使我们的课堂、我们的活动充满生机和活力。例如，某班主任就结合语文课《我们只有一个地球》，通过课程整合，指导班上的孩子开展了一系列环保活动。

三、主题班会活动形式的创新

（一）开展讨论，促进理解，感悟明志

班主任组织小组讨论时，先要考虑问题的设置，其次进行小组讨论（要求学生各抒己见，梳理观点），再次要派代表发言（陈述观点，然后进行全班交流），最后总结归纳（消化提升）。比如“在挫折中磨炼自己”主题班会中，学生通过小组讨论，发表观点，最后提出了“放大心胸”“再加把力”“改变行为”“调整目标”等方法与技巧。

除了进行小组讨论，还可以开展课堂辩论的形式。首先班主任要精心选择辩题，然后根据辩题让学生做好充分准备，班主任要在其中做好调控和引导工作，最后要引导学生撰写日记、写好心得、做好反思和总结。如在“在挫折中磨炼自己”主题班会中，班主任可以安排“辩论”这一环节，讨论“逆境和顺境，哪个更有利于我们的成长？”。给学生抛出问题，然后让他们去思考，通过辩论，阐述各自的观点，班主任最后总结。

（二）提供榜样，潜移默化，激励锐志

班主任可以给学生课外阅读指定书目，让学生在班里汇报心得体会。班主任也可以运用生动语言讲述或播放榜样人物影视作品激励学生，还可以通过角色扮演和课堂表演的形式，启发学生，体悟励志。例如，编排校园心理剧是一种好方法，它可以给学生视觉冲击和心灵震撼，激励他们。心理剧编排的一般程序包括暖身阶段、主角确立阶段、剧本创作阶段、剧组成立阶段、剧本演出阶段、分享阶段。当然，心理剧编排是有一定难度的，同学们可以通过网络多加学习，大胆尝试。

（三）组织团体游戏，活跃气氛，实践励志

班主任可组织以班级为单位，以游戏为中介，将学生的内心世界投射出来，进而对其进行心理健康教育的育人活动。比如：班主任在“开展时间管理”主题班会中，组织“度量人生”游戏，引导学生体会为什么要重视“重要而不紧迫的事情”。在“善待挫折——拥有高中生活的宝贵财富”的主题班会中开展“生命线”游戏活动；在“善于与他人合作”主题班会中，组织“松鼠搬家”游戏。

（四）运用现代信息技术，创设情境，凸显高效

首先可以寻找适宜的、最佳的视频或音频，凸显班会主题。如在“珍爱生命，远离毒品”主题班会中，可以播放影片，直观地教育学生；在“零食——食品卫生”主题班会中，可以组织学生观看或解说工商执法人员捣毁脏兮兮的食品加工窝点的食品，给学生以警示，教育他们。其次可以发挥动画的趣味性，迎合小学生喜好，激发真情实感。在“防火安全教育”主题班会中，可以通过播放动画，教育学生。最后，可以精选图片，合理设计，做到主题班会情境统一。例如，在《张开理想的翅膀》主题班会中，班主任在PPT背景首页选用一张雄鹰展翅飞翔的图片，与班会主题相契合；在活动第二阶段“听听我的心里话”选用一张静谧的夜景图片，图片中一个女孩仰望夜空，若有所思，显得孤独无助，图片加入艺术字“听听我的心里话”，更加凸显学生内心倾诉的愿望。

【育人故事】

春天是一点一点化开的

编者按：本案例选自全国中小学班主任优秀经验，作者为江苏省南通中学附属实验学校王美霞老师。

没有人能够知道春风的颜色，只有当她吹拂过山川和田野；没有人能够知道教育的发生，只有当它让孩子的心灵扬起风帆。翻着手中的专著《谛听教育的春天》，我的思绪在那个秋天放慢了脚步。

我和点点的故事要从2019年的秋天开始写起。新生入学教育的第一天，我就发现了她的特别。她叫点点，小不点儿动作总是慢半拍。我微笑着喊她，她却躲闪着不敢看我。

结束了一天的训练，收拾东西准备下班。手机响了，是点点的妈妈，说想和我交流孩子的情况。点点妈妈告诉我，孩子去年查出患了严重的糖尿病，血糖监测仪需要随身佩戴，三餐前都要注射胰岛素，最怕的是血糖突然下降。突然的打击让原本开朗的孩子变了，她不愿和人交流，不愿参加活动，非常敏感，有时没缘由地就大发脾气……哽咽的妈妈再也说不下去了，我对孩子的遭遇很是同情，也很理解点点妈妈的心疼和无助。

教育是生命的对话，我们不能让生命成为遥望的孤岛。一个生命只有在与另一个生命真诚相拥时，才能感受到春天的温暖。这世上没有相同的两片树叶，却有着无数个相同的母亲。怎样让这个掉入人生冬天的孩子一点点被温暖，我愿用一个母亲的心陪她穿越寒冬抵达春天。

一转眼，入学培训到了汇报展示的那天。孩子们列队整齐，一个个斗志昂扬。我习惯性地看了队伍里的点点，发现她的眼神有些不安。我赶忙走过去，发现孩子的鞋带松了，这才突然想起她妈妈跟我说过孩子不方便下蹲。我蹲下身去，熟练地为点点打上一个蝴蝶结。一抬头孩子正看着我，那份理解的默契化成眼眸中荡漾的暖意，我知道她感激的是我用这样的方式化解了她的尴尬。也许就是一个细微的动作，我和点点的距离近了。

秋季运动会是孩子们的嘉年华。大家都在为自己的比赛项目积极准备，体育委员告诉我，运动会那天点点想请假。我知道这颗敏感的心终究还是难以面对自己。怎么办呢？我组织班委召开了一次秘密会议，一个都不能少成为我们这个大家庭的幸福约定。经过周密的计划，运动会入场领队的选举正式开始。各小组代表推荐候选人并陈述推荐理由，集体投票选举，选举结果没有悬念。(领队是点点)

运动会那天，点点举着班牌自信地走过看台。看着孩子挺拔的身影，我告诉自己：有时，让爱绕个远路，会比直达更美好！真正的教育应该给孩子托举，让她拥有幸福生活的能力。运动会后，点点和同学们的心也更近了，看着点点融入集体的幸福笑容，我倍感欣慰。

可是，孩子的成长总是面临着太多挑战。2020 年突发的新冠疫情打乱了孩子的学习生活。不断被延长的寒假，停课不停学的线上学习，人际交往的缺失，一定程度上对很多孩子的心理产生了消极影响。那次视频家访，点点妈妈告诉我，近期孩子常表现出焦虑、烦躁的负面情绪，言谈之中总流露出人生无常的悲观失望，甚至对生命意义产生怀疑。

点点妈妈反馈的情况引起了我的重视。我咨询专家，查阅资料，尝试设计一次别开生面的云上沙龙“假如知道生命的期限”。我们的沙龙从一段“奇葩星球”的旅行开始，孩子们很感兴趣。当学生收到我随机发送的“生命倒计时”的通知单时，群里炸开了锅。巨大的心理冲击后引发了一场“你将如何度过余生”的热议，交流和分享中，她们直面生命的余额，特别是余额严重不足的孩子，发现自己有太多想做的事情，有太多自己在乎的人，每个人都不想让生命留下遗憾。

回到现实，群里又热烈互动起来。小雨跟大家分享了武汉方舱医院“清流读书哥”的新闻，孩子们在讨论中明白：阅读是可以随身携带的避难所。点点的分享特别精彩。点点说道：“同学们，大家好，今天我跟大家分享的是渐冻人院长张定宇的故事”。张定宇身患渐冻症，面对生命的倒计时，追赶时间，用残缺的身体燃烧出微弱之光，疗愈世间的伤痛。“其实我也是一个身体有疾病的人，曾经我抱怨命运对我的残酷，我害怕生命的突然消失。后来我开始听天由命自暴自弃，我将自己的痛苦加倍发泄在最爱我的人身上。现在想想自己是多么愚蠢。死亡是人生确定的事，但我们能选择自己活着的方式，这才是了不起的。生命的长度是有限的，但宽度和厚度却是无限的。”屏幕这边的我听着点点的发言，早已热泪盈眶。

每个生命的成长，必然要面对躲不过的坏消息，教育者只有在和孩子一起看到它，面对它，甚至愿意谈论它的时候，我们才有可能去对抗它，战胜它。一次特殊的生命教育，唤醒的是孩子的尊重和热爱。

每一朵春天的花都曾是冬天的梦，教育如养花，我们要用爱的阳光，融化孩子心头的冰雪；用智慧的语录，点化孩子的精神世界。一点一点化育孩子的心灵，一点一点催开生命的花朵。这样我们将会看到春风的颜色姹紫嫣红。

（资料来源：https://jbgzs.basic.smartedu.cn/）

【思考与训练】

一、名词解释

1. 班级活动
2. 主题班会
3. 班级活动创新

二、简答题

1. 开展班级活动应遵循什么原则?
2. 班级活动有哪些类型?
3. 主题班会设计需要遵循什么原则?
4. 共青团活动有什么特点?

三、辨析题

先判断正误，然后简要说明理由。

1. 主题班会应突出班主任的主导作用。
2. 团队活动主要是针对班级里的优秀学生的。

四、实践训练题

以《认识自我，战胜自我》为题，设计一个针对初中生的主题班会活动方案。

第八章　班级文化的建设

班级文化建设是校园文化、社会文化建设的一个缩影，是培养学生爱国主义情感、接受优秀传统文化熏陶的重要途径。良好的班级文化建设规范着学生的行为，以寓教于乐的形式稳定日常教学，疏导学生行为。“春风风人，夏雨雨人”，我们要重视班级文化建设，让学生如沐春风，和润于心，育人无形，择善而行。本章主要介绍班级文化的内涵、构成、功能、影响因素，优化班级环境策略及凝练、培养班级精神的方法等。

第一节　班级文化概述

一、班级文化的内涵

文化是人类社会特有的现象，是人类在社会实践过程中所创造的物质财富和精神财富的总和。人类活动作用于自然界，便产生了物质文化；人类活动作用于社会，便产生了制度文化；人类活动作用于人本身，便产生了精神文化。

班级文化是指班级成员在班主任的指导下，在学习和交往过程中所形成的，并且为全体成员所普遍认可和接受的理想信念、价值取向、生活态度、思维方式、行为方式的总和。南京师范大学李学农教授在其《中学班级文化建设》（1999）一书中指出，班级文化包括狭义和广义两种理解。班级文化可以分为广义与狭义两种形式，广义的班级文化指“班级生活中一切文化要素”；狭义的概念认为，班级文化是指“班级全体成员创造出来的独特的文化”。因此班级文化主要包括：精神层，如班级目标、班级道德、班级舆论、人际关系和班级风气等；制度层，如一日常规、课堂常规以及各种奖惩制度等；物质层，如张贴名人名言、悬挂国旗及班训、出板报等教室内环境的布置。

班级文化是一个班级的灵魂，班级文化建设是每个班主任需要思考的问题和工作的努力方向。良好的班级文化就像一个大磁场，以巨大的磁力吸引着学生；又像一个大情感场，产生一条条情感链，形成一股股强烈的情感流，流向每位学生的心田，驱使着学生自觉自愿地、潜移默化地接受感染、熏陶、教育和鞭策，帮助学生在体验中感悟，产生积极向上、要求进步的无形力量，从而产生自主、自得、自乐的强烈愿望和具体行动。

二、班级文化的构成

（一）按照层次划分

按照层次来划分，班级文化的构成可以分为物质文化、制度文化、精神文化三个层次。

班级物质文化是指班级文化中的实体部分，主要包括班级教室的布置、活动设施的购置，以及班级卫生状况等。班级物质文化属于班级文化的硬件，是看得见、摸得着的东西。班级物质文化包含教室内的环境布置及师生的仪表等，是班级文化的基础及其水平的外显标志，具有隐性教育功能与教育效果。

班级制度文化是班级文化中的制度部分，包括班级中各种规章制度、行为规范、纪律等，也包括班级中那些无形的习惯、约定俗成的规范，甚至包括逐渐形成的传统和风气等。建立良好的班级制度文化，是班级文化建设的一项重要内容。

班级精神文化是指班级文化的观念部分，包括班级的理想、信念、心理认知、价值取向、情感意志和班级舆论、学习态度，以及为班级成员所认同的文化意识和思想，主要表现为班级风气，即班风。其中，精神文化是班级文化的核心，它是一个班级的本质、个性和精神面貌的集中反映，并具体表现在班风、学风、班集体舆论和班级人际关系等方面。抓住班级精神文化，就是抓住了班级文化建设的主要矛盾。

建设班级文化，应以“文化”为切入点，以文化教育人、感染人、熏陶人。班主任应从美化班级环境、健全班级规范、铸造班级精神三个方面着手，将社会、学校对学生的要求和期望转化为班集体的规范、舆论和价值观，使班级的每一个角落、每一条规范、每一次活动都渗透着文化气息，充满着文化意蕴，为学生的学习和生活创造一个充满友爱、温馨、快乐的环境。

（二）按照班级文化内容划分

按照班级文化的内容来划分，班级文化主要由青少年文化、同辈文化、教师文化、教育文化构成。

青少年文化，就是学生文化，是学生价值观、思考方式、行为模式的总称。它对学生的学习成绩、奋斗目标、个性成长有很大影响。因此，班主任要主动了解青少年文化，加强与他们的交流。对其中的消极因素，不能简单禁止，而要积极引导。新时代，班主任要正视和面对，并加强青少年文化认同教育。

同辈文化是指同辈群体间的文化。同辈群体是由地位相近，年龄、兴趣、爱好、价值观和行为方式大体相同的人组成的一种非正式群体。在这个群体中，学生交往密切，互通信息，获得了群体对社会、学校、家庭等周围一切人与事物的一致性见解，并逐渐形成了所属群体的特有文化，即同辈群体文化。同辈文化分积极、中性和消极三类。班主任要对班级同辈文化加强调查，设法消除消极的同辈文化。

教师文化，是指教师作为人类文化的传递者所具有的价值观念和行为方式，一般由教师的教育思想、学科知识、文化教养和个性人格，以及教师集体的目标、人际关系等组成。

教育文化，是依据一定的教育目的，对人类的文化遗产进行选择后传递给新生一代的文化以及传递文化的活动。教育文化需要通过班级文化被学生接受以后，才能充分发挥其积极作用。

三、班级文化的功能

班级是学校的细胞，它既是学校教育工作的基层单位，也是学生学习、活动的集体。作为整个学校文化的有机组成部分、校园文化的基础性工程，班级文化整合了物质的、制度的、精神的多种要素，形成强烈的育人氛围，负载着诸多功能：教育功能、凝聚功能、激励功能、制约功能。这些功能一旦形成，就会产生巨大的力量，加速班级的发展。因此，加强班级文化建设，努力营造积极、健康向上的班级文化氛围，是班主任提高班级管理水平和促进学生发展的重要内容。

（一）教育功能

教育功能是班级文化的首要功能，也是区别于其他组织文化的最主要特征。班级文化作为一种特有的教育力量，渗透于一切活动之中，它所形成的“社会—心理动力场”对学生心理素质的培养具有引导、平衡、充实和提高的作用。班级文化是以班风、学风、价值观念、人际关系和舆论等方式表现出来的观念文化及与之相应的制度行为文化和物质文化，对每个学生都起着潜移默化的教育作用。班级文化的这种教育功能不同于课堂教育，它虽是无形的，但又是无所不在的，就像“润物细无声”的春雨，滋润着学生的心田，陶冶着学生的情操，塑造着学生的灵魂。

（二）凝聚功能

班级文化是班级成员共同创造的群体文化，在班级内部形成强烈的向心力和凝聚力，能把班级成员的个人利益与班级前途紧密联系起来，使其在利益一致的基础上产生认同感，使个人与班级“同甘共苦”，荣辱与共。

班级文化寄托着学生共同的理想和追求，体现着他们共同的心理意识、价值观念和文化习性。这种共同的心理意识、价值观念和文化习性会激发成员对班级目标、准则的认同感和作为班级一员的使命感、自豪感和归属感，从而形成强烈的向心力、凝聚力和群体意识。这种向心力、凝聚力和群体意识又会促使学生在日常学习和生活中时刻清醒地意识到“这是我的班级，我是这个班级的学生”。实践表明，在班集体中，班级文化建设水平愈高，这种向心力、凝聚力和群体意识愈容易得到体现。

（三）制约功能

班级文化所形成的规范体系，代表大多数班级成员的价值取向，制约着学生的言行，对其行为具有规范效应，起着调控作用，影响学生的行为模式。这种规范一旦形成，就会成为一种强大的力量，使班级成员都能自觉地约束自己，让自己的行为符合班级规范。班级文化对成员的制约功能主要通过以下三条途径得以实现：氛围制约（环境、关系、风气等）、制度制约（规章、纪律、守则等）和观念制约（理念、道德、舆论等）。

积极的班级文化能够激励和强化学生的积极行为，调节和控制班级学生的偏离行为，把学生的行为引向班级规范的轨道上来。通过引导学生制定和完善班级的各项规章制度，并认真监督执行，可使学生的行为有章可循，有据可依，形成遵规守纪、照章办事的良好舆论环境。

（四）激励功能

班级文化能为每个班级成员提供文化享受和文化创造的空间，提供文化活动的背景以及必要的活动设施、模式与规范，形成催人向上的心理氛围，使之成为班级和学生发展的驱动力，从而有效地激发和调动每个成员参与班级活动的积极性、主动性和创造性，促使学生孕育信心，追求成功和乐于交往，使学生充分感受到集体的力量、集体的希望，产生强烈的责任感和集体荣誉感，更加明确作为集体的一分子对集体的责任和义务，激发起为了集体的荣誉尽自己最大努力的强烈愿望，使其以高昂的情绪和奋发进取的精神积极投入学习和生活中去。

（五）导向功能

班级文化是班主任有目的地支配和引导其班级向正确方向发展的文化，以反映班级文化的主体导向，并对班级发展和学生身心发展起着导向作用。在一个文化氛围浓郁的班级，班级提倡什么、崇尚什么，班级成员就倾向于追寻什么、效仿什么。班主任将通过各种文化活动把学生引导到班级的正确方向上来，使之在确定的目标下进行学习、生活。

班级文化的导向功能一般体现在三个方面：一是行为目标导向，班级文化指导着班级学生确立合理的需求和良好的动机，实现恰当的行为；二是价值取向导向，当班级的发展目标为学生所接受和认同，他们便会焕发出极大的学习热情，就会在潜移默化的氛围中形成共同的价值观，从而产生一种信念与力量；三是制度导向，班级文化有助于学生的行为互动及其互动关系稳定在特定的组织规范内，使人除了愿意遵从之外别无选择，只能朝着正确的方向和既定的目标去努力。

新时代中小学班级管理应当坚持以促进学生全面、和谐而有共性的发展为导向，树立学生至上和以学生为本的教育观，将班级文化对学生的人文关怀落到实处。

四、影响班级文化的主要因素

（一）社会文化

班级既是学校的基本单位，也是社会组织的一个部分，所以社会文化的各个方面，如价值观念、行为方式、思想观点、人际关系等，都会影响到班级文化建设。社会文化有主流文化和亚文化之分。社会主流文化通过教育文化存在于班级文化之中，班级作为培养学生的场所也依托社会主流文化。然而，社会主流文化通过教育文化进入班级具有一定的滞后性，教师和学生各自所属群体的文化在一定程度上有亚文化的成分。因此，抵制社会亚文化中的不利因素是班级文化建设的重要内容。

班主任作为班级文化的主要引领者，在营造班级文化氛围时必须充分考虑社会文化的影响：既要看到班级文化会反映社会主流文化及其新发展，又要注意社会亚文化的多种影响，变不利因素为有利因素，努力克服其消极影响。

（二）家庭文化

苏霍姆林斯基认为，家庭的智力气氛对于儿童的发展具有重大的意义。儿童的一般发展在很大程度上取决于家庭的智力兴趣，成年人读些什么，想些什么，会对儿童产生很大的影响。从某种意义上说，家庭的文化氛围决定孩子的未来。良好的家庭文化为青少年的发展奠定了坚实的基础，而不良的家庭文化氛围则使孩子的身心健康受到损害，正如杜威所认为的，家庭中正常关系的失调，是以后产生精神和情绪各种病态的土壤。

家庭文化是班级文化的影响源之一。家庭是学生的第一学校，父母是孩子的第一任教师。每个学生到学校、班级之前，都带着自己独特的家庭文化及其文化背景，因而容易形成多种价值观的冲突。如果学生具有相同或类似的家庭文化，班级文化在形成中所产生的冲突就会少些；如果学生的家庭文化差异较大，学生在交往中就容易产生冲突。

班主任在接手一个新班级时，要通过学生档案、学生卡片或者家访等形式，详细了解学生的家庭情况，如父母所从事的职业、家庭的经济状况、单亲家庭的生活状况，等等。这样，班主任在开展工作时可以做到心中有数。

（三）学校文化

学校文化是全体师生员工共同认同和共有的学校核心价值观，它限定着学校教育的内容，并强烈地影响着教师和学生的行为。学校文化反映了师生的基本思维模式和行为模式，在外显方面，是全体师生员工习以为常的、不需要思考就能表现出来的行为；在内隐方面，是一种被规定了的思维模式，一旦违背就会感到不舒服和不自在。学校文化具有传承性、教育性、规范性，它潜移默化着学校的制度、环境、人际关系以及校风、学风和教风。

学校文化是一个学校在较长时期的积淀中形成的结果。它通过各种载体与活动，一边影响着学校内的全体师生，一边丰富着学校文化的内容，并逐渐形成每个学校自己的文化特征。班级是学校中的基本组成单位，班级文化必然要反映学校文化，受到学校文化的制约。但是，班级文化又具有相对独立性，同一个学校的不同班级可以有自己的文化特色。班主任要在学校文化的大环境中结合自己班级的特点，建设具有自己特色的班级文化。

综上所述，班级文化会受到社会文化、家庭文化、学校文化的影响，成为影响班级中每个学生个体发展和班级发展的重要因素。

第二节　班级文化建设的内容

班级文化建设是班级建设的主要组成部分，这是一种更高层次的教育。良好的班级文化建设有助于营造良好的学习氛围，有助于学生健康全面发展。班级文化建设是一种个性文化教育，代表着班级的形象，体现了班级的生命。它是一个动态的、发展的系统工程，它的主体是学生，引导者是教师。教师在构建班级文化时要建立正确的班级精神导向，创设良好的环境熏陶，以使学生在平等、团结、竞争、和谐的氛围中形成健康的心理，培养良好的学习习惯和实践能力。班级文化建设包括班级制度文化环境、班级物质文化环境、班级精神文化环境三方面。

一、班级制度文化建设

班级制度文化是根据班级教育管理的需要，用以规范、指导、约束、激励学生成长进步的各项制度。班级制度文化建设是形成良好班风学风的必要条件。

班级制度文化建设需要遵循四个原则：一是规范性原则，即班级制度要规范学生的思想、学习、生活等，要让学生明确班级管理中倡导什么、反对什么，为形成班级正确的舆论打基础；二是发展性原则，即班级管理制度要有利于促进学生形成健康的思想、正确的态度、全面的知识、强健的体魄、健全的人格；三是激励性原则，即班级制度要体现奖惩分明，对表现良好的学生，要及时肯定、鼓励和表扬；对表现不良的学生要及时批评、指正和警示，将结果体现在表彰奖励、评选优秀、发放助学金等方面，发挥制度的约束和激励作用；四是公平性原则，即在落实制度的过程中，要一视同仁，严格执行，不能徇私舞弊。具体来说，班主任可从以下几方面入手开展班级制度文化建设：

1. 建立班级核心制度，形成班级特色

在建班之初，通过班委会主持全体师生的会议，共同讨论制定班训、班歌、班徽等纲领性文件。在制定的过程中，学生们可以各抒己见，然后达成共识，形成班级成员共同追求的目标和激励班级成员奋发向上的精神支柱，并在醒目的位置悬挂张贴，以示其为全班同学共同遵守的精神准则。通过制度的建立，树立起班级积极形象，形成本班特色标志。

2. 建立班会制度，彰显德育为先

每周一次的班会是创建班级文化氛围的良好时机，在班会课上开展丰富多彩的主题活动，调节学生在校的学习生活，使其体验集体自豪感和精神充实感。这些班会主题的设定，由班委会征集学生意见或者教师提议形成，一般都是现实有争议的问题和当代中学生迷茫的问题。这些主题第一时间解决学生思想上的矛盾，起到指引作用，帮助学生形成正确积极的人生观、世界观。班会也可以开展激励学生努力学习的有益活动，既丰富了学生的生活，又调节了学生紧张的学习状态，作为精神缓冲，使学生以更大的热情投入学习。班会的形式可以多种多样，如课本剧、学习竞赛、小品表演、辩论会等。这些活动的策划、编排都由学生自己完成，

教师只给指导性意见，让学生在班会的组织及落实的过程中，锻炼的组织管理能力，培养多方面能力；给学生带来无限乐趣，给班级带来活力和生机，培养学生的主人翁意识和集体荣誉感，锻炼学生的团结协作能力，增强班级凝聚力，使全班学生更加热爱班集体。

3. 健全常规制度，规范日常行为

班级常规制度建设是形成良好班风的必要条件，主要以《中小学生日常行为规范》和学校的相关制度为依据，同时根据班级实际制定，体现班级特色。新生入校之际、班级成立之初是制度建设的好时机。各班应根据实际情况制订以下常规制度：请假考勤制度、晨会制度、课堂学习制度、自习纪律制度、卫生打扫制度、家校联系制度、竞赛活动制度、班团会制度、奖惩制度、学生综合素质评价制度、班干部定期会议制度、突发事件处理制度等。班主任应做好入校教育，要让每一名学生了解班级日常管理制度，重视行为规范的落实。

二、班级物质文化建设

苏霍姆林斯基说："只有创造一个教育人的环境，教育才能收到预期的效果。"班级是学生学习、生活、交往的主要场所，是教师教书育人的主阵地，是学生情感交流的地方。好的班级物质文化可以为学生增添生活与学习的乐趣，消除学习后的疲劳，同时培养学生正确的审美观念，陶冶学生的情操，激发学生热爱班级、热爱学校的情感，促进学生奋发向上，增强班级的向心力和凝聚力。

班级物质文化属于班级文化的硬件，是看得见摸得着的东西。班级物质文化包含教室内的环境布置及师生的仪表等各方面。班级环境建设要具有书卷气和文静儒雅的氛围，充满健康向上的气息，给人以美的愉悦，德的熏陶和智的启迪，而不是一味追求设施的先进齐备、装饰的气派豪华。

班级物质文化是班级文化的基础及其水平的外显标志，具有的隐性教育功能与教育效果。班级物质文化能激发学生的学习动机和学习热情，调动学生学习的主动性、积极性和创造性，充分发挥学生各方面的潜能，使学生保持高昂的情绪和持久的奋发向上的精神，同时班级物质文化还能够有效地促进学生良好心理品质的形成，使学生的人格得以健康发展。因此，班主任应以人为本，引导学生积极主动地参与班级物质文化的建设，鼓励学生主动探究，大胆创造，在班级物质文化建设的参与过程中充分发挥其独立个性和主人翁精神。

班主任开展班级物质文化建设，需要从两个方面进行：

1. 班级硬环境

班级硬环境主要是指教室的主体环境布置，指的是教室墙面布置、桌椅的合理摆放，等等。布置时要多注意各板块之间的协调关系，还要重视教室各区域间和区域内的内容涵盖、外观设计、色彩搭配等，要注重文化品位、现代气息、人文精神。这些布置应该能较直观地反映学生的精神风貌、文化气息，对学生有一定的激励作用。优美的教室环境能给学生增添生活与学习的乐趣，有助于培养学生正确的审美观念，陶冶学生情操，激发学生热爱班级、热爱学校的感情。最重要的是催人奋进，增强班级的向心力、凝聚力。

2. 班级软环境

软环境的创建需要师生的独具匠心，墙壁文化应受到重视。可在教室墙壁的空白处悬挂名人名言条幅，从而激励学生不断地拼搏、进取；开辟“佳作展示”栏，表扬写作出色的学生；在“光荣榜”展示学生取得的成绩，增强竞争意识；设“读书角”调动每一位学生的读书积极性，增长学生的才华；“黑板报”图文并茂，是展现综合素质、体现宣传功能的又一舞台。软环境的布置应着眼于班级总体布局的和谐统一，着眼于物质文化氛围对学生的熏陶和感染，力求朴素、大方，适合学生，突出班级特点。有的初中教室布置出来色彩缤纷、眼花缭乱，很像幼儿园的教室，这就有悖于初中生的审美特点。这些精心的布置为学生营造的是浓厚的人文气氛，从而创设了坦诚、融洽的交往环境。班级物质文化能潜移默化地使学生主动接受文化的熏陶，从而不断提升个人境界。但也不能为了布置而布置，要根据学生的年龄特点、接受能力来布置，切忌杂乱。教师也可以把布置的任务交给学生来完成，以增强学生的集体荣誉感。教室布置也不能长期不变，至少一个学期重新布置一次，在学期中也可以随时变动，以增强新鲜感。优雅整洁的环境更容易营造平等、和谐、宽松、民主的人际环境，更容易形成良好的班级氛围。

三、班级精神文化建设

班级精神文化属于观念形态层，是班级文化的核心内容，包括班级精神、班级凝聚力、团队意识、班级文化活动等内容。这些内容反映价值观、人生观这类深层次的文化。班级文化的核心是精神文化，是班主任创建优秀班集体的前提，是班主任对教育的理解、实践的前提基础，是引领学生思想情感，追求核心价值取向的“催化剂”。

班级精神文化主要是指班级的理想信念、价值观念和行为准则，具体表现在班级的学风、班风和考风方面。班级精神文化建设是学生良好行为习惯养成、道德品质提高的重要途径，是运用集体力量对学生进行教育的最有效方式。班级精神文化对学生的教育可以说是润物无声，影响深远。

班主任开展班级精神文化建设，需要从班级精神培养、班级凝聚力培养、班级活动的开展和优化人际关系几个方面进行。

1. 班级精神的培养

一个班级要有班魂，也就是班级精神。这种精神要在班级成立之初有意识地培养，逐步让学生理解接受，最后根植在全体学生的心里。班级精神需要在长期的学习生活中精心培育，并与班级个性相结合，从而形成一种班级主导意识。它通常借助简单明确而富有哲理性的语言形式加以概括，并常常借助班名、班歌、班徽等形式形象地表达。班名、班歌、班徽是班级“软文化”环境建设的起始点，就像一场运动会之前的造势活动，可以振奋人的精神。设计班名、班歌、班徽时，班主任应调动全班学生人人参与，设计完成后，应通过集会、比赛、年级活动等各种场合展示，使本年级、本校师生注意到本班的形象标志。班名、班歌、班徽作为班级和班级特色的标志，有助于学生对班级产生认同感和自豪感。更为重要的是，这样的设计活动有助于体现学生的创造力、合作力，加强班级的凝聚力，增强学生间的了解和信任。

2. 班级凝聚力的培养

班级凝聚力是在多因素共同作用下形成的。其中，最能调动一个班级学生情感、最能体现班级凝聚力的莫过于一年一次的校运动会。在校运动会期间，一方面，应尽可能地动员每一名学生参加运动会；另一方面，让没机会参加运动会的学生组成宣传组、后勤服务组、卫生清洁组、安全保卫组，让每名学生都参与到校运动会中去，让他们懂得每一个人都应为班集体出一份力。班主任需要充分发挥运动会的作用，既追求良好的运动成绩，又把它作为增强班级凝聚力的契机。

3. 班级活动的开展

学生的能力在活动中能够得到培养和锻炼，所以班级活动是班级文化建设的有效途径之一。班级活动一般可分为两类：一类是学校组织的活动，如军训、运动会、艺术节等。这类活动规模大、影响深，对于形成健康向上、团结进取的班级团队精神起着很大作用。鉴于此，在军训过程中，应培养学生吃苦耐劳精神和团队意识；在校运会时，应教育学生积极对待校运会，培养班级凝聚力；在艺术节期间，应教育学生积极准备，参与艺术节活动，培养集体荣誉感。另一类是班级内部的活动，如班会、辩论会、演讲会、兴趣小组等。这些活动内容广泛、形式多样，能潜移默化地起到正观念的作用。

4. 优化人际关系

构建和谐的人际关系对班级精神文化建设有着重要意义。班级里有两种非常重要的人际关系要处理好：生生关系和师生关系。教育学生处理好同学关系包括以下内容：提倡助人为乐，心中有他人；看人要先看别人的优点和长处，正视自己的缺点和不足；培养学生的幽默感；要有团队意识和合作精神。处理好师生关系，教师要注意以下几个问题：要热爱学生；提高自身素养和人格魅力，让学生喜欢自己；通过自己的言行树立威信；培养民主作风；了解学生的心理特点，用发展的眼光看待学生；对学生不抱成见和偏见，公平对待全体学生；当与学生发生冲突时，要善于理解学生。

第三节　班级环境的优化策略

著名教育家苏霍姆林斯基说过："只有创造一个教育人的环境，教育才能收到预期的效果。"在学校里，教室是学生学习、活动的重要场所，是教师向学生传道授业的重要阵地，是班主任对学生进行思想教育、品行培养的重要舞台。教室环境是班级文化的组成部分，需要班级管理者把布置好教室、美化育人环境作为自己工作的重要内容。

一、优化班级环境的原则

班级环境建设主要是做好教室的布置工作。班级教室布置是一项非常具体、非常繁杂的工作，需要遵循如下原则：

（一）教育性原则

班级教室布置必须充分考虑教室环境对学生的教育作用，让所布置的内容对学生起到春风化雨、潜移默化的陶冶功效。因此，在布置教室时，要选择那些催人奋进、引人深思，富有感召性、激励性的形式和内容。如可以选择劝学的名言警句，修身养性的箴言，寓意深刻的寓言故事，陶冶心情的诗歌、散文等。

（二）主导性原则

为了让教室布置真正起到美化环境、教育引导学生的作用，班主任必须在教室布置过程中发挥主导作用，不能将教室布置的所有工作都推给学生，自己撒手不管。在布置教室时，班主任要耐心听取班级成员的意见，集思广益，并结合班级具体情况做好整体规划。在实际操作过程中要认真把关，不然教室布置将不能发挥其应有的作用。

（三）主体性原则

一个班级的基本成员是教师和学生。教室布置的“主角”应该是学生，班主任应起到主导作用，其他任课教师则起到辅导作用。所以，在教室布置过程中，班主任要引导学生积极参与，充分发挥学生的主体作用。为选择一条好的班训，可以在班上开展班训征集活动，让每个学生都参与搜集或设计；办好墙报、黑板报，可以从班上的学生中挑选出一批具有书法才能或者绘画才能的学生组成一个或多个小组，由他们具体实施。布置教室的工作具体、繁杂、工作量大，只有把学生都调动起来，群策群力，才能布置好教室。

（四）针对性原则

在布置教室时，班主任应该考虑本班的特点，考虑本班在不同时期的不同任务，从而让教室布置具有针对性。比如，学生之间不太团结、缺乏凝聚力，就有必要在班训里加入表达“团结协作”之意的字眼，在栏目里加进“增强团队合作”的内容。又如，过分活跃的班级，在布置教室时可以考虑“冷色调”；气氛沉闷的班级，在布置教室时可以增加一些“暖色调”。

（五）艺术性原则

班主任布置教室需要遵循艺术性原则，突出“美化育人环境”的“美”字，力求风格鲜明，美观大方。标语要醒目，图画要精美，装饰要得体，前后左右要对称，栏目大小要协调，字体规格要统一，色彩搭配要适宜，既不要苍白单调，又要避免眼花缭乱的繁杂拥挤、破碎凌乱。字体上应该选择正楷、宋体、隶体或较端庄的美术字，忌用草书。

（六）创造性原则

创造力的培养是现代班级管理的目标之一。教室布置应该考虑留给学生创造发展的空间，如适时举办中学生书画作品展等，就有利于对中学生进行创造能力的培养。对新鲜事物敏感是中学生心理的一个特点，如果教室布置长时间不变，学生就会对其熟视无睹。如果适时变换形式和内容，就会使学生时时刻刻有一种新鲜感，引起学生注意，并从中获取教益。对于教室布置，各地学校有很多很好的经验和做法，班主任应及时相互了解、学习、借鉴，让自己班级的教室布置收到理想的育人效果。

二、优化班级环境的内容

由于受办学条件、教室规划、学校性质、学生的年龄特征等诸多因素的制约，教室布置的内容和具体栏目的设置应具体情况具体考虑，不能千篇一律。但是，教室的布置仍然有许多规律可循。一般来说，优化班级环境主要包括以下几个方面：

（一）布置教室

在班级教室门外可以悬挂一个富有特色的镜框，镜框内有班主任寄语、班级特色、班风等栏目和班主任及任课教师的名字，以此激励教师时时处处严格要求自己，一言一行成为学生的表率。可以在教室的醒目处贴上本班的班训、班徽或者班风等，教室的正面墙上悬挂国旗，侧墙上设置评比栏等。教室的墙壁上，可以贴学生自己选择的名人名言，并定期更换。还可以根据本班的需要设置其他的栏目。在教室前方黑板或教室后面板报的上方悬挂时钟，可以培养学生的时间观念，让学生珍惜时间，做时间的主人，也可以方便教师上课时掌握时间，调整教学进程。

（二）办好板报

“班级剪报”“班级快报”“班级卡通画报”以及黑板报、手抄报是学生施展才华、倾诉心声、摄取知识的宝库。班级应该培养一批自己的小记者、小通讯员、小主持人。文字编辑、新闻采访、版面设计等工作可完全由学生动手。黑板报的设计既要注意与教室环境相配，又要精心选择内容。鲜艳的颜色、合理的布局、新颖的内容会引起学生的兴趣。黑板报要每月更换，每期都要有学生的习作和学生感兴趣的话题。这样，学生对黑板报的内容才能更加关注，墙壁也就“会说话了”。

（三）建好图书角

引导和鼓励每一个学生把自己最喜爱看的书和报纸拿出来与他人分享交流，既是培养学生的奉献精神，又是对他们进行集体主义教育的有效途径。定期评选图书角的热心读者，每学期举办一次好书推荐会，举行介绍好书的征文比赛，举办好书阅读沙龙或撰写读书报告。这些活动，可以充分调动学生的读书积极性，使图书角发挥其应有的文化源的作用。

（四）设计墙饰

为学生创造一个良好的教育环境，让墙壁“说话”，这需要班主任独具匠心。可以在墙上布置名人画像、名言警句、班级获得的荣誉、学生作品，但是一定要做好墙面的整体设计，不能杂乱无章，要有美感。绿色植物能够调节教室的气氛，可以在教室的窗台或一角放置吊兰、文竹、宝石花等绿色植物，使教室生机盎然，可以由学生定期更换。班主任还要注意培养学生的责任意识，对教室的植物包干负责，进行养护，这也是班级文化的内涵。

（五）班级宣传栏

班级还可以开辟一个小范围的宣传栏，里面可以包含班级的奋斗目标、课程表、干部分工、班级常规管理的统计等。宣传栏要注重阶段性，及时更新内容，让学生们更好地了解班级的动态，以便交流。例如，张贴班级公约，让全班学生明确具体的行为规范；公布学校和班级中各项活动获奖的名单，鼓励更多的学生争取进步；发布学校和班级近期开展的主题活动，组织学生积极参与。

三、营造班级环境的方法

（一）营造班级课堂环境

课堂是一个特殊的环境，涵盖了教师、学生以及周围的环境，积极的课堂环境可以引导或改变学生的行为。课堂环境不仅包括良好的物质环境，更主要的是课堂气氛的营造。课堂气氛是课堂环境的重要因素。良好的课堂气氛能够调动学生的积极性，激发学生的学习兴趣，丰富学生的情感体验，进而影响到课堂学习的效果。良好的课堂气氛是贯穿一堂课的始终的，是需要师生之间的互动来完成的。

1. 精心设疑，提倡思考

学习兴趣是学生形成稳固学习内驱力的前提和条件。枯燥、沉闷的气氛和教师讲、学生听的“满堂灌”教法只会能使学生兴趣索然。我国古代教育家已经认识到“学贵有疑”的重要观点，并提倡“学则有疑”的教学思路。如何有意识地精心设疑，诱发学生思考问题，唤起他们的求知欲，是营造良好课堂气氛的根本途径。营造课堂教学的良好氛围，教师还可以借助教学多媒体，如视频、录像、录音等，让学生调动多种感官去领悟和体验。例如，在讲授《孔雀东南飞》时，教师可以从古代的四大传说讲起，并在课堂上播放小提琴协奏曲《梁祝》，铺垫一种凄楚哀婉的情感基调，把学生引入课文的情节当中，为学生营造具有启发性的课堂气氛，把他们的注意力吸引到对爱与美的追求上来。

2. 循循善诱，引导活动

对于教学中的重点和难点，与其由教师不厌其烦地反复讲解，倒不如适时地将问题作为中心开展课堂活动，尽可能调动学生思维的主动性。这样做，虽然课堂面貌会失去原有的肃静和稳定，打破常规的纪律状态，却能引发学生强烈的学习兴趣，调动他们主动的思维，发挥他们学习的主体性。例如，在语文教学中，读是很重要的一个环节。上课时，教师应注重读，可以把“读”分为“个人读”“小组读”“带读”“抢读”“竞赛读”“表演读”等，其中学生最喜欢的就是“竞赛读”和“表演读”。

3. 相互尊重，融洽情感

心理学研究表明：人们感情的好坏，对交流思维有极重要的影响。在教学中，情感问题对营造良好的课堂气氛显得尤为重要。教与学，是师生双方的事。这种高级思维活动的交流，如果没有相互融洽、相互尊重的情感，就不会有默契的配合。在日常教学中我们常常发现，某班学生喜欢某位老师，从喜欢他的知识渊博到喜欢他的气质，从喜欢他的风度到喜欢他的语言，进而由喜欢老师到愿意上他的课，再到喜欢他所教学的学科。这就是师生情感相互靠近的表现，也是相互尊重的结果。

当今的青少年往往有很强的自我意识。我们应该充分认识这一点，并尊重他们。要做到师生间相互尊重，教师首先要从自我做起。教师尊重学生的人格，不使用过激的语言，对营造良好的教学气氛而言是必需的。在课堂上，教师的表扬应多于批评，批评也要力求含蓄委婉，要注意保护学生的自尊心和学习热情。例如，教师提问后，对学生不够完善的回答可以用“不错，谁能讲得更好？”来回应；对于错误的答案，则可用“谁与他的想法不同，为什么？”来暗示其错误及原因。

4. 严谨执教，松而不乱

所谓良好的课堂气氛，并非以学生的随意性为出发点，遵纪是宽松的基础，也是良好课堂气氛存在的必要条件。对于低年级或自制力较差的学生，教师在营造宽松的课堂气氛时，要注意抑制学生的不良习惯，规范他们的行为。常用的方法就是不断对进入宽松状态中并积极学习的学生予以鼓励，对违反纪律的学生予以纠正和教育引导。

（二）营造班级心理环境

班主任要充分调动学生参与班级建设的积极性、主动性，使人人都有机会充当班级的主人，让他们在“当家做主”中获取成功，增强自信心，学会自主实现其自身价值。良好的班级心理氛围来源于良好的人际关系，同学间的相互学习、帮助、关心、学会关爱他人等对良好的人际关系都起着重要作用。教师对学生的不同态度也会在学生身上产生不同的心理效应。因此，在班级工作中，班主任首先要尊重学生的主体人格，把学生看成具有独立人格的“人”，像朋友一般去尊重、信任、关心、理解他们，使他们在受尊重的环境氛围里，在民主、平等、宽松、和谐的氛围里，自主地参与班集体的管理。要营造健康和谐的班级心理环境，班主任还需要注意以下两个方面：

一方面，尊重学生的个体差异。学生是活生生的人，人人生而不同，个个千差万别，教师不能用同一个标准去要求他们。班主任要根据学生不同年龄、性别、性格、身体状况及学习情况等，对学生提出不同层次的要求，因材施教。这体现了对不同层次教育对象的尊重，符合教育教学规律。另一方面，获得班级群体心理的认同。班主任通过拓展人际沟通的渠道，改善人际关系，纠正学生认识上、心理上的偏差，使学生的心理趋向和班级目标保持一致。班主任特别要关心帮助后进学生，要讲究方式方法，充分发挥言传加身教的感化作用，为后进学生营造一个温馨、平等、民主的健康教育环境。

（三）营造班级管理环境

作为班主任，要淡化管理，角色要由“管”和“灌”转变为“扶”和“放”。在班级管理中，班主任是“导演”而不是“演员”，不能角色倒置。营造良好的班级管理环境，班主任可以从以下两方面着手：

第一，建立自行运转的自我管理约束机制。学生在班级管理中蕴藏着极大的潜能。但由于中小学生年龄偏小，处于被“管”的地位，班主任要帮助他们建立自行运转且符合班级实际的管理机制，将他们从被“管”的位置上解放出来，交给他们自主的权利，使他们在班集体中明确义务，承担责任，学会管理，从而提高主人翁意识。这不仅要求班主任逐步完成由“教师主管—师生共管—学生自管”的班级运转机制，还要根据学生的不同兴趣、爱好、能力，帮助他们选择施展才能的场所，为每一个学生提供展示“成功”的机会，让班级的每一个成员“人人有岗、人人有为、人人有位”。例如，建立学习互助岗、生活处理岗、信息交流岗、时事政治岗、板报宣传岗、图书管理岗，助人为乐岗、环境保护岗、文体活动岗等，使学生能在班集体管理中找到满意的位置，各尽其能，各显其长。

第二，让学生在“当家做主”中学会自治。建立班级自行运转的机制，班主任不仅要注意设置多种管理岗位，还要不断扩展班级管理空间。学生参与班级管理不是指个别的、局部的，而应该注重每个学生的参与意识，关注每位学生的意见和建议，因为每个学生都是班级的主人。例如，可设置班级自主管理信箱，班级中的每个成员对班集体工作的构思、设想、建议，对班团干部工作的意见，同学中的问题，对班主任、科任教师的意见、建议，对学校的管理服务工作的意见、建议等，都可以用小纸条的形式投入信箱。

（四）营造班级活动环境

营造良好的班级活动环境，首先要开展丰富多彩的班级活动。班主任不仅要将组织、参与活动的主动权交给学生，还要全力创设有利于学生主体性发展的班级活动情境，由学生自己提出想法，自主设计活动方案，自主组织实施，自主进行活动成果评价。例如，可开展“红色经典阅读”“传统美德教育”“文明礼仪伴我行”等主题班会，让学生自己动手找素材，结合身边人讲身边事，让学生家长及教师参与活动，通过谈体会、编排小品、情景剧表演及媒体展示等对学生进行教育，避免空洞说教，达到“润物细无声”的效果。

营造良好的班级活动环境，还要拓展班级教育活动的空间。班级可以在学校附近的工厂、社区、街道、田间建立班级社会实践基地，让学生参加植树护绿、科普宣传、志愿服务、卫生清扫等活动，在实践中增长才干。在班主任的指导下，学生可以开展夏令营活动，在自主活动中学会自理、学会生活、学会生存；可以寻访、参观历史革命遗迹，培养学生爱国主义精神；可以结合“双减”政策开展课后综合兴趣小组活动，在选择活动中发展学生的特长；

可以开展学校与家庭互动活动，促进家校交流，实现协同育人。

总之，只有开展丰富多彩的班级活动，不断拓展班级教育活动空间，让学生广泛接触社会，接触生活，接近大自然，并鼓励他们积极投身于各种社会实践活动之中，寻求自我认识、自我教育、自我发展，才能实现其自身价值，提高主人翁意识，促进其全面发展。

【拓展阅读】

美化班级小天地的诀窍

1. 文化滋润。在室内的墙壁上张贴知识性材料，如优美诗词名句栏、名家名作欣赏栏、每周易错十字专栏、哲理文句摘抄栏、诗词鉴赏技巧栏等语文方面的知识；知识框架结构图、要点归纳表、历史小故事、自绘地图评比栏、巧记地名歌、每周要闻摘要等政、史、地方面的知识；单词串联巧记法展示、语法精粹、推荐范文背诵等英语方面的知识；公式定理汇总、中高考重点大题例解、一题多解法、解题技巧点拨、难题巧解、重点归纳总结等理科方面的知识。

2. 他山之石。针对学生学习过程中遇到的困惑，及时介绍切实有效、操作性强的学习方法，虽说学习没有捷径，但有了适合自己的好方法，会给学生带来自信和成功。以课代表为龙头，以各科尖子生为主力，在老师的指导下，分科总结出学习方法，张贴在学法指导栏。这将是最受学生欢迎的专栏。前十名学生经验介绍，除了给学生以学习上的指导外，最重要的是树立身边的榜样，学习有了榜样，努力就有了方向。

3. 红色荣耀。在周测、月考、期中、期末后，及时给单科前五名、总成绩前十名、年级前二十名优秀学生张贴红榜。既表彰上榜学生，又激励其他学生，在班级中形成一种“人人以争取上榜为目标，以榜上有名为荣耀，以稳占榜首为追求”的良好风气。“我努力，我进步”专栏是专门为虽榜上无名但有明显进步学生设置的。毕竟，能上榜的学生是有限的，大多数学生也需要鼓励和激发。

4. 榜样的力量。优异成绩来自平时的努力，认真的学习态度会反映在作业考试上，展示作业即是告诉学生功夫下在平时，成绩不是不劳而获的；优秀试卷展示学生良好的答题习惯、认真的答题态度，最重要的是红对勾及令人羡慕的得分会给其他学生以极大的鼓舞力量。同时也是对获得展示资格的学生的鼓励和要求。

5. 教室墙面布置。

班训：可张贴在“黑板”正上方，用“黑体红字”，显得比较厚重、醒目。

世界地图和中国地图：可置于黑板两侧，要激励学生胸怀祖国、走向世界。

学习园地（或黑板报）：可布置在后墙上，建议设计“时政要闻”“精品书屋”“学法交流”“学习心得”“书画作品”“实践感悟”等栏目，要做到图文并茂、定期更换、展示成果、交流思想的作用。

班级荣誉：可将班级参加各项活动或评比的奖状张贴在学习园地（或者黑板报）

之上。

名人挂像或字画：可挂于教室窗子之间的墙面上，起到榜样示范或激励学生的作用。

班级奋斗目标：可贴于教室后墙上方，用“宋体红字”，显得庄重、醒目。

评比栏和班务栏：分别置于学习园地或黑板报的两侧，评比栏以学习小组为单位，对学习、纪律、卫生等进行评比，班务栏可以张贴学校制度、班级公约、年级组工作安排、班费收支等内容，做到班务公开。

心愿墙：可置于前后门之间没有窗子的墙面上，全班同学要将自己每学期的心愿、目标和打算，要精心谋划、认真书写，与全班同学交流共勉。

班级名片：可在教室门外悬挂一张富有班级特色的名片，包括班主任寄语、班级特色、班风、班训等。

时钟：在教室前方，黑板正上方悬挂时钟，培养学生时间观念。

第四节　班级精神的凝练与培养

一、班级精神的内涵

班级精神是班级文化的主要价值取向，是班级成员共同的行为特征。随着学生年龄的增长，教育文化要发挥作用，必须依赖班级文化。班级精神是班级文化的核心和灵魂，是全班学生的精神支柱和共同信奉的价值准则，具有强大的凝聚力，也是班级文化建设的出发点和落脚点。

班级精神有积极和消极之分。积极的班级精神有利于教育文化发挥作用，能对学生产生内在的激励作用，获得全面、和谐的发展，进而增强班集体的向心力和学生的归属感，形成健康向上的班级文化氛围。消极的班级精神则对教育文化起破坏作用，使少数人的行为蔓延成一种群体意识，使班级的正常生活由有序到无序，班集体处于一种混乱、失控的状态。良好的班级精神有利于增强班集体的向心力、凝聚力和学生的归属感，有利于形成健康向上的班级文化氛围。

学生是否热爱自己的班级，在很大程度上取决于班主任对班级文化的有效把握，取决于一个班级在班主任带领下所形成的班级风气。因此，培养班级精神是一项艰巨的任务，班主任作为班级的专任教师，理应在班级精神的铸造上发挥主导作用。

二、班级精神的培养

班级精神并非自发地形成，而是在协商过程中逐渐形成的。班级是由来自不同地域、不同阶层、不同社区的学生组成的，每个学生具有不同的价值观。要让班级中的学生在价值取向上达成共识，需要一个过程。在班级这个小社会中，教师与学生之间、学生与学生之间、教师与教师之间具有不同的价值观。经过一系列冲突、碰撞和融合，最后逐步形成班级的价值观。

任何班级都有形成积极班级精神的可能，因为每个孩子的心中都需要阳光的滋润。积极班级精神的形成，一方面取决于教育文化是否能满足学生发展的需要，另一方面取决于班主任的职业素养和个人人格。尽管班主任可以利用自己的权威地位形成主导的价值取向，但往往会因为缺少与学生的交流、对话、沟通，不能够成为全体成员的一致追求。这样看似统一的班级，有可能蕴含着危机。班主任要在了解班级学生的基础上，依据教育文化要求提出班级目标（主导价值取向），再根据学生的表现和反馈，判断目标是否适合学生，并据此做进一步的调整和判断，以形成班级精神。

班级精神的形成是一个潜移默化的长期过程。集体提出一系列班级成员遵守的规范，经过长期的熏陶、灌输、监督和实践，使之渗透到每个成员的认识中，特有的理念、态度、心理、价值取向等意识和道德情操便在群体内形成，由此形成整个班级特有的精神风貌。在班级精神的形成过程中，融洽、和谐的师生关系是形成班级精神的前提条件，班主任的榜样力量是形成班级精神的关键因素，不失时机的鼓舞激励是形成班级精神的重要环节。

三、培养班级精神的方法

（一）设计班级标志物

1. 制定班训

班训是班级个性、特色的高度概括和班级精神的标志，是班风、教风、学风的参照目标，班训贵在践行。班训内容要简明扼要、言简意赅、特色鲜明、有个性，体现班主任对学生学习生活的理解、感受和期待，例如“勤慎诚毅，求真务实”“志存高远，自强不息”。

2. 确定班歌

班歌可以激励学生刻苦努力，增强班级的凝聚力。班歌可以选用，也可自创。班主任要抓住学生的心理需求，把积极进步、健康向上的歌曲，如将《众人划桨开大船》《再过二十年我们来相会》《相信自己》《不再犹豫》《我的未来不是梦》等歌曲确定为班歌，让学生在课间、集会等场合齐唱，可以起到振奋人心、凝聚人心的作用。

3. 设计班徽

班徽是班级的象征，在班级宣传和培养学生的集体荣誉感方面有重要作用，班徽是班级文化的一种标志。发动学生设计班徽，制作班徽，不仅可以让学生了解班徽的意义、徽章设计的方法技巧，而且可以培养学生的集体主义情操、丰富的想象力和发散思维能力。

4. 设计班旗

用班徽的简化图案来制作班旗，在隆重场合展示使用，有助于同学们对班级产生认同感和自豪感，班旗的设计与制作更有助于挖掘学生的创造力，增强班级的凝聚力，增进学生间的了解和信任。

5. 确立班级格言

班级格言是借用经典来表达班级意志的观念文化形式，可由全班学生轮流推荐，不断更新。班级格言是体验的硕果，是思想的精华，是智慧的结晶。班级格言能够引导学生时刻关注自己言行举止，学会自我反思。通过班级格言，班主任引导学生思考自己的人生目标，凭借自己的努力，一步步踏踏实实接近、达成自己的目标。

6. 创办班刊

班刊作为班级的一种文化载体，具有独特而宝贵的价值，它在班级文化中起到了“灵魂”的统领作用。让班刊落户在一个小小的班级里，其迸发出的文化能量足以融化整个班级。这是因为班刊具有强大的精神统领功能。班刊的文化覆盖层面可以无限广阔，文化渗透的广度和深度不可低估。

7. 记录班级日记

班级日记以发生事件为线索，以抒发自己真实感受为契机，成为师生的谈心亭，成为见证班级成长的文字相册，成为联系师生情感的纽带和桥梁。学生在这里可以进行班级焦点访谈，热点讨论，实话实说。班级日记配合班级的活动，通过栩栩如生的描绘、点点滴滴的渲染，使班级文化得以拓展、升华。

（二）运用榜样示范

榜样的力量是无穷的，它具有一种无形的鞭策力量，有利于促进学生身心的健康发展。榜样包括现实生活中的各种典型人物、历史人物，以及学生周围的典型人物。班主任要在班级中评选“最佳值日班长”“周好学生”“月优秀学生干部”“最佳寄宿生”等，树立典型，鼓舞士气；设立各种“进步奖”，放大后进学生的点滴进步，增强他们的自信心。这样既可以给后进学生以希望，也可以给先进生以紧迫感，带动整个班级形成一种积极向上、奋发进取的风气。

榜样示范，可以在班级中形成向好学生学习的氛围，也可以形成正确的舆论，这是形成班集体的主要手段。榜样学生中的优秀学生、班级中的先进学生更具有教育力量。这样的榜样是具体的、真切的，并且具有很强的感召力，可以使学生在耳闻目睹的同时认真思考，在思考和比较中受到鼓励。

（三）开展集体活动

活动是育人的重要载体。班级活动文化就是在学生参加班级的各项活动的过程中，能感受到的思想、价值和要求。主题鲜明、内容丰富、形式多样的班级文化活动，对形成团队精神、增强班级凝聚力，激发学生学习兴趣、增强学生的归属感，展示学生的个人特长、树立学生的自信心，浓厚节日氛围、增强学生的亲和力，培养综合素质、增强学生的适应性等具有重要意义。精心设计的班级文化活动是展示班主任教育魅力，体现班级管理特色的重要手段，可以从以下几个方面做起：

1. 主题班会活动

班主任要根据班级学生面临的一些现实问题，通过召开主题班会，及时动员学生、解决问题、明确要求。例如“诚信做人，理性处理”“正确对待早恋问题”等。

2. 小组合作评比活动

小组合作评比活动是根据各学科学习目标，班主任为学生诊断学习效果，发现其学习漏洞，提升其学习能力，调动其学习积极性而组织的活动。在日常的小组学习评比活动中，让学生学会团队合作，形成互帮互助、争取双赢以及多赢的和谐氛围，增强集体荣誉感。

3. 展示个人风采活动

这是为活跃班级文化生活，营造健康向上班级氛围，展示学生个人风采，以让学生轮流开展每周唱一首歌（可选红色革命歌曲或英文经典歌曲），吟诵一首古诗词，背诵一句名人名言、格言、警句等，讲一个名人励志故事，书写一页钢笔字等“五个一”为内容的提升素质活动。教师还可组织学生参加学校运动会、球类比赛、拔河比赛、演讲比赛、辩论赛、征文比赛、棋类竞赛、歌咏比赛、电脑创作比赛等活动，以此培养学生的参与意识、竞争意识、荣誉意识。

4. 节庆联谊活动

教师可利用元旦、清明节、端午节、劳动节、建党节、中秋节、教师节、国庆节等节日组织纪念活动，挖掘节日活动文化内涵，围绕热爱祖国、牢记党史、尊敬师长、尊重劳动、感恩父母、诚信做人等主题，开展师生联谊活动。让学生在不同形式、不同素材的联谊节目表演中，培养“热爱班级大家庭，建设文明班集体”的责任心。

5. 创办班报

班主任可组织学生创办一份班报，给班报取一个有深刻含义的名字，由学习小组轮流承办，全班同学供稿，每月一期，设置“时事纵横”“党团知识”“心理表”“学海导航”“法制内外”“走近中/高考”“习作精品”“成长生活”“班级故事”“书画展览”等栏目，为全班学生了解时政、沟通思想、交流学法、展示特长搭建有效平台，最后上传到班级 QQ 群空间，以此反映全班学生的心路历程，记录全体学生的成长故事，意义深远。

6. 文明宿舍创建活动

宿舍是学生生活、学习的场所，是同学们传播信息、交流思想的地方，也是培养自我教育、自我管理、提高服务能力的课堂。班主任可以组织举办“文明宿舍评比活动”“宿舍文化创意主题班会”活动。

7. 举办班级沙龙

班级沙龙是班级课外活动的一种创新与延伸，如举办“班风恳谈会”“热点辩论会”“专题演讲会”“师生访谈”“名著品读会”等，师生平等对话，各抒己见，为学生提供才艺交流、思想碰撞的平台，提升班级文化生活的思想高度与艺术品位。

（四）依托网络拓展班级文化

网络是一种全新的学习、沟通和娱乐方式，它为形成良好的班级精神拓展了空间。班级网站、班级微信公众号、微信群、QQ 群、钉钉群、教师博客、学生博客如同一个个精神家园，要利用其不受时空限制等优势，增进师生的了解，拉近教师与学生、学生与学生、教师与教师、教师与家长、学校与家庭之间的距离。

作为班主任，一定要引导学生正确运用网络，为班级文化的发展争取更多的资源。 要把网络技术的工具性、交互性、主体性与班级文化的知识性、趣味性和教育性相结合，把网络信息资源的丰富性、快捷性、互动性与班级文化的自主性、现实性、实践性相结合，将学生带入更广阔的班级文化时空。例如，班主任可以把电子邮箱、微信号或 QQ 号告诉学生，开放班主任信箱、“网络悄悄话”热线，开通无声的师生对话、生生对话，进一步营造班级健康心理文化氛围。在班级网页上开设“学生作品专栏”“经典阅读心得”“感悟日记选登”“班级小论坛”等栏目。学生通过上网参与互动，有利于班级特色文化作品的长期保存，拓宽班级特色文化的平台，丰富班级文化建设的底蕴，增强班级文化在班级管理、思想道德建设中的实效性。

（五）用爱陶冶学生

班主任要用爱来陶冶学生，爱是打造班级文化的基础，爱是教育的根本与真谛。只有老师对学生付出了爱，才会赢得学生的爱和尊重。教育过程离不开情感因素，老师要善于创设一种教育情境与气氛，使师生之间、同学之间感情融洽和谐，充满温馨与感恩。其次，老师还要善于培养学生的积极情感。最后，班主任要充分发扬民主精神，让每个学生在教师面前都能畅所欲言，勇于展示，真正树立起新型的师生观。老师要有一颗善良的、美丽的心灵，才会以宽容的心态去面对全班同学，用爱来抚慰每一个学生。

学生应该在健康、美好的班级情感文化的沐浴下成长。这种健康、美好的班级情感文化应该是团结友爱、积极向上的。班级中的成员人人热爱集体，又为集体所爱。人人赞美别人，也被别人赞美。班主任要善于不断地抓住时机，发现教育的切入点，激发学生的情感，引导学生关心他人，关心集体，加深班级的情感文化。

【育人故事】

做“新型留守儿童”的摆渡人

编者按：本案例选自全国中小学班主任优秀经验，作者为河南省第二实验中学生物教师周佳佳老师。

记得那年刚开学，我去统计学生信息，其他孩子很快就填写完毕了，却有一个小男孩坐在一边愁眉不展。我心头一紧，忙走上前去，问道：“你在想什么呢？” 他抬起头来，用稚嫩的眼神看着我，天真地问道：“老师，爸爸的职业怎么填呀？” 此语一出，旁边的孩子们笑着起哄，“他爸爸是无业游民！” 男孩难过地低下了头。他，就是小冉。

我在他旁边坐下，和他聊起了家里的情况。原来，他家住在一个被拆迁的都市村庄，在完成城市改造后，家里分到了好几套房子，爸爸妈妈没有专职工作，以收房租为业，以打麻将为乐。在日后的相处中，小冉表现得非常积极主动。我还没出办公室，他已经迎进来；我刚一下课，他又要非要把我送回办公室，热情得让我感觉异常。我也听到了老师们讨论小冉的声音，“七班的小冉太热情了吧！杯子里有水也要给我换成热的，我不想喝也得逼着我喝，倒完水还不走，拉着非要和你聊天，快受不了啦！”原来，我并不是他唯一照顾的对象。

直到一天下午，一位学生急匆匆告诉我小冉和同学打架了！我走进教室一看，可把我气坏了！几张桌子倒在地上，一片狼藉，小冉和几个同学怒目相向，气喘吁吁。我询问原因，几个学生异口同声地说道：“老师，我们就是看不惯他天天往办公室跑，天天讨好老师，跟屁虫，小尾巴！”小冉气得无言以对，放声大哭。

回想起小冉讨好别人的神情，我感到揪心。看着他不被同学们了解的模样，我又觉得心疼。在一次长聊后，我得知他从幼儿园开始就上寄宿制学校，父母几乎没有去看过他。我恍然大悟，他不就是城市中的“新型留守儿童”吗？家庭虽完整却感受不到温暖，父母在身边却得不到陪伴。小冉各种热心行为的背后，是他对关爱的极度渴望。而他并不知道，自己的热心可能给别人带来困扰。可是怎么才能让小冉意识到与人交往的界限，并让整个班级的同学重新接纳小冉呢？我陷入了沉思……

一节班会课上，我的 A 方案开始实施。我播放了《铁齿铜牙纪晓岚》和公益广告《给妈妈洗脚》两个视频选段，让大家讨论和珅对皇帝的行为跟孩子给妈妈洗脚有何区别。同学们说和珅是蓄意热情，为一己之私；孩子为妈妈做事，是对妈妈的感谢，是爱的自然流露。这时，我对同学们说，小冉之所以对老师热情，是因为常年寄宿的他是在一个个敬业的老师的关爱下长大的，小冉有一颗感恩的心。同时我也提醒小冉，爱是有界限的，过度的爱也会成为他人不能承受之重。

接着，我的 B 方案开始实施。我在班级的后墙上装饰了一棵“爱的存款树”，通过班内同学相互表达感谢，让小冉练习客观地评价别人，同时也在别人对他的欣赏和肯定中自信起来，他逐渐融入了集体的怀抱。

为了满足小冉渴望家庭关爱的心理需求，我的 C 方案开始实施。周五放学，我跟随小冉一起走进了他的家，向他的爸爸汇报了小冉在学校的情况，对小冉的心理需求也进行了剖析，让小冉爸爸意识到，在孩子的成长过程中，父母的关爱和家庭的支持是不可替代的。小冉爸爸慢慢地低下了头。此后，每到家长会，我都会提前和小冉爸爸联系，甚至再三提醒他提前做好安排。每次班级活动，我都盛情地邀请他参与，即使由于各种原因，小冉爸爸不能到场，我也会把小冉的照片发给他，让他看到孩子的成长和变化。慢慢地，小冉爸爸主动和我联系的次数越来越多。小冉也在不知不觉中发生了变化，与老师交往不卑不亢，与同学相处有礼有节。

在后来的带班过程中，我主动关注“新型留守儿童”问题，积极创造家校共育机会；举办家庭教育讲座，帮助家长了解孩子的成长规律；开展亲子活动，让家长陪伴孩子共同成长；举行儿童心理沙龙，跟家长一起走入孩子的内心世界。我欣喜地看着小冉以及一个个“小冉们”的蜕变。

近日，我看到《中华人民共和国家庭教育促进法》出台，相信以后会有更多智慧的父母与敬业的老师携起手来，荡起爱的双桨，摆渡孩子们到达洒满阳光、开满鲜花的彼岸！

（资料来源：https://jbgzs.basic.smartedu.cn/）

【思考与练习】

一、名词解释

1. 班级文化
2. 班级精神

二、简答题

1. 班级文化具有什么功能？
2. 如何开展班级精神文化建设？
3. 优化班级环境有哪些策略？
4. 怎样凝练与培养班级精神？

三、实践训练题

小王老师是一位刚刚通过特岗考试入职的新班主任。他的班里有三十个学生，其中一半以上都是留守儿童。孩子们平时住校，周末才会回家一次。有些孩子甚至一个月都不回家。这些学生平时缺少父母关爱，学习基础不好，习惯也比较差。小王老师看在眼里，急在心上。他该怎么办？

请根据班级文化精神的理论，为王老师设计一个班级文化建设的方案。

第九章 班级学生的常规教育

我国自 1996 年起建立了“全国中小学生安全教育日”制度，将每年三月最后一周的星期一定为“全国中小学生安全教育日”。建立安全教育日的目的是，全面深入地推动中小学安全教育工作，大力降低各类伤亡事故的发生率，切实做好中小学生的安全保护工作，促进他们健康成长。为此，作为中小学班主任，需要在班级日常教育中对学生的安全教育常抓不懈。本章主要介绍中小学生的公共安全、理想信念、心理健康、网络安全、感恩与生命教育等方面的内容。

第一节 公共安全教育

一、中小学生的常见安全问题

中小学生的安全问题主要表现在家庭安全、道路交通安全、校园安全、公共场所安全和社会安全几个方面。

（一）家庭安全

家庭是中小学生第一生活场所。家庭安全是一个不可忽视的问题。常见的家庭安全问题涉及家用电器、燃气等使用不当或线路问题造成触电、火灾事故，或意外开水烫伤、食物中毒，或遇陌生人敲门发生诈骗或抢劫事件等。

（二）道路交通安全

中小学生在上学或放学过程中，道路交通安全成为社会关注的重点。他们对道路交通安全知识学习不够，生性特点是活泼、好动、贪玩、好奇，容易感情冲动，意气用事，心理上自己没有强烈的安全责任意识和社会责任感。他们上学放学多在同一时间内，在公共道路上很容易三五成群、并排行走、嬉笑打闹、相互追逐，有的中学生骑自行车不走非机动车道，转弯不伸手示意，突然猛拐或双手离把或单手骑车，这些行为很容易引发安全事故。

（三）校园安全

学校主要存在如下安全隐患：一是因实验室易燃易爆和危险的实验用品管理或使用不当

发生消防安全事故，或者由于各种电气线路、设备和开关老化或操作不当引发消防事故；二是上下课、自习、上操、就餐和集会时，由于学生拥挤，容易发生各种踩踏事故；三是由于学校周边环境复杂，社会不良人员造成的对学生的骚扰以及其他突发事件；四是因校园食堂管理不善，食物加工操作不当，生熟食物未分开或食物变质，餐具消毒不彻底等，导致学生交叉感染而造成食物中毒。

（四）公共场所安全

在商场、公园、车站和娱乐场所等公共场所，由于人员密集或拥挤，容易发生安全事故。例如，孩子与父母走散而迷路或被陌生人哄骗带走；遇雨雪天气在公共场所滑倒或跌倒；上下电梯发生意外安全事故；在没有家长看护情况下参与危险刺激的娱乐项目出现意外事故；在公共场所废气排放口附近玩耍发生意外等。

（五）社会安全

社会安全是指非家庭和非校园内容易发生安全事故的现象，如野外玩耍溺水、网络游戏或玩手机成瘾、性侵害、传染病及突发的各种自然灾害等。

二、中小学公共安全教育内容

中小学公共安全教育的主要内容包括预防和应对社会安全、公共卫生、意外伤害、网络、信息安全、自然灾害以及影响学生安全的其他事故或事件六个模块，重点是帮助和引导学生了解基本的保护个体生命安全和维护社会公共安全的知识和法律法规，树立和强化安全意识，正确处理个体生命与自我、他人、社会和自然之间的关系，了解保障安全的方法并掌握一定的技能。

（一）小学 1～3 年级的教育内容

1. 预防和应对社会安全类事故

了解社会安全类突发事故的危险和危害；了解并遵守各种公共场所活动的安全常识；认识与陌生人交往中应当注意的安全问题，逐步形成基本的自我保护意识。

2. 预防和应对公共卫生事故

了解基本公共卫生和饮食卫生常识；了解常见的肠道和呼吸道等常见疾病的预防常识，养成良好的个人卫生和健康行为及饮食习惯。

3. 预防和应对意外伤害事故

学习道路交通法的相关内容，了解出行时道路交通安全常识；初步识别各种危险标志；学习家用电器、煤气（柴火）、刀具等日常用品的安全使用方法；初步具备使用电梯、索道、游乐设施等特种设备的安全意识；初步学会在事故灾害事件中自我保护和求助、求生的简单技能；学会正确使用和拨打 110、119、120 电话。

4. 预防和应对自然灾害

了解学校所在地区和生活环境中可能发生的自然灾害及其危险性；学习躲避自然灾害引发危险的简单方法，初步学会在自然灾害发生时的自我保护和求助及逃生的简单技能。

5. 预防和应对影响学生安全的其他事件

与同学、老师友好相处，不打架；初步形成避免在活动、游戏中受伤或误伤别人的意识；学习当发生突发事件时听从成人安排或者利用现有条件有效地保护自己的方法。

（二）小学 4~6 年级的教育内容

1. 预防和应对社会安全类事故或事件

认识社会安全类突发事故或事件的危害和范围，不参与影响和危害社会安全的活动；自觉遵守社会生活中人际交往的基本规则以及公共场所的安全规范；学会应对可疑陌生人的方法，提高自我防范意识；了解应对敲诈、恐吓、性侵害的一般方法，提高自我保护能力。

2. 预防和应对公共卫生事故

加强卫生和饮食常识学习，形成良好的个人卫生和健康的饮食习惯；了解常见病和传染病的危害、传播途径和预防措施；初步了解吸烟、酗酒等不良习惯的危害，知道吸毒是违法行为，逐步形成远离烟酒及毒品的健康生活意识；初步了解青春期发育基础知识，形成明确的性别意识和自我保护意识。

3. 预防和应对意外伤害事故

培养遵守交通规则的良好习惯，形成主动避让车辆的意识；提高自我保护意识，了解私自到野外游泳、滑冰等活动的危害；学习预防和处理溺水、烫烧伤、动物咬伤、异物进气管等意外伤害的基本常识和方法；形成对存在危险隐患的设施与区域的防范意识，了解与学习和生活密切相关的特种设备安全知识；学会有效躲避事故灾害的常用方法和在事故灾害发生时的自我保护和求助及逃生的基本技能；初步了解与学生意外伤害有关的基本保险知识，提高保险意识。

4. 预防和应对网络、信息安全事故

初步认识网络资源的积极意义和了解网络不良信息的危害；初步学会合理使用网络资源，努力增强对各种信息的辨别能力；学会控制自己的行为，防止沉迷网络游戏和其他电子游戏。

5. 预防和应对自然灾害

了解影响家乡生态环境的常见问题，形成保护自然环境和躲避自然灾害的意识；学会躲避自然灾害引发危险的基本方法；掌握突发自然灾害预警信号级别含义及相应采取的防范措施。

6. 预防和应对影响学生安全的其他事件

形成化解同学之间纠纷的意识；形成在遇到危及自身安全的事件时及时向教师、家长、警察求助的意识。

（三）初中年级的教育内容

1. 预防和应对社会安全类事故或事件

增强自律意识，自觉不进入未成年人不宜进入的场所，逐步养成自觉遵守与维护公共场所秩序的习惯；不参加影响和危害社会安全的活动，形成社会责任意识；理解社会安全的重要意义，树立正确的人生观和价值观；学会应对敲诈、恐吓、性侵害等突发事件的基本技能。

2. 预防和应对公共卫生事故

了解重大传染病和食物中毒、生活水污染的知识及基本的预防、急救、处理常识；了解简单的用药安全知识；了解青春期常见问题的预防与处理；形成维护生殖健康的责任感；了解艾滋病的基本常识和预防措施，形成自我保护意识；学习识别毒品的知识和方法，拒绝毒品和烟酒的诱惑；了解和分析影响生命与健康的可能因素。

3. 预防和应对意外伤害事故

增强自觉遵守交通法规的意识；主动分析出行时存在的安全隐患，寻求解决方法；防止因违章而导致交通事故的发生；正确使用各种设施，具备防火、防盗、防触电及防煤气中毒的知识技能；了解和积极预防在校园活动中可能发生的公共安全事故，提高自我保护和求助及逃生的基本技能。

4. 预防和应对网络、信息安全事故

自觉遵守与信息活动相关的各种法律法规，抵制网络上各种不良信息的诱惑，提高自我保护和预防违法犯罪的意识；合理利用网络，学会判断和有效拒绝的技能，避免迷恋网络带来的危害。

5. 预防和应对自然灾害

学会冷静应对自然灾害事件，提高在自然灾害事件中自我保护和求助及逃生的基本技能；了解曾经发生在我国的重大自然灾害，认识人类活动与自然灾害之间的关系，增强环境保护意识和生态意识。

6. 预防和应对影响学生安全的其他事件

了解校园暴力造成的危害，学习应对的方法；学会克服青春期的烦恼，逐步学会调节和控制自己的情绪，抑制自己的冲动行为；学会在与人交往中有效保护自己的方法，构筑起坚固的自我心理防线。

（四）高中年级的教育内容

1. 预防和应对社会安全类事故或事件

自觉遵守与生活紧密相关的各种行为规范；了解与考试泄密、违规相关的法律常识。养成维护考试纪律和规范的良好行为习惯；自觉抵制影响和危害社会公共安全的活动，提高社会责任感和国家意识；基本理解国际政治、经济、宗教冲突现象，努力维护国家和社会的稳

定与团结；继承和发扬中华优秀传统文化，汲取其他国家文化的精华，抵制不良文化习俗的影响。

2. 预防和应对公共卫生事故

基本掌握和简单运用突发公共卫生事件卫生应急的相关技能，进行自救、自护。有报告事件的意识和了解报告的途径和方法；掌握亚健康的基本知识和预防措施，了解应对心理危机的方法和救助渠道，促进个体身心健康发展；掌握预防艾滋病的基本知识和措施，正确对待艾滋病毒感染者和患者；自觉抵制不良生活习惯和行为，具备洁身自好的意识和良好的卫生公德；了解有关禁毒的法律常识，拒绝毒品诱惑；学习健康的与异性交往的方式，学会用恰当的方法保护自己，预防性侵害。当遭到性骚扰时，要用法律保护自己。

3. 预防和应对网络、信息安全事故

树立网络交流中的安全意识，养成良好的利用网络习惯，提高网络道德素养；树立不利用网络发送有害信息或进行反动、色情、迷信等宣传活动以及窃取国家、教育行政部门和学校保密信息的牢固意识。

4. 预防和应对自然灾害

基本掌握在自然灾害中自救的各种技能，学习紧急救护他人的基本技能；了解有关环境保护的法律法规；能结合当地实际情况，为保护和改善自然环境做贡献。

5. 预防和应对影响学生安全的其他事件

自觉抵制校园暴力，维护自己和同学的生命安全；树立正确的安全道德观念，在关注自身安全的同时，去关注他人的安全，并提供力所能及的援助。

三、中小学公共安全教育实施途径

第一，学校要在学科教学和综合实践活动课程中渗透公共安全教育内容。各科教师在学科教学中要挖掘隐性的公共安全教育内容，与显性的公共安全教育内容一起，与学科教学有机整合，按照要求，予以贯彻落实。小学阶段主要在品德与生活、品德与社会课程中进行。

第二，对无法在其他学科中渗透的公共安全教育内容，可以利用地方课程的时间，采用多种形式，帮助学生系统掌握公共安全知识和技能。要充分利用班、团、校会、升旗仪式、专题讲座、墙报、板报、参观和演练等方式，采取多种途径和方法全方位、多角度地开展公共安全教育。

第三，公共安全教育可以针对单一主题或多个主题来设计教学活动；通过游戏、实际体验、影片欣赏、角色扮演等活动，也可以运用广播、电视、计算机、网络等现代教育手段进行教学，探索寓教于乐、寓教于丰富多彩活动的教学组织形式，增强公共安全教育的效果。公共安全教育的形式在小学以游戏和模拟为主，初中以活动和体验为主；高中以体验和辨析为主。学校要建设符合公共安全教育要求的物质环境和人文环境，使学生在潜移

默化中提高安全意识，促进学生学习并掌握必要的安全知识和生存技能，认识、感悟安全的意义和价值。

第四，学校要与公安消防、交通、治安以及卫生、地震等部门建立密切联系，聘请有关人员担任校外辅导员，根据学生特点系统协调承担公共安全教育的内容，并且协助学校制订应急疏散预案和组织疏散演习活动。

总之，公共安全教育是学校、家庭和社会的共同责任。学校要采取积极措施帮助家长强化对孩子的公共安全教育意识，指导家长了解和掌握公共安全教育的科学方法，主动寻求家长和社会对公共安全教育的支持和帮助。

第二节　理想信念教育

一、理想信念的内涵

理想是人们以一定的价值追求为依托对未来美好的展望，是人们为满足某种需要而设立的奋斗目标，表现为人们超越自我、超越现实的自觉意识。信念是人们对某种对象的充分信任，对某种取向持久、稳定的情感支持，表现为人们坚定不移的自我意识。

理想信念是人类社会中的一种普遍精神现象，是人的心灵世界的核心，在人的精神世界中处于核心地位，是世界观、人生观、价值观的集中体现和升华，是人们对未来社会的向往和追求。

理想信念教育是人类活动的一个特殊领域，是教育者对一定的社会成员进行的以树立某种世界观和社会理想信念为目的的教育活动，具有超越性与现实性相统一、主观性与客观性相统一、科学性与价值性相统一等特点。崇高的理想信念，是持久的动力和一个人人生的精神支柱，是激励人们追求美好生活的精神动力。

理想信念是人的一种精神体现，不断指引去实现人生价值。理想信念由两个词组成，理想和信念，它不是简单的逻辑运算，而是非常复杂的有机整体，可以做到 1+1>2 的独特意义。

二、新时代加强青少年理想信念教育的意义

理想信念是时代新人的重要表征，理想信念教育是培养时代新人的重要内容。习近平总书记在 2018 年 9 月召开的全国教育大会上曾提出“六个下功夫”的论断，其中排在首位的就是“要在坚定理想信念上下功夫”。[①]《义务教育课程方案（2022 年版）》在“培养目标”中也明确指出，义务教育要在坚定理想信念、厚植爱国主义情怀、加强品德修养、增长知识见识、培养奋斗精神、增强综合素质上下功夫，使学生有理想、有本领、有担当，从而培养德智体

① 本书编写组：《习近平总书记教育重要论述讲义》，高等教育出版社 2020 年版，第 59-64 页。

美劳全面发展的社会主义建设者和接班人。抓好理想信念教育是当代青少年民族精神培育的主要内容之一，抓好当代青少年理想信念教育具有重要意义。

（一）理想信念教育是新时代青少年民族精神培育的关键性内容

理想信念相对于人类实践活动而言具有先在性，它是人类实践活动的起点，并贯穿人类实践活动的始终。从某种程度而言，人类社会发展史就是人类不断解构与建构理想社会的实践活动史，理想信念因而成为人类活动的本源力量，具有精神动力和价值导向意义。同时，理想信念是人对自身存在状态的一种优化形式，它主张社会是进步的，承认社会是一个不断趋向完善的历史过程，建立在人们对自身能力充满自信的基础之上。理想信念一经形成，就会成为支配人们行为的持久精神动力。

共同的理想信念作为一种精神凝聚力，是人们结合在一起、战斗在一起的精神黏合剂。没有它的凝聚作用，任何组织或群体都不可能有真正的统一和团结，不可能有共同的奋斗目标和协调一致的行动，也就不可能成为坚强的群体。任何一个国家和民族也绝不可能缺失理想信念，否则，这个国家和民族就会失去凝聚人心、催人奋进的核心价值观，失去前进的方向和奋斗的目标，失去前行的动力和汇聚力量的源泉。

邓小平同志指出，“有了共同的理想，也就有了铁的纪律。无论过去、现在和将来，这都是我们的真正优势”。可见，一个人、一个政党、一个国家、一个民族总要有共同的理想和信念，一个民族的民族精神的熔铸和一个人民族精神品格的生成同样离不开理想信念的支撑。由此可见，加强当代青少年理想信念教育，是当代青少年民族精神培育的关键性内容。

（二）理想信念教育是促进新时代青少年全面发展的基石

人的精神世界犹如一座大厦。如果没有精神支柱，大厦就会坍塌。理想信念教育能够系统影响青少年理想信念发展的方向、速度和水平，是当代青少年健康成长不可或缺的重要方面。新时代青少年民族精神培育要抓好理想信念教育，使他们树立坚定的理想和信念，对国家和民族的前途有清醒而正确的认识，对复杂纷繁的社会有准确而又成熟的判断，能够把个人利益与国家利益结合起来，努力实现全面发展，从而以主人翁的姿态积极、主动地投入社会主义现代化建设中去，为构建社会主义和谐社会和中华民族伟大复兴共同努力奋斗。

（三）理想信念教育为促进新时代青少年提供内在行为依据

有什么样的理想信念，青少年就会有什么样的行为表现。青少年的日常行为，在学习、生活上的各种表现，无不基于特定的理想信念。理想信念为青少年提供内在行为依据。有不同的理想信念定位，青少年就相应地有不同的行为表现，也会有不同的价值取向、精神状态和目标追求。青少年只有确立正确的理想信念，才能有良好的行为表现。教师要使学生成长为对社会有用的人才，让学生做有意义的事情，首先应该教育引导青少年树立正确的理想信念。

（四）理想信念教育引领新时代青少年成长成才

理想是关于未来美好生活的展望，为青少年学习、生活指明方向。没有理想，青少年的各种行为就缺乏明确的目标，失去正确的方向。青少年总是需要特定的理想指引自己的生活行为。不同时期、不同阶段的理想表现形式各不相同，有近期理想、中期理想和远期理想，有学习理想、生活理想、道德理想和职业理想，等等。各种各样的理想为青少年各种行为指明了方向，明确了目标，使青少年更为清楚自己该做什么，不该做什么，应该怎样，不应该怎样，使青少年更为明了自己的行为，知道自己会走向何处。

信念是一种执着的精神态度。没有信念，青少年的各种行为就缺乏根本动力，失去持久性和可持续性。青少年所追求的各种各样目标的实现并不是一蹴而就的，往往需要学生长久地努力才能实现。青少年追求目标行为的持久性、长期性和可持续性是决定目标能否实现的关键所在。信念正是为青少年追求目标的行为提供恒久的精神动力，使青少年能够矢志不移、意志坚定、毫不动摇地坚持下去，直到目标实现。因此，班主任和各科任教师应加强青少年的理想信念教育，助力青少年努力学习，不断奋斗，最终成长为国家栋梁。

三、新时代加强青少年理想信念教育的途径

切实抓好新时代青少年理想信念教育，要紧紧围绕新时代学校根本育人目标，坚持用马克思主义及其中国化成果武装青少年，积极开展生动的实践引导，不断取得实效。

（一）紧紧围绕新时代学校教育的根本育人目标

抓好当代青少年理想信念教育，目的是增强当代青少年奉献社会和报效祖国的责任感，坚定他们为实现中华民族伟大复兴而奋斗的远大理想。理想信念教育问题关系到学生做什么样的人、走什么样的路、为谁学习、为谁服务的问题，归根到底关系到所培养的人才是否合格的问题。抓好新时代青少年的理想信念教育要紧紧围绕培养中国特色社会主义合格建设者和可靠接班人这一根本的育人目标，深入进行理论武装，积极开展社会实践，主动占领网络阵地，着力引导自我教育，大力加强环境建设、组织管理机制建构，坚持引领与渗透相结合，教育引导新时代青少年自觉把握现阶段的理想目标，坚定理想信念，肩负起祖国和民族的希望，承担起建设中国特色社会主义美好未来的历史重任。

（二）坚持用马克思主义及其中国化成果武装青少年

没有理论上的成熟，就不会有政治上的坚定。只有真正具备了较高的马克思主义理论素养，才能够牢牢把握当今世界发展的大趋势，坚定社会主义方向和共产主义理想。新时代青少年理想信念教育要坚持用马克思主义及其中国化成果武装青少年，积极探索用社会主义核心价值体系引领新时代青少年树立正确理想信念的有效路径，教育和引导他们用科学的理论武装头脑，树立辩证唯物主义和历史唯物主义的世界观，认清人类历史发展的规律和总趋势，引导新时代青少年把个人理想信念与国家、社会理想信念结合起来，使自己树立和坚定中国特色社会主义的共同理想和信念。

（三）积极组织青少年开展生动丰富的社会实践

理想信念只有用来指导自己的实践活动，才能发挥作用。马克思指出，“思想本身根本不能实现什么东西。思想要得到实现，就要有使用实践力量的人”[①]。实践活动是新时代青少年理想信念升华的催化剂。新时代青少年理想信念教育要密切联系当代中国和当今世界的实际，积极应对形势变化带来的新挑战，贴近当代青少年的思想实际，把理想信念教育融入当代青少年自我发展和解决实际问题的过程中，融入当代青少年的思想认识与实践结合的过程中，组织和引导当代青少年积极参加社会实践，深入了解世情、国情、民情，走具有中国特色的社会主义道路，培养与人民群众的深厚感情，自觉运用马克思主义的立场、观点和方法分析和解决问题，在改造客观世界中不断改造主观世界，坚定自身的理想信念。

第三节　心理健康教育

青少年时期是学生生理的“断乳期”和心理的“风暴期”。了解青少年的心理特点、健康标准，知晓其形成的原因，熟悉青少年心理健康的目标原则，是班主任工作不可缺少的部分。这对于开展班级管理和促进青少年健康成长具有重要意义。

一、青少年心理健康的特点

心理健康是指心理及行为方面不存在障碍的一种持续的状态。心理健康是指个人生活适应上所表现出的和谐状态。一般来说，青少年心理健康包括以下五个方面的特点：

第一，与群体融洽地相处。如果一个人的思想、言行、好恶等与社会大多数人格格不入，就要考虑其心理是否正常。对于不合群的学生，要认真观察，找出原因。第二，客观地认识自己以及他人。这里特别要注意有些学生的归因问题。部分学生常常把失败归因于客观条件，不能正确对待主观因素。这是不太正常的，班主任要加以引导。第三，心理和行为一致。首先是行为方式和社会角色一致，其次是年龄和行为方式一致，刺激强度和反应强度具有稳定性。第四，积极向上的生活态度。包括积极乐观的情绪，健康向上的生活态度。心理健康的学生遇到烦恼和困惑能及时解脱，遇到困难或挫折能正确面对。第五，情绪的稳定和持续性。青少年身心波动不平比较正常，但是，如果暂时的波动统治了持久的心绪体验，就可能产生心理问题，甚至发展成抑郁症。

二、青少年心理健康教育的重要意义

首先，开展心理健康教育有助于青少年克服消极心理状态，改善人际关系，完善自我人格，从而形成健康心理。对于纠正青少年中存在的一些对心理健康发展起阻碍作用的消极心

① 马克思、恩格斯：《马克思恩格斯文集（第 1 卷）》，人民出版社 2009 年版，第 320 页。

态，如学习中的厌学、无精打采、躺平现象，生活中的讲排场、攀比、享乐，人际关系中的态度冷漠、独善其身、师生矛盾等，心理卫生学中关于调控情绪、应对环境等一系列原理和知识都可以发挥作用，只要运用恰当，就能收到良好效果。例如，在人际交往中，心理卫生学既注意从个体需要和身心特征角度来指导人们的信息交流、情感沟通，又注意从团体气氛、决策艺术和社会文化传统方面谋求改善交往环境的可能措施，这就从较广阔的背景上为解决青少年人际交往的障碍提供了切实可行的指导。

其次，心理健康教育有助于调动学生的积极性和创造性，提高学习效率，促进德、智、体、美、劳等多方面的和谐发展。家长懂得青少年心理发展原理，就能够更具体、更有效地接近他们，并帮助和指导他们正确地学习和生活。教师掌握了青少年心理方面的知识，不仅能够将教学过程组织得更为合理、更为生动活泼，还能够在教育过程中引导学生的心理朝健康方向发展。学校管理者如能了解青少年心理健康原理，在其工作中就能有效地控制并消除管理中影响学生心理健康发展的不利因素，提高学校的管理效率和水平。此外，心理的健康发展也会使学生的各方面能力得到充分发挥，在复杂的外界环境中找到自己的发展方向。

再次，心理健康教育是社会发展的需要。经济的高速发展、物质生活水平的提高，一方面为人的身心发展提供了各种有利的条件，但另一方面也对人的素质提出更高的要求。特别是心理素质，它往往影响着人的其他各项素质。在以智力和人才竞争为特色的 21 世纪，人才资源是衡量各国实力的一项重要指标，而人的心理素质又是衡量人才资源的一项重要指标。可见，开展心理健康教育，维护和增进青少年的心理健康，提高他们的心理素质，是关系到当今和将来的人才培养和人力资源保护的大问题，它不仅仅是个人的需要，更是我们社会发展的需要。

最后，心理健康也是建设社会主义精神文明的需要。心理失常之人，对事物的判断往往模糊混乱，情绪上大起大落，缺乏自制力，因而导致行为异常，损害团体的凝聚力，也容易发生攻击伤害他人、破坏社会公众利益等极端行为，从而不利于社会秩序的稳定。许多案例都表明，社会治安状况与人们心理素质的高低紧密关联。所以，重视心理健康，弱化青少年的不良心理因素，使他们的思想和行为合乎道德规范，对维护社会秩序的稳定有着不可忽视的作用，同时也对精神文明建设起到极大的促进作用。此外，精神文明建设也需要意识形态各领域诸学科的共同研究和探讨，心理健康学作为一门综合性的边缘学科，它的研究既是社会主义精神文明建设的一项重要内容，也是推进社会主义精神文明建设的一种动力。

三、影响青少年心理健康的因素

青少年心理问题的产生是与之相关众多因素作用的结果。这些因素既包括个体身心的发展方面的，也包括同伴、群体、学校、家庭和社会等方面的。只有对这些因素进行综合分析，才能找出导致青少年心理问题的根源，才能帮助青少年矫正其心理方面的异常。

（一）个人因素

个人因素包括遗传和生理因素。遗传是生物发展的前提条件，同时也是个体心理发展的重要基础。遗传的影响主要是通过智力、身高以及行为外貌来实现的。一般情况下，子女的智力水平主要受其父母的智力水平的影响并呈正比例关系，而父母的精神健康状态也与子女有着密切的关系。生理健康也会影响学生的心理健康。

（二）家庭因素

家庭是学生的第一所学校，父母是学生的第一任教师。家庭所处的经济地位，父母亲的教育观点、教育方式以及家庭成员的关系等，对学生的心理健康都有不可忽视的影响。影响孩子心理健康的家庭因素有以下三个方面：① 家庭环境因素。包括住房环境、家庭成员组成、经济条件等自然结构。② 家庭教养态度。家长的社会地位、经济条件、价值观念以及教育观念的差异决定了教育方式的不同，大体表现出溺爱型、放任型、控制型和民主型等几种教育方式。③ 家长的教育方法。若教育孩子只有良好心愿，没有科学的方法，仍然不能担当起“全面的素质教育”的职责。

（三）学校因素

学校教育因素的影响首先表现在学校教育指导思想上。当前不少学校仍存在片面追求升学率的指导思想，这无形中给教师和学生都造成了很大的压力。教师为了学生考出好分数而采取违反学生心理健康原则的教学方法、手段和措施，如加班加点，搞题海战术等，导致学生出现神经衰弱、失眠、注意力减退、厌学等心理行为问题。其次表现在教师对学生的影响上。教师的个性、能力及教学风格对青少年心理的发展影响很大。再次表现在学校人际关系上。学生在学校中的人际关系，直接影响着他们的心理健康状况。实践证明，师生关系和同学关系良好的学生，必然充满归属感和安全感，其心理也会得到健康发展；反之，他们就会产生敌对、自卑、焦虑、恐惧情绪，这会对其心理健康产生不良影响。最后表现在学校教育方法上。例如，有的班主任在教育犯错误的学生时态度粗暴、方法简单，会伤害学生的自尊心。学校教育方法失当，往往会使学生产生消极、恐惧、不信任的心理，影响正常的学习，严重者还会出现心理异常。

（四）社会因素

在我国经济飞速发展的同时，一方面，原有的社会利益平衡关系被冲破，难免出现社会的局部失衡和心理失范；另一方面，各种消极因素也可能应运而生。这些消极因素影响着社会生活的每一个人，尤其是处于心理转型期的青少年。与此同时，传统文化和大众文化也影响着青少年成长。部分青少年学生受不良网络信息、游戏等大众媒介的影响，也易发现心理异常。另外，社会的一些不良风气和环境对那些辨别能力不强的青少年的心理健康也构成一定的威胁。

四、开展青少年心理健康教育的原则

总体说来，班主任开展学生心理健康教育应该遵循以下五条原则：

第一，平等信任原则。班主任开展心理健康教育，不要受学生的成绩、家庭条件、性别、智力等影响，要建立平等信任的师生关系，这样学生才能信赖老师，大胆倾诉自己的心声。在心理健康教育过程中，只有当学生（求询者）把教师（咨询者）看成是可以信赖和尊敬、可以交流思想并能获得帮助的朋友时，他们才会敞开胸怀向咨询者吐露真情并取得良好的咨询效果。

第二，尊重差异原则。班主任应因人而异，采取不同措施为学生提供指导帮助。班主任要深入了解每个学生的个性特点，灵活地采用不同的教育内容和方法手段，使得每个学生的心理素质都能得到全面而又独特的发展，从而实现因材施教。

第三，活动性原则。班级心理健康教育要通过开展丰富多样的活动，使学生的素质在具体实践中得到锻炼和提高。在开展活动时，班主任要注意以下问题：首先，活动的开展和组织应符合学生的兴趣爱好和年龄特征，体现一定的时代性；其次，要注意通过系列活动让学生重复参与各种训练和练习。

第四，学生主体性原则。以学生为主体就是在心理健康教育中尊重学生的主体地位，激发学生自我心理发展的自觉性和积极性，充分发挥学生在心理教育活动中的主体作用。开展心理健康教育，班主任必须以学生为主体，充分启发和调动学生的积极性，唤起学生的参与兴趣和活动热情，把施教者的科学辅导和学生对心理健康教育的主动参与有机联合起来，避免教师“唱主角”，学生充当“配角”或“观众”与“听众”的不良现象，要发挥学生个体能动性，多给学生机会表达内心想法、观点和情感，以此让学生达到自我完善与发展。

第五，面向全体学生原则。班主任在班级心理健康教育过程中要面向全体学生，着眼于全体学生的发展，考虑全体学生的共同心理需求和普遍存在的心理问题。班级心理健康教育应以绝大多数乃至全体学生的心理健康水平和心理素质的提高为基本出发点。

第六，保密性原则。学校在心理健康教育过程中，教育者有责任对学生的个人情况以及谈话内容等予以保密，学生的名誉和隐私权应受到道义上的维护和法律上的保障。保密性原则是学校心理健康教育极其重要的原则，是鼓励学生畅所欲言和建立相互信任的心理基础，同时也是对学生人格及隐私权的最大尊重。

五、青少年心理健康教育的策略

（一）开展个体心理辅导

1. 个体心理辅导的含义

个体心理辅导是指通过鉴别、诊断、分析和干预，解决学生个别心理困惑的一种辅导形式。这种辅导针对性强，效果明显，但比较耗时。学校的心理辅导一般不包括病理性心理障碍。这种情况需要专业心理辅导介入。

2. 个体心理辅导的对象

个体心理辅导的对象主要包括：① 受学习成绩困扰的学生；② 生理有缺陷的学生；③ 人际关系不良的学生；④ 家庭环境不利的学生，如单亲家庭学生；⑤ 品德不良的学生。学生个体的差异性是开展个体心理辅导的前提和出发点。不同的年龄、性别、家庭背景、个人遭遇等都会让学生形成不同的心理状态，同时也对心理健康教育提出了不同的要求。与针对群体问题的团体心理辅导教育相辅相成的心理辅导，也是班主任工作中重要的内容。

3. 个体心理辅导实施步骤

个体心理辅导是通过鉴别、诊断、分析和干预，解决学生个别心理困惑的一种辅导形式。它是针对有特殊问题和特殊需要的学生实施的。值得注意的是，学校的心理辅导一般不包括病理性心理障碍。班主任的心理健康教育与专业的心理辅导不同，它是与日常的班级管理工作密切联系的。个体心理辅导的程序主要分为五步：

第一，弄清心理和行为问题，发现问题是解决问题的第一步。厘清学生的行为和心理问题是属于学习困难、品性问题、情绪问题，还是人际适应不良，有助于有针对性地解决问题。这可以通过正面的询问，比如观察学生行为、聊天，分析其日记等以及从侧面收集资料，通过和家人、周围同学交流，以及问卷调查等途径来进行，从而明确问题所在。第二，进行成因诊断与分析。通过对需要进行个别辅导的学生的个人资料和症状的分析进行综合分析和诊断，判断其行为的特征性质的原因。准确的分析诊断是定制目标和实现辅导的首要环节。在进行原因分析的时候，要抓住问题的关键所在。第三，制定辅导目标，辅导目标一般分为远期目标和近期目标。制定辅导目标时需要注意，目标要切合实际且难易适度，同时要有解决问题的毅力和耐力。不能头痛医头，脚痛医脚，应从根本上解决问题。第四，巩固辅导成果，对学生的心理健康行为问题进行综合分析和诊断及帮助以后，学生的行为会有一定程度的变化。但是，这种形式的变化可能是暂时的、表面的。班主任要对这种现象有充分的准备，并且做好巩固成果的工作。第五，建立行为档案。通过为学生建立心理档案，能及时准确地掌握和了解学生的心理发展规律、特点及现状，从而为个体心理辅导提供依据。

除了要遵循心理辅导的程序，班主任还必须掌握一些个体心理辅导的方法：系统脱敏法、理性情绪辅导法、群体辅导法、情绪替代法和注意力转移法等。

4. 个体心理辅导的几种方法

（1）系统脱敏法。

即采用小步子的方法，逐步对学生的过失行为实行弱化，或对正面行为进行强化的过程。班主任可以先找出使学生产生问题的对象，将其分为不同等级，然后在放松状态下，对学生实施行为的脱敏。这种办法适用于行为有偏差的学生。

（2）理性情绪辅导法。

这是指用语言的方式，利用学生已有的经验或认识，对其现有的认知进行反思批判，从而对其不理性的思维进行调整，以达到调整情绪的目的。

（3）群体辅导法。

群体辅导就是对一个学生的心理和行为问题，利用团体的力量来实现对其的辅导。这种方法效果较好，但不易开展，在个体辅导中一般采取个体和群体相结合的方法。

（二）开展团体心理辅导

1. 团体心理健康辅导的特点

团体心理健康辅导是指班主任以班级团体为对象开展的，以实现群体心理健康为目标的心理健康教育，其最终目的是实现个体成员的心理健康和心理发展。团体心理辅导有以下两个特点：一是广泛性，即以团体方式开展心理健康教育，最大优点是用统一的目标来实现对学生的聚合，在团体和谐氛围影响下，可以多角度开展自我教育，从而减少对教育者的依赖。二是高效性，即在相同的时间和精力投入上，团体辅导显然效率更高，受众人数更多。

现代学校心理健康教育日渐强调全程性、全员性。由于多种原因，大多数学校专职做心理教育的教师就一两位。这些教师既要进行个别辅导，又要举办心理教育相关的活动，要想完成多方位的团体辅导活动是很难的。再者，因为学生人数多，心理辅导教师平时和学生接触少，对学生了解不够，难以有针对性地解决学生的问题，也难以和学生达到心理相融，辅导的效果往往不高。因此，班主任要看到自己在做心理辅导中的优势，消除畏难情绪，通过活动课对学生进行心理教育。那么，班主任如何开展班级团体心理健康教育辅导呢？主要有以下四个方面的内容：

（1）学习辅导。对于青少年，主要在学习行为习惯、学习动机、学习策略等方面给予指导。对于学生面临升学压力，班主任也需要及时提供辅导帮助。

（2）人格辅导。这方面包括自我意识和性心理辅导。班主任要重点帮助学生克服自卑、自负的心理障碍。班主任还要重视性教育，对学生异性交往，注重正确引导，不必过分敏感。同时加强与家庭、学校、医院的合作，增强性生理教育专业化，开展好青春期学生的心理健康教育。

（3）生活辅导。对中小学生的生活辅导主要涉及消费、休闲两个方面。消费方面，要培养学生合理的消费观念和消费行为，防止盲目攀比，追求名牌等心理。休闲方面，班主任要教育学生在校内外的空间学会个人和团体的休闲方式，特别要注意引导学生合理利用网络资源。

（4）职业辅导。职业辅导不是毕业前的辅导，班主任要帮助学生形成正确的职业观和职业选择倾向，为未来职业生涯规划奠定基础。

2. 团体心理辅导的步骤

当然，心理辅导活动和一般的主题活动是不同的，它要求教师能够运用心理学的理论与方法有效地增进学生心理健康。一般说来，团体心理辅导包括团体讨论法、情景剧法、行为训练法、认知行为改变法等。

（1）准备工作及方案制定。班主任要了解成员背景，设定团体目标，掌握理论知识，确定团体人数，把握时间地点，制定活动规则。

（2）开展过程及技巧。过程主要包括导入、实施和总结三个阶段。要注意语言、沟通技巧，善于处理异常现象。

（3）如何评价和反思。班主任主要从活动目的、内容、方法、效果四方面进行评价与反思团体辅导。

3. 团体心理辅导的注意要点

班主任开展团体心理辅导要注意以下事项：

第一，要有心理健康教育的意识。尽管现代人越来越重视生活质量，越来越讲求生命品质，全面的健康观念也越来越深入人心，但仍还有许多人对于心理上的健康不够重视，甚至还存在讳疾忌医现象。班主任应树立完整的心理健康观念，有意识、有计划地对学生进行心理健康教育。

第二，要平等看待每一个学生。团体心理辅导强调面向全体学生原则、强调民主性原则，要求班主任弱化权威意识，强化民主和平等的观念，不能只关注让好学生表现或转变差学生，要平等看待每一个学生，给每个学生充分发表观点、展示自我的机会。班主任要公平恰当地将自己的关爱送到班上的每个角落。

第三，要移情换位理解学生。班主任与心理辅导老师所持学生观是不同的，承担的角色职责也是不同的。这需要班主任应随时转换角色位置，放下主观的态度和认识，站在学生的立场上“设身处地”“感同身受”地去体验学生内心的感受。理解学生，要了解其所想所为的动机缘由，不要以自己为参照标准去评判当事人的是非得失。对学生少一些指责命令，多一些沟通交流；少一些批评教育，多一些民主平等；少一些上纲上线，多一点温情理解。只有成为一个走进学生心灵的班主任，才可以成为一个让学生愿意敞开心扉的辅导老师。

第四，要学会倾听。班主任做辅导，有时最大的缺点就是缺乏耐心的倾听，总忘不了自己是一个教育者，总想主动出击，把学生变成倾听对象。在活动中，学生说不了几句话，教师就好像心中有底了，结论也出来了，接着就是开导或训导。如此一来，学生的心里话不可能很好表达出来，班主任也就无法全面了解学生想法，那么班主任的训导就很难触动学生心灵，辅导效果就大打折扣，下一次学生可能就不愿意表达看法了。所以班主任做辅导一定要克服说多听少的习惯，以一颗包容和接纳的心张开耳朵耐心倾听。而且，班主任在倾听过程中还要克服随时随地对学生评价对错的习惯。作为管理者和社会道德规范的代言人，评价是班主任工作的一部分，班主任不可能不评价学生，只是存在评价是否公正、是否考虑学生感受的问题。在辅导活动中班主任要注意多用鼓励、延迟评价的方法让更多学生尽可能地发表看法。

【案例分享】

与老师对立，逃学上网

有一天下班回家的路上，我遇到了一个曾经教过的男生。他是一个朋友的孩子——轩。我见到他时，他一个人在大街上溜达，身上背着书包，嘴里还吸着烟。他开始并没有注意到我，当我喊他的名字时，他先是一愣，后急忙扔掉香烟，站在那呆呆地看着我。也许因为我老师的身份，让他当时的表情诚惶诚恐。我并没有批评他，只是嘱咐他早些回学校，因为那个时间段是学生在校上自习的时间。

第二天，他主动来到我的办公室，说出了他昨天逃课的原因。轩本来是个不错的学生，好多老师都说他聪明，给我留下的印象也很好。可在高一下半年，学校重新调整了班级，轩离开了原来的班级。新的环境让他感到很陌生，新的同学和老师让他感到很不适应，他没能够很快地调整心态，融到新的集体中去。有一天轩迟到了，新的班主任批评了他，这让他感到很不快。第二天轩又迟到了，这次他是故意的，他不愿向老师认错。老师很生气，就请了他的家长，面对老师和家长的教育，轩不仅没有改正，反而选择了逃避，逃学去网吧待了一个上午。

后来就出现了开头我讲的情景。轩对我说自己很想回到原来的班级，对原来的老师和同学很留恋。自己非常担心在新的环境中和同学们处不好，怕被老师和同学们瞧不起，心情非常焦虑，就产生了对立情绪。

第四节　网络安全教育

一、网络安全教育的含义

网络安全是一门涉及计算机科学、网络技术、通信技术、密码技术、信息安全技术、应用数学、数论、信息论等多种学科的综合性学科。网络安全是指通过采取必要措施，防范对网络的攻击、侵入、干扰、破坏和非法使用以及意外事故，使网络处于稳定可靠运行的状态，以及保障网络数据的完整性、保密性、可用性的能力。从这个概念来讲，网络安全包括传统的网络安全、数据安全，是范围更大的网络安全，更加侧重网络运行安全、信息安全。从广义来说，凡是涉及网络上信息的保密性、完整性、可用性、真实性和可控性的相关技术和理论都属于网络安全的研究领域。

二、网络安全教育的重要性

“没有网络安全就没有国家安全。”网络安全已经成为关系国家安全和发展、关系广大人民群众切身利益的重大问题。网络已经深刻地融入了经济社会生活的各个方面，网络安全威胁也随之向经济社会的各个层面渗透，网络安全的重要性随之不断提高。为加强国家网络安全工作，落实中央决策部署，保障网络安全和发展利益，落实总体国家安全观，2016 年 11 月 7 日第十二届全国人民代表大会常务委员会第二十四次会议通过《中华人民共和国网络安全法》并从 2017 年 6 月 1 日起施行。2017 年 5 月 2 日，国家互联网信息办公室公布《互联网新闻信息服务管理规定》，从 2017 年 6 月 1 日起施行。

党和国家十分重视青少年的身心健康和网络安全教育，为切实做好预防中小学生沉迷网络教育引导工作，有效维护中小学生身心健康和生命安全，早在2001年11月22日，共青团中央、教育部、文化部、国务院新闻办公室、全国青联、全国学联、全国少工委、中国青少年网络协会在京联合召开网上发布大会，向社会正式发布《全国青少年网络文明公约》。2018年4月20日，教育部办公厅发布《教育部办公厅关于做好预防中小学生沉迷网络教育引导工作的紧急通知》（教基厅函〔2018〕21号）；2021年8月30日，国家新闻出版署发布《国家新闻出版署关于进一步严格管理 切实防止未成年人沉迷网络游戏的通知》（国新出发〔2021〕14号），自2021年9月1日起施行；2021年10月20日，教育部办公厅发布《教育部办公厅等六部门关于进一步加强预防中小学生沉迷网络游戏管理工作的通知》（教基厅函〔2021〕41号）。2021年10月23日通过的《中华人民共和国家庭教育促进法》第二十二条规定"未成年人的父母或者其他监护人应当合理安排未成年人学习、休息、娱乐和体育锻炼的时间，避免加重未成年人学习负担，预防未成年人沉迷网络"。

随着互联网的普及和互联网技术的日益发展，互联网已经成为青少年学习知识、获取信息、交流思想、开发潜能和休闲娱乐的重要工具。但我们必须清醒地看到，大量不良信息内容也在通过互联网进行传播，危害中小学生的身心健康。特别是网络犯罪、网络欺诈、网络成瘾等，已成为日益突出的社会问题。由于中小学生是未成年人，还存在自律意识不强、选择和辨别能力不足等方面的问题，社会、学校、家庭要形成合力，共同开展好未成年人的网络安全教育。中小学要充分认识开展网络安全与道德教育的重要性，在广大中小学生中开展网络安全和道德教育十分必要。

首先，加强中小学生网络安全教育是贯彻以人为本，增强青少年网络防范能力，提高社会适应能力，促进他们成长成才的需要。重视和加强网络安全教育，一方面可以让中小学生在心理健康、网络道德教育方面得到良好的引导，规范其网络行为；另一方面，可以提高中小学生的网络应对能力，避免受到网络不良行为、信息、诈骗的侵害。从长远来看，网络安全问题不仅是学生在校学习、生活中经常遇到的问题，也是他们未来走向社会后会遇到的问题。重视和加强青少年网络安全教育，是满足其成长成才的发展需要，也是提高社会适应能力的需要。

其次，加强中小学生网络安全教育是实施素质教育，落实立德树人根本任务、全面发展教育目标的需要。网络安全教育是中小学安全教育的重要内容，培养青少年树立网络安全意识、网络安全观，培养网络安全责任，提升自身网络素质，是素质教育的重要方面。

最后，加强中小学生网络安全教育是贯彻依法治国理念，推进依法治校，创建和谐校园的需要。中小学生存在缺乏网络安全意识、网络安全防范能力差、网络安全法律知识薄弱、网络安全责任感不强、网络道德与行为不规范，网络信息素养不高等问题，因此存在一定的安全隐患，甚至严重影响到青少年的身心健康和学校安全稳定与校园秩序。

总之，加强对中小学生网络信息安全教育，对于促进其健康成长具有十分重要的意义。

【拓展阅读】

全国青少年网络文明公约

要善于网上学习，不浏览不良信息。
要诚实友好交流，不辱骂欺诈他人。
要增强自护意识，不随意约会网友。
要维护网络安全，不破坏网络秩序。
要有益身心健康，不沉溺虚拟时空。
要树立良好榜样，不违反行为准则。

三、中小学生网络安全意识现状

（一）网络成瘾

“网络成瘾”指的是在没有任何诱惑之下上网失去控制的现象，其表现的主要问题在于主体不能有效控制自己想要上网的欲望，并对上网带来的快感有生理和心理依赖。很多青少年上网成瘾，不可控制地长时间使用电脑或上网浏览网页，经常熬夜上网，网瘾日益严重。网络成瘾的表现主要有“网恋”和“网络游戏”。

（二）网络失德

网络不像我们所生活的现实世界，具有极强的隐蔽特点。在这样隐蔽的环境之中，人会出现降低自己道德标准的情况，比如随意散发言论、传播垃圾信息、弄虚作假、进行网络欺诈等，这些都会对社会安全造成恶劣的影响。

（三）网络犯罪

网络犯罪指的是凭借计算机进行犯罪，或者是犯罪对象通过网络进行的危害网络安全的行为，通常来讲网络犯罪主要分成如下二种：以网络为工具的犯罪、以网络为攻击目标的犯罪、以网络为获利来源的犯罪。有些青少年沉迷网络游戏，在游戏过程中为了自尊、荣誉甚至会做出违法行为。

（四）网络受害

因为青少年缺乏较强的安全防范意识，不具备或拥有较少的网络安全常识，所以在应用网络的时候很容易受到网络的侵害。青少年常见的网络受害主要有如下三种：网络交友上当受骗、网络交易上当受骗、遇到网络攻击。

四、中小学生网络安全教育内容

（一）账号密码安全

在上网过程中，无论是登录网站、电子邮件还是应用程序，账号和密码是用户最重要的身份信息，因此账号和密码的安全至关重要，一旦丢失会造成严重后果。在注册和使用的过程中应注意：

（1）密码的设定一定要科学严谨，不可过于简单，尽量使用字母、数字或特殊字符相结合，具有一定长度的密码。

（2）个人账号和密码信息不可泄漏给他人。

（3）在网吧等公用计算机上使用时切勿开启“记住密码”选项，使用完毕后应安全退出，最好重新启动电脑。

（二）网上浏览安全

（1）设置浏览器的安全等级。常用的浏览器都具有安全等级设置功能，通过合理的设置可以有效过滤一些非法网站的访问限制，从而减少对电脑和个人信息的损害。

（2）坚决抵制反动、色情、暴力网站。一方面，这些不良信息会影响青少年的身心健康；另一方面，很多非法网站会利用浏览器漏洞对用户进行各种攻击。

（3）不要随意点击非法链接。

（4）下载软件和资料时应选择正规网站或官方网站。

（三）手机上网安全

（1）手机上网的基本注意事项：关闭常用通信软件中的一些敏感功能，如微信里的“附近的人”、微信隐私里“允许陌生人查看照片”等。

（2）不要随便“晒”家人及住址照片。长此以往，只要别人稍加分析汇总，这些“晒”出来的信息就会成为一套完整的信息，暗藏着各种不可预测的风险。

（3）不要随便在网上测试相关信息。有的网站搞问卷调查，调查的年龄、爱好、性别等信息，若为了一点小利益去做，这些信息就可能被利用起来，从而造成利益受损。

（4）不要随意扔掉或卖掉旧手机。尤其是涉密的旧手机，一些人可以通过技术手段恢复其中的数据，暗藏的各种危害，你是无法预测到的。

（5）软件安装过程中不要都“允许”。现在智能手机安装软件过程中，有的软件提示是否允许安装全部服务，比如获取你的位置、读取你的电话记录等。这种情况下，要千万小心，不相关的服务不能允许，或者干脆不安装此软件。

（6）不要随便接入公共 Wi-Fi。公共 Wi-Fi 中有些是黑客获取你手机信息的一个重要渠道，可能直接盗取你的敏感信息，如卡号、账户密码等。所以，到公众场合后，有免费 Wi-Fi 也不要随意接入。

（7）不要随意发给别人验证码。验证码可以说是保密的一道重要防线，一旦突破了，可能造成严重的后果。

（四）网络聊天交友安全

（1）聊天时要有所保留，切勿全盘托出，不建议在个人主页或博客上透露太多私人信息，尤其是自己的住址、行踪、电话等信息。

（2）勿急于与网友见面。见面前应收集更多对方的信息，可以先尝试电话聊天。

（3）见网友前最好让家人或亲戚朋友知道自己的去向以及该网友的相关情况。

（4）见面地点最好是自己熟悉的地方，以人流量大的闹市区为宜；时间最好选择在白天；最好带上同伴前往；不要随便喝网友递来的饮料或酒水；要时刻注意自己的随身物品，特别不要将自己的贵重物品借给网友使用。

（5）网友若提出去自己不熟悉的地方或发现对方活动异常，应考虑结束见面；发生紧急、意外情况时，及时求助或报警。

（五）网络购物安全

（1）网络购物前要留意商家信誉。确定购买之前，一定要先了解卖家的信誉度。卖家的信用评价是一个重要的参考标准。要注意选择合法的网站和商家，一般正规网站都应标注网上销售的经营许可证号和工商机关红盾检验标志。而且，网站应当持有 ICP 证书，消费者可通过查看网站主页最下方商家的数字证书来验证其“身份”。

（2）不要被低价商品迷惑。特别是名牌产品，因为知名品牌产品除了二手货或次品货，正规渠道进货的名牌是不可能和市场价相差那么远的。

（3）警惕商家的文字游戏。当遇到模棱两可的介绍时，一定要向卖家询问清楚，以防有些不良卖家玩文字游戏。

（4）最好通过第三方支付。网上购物最好通过安全可靠的第三方交易平台来实现，尽量选择货到付款或交易平台提供的诸如支付宝等带有第三方保障功能的支付方式。同时，使用银行卡进行网络支付时，千万注意不要在网吧电脑等公共设备上使用；最好有专用账户或专用卡作网上支付用，并且卡内不要放太多的现金。如发现问题，及时与银行联系。

（5）保存原始证据。购买商品最好要求商家开具发票。无论商品价格是否昂贵，消费者都应注意保存和卖家之间的往来邮件、聊天记录，以为日后维权留下证据。

（六）个人信息安全

（1）妥善处置快递单、车票等含个人信息的单据。快递单含有网购者的姓名、电话、住址，车票、机票上印有购票者姓名、身份证号，购物小票上也包含部分姓名、银行卡号、消费记录等信息。将这些票单不经意扔掉，可能会落入不法分子手中，导致个人信息泄露。对于已经废弃的包含个人信息的资料，一定要妥善处理好。

（2）网络购物要谨防钓鱼网站。通过网络购买商品时，要仔细验看登录的网址，不要轻易接收和安装不明软件，要慎重填写银行账户和密码，谨防钓鱼网站，防止个人信息泄露造成经济损失。在登录购物网站时要核实网站的域名是否正确，审慎点击商家从即时通信工具上发送的支付链接，以防是钓鱼网站。

（3）身份证复印件上要写明用途。银行、移动或联通营业厅、报名、参加网校学习班等很多场合都需要留存你的身份证复印件，甚至一些打字店、复印店利用便利，会将暂存在复印机硬件的客户信息资料存档留底。在提供身份证复印件时，要在含有身份信息区域注明“本复印件仅供××用于××用途，他用无效”和日期。复印完成后要清除复印机缓存。

（4）不在微博、群聊中透露个人信息。通过微博、QQ空间、贴吧、论坛和熟人互动时，有时会不自觉地说出或者标注对方姓名、职务、工作单位等真实信息。这些信息有可能会被不法分子利用。很多网上伪装身份实施的诈骗，都是利用了这些地方泄露的信息。在微博、QQ空间、贴吧、论坛等社交网络要尽可能避免透露或标注真实身份信息。

（5）慎重参加网上调查活动。上网时经常会碰到各种网络“调查问卷”、购物抽奖活动或者申请免费邮寄资料、申请会员卡等活动，一般要求填写详细联系方式和家庭住址等个人信息。参与此类活动前，要选择信誉可靠的网站，认真核验对方的真实情况，不要贸然填写，从而导致个人信息泄露。

（七）常见网络诈骗手法及防范

（1）冒充通讯好友借钱。骗子使用黑客程序破解用户密码，然后张冠李戴冒名顶替向事主的聊天好友借钱，如果对方没有识别则很容易上当。如果遇到类似情况，最好先与朋友通过打电话等途径取得联系，防止被骗。

（2）通过网络游戏装备及游戏币交易进行诈骗。这类诈骗主要包括：低价销售游戏装备，在骗取玩家信任后，让玩家通过线下银行汇款的方式，待得到钱款后即食言，不予交易；在游戏论坛上发表提供代练，待得到玩家提供的汇款及游戏账号后，代练一两天后连同账号一起侵吞；在交易账号时，虽提供了比较详细的资料，待玩家交易结束玩了几天后，账号就被盗了过去，造成经济损失。

（3）交友诈骗。犯罪分子利用网站以交友的名义与事主初步建立感情，然后以缺钱等名义让事主为其汇款，最终失去联系。

（4）网上中奖诈骗。犯罪分子利用传播软件随意向手机用户、邮箱用户、即时通信用户等发布中奖提示信息，当用户按照指定的“电话”或“网页”进行咨询查证时，犯罪分子会以中奖缴税等各种理由让用户一次次汇款，直到失去联系。当收到一些来历不明的中奖提示，不管内容有多么逼真诱人，千万不能相信。

（5）“钓鱼网站”诈骗是利用欺骗性的电子邮件和伪造的银行、金融机构网站进行诈骗活动，获得受骗者个人账户信息，进而窃取资金。因此，访问此类邮件和网站时一定要仔细甄别，认真核实，切勿着急操作。

（6）冒充“班主任”诈骗。一些不法分子在新学期，以家长群为目标，通过伪基站发送带有木马病毒的网页链接，诱骗家长打开网络链接，实现木马程序的自动安装，盗取事主的个人信息，进而对家长尤其是孩子的爷爷奶奶实施诈骗。常见7类短信诈骗有交费用、查看课程表、查看致家长的一封信、核对家庭资料、查看考试成绩、查看孩子体检结果、学费减免。诈骗分子还会利用老师与家长并不熟悉的情况，借校车收费、校服收费或者课后服务等多种名目实施诈骗。

【拓展阅读 1】

青少年网络安全小提示

（1）学会分辨：网络世界不都是“真的”。
（2）学会自我保护：个人隐私信息发布需谨慎。
（3）警惕网络诈骗：网络交易要三思。
（4）谨慎网上交友：不让不法分子有机可乘。
（5）提防山寨 App：认准正规官方渠道。
（6）扫码需谨慎：不乱扫有安全威胁的二维码。
（7）慎用公共 Wi-Fi：警惕公共免费网络陷阱。
（8）抵制网络暴力：不做谣言传播者。
（9）理性应对网络暴力：遭受网络暴力及时报告老师和家长。
（10）谨防网络沉迷：科学有度更健康。

【拓展阅读 2】

“防迷网”三字文

互联网，信息广，助学习，促成长。
迷网络，害健康，五个要，记心上。
要指引，履职责，教有方，辨不良。
要身教，行文明，做表率，涵素养。
要陪伴，融亲情，广爱好，重日常。
要疏导，察心理，舒情绪，育心康。
要协同，联家校，勤沟通，强预防。

（资料来源：教育部基础教育司《致全国中小学生家长的一封信》，2018 年 4 月 20 日）

五、网络安全教育的途径

（一）加强教师和青少年的网络素养教育

一方面，中小学应加强教师队伍建设，使每一位教育工作者都了解网络知识，遵守网络道德，学习网络法规，提高网络信息素养和网络道德品质，通过课堂教学和课外校外活动，有针对性地对学生进行网络道德与网络安全教育。另一方面，由于青少年的心智尚不成熟，容易受到网络不良言论的影响和伤害，因此，学校和家庭要切实加强青少年网络教育素养，引导其对加强相关法律法规如《中华人民共和国网络安全法》和网络文化、网络道德知识的学习，引导理性文明的网络行为，增强其网络安全防范意识。

（二）加强青少年网络行为规范

老师和家长应在日常教育中融合网络行为规范，教育青少年正确使用网络，包括不要在网上随便泄漏个人及家人的信息，不要轻易相信网络上的“好友”，减少好奇心，不要一味听信网络传言等。要有效提高青少年安全规范使用网络的意识，最大限度地保障青少年的网络权益，避免青少年遭受网络诈骗、网络暴力等负面事件。

（三）加大对网络安全的宣传力度

中小学要主动对网络安全进行宣传，深入开展《全国青少年网络文明公约》学习宣传，教育学生合理进行网上学习，不浏览不良信息；诚实友好交流，不侮辱欺诈他人；增强自护意识，不随意约会网友；维护网络安全，不破坏网络秩序；不沉溺虚拟时空。邀请网络专家进校园，向学校师生讲解网络安全防范常识、网贷防骗知识、网络防骗技能等，进一步提升青少年的网络安全意识和防范水平。

（四）加强网络文明、网络安全建设和管理

首先，中小学要加强电子阅览室、多媒体教室、计算机房等学生上网场所的管理，防止反动、色情、暴力等不健康的内容危害学生，引导学生正确对待网络，文明上网。其次，加强网络文明、网络安全建设和管理。采取各种有效措施，提高青少年学生分辨是非的能力、网络道德水平和自律意识，以及在网络环境下防范伤害、自我保护的能力。再次，注重在校园网络建设过程中，建立网络安全措施，提供多层次安全控制手段，建立安全管理体系。最后，加大与国家网络安全相关部门交流与合作，积极主动协助公安、消防、文化、工商、城管等部门，加强对校园周边互联网上网服务营业场所的治理力度，开展学校内部及学校周边互联网上网服务营业场所监控和管理，杜绝学生沉迷上网。

第五节　感恩教育

一、感恩教育的内涵

马克思曾说：“恩情是连接人与人之间一个良好的纽带，更是连接大到国与国、地区与地区，小到家庭与家庭、人与人，进而支撑起一个社会。”感恩教育是一种基于人的道德情感的教育，是教育者运用一定的教育方法与手段，通过一定的感恩教育内容对受教育者实施的知恩、感恩、报恩和施恩的人文教育。感恩教育就是教育者借助一定的感恩教育内容，通过多

种教育途径和方法，唤醒受教育者的知恩意识，帮助其形成感恩意识，并促进其内化为个人的思想行为准则，进而落实于行动中，形成良好的感恩习惯。

一般而言，感恩教育具有以下特征：第一，感恩教育是一种以情动情的情感教育，是一种爱的教育。感恩教育不单单是感恩知识的传授过程，更是一种感恩情怀的陶冶过程。第二，感恩教育是一种以德报德的道德教育。感恩是一种美德，是一种修养，是每个人应该具备的最基本的道德准则，它影响着人们对生活、事物、他人等的看法，影响着人们思维、行为的方式，更决定着一个人的价值取向。第三，感恩教育是一种以人性唤起人性的人性教育。感恩教育拉近了人与人之间的关系，增进了人与人之间的情感交流，它让人学会相互理解，懂得相互关爱，对生活和他人心存感激，它让人们领悟爱的真谛，感受生活的情趣与意义。

二、开展青少年感恩教育的意义

作为思想道德教育重要组成部分的感恩教育，在中小学阶段的实施有着极为重要的意义。

（一）青少年感恩教育是学校德育的重要内容

一方面，青少年的发展同社会是紧密相连的，青少年感恩意识的养成会为家庭的和睦生活提供良好条件，进而在一定程度上影响社会文明的进步。为此，青少年感恩意识养成是包含于学校教育在内的多个环节的共同责任。在一定程度上，学校代表国家与社会承担对青少年的培养责任，而青少年感恩教育是学校德育的一部分，学校的感恩养成教育要体现并合乎整个社会对青少年道德品质的基本要求。另一方面，青少年感恩教育也是学校德育同社会生活相结合的课题。青少年感恩养成教育的特征是理论传授与社会生活相结合，让学生认识到感恩教育养成对个人成长的价值和意义，进而将其转化为自觉主动的行为习惯。

（二）青少年感恩教育促进学校形成完整的感恩教育体系

感恩教育是一个周而复始、不断循环的动态过程。学生品德习惯的塑造与培养是一个长期的、反复的过程。感恩意识、感恩情怀、感恩习惯的形成不是一蹴而就的，它离不开系统的学校教育，离不开实实在在的生活实践，需要给予学生长期的熏陶、影响，允许学生反复磨合，慢慢积累，最终内化为学生的一种道德品质，自然而然地外现于行为之中。班主任要结合学生的实际认知水平和不同的年龄特点，多管齐下，分层教育，真正将感恩教育融入学生的学习和生活，将感恩思想根植于学生的心灵，为培养学生的感恩意识、感恩情怀、感恩行动打下扎实的基础。

（三）青少年感恩教育促进教师感恩教育能力的提高

学校不仅是学生成长的地方，也是教师成长的地方。青少年感恩教育的实施，不仅能增强学生的感恩意识，丰富他们的感恩情怀，引领他们实践感恩行动，参与其中的教师也在无形中受到教育和感染，使得教师的教育理念得到改变，感恩教育能力得到提高。

（四）青少年感恩教育促进学生形成健全高尚人格

人的天性是向善的，青少年阶段是一个人道德情感发展的关键期。青少年的完美人格是在现实生活中养成的，需要从身边的事情做起，脚踏实地。感恩意识、感恩情怀、感恩习惯的培养应该从娃娃抓起。扎实、良好的感恩教育能为一个人的道德发展奠定坚实的情感基础。学校开展一系列生动、有效的感恩教育活动能在不知不觉中影响每个学生，对培养学生的健康心态、形成健全高尚的人格有着积极的作用。

（五）青少年感恩教育体现对生命价值的尊重

父母给予子女生命，提供其成长所需的吃穿住行等物质和精神营养，都是以付出自己巨大精力和劳动时间为代价的。班主任应教育学生尊重父母的付出，养成俭约的品德。强调感恩、重视生命也是生命教育的应有之义，重视生命不只是保护自身价值的需要，还应关注到生命所蕴含的深刻的社会内涵与价值。

三、开展青少年感恩教育的策略

现代社会，一些孩子受不良因素的影响，容易形成自私自利、冷漠的性格，别人的关心在他们看来理所当然，不懂得知恩图报。实施感恩教育目的就是要培养青少年学生感恩的道德意识，进而让学生知恩于心，感恩于行，能用实际行动来报答父母，回报师长，报效祖国，回馈社会。因此，教师要积极引导，教育学生将感恩意识化为行动，将感恩之行落实在日常行为之中。

法国社会学家涂尔干（Emile Durkheim）说："只有学会感恩，我们才能明确责任；只有学会感恩，我们才能体会真情；只有学会感恩，我们才能感受幸福，享受生活。"①因此，在教育工作中，教师不仅要"教书"，更要"育人"，将立德树人根本任务落到实处。在班主任工作中，教师要注重德育教育，特别是让学生学会感恩，让学生会用一颗感恩的心去重视亲情、友情，学会关爱他人，善待生命。那么，应该如何唤醒学生的感恩情怀，让学生学会感恩呢？

（一）发挥教师形象的榜样作用

"学高为师，身正为范。"教师言行一致的道德形象，一方面为学生提供理解道德观点的实证，使学生能够具体形象地理解道德观点的含义；另一方面也为学生提供学习模仿的范例，使学生在实践中学习模仿教师的道德行为，以形成自己的道德行为习惯。德国教育家第斯多惠曾说："教师本人是学校最重要的师表；是最直观的、最有教益的模范，是学生最活生生的榜样。"青少年常以教师的行为品德作为自己的标准，所以在平时的学校生活、工作中，教师不但要充当教育者的角色，还首先应该是常怀感恩之心的人，是懂得感恩、懂得报恩的人。教师必须言行一致，以身作则，以优雅的仪表、文明的谈吐，树立起良好的形象，对学生感

① 邢垚：《论幼儿园中如何开展感恩教育》，《活力》，2015 年第 16 期，第 1 页。

恩情感的培养起到良好的表率作用。所以说，教师形象的榜样作用比任何空洞的说教都更具有说服力和感染力。

（二）注意从小培养学生感恩意识

鸦有反哺之义，羊知跪乳之恩，动物尚且如此，何况人乎？感恩，既是对施恩者的回馈，也是做人的一种美德。饮水思源，心存感激，感恩是一份信念，感恩是一份热情，心怀感恩，是人性的光辉的闪现。班主任要积极创造环境，在青少年学生的心灵中播下知恩的种子，让学生感受到身边人对自己的关心和爱护。首先，我们要让学生明白“前人栽树后人乘凉”的道理，每个人所享受的幸福生活都是别人辛勤劳动带来的。应让学生明白他人的付出，从而由内心萌生出感激之情。其次，应该鼓励学生从做一些不起眼的小事做起，着力培养学生的感恩意识，让他们从小知道爱别人、帮助别人。在学校，教育学生见到老师向老师主动问好；在家里，教育学生帮助父母做力所能及的家务活……即使是些再平常不过的举动，也会在孩子心目中播下感恩的种子。

（三）利用主题班会激发感恩热情

主题班会活动是班主任开展学生感恩教育的有力抓手。班主任指导学生开展系列感恩主题活动，首先可以让学生收集有关感恩教育的第一手材料，在班会上把自己的感想和认识说出来，互相交流，互相启示，互相感染，激发学生感恩的热情。其次，组织学生在班会中讲“感恩”的历史故事、现实故事，或在班会中朗诵自己或别人写的有关感恩的诗歌、小说、散文等。再次，在班会中表演有关感恩的文艺节目，在班会中讲自己感恩父母、回报父母的具体做法。最后，组织“感恩”主题演讲比赛或征文活动。通过这些主题班会活动，让学生从具体的情景中、典型的事例中去感知理解“感恩”的时代内涵，懂得“感恩”的内容与方式，使学生真正领悟到“感恩”是中华民族的传统美德，是当代青少年学生必备的道德情操，从而激发学生的感恩热情。

（四）运用环境熏陶坚定学生感恩思想

环境是无声的教育，对学生起到潜移默化的作用。中小学应创设以“感恩”为主题的校园氛围、班级氛围，让学生在充满“感恩”的环境中得到熏陶，坚定感恩的思想。首先，班主任可根据班级学生的个性、特长、活动方式，让学生自由组合成几个小组，根据搜寻的有关“感恩”的信息，进行艺术创作，并适时展示。其次，在学校适当的位置张贴感恩标语，例如餐厅可写上“谁知盘中餐，粒粒皆辛苦”，在教室可张贴“谁言寸草心，报得三春晖”，校园宣传园地可张贴“教诲如春风，师恩似海深”“大爱无言，师恩难忘”。再次，创办有关“感恩”主题的班报，用新颖的排版、立意鲜明的内容，定期刊出有关“感恩”的所见所闻，使学生目睹生活中感恩的典型事迹，从而得到感染。最后，编排“感恩”的节目，让学生自编、自导、自演小品、相声、课本剧、歌舞等，将“感恩”思想融入文艺活动中，让学生身临其境，从中得到感染。总之，班主任要营造浓厚的感恩氛围，让学生在不同的场景，以各自的形式施展才华，使“感恩”教育有声有色地开展，进一步激发学生的感恩热情，以主人翁的姿态参与到“感恩”活动中去，不断坚定感恩思想。

（五）在课堂教学中渗透感恩教育

目前，中小学各科教材中的德育内容非常丰富，如英语教材中的人物对话经常会出现“Good morning!”“Thank you for your help.”“Thank you!”等表示问候、感谢的句子，让学生在日常生活交往中反复使用，渗透感恩意识；语文课上学习课文《给予树》时，让学生交换角色体验，在赞赏中感受给予的快乐，进行感恩教育；数学课上教师在教学生认识“年、月、日”时要求学生写出家长的生日；音乐课中也有很多音乐作品，如《我爱家乡，我爱祖国》《大海》等都能够培养学生对祖国、对大自然的热爱，《每当我走过老师窗前》则表达了对老师的崇敬；在思想品德课上，要注重与学生生活经验和社会实践联系，授课时结合生活实际渗透感恩教育。总之，教师要深入钻研教材，挖掘教材中丰富的感恩教育的教学资源，引导学生知恩、感恩、报恩和施恩，让德育和智育有机结合在一起，使学生在获得知识的同时，也得到品德的熏陶。

（六）利用实践活动体验感恩情感

情感的产生来自个体的情感体验，而情感体验离不开实践活动。所以，教师应将感恩教育的因素与学校开展的活动有机结合在一起，而且在实践活动中特别注重切入学生的心理世界，激发他们心灵的共鸣，使他们产生深刻的情感体验，强化他们的感恩意识，培养他们健康高尚的道德情操，从而发展和升华他们的道德情感。

班主任应结合活动，教育引导学生体验感恩情感。具体可以从以下几方面着手：一是在娱乐活动中设计感恩节目，例如演唱《感恩的心》等歌曲。二是在班会、队会活动中组织小品、朗诵、小合唱等形式多样的感恩活动。三是利用学校广播站，传播点滴真情，通过为老师、同学点歌传递真挚的祝福，或选播学生感恩作品。四是在班级博客、QQ 群、微信群等网络平台发送感恩师长、感谢同学的图片、文字，表达感恩。五是开展爱心捐助活动，组织举办“献爱心”或“义卖”活动，为贫困学生或需要帮助的学生奉献爱心。六是布置“感恩”实践作业，让学生学会感恩。例如，布置一些实践作业，让孩子帮助父母做饭、扫地、洗衣服等，用行动感动亲人，用心体会父母的辛劳。

【案例分享】

我和班主任的故事

“静静的深夜群星在闪烁，老师的窗前彻夜明亮……”每当听到这首悠扬动听的歌曲，我的头脑中就会立刻浮现出张老师的身影。张老师是我四年级时的班主任，20 多岁，中等身材，白皮肤，大眼睛，长长的卷发，是一位年轻漂亮的女老师。其实我们最喜欢也最难忘的还是常常挂在她嘴边的微笑。

张老师性情温和，但在学习上她对我们却要求十分严格，哪怕是一点小小的疏漏，她都会不厌其烦地一一为我们指出并让我们逐一改正。记得刚上四年级不久，我写了一篇《石林之旅》的作文。老实说，对于写作我一直不够自信，作文写得也是时好时坏。依然清楚地记得，那次是张老师第一次给我们上作文课。当我像往常一样漫不经心地打开自己的作文本时，我震惊了：我看到自己的作文本上满是密密麻麻的红字，密密麻麻的修改符号，密密麻麻的修改提示!那一刻，对照老师的严谨，我为自己写作时的应付、不认真而感到深深的自责。于是，当晚我认真地反复将自己的作文修改了一遍，第二天一早就交给了张老师。

令我没想到的是，两天以后张老师再次将作文还给我，除了充满鼓励的批语，里面仍是老师满载的不断引导……正是在张老师的帮助和引导下，我那篇习作最终发表在校报《舜韵》上。当看到自己的名字、自己的文章变成铅字时，我兴奋极了，对张老师充满了感激和尊敬。今天，我又拿出了那本用心收藏的作文本。忽然，在密密麻麻的红色字迹中，我又看到了张老师的微笑，看到了张老师对我、对我们班所有同学的殷殷期盼……张老师，我要对您说："谢谢您，老师!"

张老师的言传身教，像春雨般滋润着我和同学们的心田。还记得我的胳膊被挤伤时，张老师心疼地安慰："疼吗，孩子？坚强点，没事的，一会儿就好了。"还记得同学们和张老师一起备战市级讲课比赛时那些相互加油、鼓励的场景；还记得当我辞掉大队委后，张老师与我的那次促膝长谈；还记得……正是在张老师的教导下，我变得更开朗也更自信了。张老师，我要对您说："感谢您，老师!"

现在，真的很怀念那段快乐的时光，想念我那位如母亲般的老师。张老师，您知道吗？多年前的金秋时节，您给予我们的微笑、关怀，一直温暖、鼓舞着我们。

（资料来源：《我和张老师的故事》，https://www.easyzw.com/html/jixuwen/2020/0627/345787.html.）

第六节　生命教育

一、生命教育的内涵

1968 年，美国学者杰·唐纳·华特士（J. Donald Walters）首次提出了生命教育（Life Education）的思想。什么是生命教育？2005 年上海市发布《上海市中小学校生命教育指导纲要（试行）》将生命教育界定为"生命教育是帮助学生认识生命，珍惜生命，尊重生命，热爱生命，提高生存技能和生命质量的一种教育活动"。国家人力资源和社会保障部中国就业培训技术指导中心于2012年5月推出的职业培训课程“生命教育导师”中指出：生命教育，即是直面生命和人的生死问题的教育，其目标在于使人们学会尊重生命、理解生命的意义以及生命与天人物我之间的关系，学会积极地生存、健康地生活与独立地发展，并通过彼此间对生命的呵护、记录、感恩和分享，获得身心灵的和谐，事业成功，生活幸福，从而实现自我生命的最大价值。

国际对生命教育的界定有不同提法，大致分两类：一类是广义的界定，即一切能够关注学生生命和生活的教育都称为生命教育。另一类是狭义的界定，即针对学生生命历程中重要问题而开展的有针对性的生命教育。

二、中小学生生命教育的重要意义

第一，生命教育是旨在帮助学生认识生命、理解生命、尊重生命、热爱生命，提高生存技能，提升生命质量的一种教育活动，是中小学德育工作的重要内容，是素质教育的重要组成部分；生命教育是实现人的全面发展的基础条件。在中小学大力开展生命教育，有利于提高广大青少年学生的生存技能和生命质量，激发他们树立为祖国的繁荣富强而努力学习、奋发成才的志向。

第二，在中小学开展生命教育，有利于加深广大中小学生对生命的理解，帮助学生走出成长、发展、学习、交往中的困惑，从而尊重生命、珍惜生命、热爱生命，提高生存技能和生命质量，为学生的终身幸福奠定基础；有利于将中华民族自强不息、厚德载物的优良传统根植于中小学生心中，培养中小学生勇敢、自信、坚强的品格和身处逆境坚韧不拔的意志；有利于提高中小学生的自律意识、协作意识、国际竞争意识，增强他们在国际化开放性环境中的应对能力。

第三，开展生命教育是现代学校教育发展的必然要求。当前，中小学在生命教育的内容、层次、形式等方面缺乏整体规划和系统构架；学校现有课程教材中的生命教育内容比较单一，对学生身心发展的针对性、指导性尚不明确；对学生生存能力的培养，缺乏有效的操作性指导；部分教师受传统观念影响，对青少年性生理、性心理、性道德发展的理解和指导存在观念上的误区；对校内外丰富的生命教育资源缺乏系统有机整合。因此，必须加快学校教育的改革，从生理、心理和伦理等方面对学生进行全面、系统、科学的生命教育，引导学生善待生命，帮助学生完善人格、健康成长。

第四，当前，社会环境中仍然存在一些不利于青少年健康成长的因素，学生伤害事故和安全事故时有发生，家庭教育还存在和青少年成长需要不相适应的方面，在学校教育中，仍有一些学校素质教育实施不够彻底，部分受传统教育观念影响，对学生的身心健康发展不够重视。受这些因素影响，部分中小学生在人生观、世界观、价值观上容易产生偏差，不能正确处理各种矛盾，缺乏直面挫折和克服困难的勇气，甚至走上危害自身、危害社会的极端。在此情况下，大力加强生命教育，使中小学生远离伤害，掌握应对困难和危险的方式方法，懂得生命的可贵，明了生命的价值与内涵，进而尊重生命、热爱生命、珍惜生命，具有重大意义。

三、中小学生生命教育的内容

（一）小学阶段的生命教育

小学阶段的生命教育着重帮助和引导学生初步认识自然界和自我，掌握在各种灾害条件下的自我防护知识与技能，形成健康的行为习惯。具体内容如下：

认识自然界的生命现象，热爱自然，具有初步的环保意识；了解自己的身体，具有性别意识并能够根据性别进行角色定位；初步了解友谊的真谛，学会在交往中扮演不同角色，具有同情心，乐于帮助他人；初步掌握交通安全、防火、防溺、防电、防煤气中毒、食品安全的基本知识与技能，初步具备预防自然灾害的能力，学会识别可疑的陌生人并预防侵害；积极锻炼身体，远离烟酒和毒品，形成良好的生活习惯和乐观向上的心态。

（二）初中阶段的生命教育

初中阶段的生命教育着重帮助和引导学生了解青春期生理、心理发展特点；掌握自我保护、应对灾难的基本技能；学会尊重生命、关怀生命，树立积极的生活态度，以积极的心态与人交往，养成健康良好的生活方式。具体内容如下：

了解人体的构造与各器官的功能、分娩过程，认识青春期的生理现象，认识性差异；认识友情与爱情的区别和联系，学会健康的异性交往，懂得对自己的行为负责；学会用恰当的方法保护自己，避免受到性伤害，防止性骚扰，学会拒绝别人的性要求，初步了解避孕的基本原理；懂得克服不良嗜好，学会拒绝烟酒和毒品；掌握预防艾滋病的基本知识与方法；学会拒绝不良诱惑，能够正确应对敲诈、恐吓等事件；引导学生正确认识成长、学习、发展中的困惑与问题，增强抵御挫折、克服困难的能力，培养学生积极的自我认同观、自我评价观和勇于进取的精神；教育学生学会感恩、理解与尊重父母、师长，学会尊重他人、关心他人，学会与人沟通和交往，培养协作精神；了解环境、爱护环境，维护社会公德，形成初步的法律意识。

（三）高中阶段的生命教育

高中阶段的生命教育着重帮助学生正确树立两性观念、家庭观念和社会观念，培养学生的责任意识、法律意识，树立正确的生命观，提高规划人生、设计人生的能力。具体内容如下：

帮助学生掌握科学的性生理和性心理知识，学会妥善处理两性交往中产生的问题，引导学生形成文明的性道德观念，懂得哪些性行为是有害的并加以预防，学会正确应对性侵犯；理解友谊的真谛，正确认识与评价社会中的真、善、美和假、丑、恶，积极参与有益的社会活动；树立法律意识，自觉遵守法律，并运用法律维护自己的合法权利；理解生与死的意义，培养积极的生命态度，树立正确的生命观和人生观，学会在日常生活中丰富充实自己，学习规划自己美好的人生；对生态危机有清醒的认识，理解生态伦理，自觉参与环境保护；掌握防灾和应对灾害的能力，在灾害发生时，既能保护好自己，又能尽可能地去帮助他人。

四、开展中小学生生命教育的策略

（一）在班级管理中渗透生命意识

班集体是教育活动开展的基本单位，同时也是学生日常所处的环境，因此，班级的状况和班集体的氛围对学生的身心健康、生存状态和生命质量有着十分直接的影响。班主任应该积极维护健康向上的班集体氛围，充分发挥每个学生的主动性，让集体和个体的生命价值都在自主活动中获得提升和超越，形成一个民主、平等、生机勃勃、充满成长气息的班级集体。

首先，让学生共同参与班级日常管理。生命教育是一种引导个体了解、体会和实践“爱惜自己，尊重他人”的价值性教育活动。学生在班级中的生存状态并不是天生的，而是学生在一系列不同性质的活动中创生的，个人对自己在班级中承担的角色、所处地位的体验以及对这一群体的态度，对各种活动的参与程度和满足程度，构成了个体在班级中的生存状态。班主任让每一个学生参与班级的日常管理，不仅能够提高学生对管理活动的认识，解决学生服从管理、投入管理的问题，而且在一定程度上解放了学生的个性与创造性，让学生由衷地感到快乐，而这种快乐同样也将成为促进学生进一步发展的内在动力。

其次，在班级管理中实行管理角色“轮换”模式。在班干部的产生上采取竞选制，在班干部的任用上实行轮换制。班长轮流担任，班委会由班长提名，经同学表决通过。这样既可避免少数班干部的以权谋私，也可发挥学生的监督作用，充分调动其他同学参与班级管理的积极性，从而形成一种班主任—班长—班委—同学的管理体制。这种多层次、全方位的轮流竞争上岗制，既减轻了老师的负担，也发挥了学生的主动性。尤其是通过实行角色轮换，使学生更加清楚地认识到人人都是管理者，人人又都是被管理者，进而达到管理者与被管理者的和谐统一，班级的凝聚力和学生的管理能力都能够得到增强，学生承受挫折的能力和工作责任心也会得到明显提高。

最后，让学生共同参与美化教室环境。生命教育的目的是帮助学生了解人生的价值、目的和意义，进而喜爱生命与人生，珍惜生命与人生，并能够尊重自己、他人、环境及自然，促进自我能力的充分发展，做一个对社会有用、有意义的人。班主任要尽最大努力发挥班级文化建设“润物细无声”的积极作用，体现以人为本的教育理念，提高学生人文素质，培养学生的创新精神。为此，班主任可以让学生精心设计班级的文化标志，美化教室的人文环境；通过教室的绿色植物，装扮教室的角落；设置图书角，增添教室的文化气息，陶冶学生情操。通过上述措施充分调动学生的自主性、积极性和创造性，使他们的个性得到张扬、才华得到展示、兴趣得到发展、情感得到升华、心灵得到净化。

（二）在师生关系中体现生命关怀

法国教育家卢梭（Jean Rousseau）曾说过："凡是教师缺乏爱的地方，无论品格还是智慧都不能充分发展。"[①]班级是学校机体系统中最具活力的"细胞"，是学生在校生活的"家"。要使班级成为孩子们充满生命潜力的精神家园，班主任必须在工作中学会理解、尊重、宽容学生，用一颗爱心、一片真情为他们构筑增强生命主体意识的"新家园"。

首先，理解学生。在现实生活中，"误解"是导致学生生命意识淡薄的基本原因之一。理解学生就是要让学生感受到生命的价值。班主任在班级工作中要学会关爱班级中的每一个学生，不论他的表现是好还是差，要用心去滋润学生的心田，去包容学生的过失，去化解学生的不良情绪。

其次，尊重学生。一是尊重学生人格，以平等的地位与学生交往、对话，对待学生不要高高在上，盛气凌人，动辄训斥；二是尊重学生生命，学会宽容，让学生觉得自己是最重要的，是受到教师重视的。作为班主任老师，要帮助学生建立自信心，引导学生敢于放大自己的个性，充分发挥学生的主观能动性，让学生在集体中展示自己的能力和特长。

最后，宽容学生。宽容学生就意味着班主任教师要把自己放在学生的位置上，和学生一起去感受和体验。尊重他的人格与自尊心，同情他，支持他，鼓励他，引导他和帮助他。去体验他们在学习中遇到的困难、期待及泄气的心情，去感受他们在成长过程中经历的挫折、渴望。班主任教师只有把学生当作有血有肉的人来对待，给他们以尊重和信任的时候，才会激发他们的潜能。俗话说："于细微之处见真情"，师生交往的细微之处往往能使学生感受到教师真诚而深厚的爱。

（三）在集体活动中拓展生命教育

心理学研究表明：一个集体若没有丰富的集体活动，就必然死气沉沉，缺乏活力，这将有碍于班集体的健康发展。一个班集体要想充满生机活力，最重要的是积极组织学生开展各项有益的活动，把实践和创造的空间还给学生，充分发挥学生的自主意识和创新能力，让他们通过自身的表现来展示自己的能力和才华，在活动体验中培养良好的道德品质和行为习惯，塑造自己的人格。为此，班主任可以开展以下几方面工作：

一是在班会课中突出生命教育的主题。班会课是班级管理中很重要的一个环节，也是学生与教师、学生与学生之间进行思想沟通的重要平台。生命教育作为班级工作的一个重要目标，应有计划有步骤地深入开展下去。班主任可以通过多种方式引导学生了解生命孕育成长的不易，知晓生命降临的过程，进而充分认识生命的意义，体会生命的可贵，感受生命的美好。通过班会课探讨有关生命认识的话题，组织开展有关生命教育方面的竞赛活动，例如网络的危害、毒品知识、艾滋病预防等方面知识，逐步增强学生对生命的意识，认识到生命的宝贵。同时，突出与生命安全相关的教育，比如饮食卫生、交通规则、遵纪守法、紧急自救

① 王西斌：《推动思政教育高质量发展 培育现代化高素质好青年》，《高教学刊》，2023 年第 25 期，第 194 页。

等方面的教育，增强生命安全的意识，提高自我保护的能力。

二是在集体活动中挖掘生命教育的素材。集体活动能发挥娱乐、导向、育人的功能，在参与学校组织的各项有意义的活动中，班主任要注重学生合作意识、竞争意识、价值取向、人际交往的培养，把学生热衷的集体活动作为实施生命教育的重要契机。通过开展多种形式的班级活动，引导学生积极感受生活，增加对生命价值的体验，懂得生命是美丽而脆弱的，每个人只有一次生命，失去了就无法挽回，不断提高珍惜生命的觉悟，增强学习的信心和动力。如通过集体活动中的互帮互助，感受人与人之间的真情与美好；通过多样的竞赛，体会成功的快乐与自豪；通过体验残疾人的不便，以感恩之心善待自己的躯体；通过种植花木、饲养动物，从中体会生命的奥妙与可爱等；通过拜访敬老院，参观社区、工厂等社会实践活动，增加对社会的体验和感受，认识生命的丰富与多彩；通过旅游领略大好河山，感受大自然之美；通过劳动，感受奉献的快乐与满足等。总之，班主任要充分挖掘集体活动中所隐含的生命教育素材，培养学生合作、拼搏、进取、奉献的精神品质，在不断提高生命认识的过程中培养学生正确的人生观、价值观，引导学生树立崇高的理想。

三是在主题教育中感受生命教育的意义。以“生命教育”为主旨的主题教育活动是培养学生生命意识、让学生感受生命意义的重要途径。在实践中，班主任要充分利用世界水日、世界环境日、国际禁毒日、世界艾滋病日等重大纪念日，组织学生开展演讲赛、辩论赛、社会实践等各种有助于学生全面发展的主题教育活动，对学生进行广泛的生命意识教育。通过红色主题教育活动，让学生懂得今天幸福生活和和平环境来之不易，教育学生珍爱生命，继承革命先烈遗志，奋发有为，为祖国做出应有贡献。

总之，通过开展主题教育系列活动，引导学生逐步认识到，只有热爱生命的人，才能更加热爱生活和社会，具有主体意识、责任感、使命感，才能在各种欲望、利益、追求错综交织的世界里把握好自己，始终坚持正确的理想、信念和价值观，将自我融入国家和社会大背景中，从而厚植家国情怀。

【育人故事】

我的“王者”男孩

编者按：本案例选自全国中小学班主任优秀经验，作者为湖北省武昌实验中学刘芳老师。

那天上完最后一节课，我对学生们说“辛苦一周了，回家好好地休息一下，好好地吃一顿吧。可是，记得防沉迷哟。”话音刚落。学生们一阵爆笑，齐刷刷地看向一个男生。那个男生喊道：“刘老师，我没上网，不是我。”看着他，我不由得想起了六年前教过的大宇。

大宇的名言是：“反正我高中前两年是混过去的，同学们还在写作业的时候，我已经睡着一个多小时了。”可每天早早就睡了，他还总是一副没睡醒的样子，走路软塌塌的，说话慢吞吞的，眼睛常常是不聚焦的。更让我担心的是学习成绩优异的他，特别爱玩“王者荣耀”。惹得班上几个男生对他崇拜得不得了，觉得他轻轻松松就搞好了学习，于是也变成了“王者荣耀”的“死忠粉”。

那次我带学生去校外参观，我坐在大巴车的最前排，大宇和他的几个粉丝坐在最后一排。尽管他们压低了声音，可时不时传出的爆笑声还是引发了我的注意。隔了一会儿，有个男生压低了声音说：“今晚上网吧！”只听大宇说：“小心老刘听见。”

第二天大宇果然上课精神不好。我点他回答问题，我问东他答西。惹得大家哄堂大笑。我盯着他说：“科比有没有看过凌晨四点的洛杉矶我不关心，但是你有没有看过凌晨两点的武汉，我很关心。”我旁边的学生挤眉弄眼地丢着眼色。而大宇两手一摊，装出一副很懵的样子。

过了一个月期中考试。大宇考砸了，我把大宇叫到教室外谈心。满以为，他会因为成绩大滑坡有所触动。谁知他却说：“刘老师，我觉得还好啊。您看我现在再怎么努力，估计也考不上心仪的大学。不怎么努力，估计也差不到哪里去。”我着急地说：“你以为读三年高中就只是为了考大学吗？读书就只是为了捞分吗？跟你打游戏一样。勤奋点，多捞点分；懒惰点，少捞点分。”大宇委屈地说：“我没考好根本不是因为玩游戏。”是呀，我一个不懂游戏的老师，有什么权利与大宇谈游戏的影响，我真的懂大宇吗？

为了弄清大宇到底怎么了，我一个非常反感电子游戏的人开始了了解“王者荣耀”的旅程。在不厌其烦请教在腾讯手游部门工作的学生“王者荣耀”究竟有什么魅力后，在下场亲自玩了“王者荣耀”后，更是在读到大宇的那篇名为《谁能告诉我明天是什么》的周记后，我终于明白大宇为什么会喜欢游戏，不在乎成绩了。

游戏里有快感、谋略、朋友，符合青春期男孩渴望成为万人瞩目的“英雄”的心理，同时多年以来他的目标就是追求好分数。可是好分数轻松获得后却不知道再向哪里去。贪玩、不在乎成绩，只是他内心“迷茫”的表现，引导他找到生活的真正意义，他才可能持续发展，否则很有可能会成为“空心人”。

我该怎么做？改善师生关系，关系不好，一切都不会好。我偶尔在班上露一两手，什么“增益状态”“减益效果”张口就来。我也经常把他的进步告诉他的父母，让他感受到我的欣赏。

一段时间后，大宇看我的眼神变了，少了提防，多了善意。大宇在毕业后袒露心声：“有一次我又考崩了，于是自感在老刘面前无地自容，接下来就是拼命学呗！”在这貌似云淡风轻的话中，我感受到了大宇对我的在意。

大宇不是喜欢打怪升级嘛，我就给他找了个身边的“大怪”。大宇当时和班上学习成绩最好的小亮特别要好，我一有机会就在班上说：“既生宇，何生亮”。刚开始大宇满不在乎，说得多了，大宇上套了，开始和小亮较劲：比如抢答生物的书本知识，互相讲解数学题，比拼理综刷题速度等等。有次我问大宇："大宇，你知道为什么你父母给你起名叫'大宇'吗？"大宇脱口而出："大名垂宇宙呗！"看来大宇心中也有一个英雄梦。

过去，男孩子还能在舞枪弄棒的游戏中过把瘾，可如今不少父母精细养育男孩，那么我们的男孩子到哪里去实现他们的英雄梦、王者梦？

我找来海明威的《老人与海》问学生，海明威塑造了一个勇敢地和鲨鱼搏斗的老人。他自己为什么却自杀了呢？包括大宇在内的所有学生都愣住了。我给他们一周时间思考，然后写一篇周记。

一周后，我看到大宇的周记里有这样一段话：那个在海上航行了84天击退了鲨鱼五次进攻的硬汉老人，其实是海明威心中的另一个自己。但文学毕竟是虚构的，人不能总活在虚构的英雄梦中。

罗曼·罗兰说：世界上只有一种真正的英雄主义，那就是看清生活的真相之后依然热爱生活。那以后我发现大宇有了些变化。以前因为成绩好而看不起这个、看不起那个的他，竟然也会耐心地为同学们讲解题目了；父母多说几句就嫌烦的他，多了些对父母的关心；"佛系"的他在学习上上进多了；更重要的是他一扫以往的颓废，腰杆挺直了，眼里有光了。有次我逗他："大宇，老实交代，你昨晚打游戏打到几点？"大宇嘚瑟地微微翘着下巴回我一句："幼稚。"

今天，看着眼前这个有点个性、有点迷茫的、很像大宇的小男孩。我对自己说：就让老师陪你们一起打怪，打掉成长路上的妖魔鬼怪。期待有一天，爱玩"王者荣耀"的你能明白：真正的王者就是自己健康、阳光、向上的内心。

（资料来源：https://jbgzs.basic.smartedu.cn/）

【思考与练习】

一、简答题

1. 中小学公共安全教育主要包括哪些方面？
2. 班主任如何开展青少年心理健康教育？
3. 新时代加强青少年理想信念教育有什么意义？

二、论述题

结合实际，请谈谈为什么要加强青少年的生命教育，有何现实意义？

三、案例分析题

小雅学习很刻苦，各门功课一直都很优秀。她学习有个特点：新学的内容无论记得多么熟悉，每天还要没完没了地捧着书本反复温习。家里人认为这是个好习惯，经常夸奖她。进入八年级，课程的内容加深了，作业量加大了，小雅有些考试科目不是很理想。她学习更紧张了，每天吃了晚饭就开始做作业、复习，一直弄到晚上十一二点，但是成绩提高不快。她把课间、中午休息等时间也都用在看书和写作业上，效果还是不大，成绩反而下降了。

请你针对小雅的行为分析，制订一个辅导方案（提示：小雅的行为属于强迫性行为，可采用情感宣泄疗法和家校合作来解决该学生的行为和情绪问题）。

四、实践训练题

以小组为单位（4～5 人），开展问卷调查，了解附近某所中学或小学的学生心理健康现状，并写出一份调查报告。

第十章 班级学生的分类教育

班级教育是指班级教育管理者按照社会发展的客观要求，根据学校的性质和培养目标，结合班级的具体实际，有目的、有计划、有组织地对学生的身心施加影响，把学生培养成为个性全面和谐发展的人的活动。新时代基础教育要求面向全体学生，促进学生全面健康发展，而不是面向少数学生。宋代教育家朱熹说，“夫子教人，各因其材”。因材施教的真谛在于教人要“因其材”，才能使人“尽其材”。一个班集体中学生性格迥异，思维、反应各不相同，因此班主任要根据不同学生的实际情况，采取不同的方法进行教育与管理，不可用“一刀切”的方法对待每个学生，才能使每朵花都绽放。本章分别介绍优秀学生、中等学生、后进学生、特殊学生的教育策略。

第一节 优秀学生的教育策略

一、优秀学生的特点

按素质教育标准，所谓“优秀学生”，就是德、智、体、美、劳全面发展的学生，即学生知识储量丰富化、道德品质宽容化、能力要求特长化、学习自主化、成绩优异、心理健康等。从日常学习表现来看，中小学优秀学生一般具有以下几个特点：

第一，讲究条理。将重要的学习用品和资料用书立或指向装好，分类存放，避免用时东翻西找。每天有天计划，每周有周计划，按计划有条不紊地做事，不一曝十寒。

第二，学会阅读。学会速读和精读，提高单位阅读量。学会读一本书或者一个单元的目录、图解和插图，提前了解内容，获取更有效的信息。当积极的阅读者，不断地提问，直到弄懂字里行间的全部信息为止，特别要弄懂知识的起点和终点，梳理好知识要点。

第三，合理安排。该做什么的时候就做什么，在合理的时候做合理的事情，不背道而驰。比如抓课堂效率，当堂听，当堂记，当堂理解，不理解的话课下或者当天找时间主动向老师请教，做到堂堂清。比如利用好时间，勉励自己完成当天的学习任务，做到日日清。比如能够劳逸结合，张弛有度，动静相宜。比如坚持紧跟老师步伐复习，不误入歧途。比如坚持勤睁眼、常开口，对课本上的东西多看，对未懂的内容多问。

第四，用心听课。用心听课，不是老师说的每一句话都认真去听，而是对自己不熟练、不理解的地方用心去听，对重点内容用心去听，突出重点。对自己已经弄清楚或者不重要的内容可以适当放松。

第五，善做笔记。优秀学生往往一边听课一边记重点，不是事无巨细全盘记录，而是特别善于记下老师补充的东西，课本上没有的东西特别是思维方法更是认真记录。能及时整理笔记，对老师强调的重要知识点格外注意，特别注意让知识系统化，积极思考能解决什么问题。

第六，作业规范。认真审题，冷静应答，把每次作业当作考试，作业工整，步骤齐全，术语规范，表述严谨。规范不仅训练仔细认真品质，更能养成细心用心习惯，从而激发学习潜能。

第七，勤于思考，善于思考。这一条是重中之重，应贯穿于听课、做作业、复习等各个阶段。比如：做完一道题后，要核对答案，这里应有一个反思的过程，要弄清这道题考的是什么，用了哪些方法，为什么用这样的方法，怎样才能达到举一反三、触类旁通的效果。

第八，学习互助。与同学开心地相处，遇事不斤斤计较，宽容豁达；珍视同学间的友谊，在学习中互相支持和帮助，经常一起讨论学习中的问题，合作学习，使用不同的解题方法并相互交流心得。有了这种和谐的同学关系，才能全身心地投入学习中，从而保持较高的学习效率。

第九，自我调整。不回避问题，遇到问题能通过找老师或同学，或者自我反思进行自我调节，摒弃外界和自身的压力，自觉地放下思想包袱，化压力为动力。不管是课业繁重还是轻松顺利时，都保持一颗平常心。不断地对自己进行积极的心理暗示，在这样不断的积极心理暗示下，信心值不断上升，从一点信心都没有逐渐到有了坚强不可动摇的信心，通过努力，去想，去做。

二、优秀学生的常见心理问题

（一）优越与虚荣心理

很多学生在学校学习成绩优秀，遵守纪律，在家听话、乖巧，不惹是非，所以被长辈、父母宠爱有加，亲戚朋友赞语不断，在校深得老师喜爱、同学羡慕。因此这些优秀学生容易产生“高人一等”的优越感，由此也会产生自负与虚荣心理，导致“目空一切”。有些优秀学生犯了错误，满不在乎，往往存在一种侥幸心理。这些学生往往不能正确认识自己，故步自封，影响自我进取。

（二）忧虑与苦恼心理

家长望子成龙、望女成凤，老师对优秀学生抱着较高期望，使他们产生了较大忧虑感。部分家长把考试成绩看成“命根子”，有些优秀学生为了换取家长的“好脸色”，竟在考试中作弊，造成十分严重的后果。他们还有可能因为评比、排名产生挫折感、忧虑感。一些优秀学生放学回到家，除了要完成老师布置的作业外，还要完成家长布置的作业如练琴、画画、跳舞，周末更是忙于参加各类辅导班，几乎没有休息时间。为此他们感到苦恼、心烦，从而产生怨恨、消极、反感、对抗心理。

（三）恐惧与嫉妒心理

有些优秀学生在真正需要竞争时缺少勇气和毅力。无论在游戏还是在学习中，凡是竞争性比较强的项目，他们容易采取观望和退缩态度，总怕万一失败丢了面子。他们只能接受成功和奖励，难于接受失败和批评。有些优秀学生“唯我独尊”“唯我独先”事事处处都想领先占上风。如发现平时不如自己的同学突然学习成绩优秀超过了他，或在班上评优评先榜上有名，而自己没能评上，这时就产生了强烈的嫉妒心理。

三、优秀学生的教育方法及策略

针对以上优秀学生易出现的心理健康问题，班主任应该采取如下教育策略：

（一）消除优秀学生的心理障碍

班主任消除优秀学生的心理障碍，可从以下几方面入手：

（1）加强对优秀学生的思想教育、心理品质和学习品质的培养。培养他们的自信心，坚强意志、进取精神和坚忍不拔的恒心等心理品质；自觉、独立、求实、创新的精神；不怕艰难，有毅力，为追求真、善、美而艰苦奋斗的自强意识。

（2）对优秀学生的表扬和批评尤其要把握好分寸。优秀学生由于素质优秀，自尊心强，多数时间都生活在赞扬、羡慕、尊重、喜爱的氛围中，对批评、挫折容易表现出异常的敏感。他们既不能一味表扬，使之盲目自大，目中无人；又不能批评过分，损伤其自尊心。表扬要恰到好处，使他们受到鼓舞，继续前进；批评要合情合理，使之心悦诚服。

（3）引导学生正确认识自己，既不是完美无缺，也不是一无是处，肯定自己的优点，发扬自己的长处，改掉自己的不足。同时引导他们参加社会实践活动，在实践中获得经验，学会自我教育、自我调节、自我控制、激励进取、永不满足。

（4）要重视引导优秀学生正确处理人际关系，培养他们的社会性。教师要经常组织学生参加集体性活动，创造多种教育机会，让优秀学生在与他人一起为共同目标奋斗、在人与人之间不断交流与合作中、在不断相互帮助与支持中，感受到同伴间的友谊和真情，从而愿意与其他个体进行交往与协作。通过集体活动，培养他们团结、友爱、互助向上的精神，从而发展健康的个性和专长。

（5）培养优秀学生的集体荣誉感。教师对优秀学生应从严要求。督促优秀学生努力帮助班级中的后进学生，争当学习骨干，充实提高自己。还要督促优秀学生积极参加班集体活动，为班级争光，培养集体荣誉感。教师还应适当减少学生的作业量，积极开展各项有益的课外活动，陶冶学生的情趣。

（6）教师和家长应密切配合，保护优秀学生的自尊心，倾听他们的呼声，做他们的良师益友。家长应抽出时间和孩子交流，支持孩子的兴趣、爱好，允许孩子根据自己的兴趣发展，并加以积极引导，针对孩子的特点扬长避短，使孩子的成长更切合自己的实际。同时对孩子的兴趣爱好不能急于求成。

（二）重视学习心理调控，激发学生主体意识

班主任要重视学生的学习心理调控，注意激发学生主体意识，主要包括以下几个方面：

（1）重视学生学习过程中的心理调控，使之永远处于积极状态。教师应利用学生自发形成的暗自竞争或结对子的互帮竞赛，让他们经常体验成功的喜悦。

（2）重视学生学习受挫时的心理调控，培养学习的意志力。学生成绩滑坡或波动大，容易产生畏难、急躁情绪，教师要在和谐气氛中与受挫学生一起开展以下工作：①正视现实，不回避；② 分析原因，找关键；③ 激励信心，在逆境中奋起。

（3）重视学生学习成功时的心理调控，培养精益求精、求实创新的进取精神。教师要及时肯定学生取得的成绩，帮助他们看到不足，使之永不骄傲自满。

（三）思想激励，激发学习兴趣，提高自我认识与自我教育能力

优秀学生往往存在此类现象：① 有的成绩较好，但是对学习本身一点兴趣也没有，完全是被家长逼的；② 有的成绩不稳，一会儿能名列前茅，一会儿又刚刚及格；③ 有的“居功自傲”，看不起其他成绩较差的学生。

针对这些心理动态，教师要在思想上开导他们，跟他们谈心交朋友，提高自我认识，让他们懂得学习要扎扎实实，不能靠投机取巧，要小聪明，更不能满足于一时的高分，也不要看不起其他暂时落后的同学。对于低年级学生可以通过讲故事、演小品、做游戏、猜字谜等活动，使学生感受到学习的乐趣所在，从而端正学习态度。对于高年级学生，可以通过主题班会来开展思想教育，提高学生自我认识与自我教育能力。

（四）拓展知识，挖掘学生的内在潜力

优秀学生一般对课本内容能够轻松接受，所以他们不需要在课本上花过多精力。针对他们反应快、记得牢、理解力强等特点，可以给他们适当拓展一些新知识，使他们超常发挥，向深度发展。例如订阅课外同步练习册，使他们内在潜力得到最大限度发挥；又如指导学生阅读一些有益的课外书籍，扩大他们的知识面，增加知识的积累。

（五）转变观念，培养学生的学习主动性

绝大部分优秀学生往往存在一个观念：“教师教，学生学”“教多少，学多少”“教什么，学什么”，老师布置的作业做完就完事。作为教师，我们应该转变学生这种错误观念，要培养学生学习的主动性、积极性。教师的工作重在“导”，应教导他们为人的道理、做人的品德、指导他们的学习方法和途径；疏导他们在学习中遇到的困难，帮助学生克服以前在学习上“等、靠、抄”的不良习惯，养成自觉、主动的良好学习习惯。

（六）发散思维，锻炼学生的创造能力

爱因斯坦曾说：“想象力比知识更重要。”因此，只有丰富学生的想象特别是创新想象，学生的创造力才能得到较好的发展。在教学中，教师要抓住时机，对学生进行敢于想象、敢于创新、敢于打破常规的训练，保护他们的好奇心，丰富他们的想象力。

教师可以鼓励、指导学生参加省、市、县各级各类比赛，通过比赛，帮学生丰富知识，开阔视野，拓展思维，提升创造力。在教学时不要忽视对优秀学生的教育，要采取多种方式，创造多种机会、多元平台，使他们的潜能得到最大限度的挖掘，素质得到最大化提升。

（七）重视学习方法的点拨，提高学生的自学能力

在课堂教学中教师以开发学生智力、发展学生思维、提高学生解决问题能力为立足点，因此教师需要做到：第一，交换角色。教师从主角转为配角，创设条件，将“教师说，学生做，学生跟着教师走”的被动学习转变为“学生大胆向前走，自己探索，教师点拨，学生主动学习”，从而提高学生的学习能力。第二，多思多说。“学生对知识思考越多，理解就越深刻。”在课堂中，教师要尽可能多地安排时间给学生思考、表达，再思考、再表达，加强引导，让学生在不断思考、判断中学会知识、学活知识、开阔思维、提高解题能力。

第二节　中等学生的教育策略

一、中等学生的一般特点

所谓“中等学生”是指在一个班级中学习处于中等水平，品行等方面也表现平平的学生。他们一般有以下三种类型：其一，智力因素较好，非智能因素较差的学生。这类学生一般比较聪明，能较快掌握知识，但缺乏毅力，学习不刻苦，因而知识掌握不牢固。其二，智力因素一般，非智力因素较好的学生。这类学生一般对问题的反应较慢，但学习踏实努力。其三，智力因素和非智力因素都较差的学生。这类学生一般理解能力较差，学习不够努力和深入。

中等学生的情况大致可以分为以下三种：

一是思想基础较好，但能力有限，想上进又上不去。班主任要教育他们认真学习，勇于实践，同时要注意对他们的培养和大胆使用，不断提高他们的思想水平、学习成绩和工作能力。

二是甘居中游，既不想“冒尖”，又不愿意落后挨批评，与世无争的心态较为突出。班主任要加强思想教育，培养他们强烈的责任感和上进心，有意给他们加“担子”，形成思想压力，刺激他们力争上游。

三是思想不稳定，自我控制能力差，情绪忽高忽低。班主任要教育他们认真改造世界观，明确学习目的，克服患得患失的思想，同时要帮助他们抵制外界不良因素的干扰，培养他们的自制力和顽强的意志。

二、中等学生的常见心理问题

（一）求稳从众心理

“随大流”是中等学生的显著特征。部分这类学生存在着“比上不足，比下有余”的思想，

觉得“争上游太辛苦，落下游易被批评，中游最舒服”。他们为求得更多的“盟友”，获得“安全感”，便尽量使自己的言行和人群的大多数保持一致；或由于受社会环境、家庭的影响，对社会人际关系产生不正确的看法，认为“枪打出头鸟”，各方面不能“冒尖”，但落后也不甘心，因而置身中间最为“保险”。

（二）求实苦读心理

“实”即实惠之意。部分这类学生受传统“望子成龙、望女成凤”等思想的影响，认为认真读书，学好技术，有一技之长最为实惠，至于其他方面，适中即可。所以他们在学习上比较刻苦，面对外部一切大事以及学校、班级的一切集体活动则漠然置之，“两耳不闻窗外事”，只以取得良好成绩，将来考个好学校、找个好工作为唯一追求目标。

（三）优越松散心理

所谓“优越”，是指部分这类学生家境、掌握的资源相对比其他人优越。由于受社会不良思想倾向的影响，他们依赖家里的优越地位和条件，来自外界的心理压力较小，不求上进，表现出懈怠、松散的外部特征。

（四）失落消极心理

部分这类学生原先有较强的上进心和自尊心，各方面不甘落后。然而，由于种种原因，他们或在学习上无法位居前列，或因努力获得的进步不尽如人意，未被任课教师、班主任肯定，从而产生了一种消磨、失落、消极，置身于中游而心安理得。

（五）急躁忧郁心理

部分这类学生上进心强，迫切要求进步，思想比较成熟但又不够成熟。他们深知师长的苦心，常恐有负于师长的期望与教诲，迫切希望自己各方面能迅速进步。但欲速则不达，经过一番努力，没有达到自己原来的期望值，心理紧张压力大，心底深处便产生“班主任是否了解自己的进步”的想法，疑心与急躁往往使他们徘徊犹豫，忧心忡忡，精神不振。

三、中等学生的教育方法及策略

（一）帮助学生树立奋斗目标

目标是人的行为所要达到的目的，是对未来的一种指向。一个人一旦确定了恰当的奋斗目标，就会激发出无穷的力量和极大的热情，就会促使自己甩掉一切包袱，克服内外困难，不遗余力地去达到这个目标。中等学生往往满足于现状，陶醉于所取得的成绩，习惯于原地踏步走，认为“既飞不高，又跌不着，安全自在”，无意于新的追求，不会积极主动提出奋斗目标，严重影响了自身潜力的发挥和个性的培养。因此，班主任应在全面了解中等学生的基础上，分析他们的现实情况和发展趋势，加强与中等学生的信息交流，促使他们发奋努力，不断进取，向着更高的目标迈进。

（二）调动学生的积极因素

外因是变化的条件，内因是变化的依据。班主任要做好中等学生的教育工作，就必须调动中等学生的内在积极因素。为此，班主任要注意以下几点：一是引导中等学生对自己有一个正确的认识，帮助他们正确认识自己的长处和短处。其中认识自己的长处特别重要，这一点恰与对优秀学生的教育相异。当班主任引导他们进行自我分析，使他们发现自己尚未意识到的优点和长处时，他们就会像发现“新大陆”般由衷地惊喜，自信心就容易确立，前进的力量便由此激发。二是引导他们积极参与班集体活动，让中等学生在集体中找到自己的位置，培养他们的自信心和创造力。例如，有的班主任采用“班干部轮换制”，有的班主任采用“每日班主任助理”，使中等学生有展示才能的机会，有助于激发中等学生高度的集体责任感和上进心。三是指导中等学生克服困难，积极进取。有了奋斗的目标，有了前进的信心，若没有坚强的意志和科学的方法，也将一事无成。因此，班主任应经常与中等学生接触，了解他们前进中的问题，并针对具体情况，随时随地向他们传授一些科学的方法，提供一些锻炼的机会，以增强他们克服困难的能力和勇气。

（三）防止中等学生后退

班主任在对中等学生积极促进、提高层次的同时，还要注意防止他们后退、“滑坡”。在一个班里，不难发现中等学生自觉性不高、自我督促能力弱、易受外界因素影响，出现上下波动、忽高忽低的趋势。如何防止他们后退、“滑坡”？

班主任的工作实践证明：一是要多表扬、鼓励他们，肯定他们的长处，使他们感受到自身的价值；二是开展“一帮一”“结对子”活动，即在班集体中让优秀学生帮助中等学生或后进学生，使他们共同进步。一般而言，中等学生羡慕优秀学生，愿意接近优秀学生，希望得到他们的帮助。但也有一部分中等学生乐于接近后进学生，一方面可能认为自己有这样那样的不足，同后进学生一样未受到老师的重视，似有“同病相怜”之感；另一方面，也有可能认为自己同后进学生相比，高他们一截，在后进学生面前感觉自己是个强者，能够抬起头来。所以，班主任要为中等学生创造好条件，引导他们向优秀学生看齐，以免他们受到消极因素的影响，出现“滑坡”现象；三是充分挖掘和利用中等学生的长处，合理安排他们承担一定的工作，促使他们严格要求自己，努力向好的方面转化。

（四）建立中等学生档案

班主任在充分做好各项工作的同时，还要进一步了解不同学生的思想状况，为中等学生建立档案，分类记录他们各方面的表现，并结合实际分别指导帮助。在教育方法上要因人而异，根据不同类型“对症下药”，帮助他们攻破原有心理定式，克服不利因素，促使中等学生不断进取。为此，班主任可以采用以下几种方法：

一是点面结合突破法。根据“求稳从众型”中等学生“随大流”“比上不足，比下有余”的心理特征，在教育方法上可采取“点面突破法”，即树立良好的典型，帮助中等学生前进，以局部突破促进整体的发展。

二是表扬批评强化法。根据“求实苦读型”中等学生学习刻苦、对集体活动漠然的心理特征，在教育上可采取表扬批评强化法，即对他们刻苦学习给予充分肯定，并予以表扬，实施正面强化，正面引导其他同学认真学习，同时也要对他们在班级活动漠然的态度及时进行相应的批评，予以负强化，消除对其他同学的不良影响。

三是适当刺激启迪法。根据“优越松散型”学生无未来处世立身心理压力的特征，在教育方法上，可采用适当刺激启迪法，有时也不妨采用激将法，因为这类学生的心智并非全然低下，有的甚至智商较高。可是他们却依赖优越的家庭条件而缺乏上进的动力。适当地刺激其自尊心，可使其产生逆反心理，在好胜心理的驱使下，他们有可能因此而奋起。值得注意的是，刺激法要从实际出发，要选准对象，刺激一定要注意恰当，应使受刺激对象感到是善意的，并非有恶意，从中受到启迪而奋发向上。

四是感情交融激励法。根据“失落消极型”中等学生因努力获得的进步不尽如人意而产生消极的心理特征，在教育方法上，可采取感情交融激励法。班主任要站在学生的角度，关心、体贴、理解他们，通过促膝谈心，使师生的感情交流融为一体。对他们，除了正确引导，还必须及时表扬。要通过表扬肯定他们的种种努力，帮助他们认识自身优点，重视他们的点滴进步，从而使他们树立信心，增强勇气，努力赶上去。

五是辩证思维引导法。根据“急躁忧郁型”中等学生欲速则不达、忧心忡忡的心理特征，在教育方法上，可采取辩证思维引导法。班主任要教育他们事物发展都有一个过程，不是一帆风顺的，同样，人生的道路有顺境也有逆境，要使学生明白欲速则不达的道理：身处顺境，不要陶醉；身处逆境，不要颓丧。同时班主任要充分肯定这类学生在各方面取得的成绩，并实事求是地分析其失败的原因，帮助其采取切实可行的措施，脚踏实地地制订分步可行的计划，降低期望值，在困难面前奋发自强。

第三节　后进学生的教育策略

一、后进学生的特点

后进学生是智力正常的青少年，由于环境中各种消极因素的影响而形成个体不良的“配置”，从而导致学习、品德、行为等诸方面长期落后，且这些落后又融合在一起交互作用，需要特殊教育的一类学生。后进学生在思想品德和学业成绩上距离教育目标较远，存在某些缺点，落后于班级平均水平的学生，主要有以下几种类型：

（一）迟钝型

迟钝型后进学生的个性温和、思维迟钝、不善言辞、健忘。他们具体表现为反应慢、不灵活，学习能力、理解能力及抽象思考能力差；怯懦、无主见、依赖性强；思想较简单，经常表现出幼稚、天真、粗鲁、笨拙；沉默寡言、情绪不易外露；过分懒惰，缺乏上进心，一般偏内向。这类学生存在的主要问题是智能上不足，并由此带来适应行为障碍。其中有少部分属遗传因素造成的智力缺陷。大部分是由于学校学习和家庭教育等多种原因，使得他们在小学阶段就存在持续的学习困难，造成知识障碍积累，基本学习技能匮乏，从而导致智力发展跟不上正常要求，从而也影响了德、智、体、美、劳各方面的正常发展。

（二）偏激型

偏激型后进学生的个性刚强、好动、暴躁、易怒、好胜心强，具体表现为怀疑、刚愎、固执己见、自以为是、自视甚高；较武断、冲动、激进；而且急躁易怒、缺乏自制力；自私、无责任感。这类学生存在的主要问题是思想狭隘，偏激；感情易冲动，自我控制能力差，在自负的外表里潜藏着较重的自卑心理；容易产生逆反心理。这类心理与性格形成的主要原因是环境的不良影响，尤其是家庭的不良教化。这类学生大多属品德不良，如果教育不及时，很容易走上违法犯罪的道路。

（三）顽皮型

顽皮型后进学生个性刚强、好动、固执、敢于冒险。他们具体表现为冒险敢为、少有顾忌、好强固执、独立积极、轻松兴奋、随遇而安、独立、果断、露锋芒、有气魄，好表现自己，有一定的攻击性倾向，容易轻浮、不踏实，并缺乏上进心和持久力。这类学生的主要问题是自尊心比较弱，顽皮、不思上进，而且纪律观念淡薄，作风散漫，随意性很强，无远大理想和抱负，意志薄弱，常有不良行为。这种学生一般都具有侥幸心理、逆反心理、惰性心理，甚至会出现自卑心理，自认为无可救药，低人一等，破罐子破摔。如果教育不当，可能会出现道德行为偏轨，如打架、破坏公物、逃学、抽烟、偷窃、赌博、诈骗等违法乱纪的行为。

（四）孤僻型

孤僻型后进学生个性孤僻、沉默寡言、自尊心强，具体表现为对人冷漠、孤独、寡言、行动拘谨、较消极、不热情、阴沉忧郁，有过分的自我意识。但这种类型的学生一般办事较认真、踏实、言行一致，情绪较稳定、自制力强，自尊心特别强，属于典型的内向性格。这类学生的主要问题是内心的封闭性及过度的自尊心，教师很难掌握他们的内心活动。如果教师批评不当或教育的分寸掌握不好，容易损伤他们的自尊心，使其产生更加消极并带有反抗性质的情感——自卑感，这是自尊心的另一种极端表现形式。这些心理的形成，除少部分是先天因素外，大多数都是后天影响造成的，如父母离异、父母早亡、家庭经济条件差等。

（五）敏感型

敏感型后进学生个性脆弱、易患得患失、多愁善感，情绪变化无常，具体表现为过分焦虑、比较敏感，容易消沉、悲观，常表现得畏怯退缩，缺乏自信心，有强烈的自卑感，而且多疑，情绪波动大、易生烦恼，经常心神不定、焦躁不安、缺乏耐心，控制能力差。这类学生的主要问题是自卑感很严重，而且感情脆弱、过度焦虑、耐挫能力差。他们不能正确地评价自己和看待事物，常有患得患失之感，从而影响他们的学习状态和心理的正常发展，大多个性不良。这类学生如果不能被适时正确引导，容易产生心理障碍，重者甚至会引发心理疾病。

二、后进学生常见的心理问题

（一）自卑心理

当消极心理战胜积极心理，后进学生就会精神颓废，产生自卑心理。他们不相信自己，对自己持否定态度，丧失独立向上的精神。在学习或品德问题受到多次批评之后，在经历多次失败体验之后，他们易认为自己什么都不行，因为觉得永远赶不上别人而放弃努力。

（二）逆反心理

后进学生常以批评的眼光看待周围事物，常常自以为是。因此，对老师的管理和批评教育有较强的逆反心理，甚至正确的管理和批评教育也会引起他们的对立情绪。

（三）疑惧心理

后进学生由于思想品德和学习成绩低下，心中有一种受到外界环境排斥的感觉。他们希望得到理解甚至原谅，而实际上得到的却是与其主观愿望截然相反的待遇。人们如果对他们采取疏远、回避、警惕的态度，他们就会用粗暴无礼的行为来顶撞，或以言行反抗，或以出走来要挟。他们有时还会凭空臆测，怀疑其他同学背后捣鬼，怀疑老师故意跟自己过不去。老师的教导往往被他们当耳边风。

（四）矛盾心理

后进学生的心理一般存在这样几对矛盾：一是需要得到别人的尊重和得不到别人尊重之间的矛盾。由于后进学生学习成绩差，缺点多，经常遭受别人的白眼。后进学生早就在学生中失去了信任的基础，因此往往得不到别人的尊重。这种矛盾的心理使他们感到心理失衡。二是上进愿望与意志薄弱之间的矛盾。后进学生也不想总是落后于别人，也不想自己存在很多问题，也想去改正，但是由于他们意志力薄弱，自制力较差，无法控制并严格要求自己按规范做事，反而表现为行为的反复变化。三是道德良知犹存但又以自我为中心之间的矛盾。一些后进学生长期是家庭的中心。长期处于这样的家庭环境，使他们事事以自我为中心，在道德良知与自我中心发生矛盾时，往往选择以自我为中心。

（五）好胜逞强心理

后进学生同样希望得到别人的尊重和承认，只因自身品德和学业的现实表现，使他们的希望无法实现。因而，这种好胜心就以一种扭曲的形式表现出来，他们尤其讨厌被当众批评，吃软不吃硬，越压越不服。

（六）厌恶心理

这类心理主要表现为厌恶学习、厌恶老师、厌恶学校。后进学生由于在群体中处于不利位置，对自己没有自信心，从而易产生自卑心理。长此以往，则进而发展为厌恶心理。

三、后进学生的教育方法及策略

苏霍姆林斯基说："正像医生细心地研究病人的肌体，找出疾病的根源，以便着手进行治疗一样。教师也应当深思熟虑，仔细耐心地研究儿童的智力发展、感情发展和道德发展的情况，找出儿童在学习上感到困难的原因，采取一些能够照顾个人特点和个别困难的教育措施。"[①]在他看来，找出后进学生后进的原因，实际上就是在了解后进学生的过程中首先区分其类型，进而采取具有针对性的教育措施，也就是我国古代孔子提出的因材施教。要通过对后进学生进行有足够耐心的教育来发现他们的闪光点。苏霍姆林斯基在其著作《给教师的建议》中谈到针对后进学生的工作，认为后进学生的工作是"最难啃的硬骨头"之一。因此，班主任在开展后进学生教育时，需要做到以下几点：

（一）转变观念，尊重信任

班主任要树立学生成才多元化的思想，并用发展的眼光看待后进学生。后进学生并不代表永远后进，只要通过有的放矢的诊断，激发、激活他们的学习动机，建立他们的学习信心，都是可以在不同程度上加以转化的。在做后进学生工作时，不要动辄粗暴地批评、讽刺、挖苦他们，更不应该随意揭他们的短处。相反，班主任应当多花一些时间了解后进学生，尊重、信任他们，理解他们，逐步消除他们的疑虑和自卑心理，唤起其自尊心，培植其自信心。在课堂上要优先对待他们，不要总把目光停留于优秀学生，也要心里时刻装着后进学生，时时处处为他们着想。在面对调皮捣蛋的学生时，教师要有涵养，不要急躁冲动，要机智巧妙地让问题得到妥善处理，激起他们学习生活的勇气，鼓励他们大胆地痛改前非，避免破罐子破摔、自暴自弃。

（二）倾注爱心、呼唤自尊

教师要热爱后进学生，这是转化后进学生的根本所在。对后进学生要动之以情，晓之以理，导之以行，才会产生良好的教育效果。当后进学生受到不公正的舆论指责甚至侮辱时，教师要正确公正地看待处理，对被指责的后进学生予以实事求是的肯定，尊重他们的人格，这样往往会引起后进学生心理上的极大震撼，令其对教师产生感激、信任、佩服的情感。

（三）正面教育，发现"闪光点"

班主任要善于发现后进学生的点滴进步，培养良好的意志品质。后进学生的缺点虽多，但不管怎样，他们总有一些不引人注目的优点。例如：后进学生在参加班级卫生活动时往往比较

---

① B.A.苏霍姆林斯基：《给教师的建议》，教育科学出版社 1984 年版，第 76-77 页。

懒散，如果在某一次劳动中比较出色，老师就要及时在班里对他们进行表扬。如果教师经常及时发现他们存在的优点，及时鼓励表扬，帮助他们克服存在的问题，相信他们会不断进步。

（四）创设环境，表扬激励

班主任应为后进学生的成长创设良好的集体环境。后进学生是集体的一员，是班级的一分子。班主任通过多种班级活动发现后进学生的闪光点，不失为明智之举。在活动中，要密切关注后进学生的表现，因势利导，对他们的成绩及时肯定表扬，激励他们克服自卑，建立自信。

（五）持之以恒，反复教育

后进学生有动荡的心理特征。任何一个后进学生，都会在反复中前进，在前进中反复，这也是后进学生的转化规律。教师对于后进学生的教育不能急于求成，对其进步也不能自我陶醉，对后进学生的旧病复发更不能灰心丧气。要让学生在进步时看到自己的不足；在旧病复发时帮助学生分析原因，克服困难，启发他们进行意志的自我锻炼。教师要唤醒、激活后进学生心中潜藏的对美好生活与美好事物的向往，激发他们前进的内在动力。

（六）结对帮扶，齐抓共管

班主任要充分利用家庭教育的氛围，使家庭教育与学校教育有机结合，争取后进学生家长的配合、支持，同时争取社会力量对学生进行教育，建立学校、社会、家庭三结合立体式教育网络；加强与学生家长的联系（家访、电话访谈等），充分发挥家长的作用，与家长齐抓共管，促其进步；给予后进学生特别的帮助，实行“结对帮扶”，选择优秀学生和后进学生结对，进行一对一的帮扶，促进后进学生的转化。

总之，后进学生是班主任教育工作中的难点，在教育后进学生时要遵循以下原则：以情感人原则，热爱学生；家校结合原则，共同教育；抑扬相济原则，褒贬结合；循序渐进原则，稳步推进；营造环境原则，齐抓共管；个别施教原则，因人而异。

【案例阅读】

多一分宽容就会收获一份惊喜

小王性格孤僻，有着较强的抵触情绪，与他交流十分困难。记得有一次，小王因在原来班上的德育成绩不及格，被学校通知参加后进生会议。回到班上以后，小王先是埋怨老师对他有成见，后来干脆骂班干部，接着就与班长发生了冲突。

我得知情况后，先查清了问题的症结所在，接着找来了小王。我首先肯定了他在新班级中的表现，并告诉他发生这次误会主要是我没有及时把他的进步表现上报给学校，因此这件事的责任在我。后来，尽管事情过去了，但小王对老师和班干部的态度并没有改变多少。虽然后来又做了几次思想工作，但我与小王的关系似乎也没有融洽多少。一直到小王初中毕业了，我仍然深感遗憾。

没想到有一天，我突然接到小王打来的电话。小王说他现在是一所师范学校的学生了，而且因为数学成绩优秀，他被选为了班干部。在工作中，他曾遇到了一些困难，当时真想放弃，但一想到自己原来那样不懂事，老师都没有放弃对他的教育，就觉得应该坚持下去。电话的那一头是小王恳切的话语："老师，我现在无论如何要向你道歉，为以我以前做过的一些傻事，虽然迟了点。现在我也要当一名老师了，要是遇到跟我过去一样的学生，我不知道我会怎么办。不过，我一定会想起你对我的宽容。"

那一刻，我深深地理解了什么叫作"春风化雨"。孩子在成长过程中不免会走一些弯路，如果恨铁不成钢的苛刻和急功近利的矫正不能收到立竿见影的效果，那么，我们不妨手持爱的灯盏，用我们心灵的灯光为之引路。给孩子一份信任，就搭起了一座沟通的桥梁；给孩子一份鼓励，为他的每一次进步喝彩，期待他下一次可以做得更好，那就为孩子点亮了一盏心灯。给犯了错误的孩子一些宽容吧，有了你的宽容，孩子才能在一次次跌倒后又一次次站起。同时，你还要给孩子足够的时间，耐心等待他带给你惊喜。

（资料来源:《后进生转化案例》, http://www.360doc.com/content/13/1218/23/1676089_338285649.shtml）

第四节 特殊学生的教育策略

一、单亲家庭学生的教育

（一）单亲家庭学生的特点

单亲家庭指只有父亲（或母亲）一方与其不具备独立生活能力的、年龄在 18 周岁以下或虽然年龄已满 18 周岁，但正在接受全日制教育的未婚子女共同生活的家庭。单亲家庭学生容易形成以下心理行为特点：情感、情绪消极，缺乏自信；封闭、冷漠、憎恨心理导致"亲社会"行为减少；多疑、嫉妒；胆小、孤僻。单亲家庭学生易表现出一些共同的心理状态和行为特征。按其表现，可大致分为以下几种类型：

1. 忧郁型

单亲家庭学生在父母离异后，往往与重组家庭成员之间缺乏沟通或无法沟通，心中的郁闷又得不到及时排解，易陷入忧郁、沮丧、悲观和苦闷状态，没有活力，对学习的很多内容产生不了浓厚的兴趣。他们既不满现状，又自觉无力改变现实，从而造成性格孤僻、少言寡语、胆小怕事。父母的离异、家庭的不幸，给他们的心理带来极大的阴影，他们自卑感强烈，自信心弱，敏感多疑。他们喜欢独处，不愿意和同学交往，多以自我为中心，合作意识差，不愿意同学老师问家事，不愿意家长来开家长会，对老师的批评一般不会当面顶撞，也不会主动诉说自己的苦恼。

2. 散漫型

单亲家庭学生的家长离异后，往往会因为家庭经济压力、工作繁重，或工作时间特别，对学生缺乏有效的管教。学生放学后或周末、假期等课余时间，家长常常无法在家陪伴照料监督。也有些离异的父母对孩子互相推诿、指责，你冷我热，有时无端恶语相向。这样，学生在冷清的家里丝毫感受不到家庭的温情关爱，对家毫不留恋，觉得外面的世界比家里更有吸引力，外面的朋友比父亲或母亲更令自己感受到“人情”味，更能关照自己。因此，放学后就直奔“更精彩的世界”，与“朋友们”浪迹在网吧、游戏机室，深夜都不愿归家。他们常常表现为无组织、无纪律，想干什么就干什么，我行我素，自控能力差；常迟到、旷课，爱说谎话，不讲文明、礼貌；对老师的批评不予理睬，缺乏上进心，对集体漠不关心；学习缺乏自觉性和刻苦钻研精神，学习成绩差，成天游手好闲，自由散漫。

3. 多疑型

单亲家庭的学生往往因为父母的离异产生无形的压力，也罩上了一层无形的阴影。他们不相信父母，不相信长辈，甚至不相信社会和整个世界。加之单亲家庭的学生不能得到完整的父爱母爱，因此他们认为父母乃至于全世界的人都亏欠了他们。他们认为没有人关心他们，他们过得好不好也没有人在乎，取得成绩也得不到应有的肯定和赞赏。久而久之，他们变得敏感多疑，对任何事物都持怀疑态度，逆反心理严重；情绪不稳定，喜怒无常，常为一些小事和同学争吵，个别的甚至大打出手；学习上缺乏自觉性，任何事都任性而为，成绩时好时坏；对老师的表扬和批评麻木不仁，缺乏集体荣誉感和安全感。

4. 霸道型

单亲家庭的学生父母离异后互相推诿责任，没有多余的时间来陪伴和教育学生，他们大多数交由爷爷奶奶、外公外婆等祖辈抚养照顾。祖辈思想观念陈旧，缺乏科学的教育观念，可能会溺爱孩子，把孩子当作家里的太上皇，无论对错，任何事都任孩子恣意妄为，久而久之，则养成学生骄横霸道的习气。他们任性、自私、冷漠，讲狠斗恶，事事处理以自我为中心，心目中没有父母、老师、同学，法纪观念淡薄，遇事喜欢用武力；个别学生甚至由于择友不良，沾染不良习气，容易走上违法乱纪的道路。

（二）单亲家庭学生的常见心理问题

心理学认为，人格异常的形成与恶劣环境有关。一些生活在单亲家庭的儿童青少年在个性发展中，常常感到空虚、寂寞、惶恐、焦虑、感情冲动，并产生一系列心理问题，常见的心理有以下几类：

1. 自卑心理

自卑是单亲家庭子女最容易产生的心理。单亲家庭经济状况的变化、离异父母间的矛盾及对子女的互相推诿、存在的或臆想的外界舆论的压力等都是他们自卑心理产生的重要原因。

他们总感到自己某些方面不如人，或感到各个方面都不如人，故容易胆怯，孤独寡言。

2. 孤僻心理

父母间长期矛盾容易导致孩子孤僻性格的产生。有这种心理的单亲子女常常行为偏执，不愿意与人交往，少有知心朋友和人际往来。

3. 敏感心理

一些单亲儿童由于家庭结构解体而变得自卑，常常在无形中贬低自己，觉得自己“低人一等”，疑心重，为人对事都非常敏感。总怀疑别人在议论自己，猜疑别人是不是在说自己的坏话，猜疑老师、同学是不是不信任自己了，有时还会把别人的善意曲解为恶意。

4. 暴躁心理

一些单亲家庭子女面对家庭缺损的现实，郁闷的心情无处宣泄，表现为性情暴躁、遇事易冲动、攻击性较强，出现打架、骂人等行为。

5. 消极心理

许多单亲家庭的孩子由于家庭变故，缺乏父母的关爱而产生消极、退缩心理。严重的自卑心理使他们对学习、生活不感兴趣，整日心事重重，郁郁寡欢。由于受到家庭变故后面临种种困境与压力，他们对学习缺乏兴趣和动力，得过且过，生活也没有目标，无信心和斗志，甘愿沉沦，缺乏进取精神。

6. 逆反心理

一些单亲家庭的子女，在遭遇父母一系列争吵和分离后，逐渐对家庭和父母产生了反感和不满的情绪，而将自己对家庭突发的各种变故的无能为力转化为对家长的逆反心理和各种攻击性行为。他们将父母的各种管教视为对自己的侵犯，或是自暴自弃，选择逃避；或是进行直接攻击；或将愤怒发泄到父母和同伴、教师身上；或是进行转向攻击，即将攻击对象转向自己，用自虐甚至自杀来表明自己的不满。即使知道这样做是错误的，但为了发泄自己的情绪，表达自己的不满，仍然坚持错下去。

（三）单亲家庭学生的教育策略

1. 聚焦需求，对症下药

造成单亲家庭的原因是多方面的。不同的变故，对孩子的刺激是不同的，也会导致不同的心理障碍，这正是影响单亲家庭孩子健康成长的根源。因此，教育单亲家庭学生，要分析、解决其生活、学习中存在的困难，这是关键。班主任首先应从了解情况入手，根据不同变故，分析孩子出现的心理障碍，进行疏导，使他们拥有健全的心态，正确面对现实。由于家庭变故，孩子的父母或监护人往往在教育过程中，时常出现这样那样的缺陷，或过于严厉，或溺爱，或简单粗暴，或放任自流。因此，班主任需要对单亲家庭学生进行长期观察，及时引导，端正其不良行为习惯，加强与家庭的联系，说服家长对子女多关心，不放任，少粗暴；教育学生不与社会上品行不端的人交往。单亲家庭孩子最缺少的是亲情，他们的需求无外乎家庭的温暖、成功的喜悦、别人的理解同情等。班主任要适时抓住孩子的需求点，在班级和家庭中创设亲情氛围，用亲情和集体的温暖抚慰他们心灵的创伤，给他们以亲切的关怀，使他们感受到亲情般的爱怜和温暖。

2. 唤醒自尊，鼓励赏识

自尊、信心和勇气是学生努力改正缺点、积极向上的动力，是人的心灵中最敏感的角落，尊重是情感交流的钥匙。因而，班主任应从尊重和爱护学生出发，教育单亲家庭学生，帮助发掘他们身上的闪光点，及时发现其进步之处，多给他们提供表现“自我”的机会，培养自我观念的形成，唤醒孩子的自尊，鼓励其振作起来，自强不息。

闪光点即一个人的长处和优点。每个人都有闪光点，单亲家庭的孩子也不例外。抓住一个人的优点和长处来肯定、鼓励、表扬他，哪怕是一点点，都能有效地消除他的自卑感，唤起他的进取心。单亲家庭孩子在学习上如果有创造性见解时，家长和教师应该格外夸奖和给予肯定。班主任对单亲家庭学生应该坚持多鼓励，少指责，多温情，少冷漠。

3. 创设环境，激发兴趣

每个人都有自己的兴趣爱好。只有充分展示自己的兴趣、特长，才能培养和树立自信心。单亲家庭学生在展示自己兴趣特长方面存在问题，如果我们不能及时发现并鼓励其展示，就会失去教育转化使其成才的机会。孩子的自信心、紧张度，特别是孩子对所学知识的兴趣都会影响知识的迁移。因此，教师和家长必须善于发现并及时引导孩子的兴趣，并适时地把这一兴趣迁移到有利于孩子身心发展的轨道上来。这样才能产生较好的教育教学效果。

在班级管理中，为加强行为养成教育，弥补家庭教育的不足，班主任可以结合《中小学生日常行为规范》和本班的班规，细化学生日常的行为习惯，要求人人做到，克服懒散的习惯，讲究生活秩序和规则，让所有同学都生活在一个井然有序的集体中，经常性开展批评与自我批评，从而形成良好的班风。

4. 做好计划，持之以恒

班主任可建立“一日生活制度”，帮助单亲家庭学生计划好每一天的生活，让学生从早到晚，活动有规律，学习有节奏，生活充实，情绪稳定、愉快。这样，他们就会感到每天都有收获，经常处于成功之中。在执行“一日生活制度”的过程中，学生逐步学会认识自己、战胜自己，做生活的强者。同时，班主任要教育引导学生经常观察和反思自己，使自己在自己的监督之下，每天接受自己的检查。还要引导学生养成写周记、日记和观察笔记的习惯，教育学生经常观察社会、观察别人、观察自己，养成严于要求自己、严格剖析自己、善于吸收他人长处、勇于自我批评的习惯。

5. 克服挫折，时刻反省

人生之路不可能一帆风顺，也不可能没有挫折。面对挫折，如果处理得好，就可能成为进步的新起点、前进的新动力；处理得不好，则会变为思想上的下滑点、倒退点。从现实来看，单亲家庭孩子身上的挫折点很多，不仅表现在父母的离异或死亡上，在生活、交友等方面也有挫折。为此，班主任和家长必须抓住这一思想转变的关节点，及时地进行劝慰、开导，鼓励孩子勇敢坚强地面对生活，笑对人生。

二、留守学生的教育

所谓留守学生是指父母双方或单方长期外出务工，将孩子交由长辈或其他亲戚代为抚养、教育、管理的未成年孩子。留守学生由于亲情缺失，心理健康方面存在阴影，很大一部分表现出内心封闭、情感冷漠、自卑懦弱、行为孤僻、性格内向，缺乏爱心和交流的主动性，还有的脾气暴躁、冲动易怒，常常将无端小事升级为打架斗殴。

（一）留守学生的特点及成因

留守学生有以下特点：学习成绩起伏较大；情感缺失，个性不健全；问题行为多发。这些特点和留守学生的教育现状是分不开的，主要体现在：

1. 留守学生的教育错位

留守学生得不到家庭关爱和温暖，而学校教育又对留守学生的心理关爱、亲情缺失无法面面俱到，学校教育失去家庭教育的延伸和补充，得不到家长的支持、回应，使学校管理措施在家里得不到强化、补充，导致学校教育“单边”难支。

2. 留守学生的生活失控

父母因没有时间对子女学习、日常生活进行管理，心存愧疚，就给子女较多零花钱，使留守学生因金钱过多而丧志、生惰、生非、变坏。少数父母务工工资低，给子女的钱少，无法满足孩子生活学习需求，导致孩子长时间生活在窘困、自卑的阴影之中，久而久之形成孤僻和悲观的心理。

3. 留守学生的学习缺少辅导、监督

作为隔代教育的监护群体，留守学生的祖父母们对留守学生的生命安全与身体健康关注过度，而对其行为表现监管得较少，对学业的介入则更少。

4. 留守学生的安全无保障

留守学生的教育存在学校、家庭之间的安全管理“空档”，学校不可能面面俱到，监护人又普遍缺乏安全保护意识和防范防护能力，留守学生伤人或被伤害等安全隐患严重存在。

（二）留守学生的常见心理问题

1. 个人至上，性情孤僻

父母长期外出打工的家庭及子女，由于缺乏父母的关爱和良好的家庭教育，容易形成任

性、自私、心情孤僻、以自我为中心的性格特点。这类学生在生活学习中往往缺乏热情和爱心，逆反心理较强，进取心、上进心和道德品行较差，常有违规、违纪甚至违法现象。在社会学的视野中，不完整的家庭较难提供规范化的活动模式。完整家庭是长幼有序、相互妥协的互动模式，青少年在这样的家庭里学会在伦理等级次序中按照固定的伦理规则行动，这中间应该学会妥协、学会忍让、学会按照秩序与规则行事，否则会受到惩罚。但是留守儿童往往因为其身份特殊，监护人往往不忍用强迫手段迫使他们遵守相关规范，从而易使其骄纵任性、自私自利，以自我为中心，不愿与他人分享利益与情感，从而为大众所孤立。

2. 焦虑、烦闷、易怒

孩子的成长方向与亲子沟通之间有着密切的关系。良好的亲子沟通可以促进孩子向亲社会行为发展，有益于孩子心理健康。留守学生对于自己父母亲外出打工行为的评价是较为矛盾的。一方面自己不愿父母远行；另一方面由于自己上学等家庭开支费用的负担，父母又必须出去打工。留守学生对于这一现象的评价充满矛盾，同时面对矛盾时心里也充满压力。留守学生陈述自己面对父母在外打工的艰辛与屈辱时，他们想要回报父母，但是自己成绩又不好，觉得特别对不起父母，内心往往充满了不安、焦虑与紧张。

3. 孤独感强，较为自卑

留守学生和非留守学生比起来，没有父母的贴身呵护，长期得不到父母的疼爱。留守学生普遍陈述自己有种被抛弃的感觉。面对同学、邻里的时候产生一种自卑心理。部分留守学生认为因为自己的原因父母才离家外出，所以容易陷入深深自责之中。面对生活和学习中的问题和困难，他们不像其他孩子那样有父母的指导，而只能依靠自己解决。一些留守学生出现错误和问题后，比其他学生的负罪感更强，他们会后悔不已，缺少自信心，然后接着犯错，始终处于“边犯错边后悔，接着再犯错”的状态中。一方面，留守学生没有父母的关爱，怕被别人看不起，不敢参加集体活动，把自己严实地封闭起来；另一方面，当留守学生有心事时，似乎并不愿意让更多的人知道自己的想法，相反，他们会向老师与同学强化自己和非留守学生没有区别。

4. 行为偏激挑剔，易产生不良倾向

留守学生常常生活在矛盾的环境中，即教养人的教育态度和方法不一致。一方面，监护人认为他们年纪小，父母又不在身边，要加倍爱护才是，于是任其所为，百般娇惯；另一方面，监护人认为孩子的父母将其托付于己，必须严加管教，否则难以交代，常向他们下命令一定要如何如何，似乎只有这样才能培养出一个循规蹈矩的乖孩子。这种矛盾的教养方式常使他们心理产生矛盾，感到无所适从。这种矛盾的培养方式，也造成了留守学生在面对自身问题时的矛盾心态。一方面要循规蹈矩，另一方面又时时被骄纵。两种不同的行为模式导致许多留守学生学会了在不同场合以不同的面貌出现的行为方式，同时他们又无法把握不同生活方式的这种变化。充满不确定性的环境和自卑、冲动、孤僻、焦虑等因素相互结合，导致留守学生较易产生不良的行为倾向。

（三）留守学生的教育策略

如何给留守学生创造一个充满关爱的、健康的成长环境呢？除了家庭、社会、政府、社区教育管理外，班主任作为学生在校期间接触最频繁的人，在教育工作中应增强针对性，对“留守生”的学习、生活、思想以及心理健康方面给予更多的关注，用强化学校教育来弥补他们弱化的家庭教育，具体可采用以下几项教育策略：

1. 建立健全机制，发挥班主任的主角作用

班主任要制定具体详细的留守学生教育工作计划和工作方案，认真贯彻落实，真正使班级成为留守学生学文化、学做人的临时家园。班里可建立留守学生专项档案、开通亲情电话，加强学生、家长、教师三者之间的联系与交流。班主任还可以利用春节、假期孩子父母返乡时机，召开留守学生家长会，要求家长采取多种方式与学生交流，多关心学生的身心健康，让学生体会到父爱母爱，形成合力效应。

2. 让留守学生找到“家”的感觉

第一，加强感情输入。班主任对他们要怀有真诚的感情，倾注更多的爱，关心、体贴他们，经常与他们谈心，极力营造“亲情”氛围，使他们愉快地接受老师的教诲，在班集体中找到“家”的感觉，从而自由、愉快地成长。第二，充分尊重学生的个性。尊重学生的个性特点，适时地表扬他们，使他们扬长避短，找到各自的人生目标。第三，建立留守学生档案。开学初期，要非常详细地记录留守学生的个人信息、家长信息以及在家法定监护人的信息，并分栏造册。经常与学生家长保持联系，及时向他们反映学生在校的情况，每次都要登记好。第四，增强责任意识和服务意识。班主任在搞好日常管理的同时，对学生的思想、学习、卫生、违纪状况，要实行量化管理，特别是提高服务意识，对学生亲切关怀、细致关心，成为学生的知心人。

3. 发挥班集体在留守学生教育上的特殊作用

首先，充分发挥班主任的教育管理功能。班主任要给留守学生特殊的关爱，多走近他们，多接纳他们，利用班集体力量形成温暖、宽松的成长学习环境，让他们切实感受到班集体的温暖，从而弥补由于留守而缺失的亲情。其次，开展各种有意义的班集体活动，鼓励留守学生共同参与，增强归属感。通过参加集体活动，体验生活的快乐，体会同学之间、师生之间的友爱，培养团队精神，提高自信心和自尊心。最后，成立留守学生“爱心小组”，以班干部和优秀学生为成员，每个人与一至两名留守学生结成对子，在生活、学习上互相鼓励、互相关心、互相帮助。

4. 加强与社会联系，共同关注留守学生

积极争取校外教育资源，比如聘请校外辅导员、发挥留守学生身边的老党员、老教师等

的作用，请他们参与留守学生的教育管理等。还可联系校外一些培训机构，对留守学生实施公益性辅导、提供学业指导等。学校和班主任要共同关注，调动一切可利用的教育资源，关爱留守学生，努力形成政府、村委或社区、学校、家庭四级联动的教育网络，营造浓厚的关爱氛围和青少年健康成长的良好社会环境，为留守学生的健康成长撑起一片蓝天。

【育人故事】

你，也是大自然完美的创造

编者按：本案例选自全国中小学班主任优秀经验，作者为上海市复旦实验中学刘晖老师。

今天的故事要从我手中的这把折扇说起。

那年学校举办爱心义卖活动，将根据各班的综合表现进行评奖。宣传委员小明同学跑来和我说："老师我有办法，一定能让我们班得第一。"我问他打算怎么办，他说您放心，等着看就好了。

义卖会当天，他搬来了一大箱批发来的空白扇面。我们班摊位的醒目位置张贴着海报"国民萌物书法家卖字""卖成品扇啦""具有巨大升值空间"。还有好几位同学在旁边吆喝，那天的生意真的很火爆。我也悄悄帮忙请来了很多客人，校领导和老师们纷纷慷慨解囊。那天我们班果然在义卖会中得了全校第一。看着开朗自信的小明同学，我不由得想起他刚入校时的样子。

高一新生入校那天，班级召开第一次班会。小明的家长一直在窗外徘徊不肯离去，好像很不放心的样子。当时我就觉得有些奇怪，后来暑期家访时了解到小明家有两个孩子，龙凤胎。妹妹从小成绩优秀，高中考入了一所市重点名校。可是小明如果不是走艺术特长生这条路是考不上我们学校的。他从小到大内心一直很有挫败感。

开学后我发现，小明上课时很少主动发言，对一些学科还存在畏难抗拒的情绪，班级活动时也总是躲在后面。我一有机会就和小明谈心，想了解他内心真实的想法。

有一次谈到深处，我对他说："老师曾经读到过这样一段话，鱼儿不会因为看见鸟儿会走，就试着走在岸上，大象也不会试着飞翔。大自然给每个生命都赠送了一份特殊的礼物。你和妹妹只是各有所长，一样是爸爸妈妈的宝贝，是大自然最完美的创造。我们一起来找一找大自然送给你的礼物是什么，好吗？"他听了后很受触动，频频点头。

小明本来很喜欢书法。可是考入高中后，家长认为他学习基础本来就不太好，应该以学业为重。而且高考艺考也只考绘画，书法可以暂时先放一放了。可是我想在学校、在家里，他和别人比学习几乎总是输的，开心的事情本来就不多，为什么不让他做自己喜欢做的事情呢？也许这就是上天送给他的礼物吧！于是我尽可能地给他创造能够展现自己特长的机会。

高一那年元宵节活动，我请他写了很多字谜贴在班级的墙上，并对全班同学说："今天猜谜的奖品就是小明的字，大家可一定要把这些字保管好，哪天他成了知名书法家，这些可就都成了宝贝了。"晚上小明妈妈发来微信："老师，今天小明回家后很骄傲地和我说起写字谜的事，好久没看到他这么高兴了。"

渐渐地小明开朗了许多，可是他的自信心和内在向上拼搏的内驱力还是不够。

一次由我们班承办的国旗下讲话的主题是谈传统文化。我想机会来了，提议让小明发言，就谈他最擅长的书法。小明很紧张，我对他说："别怕，谈书法，你是专业的。"我发动班委会帮他查找资料，还对他的文稿和 PPT 提出具体修改的意见。那天小明的发言非常成功，他诉说了自己从小到大学习书法真实的经历，真切的体会和对中国书法艺术发自内心的热爱，博得了全校师生热烈的掌声。有一句话我至今印象深刻，他说小的时候，当爸爸妈妈牵着他的手，在书法教室坐下，他的心突然就安定了。这次发言后小明全校闻名。他终于深切地感受到自己也有别人所不能的特长，凭自己的力量可以把一件事做成功，做到最好。

小明变了，他的家长想法也变了。终于他们决定无论书法对高考是否有用，都要支持他的这个爱好和特长，还给他请了书法名家为师。在我和各科老师的关心和鼓励下，小明越来越自信上进了，上课回答问题很积极，答错了也不懊恼，薄弱的学科不断进步，各种班级活动也总是动脑筋积极参与。

人生的际遇，有的时候真的非常奇妙，努力了就会有奇迹发生。那年高考，小明心仪的高校设置了书法专业。小明以专业课成绩上海第二、文化课超普通本科分数线的高分被录取。进入高校后，小明和家长经常给我报喜，主持了学院的新年晚会，当上了学院的学生会主席。

就在今年暑假，小明妈妈很兴奋地给我打来电话，小明和妹妹都考上了研究生。那天我和小明妈妈聊了很久，关于孩子的培养，关于学校和家庭教育，我们都有很多的感悟。

近几年经常听到一个词：内卷。对于学业成绩的"焦虑"，导致了大量家庭教育的问题和学生的心理问题。而产生这些问题的原因之一就是因为很多家长和孩子不能客观全面地自我评价、自我悦纳，以致难以找准人生奋斗的方向，挖掘自我超越的潜能。

这把扇子我一直放在案头，它一直鼓励也鞭策着我：要用最大的善意、宽容和耐心去尊重每一个学生的特点和成长规律，更要帮助每一个学生和家长相信，每一个人都是大自然最完美的创造。

（资料来源：https://jbgzs.basic.smartedu.cn/）

【思考与练习】

一、简答题

1. 优秀学生的常见心理问题有哪些？
2. 中等学生的一般性特点有哪些？
3. 班主任应如何做好后进学生的转化工作？

二、论述题

1. 特殊学生"特殊"在哪些方面？班主任需要运用什么教育策略开展特殊学生的教育？
2. 班主任在班级管理中"抓中间、促两头"有何意义？

三、案例分析题

后进生的去向

某初中有位班主任，她所担任的班级有几名后进生，学习态度不端正，学习成绩很差，每次考试拖后腿，影响班级的平均分。班主任叫他们转学，学生不想转，这位老师就想出各种方法来折磨他们。明知他们不会读英语，却限时要他们背，如果完成不了，就把家长叫到学校来，劈头盖脸一顿训斥。家长学生最后受不了这位老师的折磨，只好转学。

结合本案例请思考：

1. 这位班主任自身存在什么问题？
2. 学生存在什么问题？
3. 这样做的危害是什么？
4. 作为一名负责任的班主任，他/她应该如何解决类似的问题？

第十一章 班主任的沟通与协调

班主任沟通能力是指为完成班主任工作，班主任在与学生、家长、科任教师等相关者沟通的过程中，通过有效的沟通行为传递知识、技能和情感等信息的能力。班级是学校的基层组织，班主任相当于是基层管理人员。班主任良好的协调沟通能力可使班级管理工作事半功倍。要做好班级管理工作，除了用充满爱的心灵去理解与关怀每一个学生，用自己敏锐的眼光去发现和培养学生以外，班主任更需要用智慧与学生、任课教师、家长和领导有效沟通。在实际工作中，班主任的沟通能力凸显出沟通对象更加多样、沟通内容更加复杂、沟通场景更具突发性、沟通目标更有挑战性等特征。作为班主任，要正确认识沟通的价值，不要因为惧怕麻烦就回避沟通，要对沟通有系统的规划，统筹协调与各类对象的沟通，对沟通还应有预见性，不是忙于当“救火员”，被动应对问题，而是主动作为，防患于未然。本章主要介绍班主任与学生、科任教师和家长沟通的基本要求、方法和注意事项等。

第一节 班主任与学生的沟通与协调

一、班主任与学生有效沟通的基本要求

（一）树立现代教育观念

班主任应树立现代学生观和现代师生关系观。

1. 现代学生观

首先，学生是鲜活的生命个体。班主任要意识到，自己与学生沟通是和另一个生命对话，要热爱和尊重生命，同时要注意自己言行的得体性，避免伤害学生。其次，学生具有巨大的发展可能性。现代学生观认为，学生是充满旺盛生命力和潜能且具有多方面发展需要和发展可能性的人。因此，班主任对学生的成长和发展要有坚定的信念和信心，在与学生的沟通中要有更多信任并多鼓励学生。再次，学生是不可代替的学习主体。现代学生观认为，学生是具有主观能动性，有可能积极、主动参与教育活动的人，是学习活动中不可替代的主体。因此，班主任不能把教育仅仅当作一个灌输的过程，而是要尊重学生，更多地倾听学生的表达，与学生平等沟通。最后，学生存在个体差异。现代学生观认为，学生具有个别差异，要尊重学生的个别性和差异性。班主任在沟通中要以开放的心态接受这些差异，不带个人偏见，对

学生一视同仁，并注意根据学生个别差异和年龄特征选择恰当有效的沟通方式。

2. 现代师生关系观

现代师生关系主要表现为民主型、友爱型、对话型、期待型、合作型等。教师的地位从主宰发展为主导，角色更多是成为学生学习活动的组织者、参与者，在学生人格成长方面成为学生的良师益友。教师作用的发挥依赖于教师的人格魅力和良好的师生关系，因此，班主任要像对待成人一样给学生以尊重，平等沟通，与学生双向交流，给学生更多的表达机会，变传道、教导为聆听、讨论。

（二）树立有效沟通的信念

班主任要实现与学生的有效沟通，需要树立有效沟通的信念，随时注意反思以下问题：是否关心沟通的有效性；是否会根据沟通对象的情况采取不同的沟通方式；是否以平等尊重的态度与学生对话；是否能根据学生的反馈信息及时调整沟通方式；是否能在沟通效果不佳时及时调整，而不是固执己见。

（三）提升自我意识水平和自我觉察能力

1. 觉察自己沟通态度背后的教育信念

班主任要有“把自己的言行活动作为研究对象”的明确意识，在把自己作为研究对象的过程中，要关注自己，特别是关注自己的情绪反应，多问自己几个“我为什么这样”。

2. 觉察自己的状态和情绪

班主任要注意语言和非语言形式的沟通，及时察觉自己的情绪状态，并加以调整，或在有负面情绪时不与学生进行沟通。

3. 觉察学生的反应

学生的反应包括言语和非言语的反应。班主任要注意强化了解、观察学生的意识，抓住学生在各种非言语沟通中无意识传达的许多真实的、有价值的信息，准确把握学生的心理状态，及时由学生的反应反观自己沟通言行的恰当性，及时调整沟通行为，从而保证沟通活动的顺利进行和效果。

【案例阅读】

用一生来找答案

因生活困难，他每天的午饭不是窝头就是馒头，外带一块咸菜。一天中午，丁老师端来一碗红烧肉让他吃。老师走后，他端起红烧肉刚想吃，可一想起妈妈说过“不许吃别人的东西”后又放下了。他暗自高兴，认为自己是一个特别听话的孩子，一定会得到老师表扬。可没想到，丁老师知道后非常生气，端着碗就走了。看着老师生气的样子，他在心中扣了一个结——“不表扬也就算了，为什么生气呢？丁老师真的让我伤心了!”几十年过去了，他一直在寻找答案。今天他当了父亲、做了领导，才终于明白：“原来接受别人的爱，也是给予别人爱。我没接受老师的爱，是我让老师伤心了!”学生在用一生找寻答案，我们老师是不是也该对自己的教育做些思考呢？好的沟通就是好的教育，没有有效的沟通，就没有有效的教育。

（资料来源：丁榕《这份爱，一生一世》,《班主任》, 2014 年第 1 期）

二、班主任与学生沟通的策略

（一）学会共情

共情，是指在人与人交流中表现出的对他人设身处地理解的能力，它是师生沟通的基础。如果教师与学生交流时能够做到共情，学生会更愿意向教师敞开心扉，教师就可以从学生的表达中听出潜在的信息和主要问题，获得关键信息，进而提升沟通效果。

（二）注重语言艺术

教师要多使用接纳性和鼓励性的语言，少使用批评、责备或者学生难以接受的语言。如采用开放式的沟通语言，即“什么”“怎么”“你的意思是……”等，少用“为什么”来询问，慎提敏感问题。谈的过程中，注意还要以“好、是”“原来如此”等语言，以鼓励学生继续表达。

（三）发挥无声语言的魅力

在交谈中，教师要充分发挥无声语言在情感教育中的特殊魅力，如声音要热情、平稳而坚定，音量大小要适中；要面带微笑，表情开朗，下巴放松；要发挥眼睛心灵窗户的作用，善于以目传神，以目传情，以目传意等。此外，可以用点头、身体前倾、皱眉等肢体动作来回应学生的表达。

（四）赞而不捧，严而不厉

班主任在教育学生时，要善于使用“表扬”和“批评”这两种武器，把握好分寸，对优生表扬要恰当、适度，达到鼓舞、激励的目的就行了，切忌过分地吹捧。批评后进学生时，不能太严厉、太苛刻；不能小题大做、捕风捉影；不能涉及学生隐私和生理缺陷，更不能用打击学生自尊心的方法来达到批评教育的目的。因此，班主任在与学生沟通时，要做到严格而不是严厉，爱护学生而不是溺爱和放纵学生。

（五）处罚与关爱相结合

没有爱就没有教育。对学生的管理，光靠规章制度是没有用的，必须以关爱为先导。无规矩不成方圆。学生违反纪律一定要受到纪律处分。惩罚要“对事不对人”，一事一清，不搞“秋后算账”。班主任要让学生明白，老师所针对的是学生的不良行为，而非学生本身，惩罚是为使学生明理、知错，承担相应责任。千万不要让学生形成“我是坏学生，大家都不喜欢我”的错误印象，以免其自暴自弃。教师应让学生明白“人非圣贤，孰能无过”。知错就改也是一种美德。

（六）尊重学生，以情育人

在班级管理过程中，班主任一定要多关注后进学生，要尽力对其进行转化。遇到这样的学生，班主任要尊重他们，以情育人，从生活上关心他们，从感情上亲近他们，使他们逐渐消除疑虑、自卑心理，树立起自尊与自信。鉴于学生仍然处于一种心理的半成熟化状态，班主任依然要对学生的人生做好引导，教会其做人、学习、与同学合作的方法；另一方面，班主任除了是良师，更应该是益友，应与学生建立一种朋友般的关系，以一种友好、宽容的态度善待每一名学生，关心每一名学生。

（七）一视同仁，人人平等

影响班主任和学生之间的一个重要因素是班主任对待成绩好的学生和成绩差的学生的态度。班主任所面对的学生有几十个，班主任的一言一行都会对学生产生不同的影响。因此，在处理问题的时候，要一碗水端平。要用一颗平常心去对待每一位学生，不要因为学生成绩差就去否定他，也不要仅因为学生学习好就纵容他，要人人平等，一视同仁。不管是成绩好的还是成绩差的学生，都不能偏颇对待，尤其是对成绩差的，更要宽容些，这样才能赢得他们的信赖，不至于使其产生自卑感，从而激发出他们的学习热情。

三、班主任与个别学生沟通的技巧

（一）创设良好的沟通氛围

班主任和个别学生谈话，首先要建立接受与信任的关系，让学生愿意听，所以谈话时，要尽可能让学生充分表达自己的观点、想法。如果有条件就选单独的谈话室，让学生坐下，和老师进行面对面的平等交流；或者在操场上和校园里散散步，以一种轻松的方式交流，这样老师更容易走进学生的内心。相反，不要在双方都情绪激动的时候进行沟通，这种时机下的交流往往只会激化矛盾，增加新的矛盾，在双方都平静下来之后再沟通效果会更好。

（二）耐心真诚地倾听

在教育谈话中，教师要通过倾听来了解学生的思想状况。因此，班主任在沟通中需要做到两点：一是用心倾听，集中注意力，以尊重的态度和友好的感情认真倾听，沟通时看着对方的眼睛，目光真诚，随时做出反馈，微笑、点头或说表示肯定的词，适时提出疑问，增强互动，耐心听完，切忌打断和随意评判。通过眼神和表情等让学生感受到老师的信任，这是一种情感上的认同。二是巧妙引导。班主任要善于用一些倾听用语如“是啊，你说得对，往下说吧”“还有这事儿”“你的意思是不是”等。

（三）讲究语言表达艺术

表达是决定沟通效果的关键。班主任要讲究与学生沟通的语言艺术，言语要亲切自然，简洁易懂，针对性强，启发性大，表达方式委婉而有分寸，言语讲究实效并恰到好处。语言不只是一种沟通工具，更是一种艺术，尤其是对于作为学校的教育工作者来说更显得重要。通过知心话语的沟通，学生能理解教师对自己教育要求的合理性和正确性，并且帮助自己转化为行动。而教师也能够理解学生言行产生的背景，透析学生言行的真正动机，从而在情感上，师生之间能相互接受，将心比心，不曲解对方。

【案例阅读】

师生对话

对话 1：

老师：你叫什么名字？

学生：刘杨。

老师：你是哪个班的学生？

学生：四年级（1）班。

老师：你们班长是谁？

对话 2：

老师：你叫什么名字？

学生：刘杨。

老师：听起来像是你爸爸姓刘，妈妈姓杨？

学生：老师，你猜对了。

老师：你是哪个班的学生？

学生：四年级（1）班。

老师：我听很多老师说你们班班风不错。你们班长是谁？

（资料来源：《班主任的沟通与协调技能》，https://wenku.so.com/d/710a3a7d6403851633cf305e532d339a）

（四）巧妙处理学生情绪

班主任与学生沟通，要关注学生情绪状态。如果学生处在比较激动的情绪状态，很难接受班主任的意见，因此班主任要学会“冷处理”。一是让学生尽可能宣泄自己的消极情绪，消耗“负能量”，把情绪失控的学生限制在“冷场”中，创造一个教师与学生单独相处、了解学生、化解问题的机会。二是采取“热陪伴”，即暂时性地进行保护，采取不干预、不评价、不阻止的方法。班主任用自己的热心、责任、智慧、策略和自己的精神人格，像家人一样，影响学生的发展，这就是“热陪伴”。三是待学生冷静后，班主任再调查原因，帮助孩子进行客观分析，并做出妥善处理。

【案例阅读】

学生情绪失控的“冷处理”与“热陪伴”

某校规定：师生进入校园后自行车要推行。一天放晚学，某男生（八年级）被保安拦了下来。因为他数次违反规定，这天早晨上学时还在骑行，保安当时没能劝住。此刻被拦后，该男生冲保安大喊“关你什么事”，保安说：“学校有规定，你已经违反好几次了！”说完掏出手机要打电话给班主任。这时，男孩激动了，强行推自行车出校门并与保安拉扯起来。

我正好在这所学校校门口，看到孩子很激动，就劝保安先放孩子走，明天再让班主任处理，但保安坚决不同意。我又劝孩子，向保安认个错，孩子也不正眼看我一下。这时，学校德育处副主任走了过来，这位副主任是位“彪形大汉”，据说孩子们平时都有点怵他。只见他说了几句，孩子情绪稍稍平静，但当保安把他的自行车用铁链锁上后，他的情绪再度爆发，并引来很多学生围观。一会儿，班主任来了，他对副主任和保安抱歉地笑笑，说：“我可以把孩子领走吗？”最后，这个男生就像泄了气的皮球一样，“乖乖”地跟着班主任走了。

（资料来源：王益民《学生情绪失控的“冷处理”与“热陪伴”》，《班主任》，2014年第5期）

第二节　班主任与科任教师的沟通与协调

一、组织协调，形成班级教师集体

班级教师集体的显著特征是以班主任为核心，为完成统一的教育目标，他们彼此尊重、互相支持、团结协作、密切配合，既承担各自的教学任务，又配合班主任参与班级管理工作，引导学生德、智、体、美、劳全面发展。班主任组织协调教师集体的主要措施有以下几个方面：以共同的目标统一思想；协调教学行为；协调好教师之间的人际关系，加强科任教师之间的团结；满足班级科任教师的合理需要。

【案例阅读】

教语文的李老师是初一（1）班的班主任，他和教数学的张老师是好朋友。新学期开学后，学校实行量化管理，教师按单科成绩排名，依次实行奖励。每次自习课，不是李老师辅导就是张老师辅导，其他老师发现学生作业中的问题后去辅导，也被这两位老师以“我的课还没辅导完”或“你们的课是副科不太重要”等拒之于门外，致使其他科任教师非常生气。期末考试前，学生反映其他课有问题，希望任课老师能给予辅导。李老师去请其他教师，结果其他教师都不去。期末考试初一（1）班除语文、数学考试成绩较好以外，其他成绩均为一般。

（资料来源：《班主任的沟通与协调技能》，https://wenku.so.com/d/710a3a7d6403851633cf305e532d339a.）

苏联教育家马卡连柯曾说过："无论哪一个教师单独地进行工作，都不能作个人冒险，不能要求个人负责，而应当成为教师集体的一分子。"所以，教育高效益的获取，来自教师集体统一的教育要求和行为。当任课教师团结成统一稳定的教师集体时，必然会形成信息反馈线路，快速获得教育信息，有利于分析问题，集思广益，准确抓住教育中的问题。教师之间互相督促、检查严格统一，易于形成良好的班风，从而在教育教学中、在班集体建设中达到事半功倍的效果，最终实现教育的整体优化。作为班主任，需要做好沟通与协调，才能获取教育的高效益。

二、组织协调班级科任教师与学生关系的内容

罗杰斯在《给学习自由》一书中写道："在学习开始，教师的职业能力和渊博的知识，课程的组织，视听工具的使用和教学程序的决定，讲座质量的高低和参考书的多少，全不相干，尽管这些因素在某一时刻是有用的，甚至是有益的。但是学习不靠这些，学习靠教育者和受教育者的相互关系，靠这种关系之中的态度。"可见，协调好班级科任教师与学生的关系有多么重要。组织协调班级科任教师与学生关系主要包括促进科任教师与学生的相互了解、培养科任教师与学生的情感认同和正确处理科任教师与学生的矛盾冲突等几个方面。

三、组织协调班级科任教师与学生关系的策略

（一）班主任与科任教师要多交流沟通

在班级管理中，班主任要做好与科任教师的沟通工作，了解学生各科学习的表现。班主任开展工作时，要与科任教师做好沟通，争取他们的支持。首先，班主任多向科任教师介绍班上情况，增进了解。如果科任教师是新接班的，班主任要主动向科任教师介绍班上各种情况，让他们能在最短时间熟悉班里的情况。如果班主任未能及时介绍情况，过后可能会给科任老师工作带来一些麻烦。其次，班上的决定或遇到的问题，班主任要多向科任教师咨询，不断提高班级管理水平。多咨询科任教师，除了能够集中他们的智慧，也能及时得到他们的提醒，在工作上相互配合。最后，与科任教师协调作业，提高学生学习效率。班主任应帮任课教师培训好课代表，收好各科作业，并组织好课前纪律。交流学习方法要全面。在指导学生学习时，不要只强调班主任自己这一科，其他科目也要一起强调。

总之，班主任主动与科任教师交流沟通，听取他们对学生的看法和意见，这样既是尊重科任教师，又能激发科任教师关心班级工作的热情。班主任的主动，还能消除课任教师

可能存在的班级管理上的顾虑，从而达到互相配合、同舟共济，共同为班集体建设出力的目的。

（二）主动协助科任教师处理工作中出现的突发问题

学生在班主任面前的表现与在科任教师面前的表现往往是不大一样的。班主任在学生心中的特殊性使得学生在班主任面前往往有所保留，但在大多数的科任教师面前，学生较少有这种顾虑，所以科任教师所反映的一些问题往往是学生们真实的一面，班主任要虚心诚恳、冷静听取科任的提醒、建议甚至批评。

对于科任教师在教学中遇到的问题，班主任不应简单片面地认为那是他们自己的事，课堂发生的事由科任教师管，与己无关，或袖手旁观，或有意回避，而应积极配合科任教师及时解决问题。

（三）合理恰当地维护科任教师的利益

当学生提出某个科任教师在教学中的不足时，班主任更应在维护科任教师应有威信的前提下，正确引导学生一分为二地评价科任教师，说明科任教师的长处、优点和劳动成果，使学生从内心产生对他们的敬佩之情，同时要通过合适的方法帮助科任教师改正不足，以树立其在学生心中的良好形象。

班主任要在科任教师与学生之间起到协调作用。班主任切忌在学生中间或在与学生的谈话中抬高自己而贬低科任教师。当学生与科任教师发生矛盾时，班主任绝不能一推了之，而应主动承担责任，深入了解情况，排除一切干扰，妥善解决问题，这样师生关系才会更加融洽，科任教师也会乐意配合班主任搞好班级工作，同时也消除了科任教师与学生之间的矛盾与冲突，从而提高教育教学质量。

总之，班主任在协调学生与任课教师之间的关系中，要坚持公平、公正，客观合理。当学生与任课教师之间发生矛盾时，班主任一定要坚持实事求是、客观公正，既要维护任课教师的威信，又要让学生心悦诚服。

（四）培养科任教师与学生的情感认同

教师对学生无微不至的关怀最能打动学生。班主任应向科任教师了解学生的学习情况，然后在适当场合反馈给学生。当然，这种反馈通常应该以鼓励为主，先是恰当地表扬某些同学，哪怕就是学业有了一点点进步，或是做出了一件小小的好事，都不妨当众讲给大家听，以此鼓励学生并密切师生关系。同时，班主任要注意恰当反映并慎重转达学生、家长对科任教师的意见。不同科任教师的教学工作有长有短。学生会及时而又毫无保留地反映给家长，家长又反映给班主任。班主任作为班级教师集体的代表，如果不及时转达学生意见，不仅存在的问题得不到迅速解决，也不利于科任教师改进教学方法，提高教学水平。但如果转达时的场合不恰当，言语不委婉，不仅达不到预期目的，还会影响科任教师的工作情绪，影响师生关系。

（五）树立大局意识和牺牲精神

班主任既是任课教师，也是班主任，要树立大局意识和牺牲精神，工作中要不怕吃点小亏。作为班主任，对待各门课程要坚持平衡原则，不要只让学生学自己所教的学科，而不顾及其他教师的科目。如果科任教师教学经验不足，或组织能力差，或责任心不强，或因不顺心的事闹情绪，班主任要大力协助支持科任教师的工作。班主任这样做了，科任教师就从内心感谢并支持班主任的工作，从而达到以心换心的目的。另外，科任教师临时有事，需要和班主任调课，班主任千万不要表示为难。有时科任教师请班主任临时照看一下班上学生也千万不要拒绝。班主任在这些方面若能吃些小亏，同事关系将会更融洽，他们也愿意与班主任一起同心协力教好这个班。那么，班主任也就省心不少。

第三节　班主任与家长的沟通与协调

班主任与家长之间的关系是一种特殊的关系，它是学校联系家庭的纽带，是学校教育与家庭教育的结合点。苏霍姆林斯基指出：“只有学校教育而无家庭教育，或只有家庭教育而无学校教育，都不能完成培养人这一极其细致、复杂的任务。最完备的教育是学校与家庭的结合。”建立与家长的良好关系有利于提高学生学习效果；有利于促进教师专业成长；有利于增进家长的教育知识；有利于塑造学校良好形象。

一、班主任与家长沟通的常见问题

班主任在与家长沟通时，往往出现以下几种问题：报忧不报喜，只说学生的不足，避谈优点与进步；报喜不报忧，取悦家长，掩盖学生的问题与不足，让家长不能了解孩子的真实表现；批评指责，甚至训斥家长，把学生出现的问题归因于家庭，将对学生的不满情绪发泄到学生家长身上；在大庭广众下指名道姓揭学生的短，或将其与其他学生进行比较，让家长丢面子；将与学生家长沟通作为例行公事，敷衍了事；与家长交流缺乏充分准备，匆忙上阵，表述模糊不清，泛泛而谈，听似全有理却不能解决实际问题，不能展示自己教育理念、实力；以居高临下的姿态去“教育”家长，引起家长反感。

【案例阅读】

某校七年级一班年轻的班主任王老师在掌握了学生小亮偷拿同学球拍的确凿证据后，将小亮的母亲叫到了办公室。“你应该严加管教你的儿子。小时偷针，大时偷金，弄不好将来就是公安机关严打的对象。”班主任王老师在气头上，当着许多老师的面大声地责怪小亮的母亲。“俺这孩子在上小学时从没偷过别人的东西。怎么才上了初一，就有这毛病了？你作为班主任就没责任吗？”小亮的母亲红着脸反问班主任。话不投机半句多，二人吵了起来。

（资料来源：《班主任的沟通与协调技能》，https://max.book118.com/html/2019/0309/5103204020002020.shtm）

二、班主任与家长沟通的基本策略

（一）尊重家长，打好与家长沟通的基础

马斯洛需求理论认为，尊重的需要可分为内部尊重和外部尊重。内部尊重是指一个人希望在各种不同情境中有实力、能胜任、充满信心、能独立自主。总之，内部尊重就是人的自尊。外部尊重是指一个人希望有地位、有威信，受到别人的尊重、信赖和高度评价。社会互动理论认为，任何人际关系的本质都是互动，而互动的核心是相互依赖。教师与家长的互动，追求的应当是“彼此相倚”型的互动，因为在这种类型的互动中，才能真正凸显双方的主体地位，体现主动性。具体来说，班主任应注意以下问题：

首先，要礼貌待人，要尊重学生家长的人格，不论在任何情况请家长到校，都应主动给家长让座、倒水，要有为人师表的风度和人格魅力。其次，尊重家长，要有理智的情绪。对于犯错误的学生，要求学生家长到校时更应注意控制自己的情绪，不能本来是孩子的过错，由于恼怒而把不满发泄到家长的身上。再次，尊重家长，讲究谈话的方法和策略。尽可能先说、多说孩子的优点，不应该当着学生家长的面训斥他的孩子。可先把家长叫出办公室，在一个单独的环境里向学生家长说明情况，形成一致意见。最后，尊重家长，要虚心听取家长的意见和建议。现在的学生家长很多都有高学历，也有很高的认识水平和管理孩子的水平，如能经常征求并尊重学生家长的意见，会让家长觉得班主任比较民主、诚实可信，有利于班主任和家长的联系沟通。

（二）与家长建立相互信任的关系

信任是班主任实现与学生家长良好沟通、开展合作的心理基础。与家长谈话是教师和家长的双边活动，是语言、情感的双向交流。家长的为人、阅历、性格特征、心理因素等直接影响着谈话效果。

首先，班主任要设身处地地理解家长，理解家长“望子成龙”“望女成凤”的愿望，让家长知道现代教育的多元性和复杂性、统一性和互动性。家长有了这样的心理前提，班主任就会取得家长的理解，从而达到沟通的可能。

其次，班主任还要让家长理解自己诚恳负责任的态度，要让家长知道自己对他的孩子特别重视，沟通认真，而不是敷衍了事。事前班主任要对该学生的方方面面做充分的了解，包括学习成绩、性格特点、优点和缺点、家庭基本情况以及自己为这个学生做了哪些工作等，最好拟一个简单的提纲。这样做的好处是在与家长交流时，能让对方感觉到老师对他的孩子特别关心、重视，留下老师工作细致、认真负责的好印象，家长也会提升其责任心。这样从情感上双方更容易迅速沟通。

（三）讲究艺术，巧妙接待不同类型家长

学生来自不同的家庭，每个家长的文化水平、素质、修养都不同，各个家长对学校教育的配合程度自然存在很大差异，这就要求班主任在接待不同类型的家长时讲究方式方法。班主任要坚持多元化原则，因人而异地采取合理有效的方法与不同的家长沟通，在不同的情况需要有不同的方法策略。

（1）对高知有修养的家长：尽可能将学生的表现如实向家长反映，主动请他们提出教育的措施，认真倾听他们的意见，充分肯定和采纳他们的合理化建议，并适时提出自己的看法，和学生家长一起，同心协力，共同做好对学生的教育工作。

（2）对溺爱型的家长：交谈时，应先肯定学生的长处，对学生的良好表现予以真挚的赞赏和表扬，然后再适时指出学生的不足。要充分尊重学生家长的感情，肯定家长疼爱子女的正确性，使对方在心理上能接纳自己的意见。同时，也要用恳切的语言指出溺爱对孩子成长的危害，耐心热情地帮助和说服家长采取正确的方式来教育子女，启发家长实事求是地反映学生的情况，千万不要袒护自己的子女，因溺爱而隐瞒子女的错误。

（3）对放任不管型的家长：班主任在交谈时要多报喜，少报忧，使学生家长认识到孩子的发展前途，激发家长对孩子的爱心与期望心理，改变对孩子放任不管的态度，吸引他们主动参与对孩子的教育活动。同时，还要委婉地向家长指出放任不管对孩子的影响，使家长明白，孩子生长在一个缺乏爱心的家庭中是很痛苦的，从而增强家长对子女的关心，加强家长与子女间的感情，为学生的良好发展创造一个合适的环境。

（4）对性格粗暴，刚愎自用甚至蛮不讲理的家长：要以冷对热，以静制动，以柔克刚。越是难以理喻，就越要坚持晓之以理。要做到先倾听而后动。要宽容、理解。除此之外还要考虑沟通形式的多样化。

（5）对气势汹汹的家长：要以理服人。教师碰到气势汹汹的家长，往往也会热血冲头，一定要沉得住气才行。碰到此类家长，最有效的做法就是面带微笑。班主任在面对家长的指责时，要克制自己的怨气，不要和家长争执，更不要挖苦讽刺学生而伤及家长，脸上要充满微笑。那么，无论是在多么尴尬或困难的场合，就都能轻易渡过，赢得家长的好感，体现自己的宽容大度，从而消除误解和矛盾。

三、班主任与家长沟通的方式

（一）定期召开家长会

定期召开家长会是班主任与家长沟通、解决问题、共同探讨教育孩子的重要方式。班级里学生较多，如果与每位家长进行单独沟通，班主任必然显得心有余而力不足。家长会上，班主任可以把学生普遍存在的问题对家长进行告知及解释，广泛收集家长的想法及意见，进行一定的归纳及总结，从而各个击破。定期家长会既可以让家长了解一定时期内孩子的表现情况，如学习的进步或退步、薄弱学科等，也让家长对学校、班级、教师及学生有个纵向的了解，这样学校及班级里的工作才能够得到家长的支持及理解，从而消除各种误会。此外，

家长会期间，家长们可以通过互相交流家教心得及经验，通过横向比较，发现并改善自己家教方式的不足之处。因此，适当地举行家长会具有重要意义。

班主任召开家长会可以按照如下程序进行：① 按学期计划进行；② 明确会议目的；③ 制定开会计划；④ 创新家长会的形式；⑤ 做好家长会记录；⑥ 做好反思与总结。

（二）适当开展家访

一个班级里，学生有的来自农村，有的来自城市，他们父母的职业及家庭环境各不相同，对于一些情况特殊或多次电访无效的，就有必要家访。家访不但能够使与家长沟通时更积极主动，还能够让班主任直接了解学生的家庭环境及背景，对家长的素质亦能够有直观的理解，有助于班主任从侧面了解学生的情况，最终达到沟通的目的。可见，家访具有重要意义。

【拓展阅读】

家访“十要十忌”

“十要”：一要有准备；二要多尊重；三要多鼓励；四要多商讨；五要抓时机；六要有重点；七要多观察；八要有回避；九要抓反馈；十要常总结。

“十忌”：一忌当面“告状”；二忌指责家长；三忌急于求成；四忌语调生硬；五忌以偏概全；六忌背后议论；七忌漫无边际；八忌过问隐私；九忌强行访谈；十忌接受礼物。

（三）通过 QQ 及微信沟通

除了短信和电话，QQ 及微信也是目前重要的交流方式，它们也可以成为班主任与家长沟通的重要途径之一。班主任可以通过建立 QQ 群或微信群，邀请各位家长加入，这样可以将班级的活动发布于网络，家长无论身处何地，都能够了解班级的状况及学生在学校的情况，从而增加对班级和学生的了解。同时，家长也可以随时向班主任反映学生的情况，特别在假期，这样有助于班主任与家长共同探讨培养孩子的最佳方式及途径。此外，通过网络，班主任与家长们也可以一起交流好的教育方法，为改善各自的教育方式提供参考。

（四）举行亲子活动

学校或者班级可以组织多次不同主题的亲子活动（如母亲节主题班会，感恩节等），邀请部分家长参与其中，这可以增进老师、家长和学生之间的感情，是推动班级成长的一个平台。苏霍姆林斯基说过：“如果没有整个社会首先是家庭的高度的教育学素养，那么不管教师付出多么大的努力，都收不到完美的效果。学校里的一切问题都会在家庭里折射出来，而学校复杂的教育过程产生困难的根源也都可以追溯到家庭。”[①]随着步入中学，大部分学生与家长的

① B.A.苏霍姆林斯基：《给教师的建议》，教育科学出版社 1984 年版，第 84-85 页。

交流互动也日渐减少。在亲子活动中，通过互动，家长可以更加了解班级及学生，更容易把各自平时难以表达的心里话说给对方听，增进对彼此的理解，从而更好地实现沟通的目的。

（五）建立家长学校

家长学校是在教育行政部门的组织下，以中小学为创办主体，由家长委员会负责，吸收中小学学生家长参加的一种指导家庭教育的群众性业余教育组织。

家长学校的任务是向家长宣讲家庭教育的重要性及国家颁布的有关法律、党和国家关于家庭教育的方针政策、上级有关部门对家庭工作的法规和指示，向家长宣讲党的教育方针、政策、法规和学校各项教育、教学计划，指导家长提高自身素质，用高尚的人格、良好的行为为孩子做表率，引导家长重视家庭美德修养，创设良好的育人环境。

班主任在家长学校中发挥着重大作用。因为，家长学校的活动大多是以班级的形式进行的，班主任是家长学校的中坚力量。与班级活动相关的家长学校的活动计划、家长学校讲课教师的聘请，都要由班主任负责实施。班主任要参与家长学校活动计划的制定，并以班级为单位主持家长学校活动。

（六）开展家长沙龙活动

家长沙龙是以家长为主体，以学生学习成长为中心，以教师及专家学者为咨询指导，旨在提高家长教育素养，提升教育理念，转变传统教育观念，实现以家庭为突破口，最终形成教育合力的一种形式。家长委员会由关心学校、关心教育事业、具有教育子女经验的家长代表组成。其使命是代表家长研究教育孩子的内容和方法，为班主任当好参谋与顾问。

为了让家长沙龙和家长委员会更好地发挥作用，班主任应做到：第一，负责组织建立教育工作机构；第二，定期召开工作会议；第三，向机构报告班级工作与学生表现；第四，听取机构家长的意见和要求；第五，邀请家长协助班级管理工作；第六，听取学生在校外和家庭中的表现；第七，及时向机构介绍有关学校教育工作的方针政策、教育改革动向以及个人对班级问题的思考。

四、班主任与家长沟通应注意的问题

（一）克服互相埋怨情绪

在面对后进学生的时候，班主任与家长间易互相埋怨，从而导致双方产生对立情绪。班主任老师在与家长交流时，要具体分析问题产生的原因及其解决办法，防止只“揭短”“告状”的现象。

（二）避免伤害家长的感情

班主任往往对喜欢的学生大力表扬，而对一些调皮的学生指责有加，在家长面前大力批评。家长在老师面前感情受到了伤害，回家迁怒于孩子，反而不利于家校的联系。因此，在与家长交往中，班主任要客观对待学生的错误，以商量的口气与家长共商教育方法。要充分肯定每个孩子的优点。不要只以一个标准衡量孩子。

（三）正确评价学生

班主任与学生家长的接触，往往离不开评价学生。班主任首先要了解家长的道德修养水平，先请家长谈学生在家的表现，随后班主任才谈学生在校表现，这样避免家长由于学生在校出现问题而产生心理压力。其次要客观、全面地评价学生，不能好的都好，坏的全坏。应让家长听到教师的肺腑之言，使其产生与班主任共同教育学生的愿望。班主任与家长谈话时，千万要避免只“告状”，除将孩子的问题告诉家长，对孩子的进步也要实事求是地谈。在谈孩子的缺点时，班主任还应主动、坦诚地检视自身在工作中的失误，商讨纠正、改进的措施。家长会觉得班主任是在真心实意地爱护自己的孩子，从而接受班主任的意见并积极合作。

【育人故事】

我的房间，你们随时可以进来——我的特岗故事

编者按：本案例选自全国中小学班主任优秀经验，作者为河南省新乡市（封丘县）大辛庄小学的任明杰老师。

我于2014年毕业后通过特岗考试，到当时的国家级贫困县的一个贫困村一直工作至今。工作的前三年，宿舍和教室总是漏雨，直到最近几年均衡教育和扶贫工作的完成，我们才搬进了新的教学楼。班里有四分之一的建档立卡户，印象最深的是小文、小飞，他们俩是双胞胎兄弟。

“来，我教你下棋和还原魔方”

一年级时，他们每天晚上都喜欢到学校找我玩，我当时很郁闷，饭后和父母家人团聚在一起是件多么幸福的事，为什么总是到学校找老师呢？直到第一次扶贫家访，步行两分钟就到了他们家，在昏黄的灯光下，孩子们正在读书。他奶奶对我说，孩子父亲因病去世后，母亲改嫁，还好得益于扶贫政策，住上了新房。我打量着房子，很新也很大，但几乎没有什么家具，再加上白炽灯发出昏黄的灯光，反而显得空旷而冷清，这时我终于明白他俩晚上为什么总喜欢到学校找我。

后来，学生经常反映兄弟俩喜欢打人、骂人，多次批评并无效果，我彻夜难寐。这时我意识到他们可能出现了心理问题，父母不在身旁，没有了感情寄托，所有压在心里的情绪也找不到宣泄的渠道，导致他们有了极端的行为，他们的人际关系也越来越紧张。国家保障了他们的物质生活，我需要给他们精神上的寄托。扶贫要扶智，更需要给他们陪伴，让他们有一个积极向上的心态。几乎每天晚上，我都带着他们一起做手工、剪纸、下棋、玩魔方，和他们聊学习生活中的问题，听听他们的想法……

感情的疏导是一个长期的循序渐进的过程。到了第二年的时候，已经出现了明显的缓解，他们也在班级里有了越来越多的朋友，甚至被同学推选为班干部。

“比一次谁被老师表扬得多”

对于他们来说，知识会过时，但学习力永不过时。要想让他们能够独立成长，需要培养他们的学习力。三年级后，一切都在向好的方面发展。可是他们的作业字体不工整，总是让我担忧，本想和他们沟通，但想着下次改正就好了，可是无数个下次等来的却是失望。我开始寻找问题的根源，回忆和他们在一起的种种细节，我才恍然大悟。相比较而言，我的房间光线充足，有专门的写作台，也有学习氛围，但是他们在家只能坐在很低的板凳上，趴在一个低矮的饭桌上写作业，再加上气氛冷清，确实没有一个好的学习环境。于是，我就允诺他们，我的房间他们随时可以进来写作业，我还特意购买了象棋和大量的课外书，他们可以自由使用，只要使用完归位就可以。

这几年来，我们一起看书，一起聊书中的人和事，不知不觉中他们的作业越来越工整。他俩在暗中较劲，每天的字帖发下后，他们都会比比谁的字被老师表扬得多。而且有时候他们兄弟俩专门从书中找一些难题来研究，这就是学习力。我没想到，我一个小小的举动，竟然给他们带来了这么大的改变。润物细无声，我也终于明白了，当我们的教育目的越是隐晦的时候，就越能被受教育者所接受。

“以我的真心换你的童心”

这六年来，我和他们的关系越来越近。在和他们交往的过程中，我意识到，对他们来说，自理能力、生活能力和劳动能力的提高很重要，可是该如何培养他们的劳动能力呢?

有次周末我需要外出培训，就把房间钥匙留给他们。当我回来的时候，他们竟然已经帮我打扫了房间，我说这是我自己的房间，我自己打扫就可以了。他们说：“老师，我们觉得这就像我们自己的家一样温馨。”真心换童心，童心换真心。原来劳动是本能，只不过这种本能需要特定的条件去激发，而我正是给他们创造了这种条件。看着他们越来越懂事，我也倍感欣慰。给他们买了一些学习用品，又帮他们募集到了衣服和鞋子，而在他们生日的那天晚上，他们特意到学校，只为送一块他们的生日蛋糕给我。

“我们将来也要做老师”

像小文、小飞这样的学生还有很多，但我像一位忠实育苗的园丁，不去抱怨秧苗的羸弱，不去抱怨土地的贫瘠。所做的，只是弯下腰身，小心地扶起每一株幼苗，用汗水去浇灌每一寸土地——守望着、耕耘着、思索着、改进着、奉献着，同时也收获着……

我教他们取景拍照，留下最美好的童年回忆；教他们制作蛋糕，品尝世间美味。我们一起享受着春有百花秋有月，夏有凉风冬有雪的日子……在我的陪伴下，他们开始变得性格开朗、积极向上，也有了更多的自信心。

在我的孩子出生后，他也成为小文和小飞的宠儿，他们一到学校，就找我的孩子一起玩。爱人对我说："他们三个在一起真是太温馨了，感觉我们像是有了三个孩子。"晚上，我和我的爱人坐在校园里陪小文和小飞聊天，畅想未来。小文和小飞说，他们已经商量好了，将来也要做老师！我想，这就是教育的传承吧。当然，我也希望他们真的能够实现自己的梦想，将这种爱传承下去！也许将来的某一天，他们的学生也会对他们说："长大后我也要成为一名老师！"

（资料来源：https://jbgzs.basic.smartedu.cn/）

【思考与训练】

一、简答题

1. 班主任应怎样和学生沟通？
2. 班主任与科任教师沟通需要注意什么？
3. 班主任与家长沟通应注意什么？

二、辨析题

先判断正误，然后简要说明理由。

1. 班主任加强任课教师与学生之间的联系，目的是使任课教师协助自己管理学生，以防学生产生越轨行为。

2. 家访并非就是班主任向家长反映学生的缺点和错误。

三、实践训练题

家访时，遇到如下阻碍，你将如何处理？谈谈自己的设想？

（1）家长时间有限，所谈问题未能展开。

（2）家长不承认其子女有老师反映的问题，且态度不好，不予配合。

（3）家长回避所谈问题，采取敷衍的态度。

（4）家长沉不住气，当面打孩子。

第十二章　班级教育合力的形成

班级是学生的精神家园，是他们接受教育的主要场所，学生在班级环境中学习知识，发展能力，不断成长。班主任要全面关心学生的健康成长，将各种教育力量整合成方向一致、要求统一、时空衔接、作用互补的教育合力。班级教育合力就是为了实现教育目标，在班主任的指导下，以班级为基础，协调学校、家庭、社会各方面的教育影响，在教育方向上统一要求，施工上密切衔接，作用上形成互补、协调一致的教育力量。形成班级教育合力有利于实现整个教育在施工上的紧密衔接，有利于保证教育在方向上的高度一致，有利于实现教育互补，加强教育的整体效应。班主任在形成班级教育合力的过程中，应当发挥主导作用和桥梁纽带作用，加强与学校、家庭和社会的联系，让更多有益的教育影响渗透到教育过程之中，使学生在多种教育因素的滋养下健康地成长起来。本章主要介绍班主任如何与学校、家庭、社会密切合作从而形成班级教育合力。

第一节　班主任与学校形成教育合力

一、班主任与任课教师形成教育合力

任课教师在班集体建设中具有重要作用。他们是学生言传身教的榜样，是齐抓共管的教育力量和一视同仁的友情力量。如果任课教师能够积极参加班级活动，切实关怀学生的精神发展，班主任应当主动与任课教师沟通与交流，使得关心班级发展的教师集体，能够做到心往一处想，劲儿往一处使，从而形成步调一致的教师集体。因此，班主任与任课教师形成教育合力要做到：统一思想认识，明确共同的教育目标；协调各任课教师的教育行为，明确各自的职责范围；了解任课教师课堂管理情况，协调任课教师与学生间的关系；积极争取各个任课教师参加班级活动，促进师生交流，培养师生感情。具体来说，主要有以下几方面建议：

第一，班主任要主动将班级学生的基本情况介绍给任课教师，使任课教师对学生的状况有一个整体了解，以便在教学中对学生提出切合实际的要求。学生在各学科的学习动机、学习态度、学习方法、学习习惯会相互迁移，这一学科的学习情况会影响到另一学科的学习，

只有全面掌握了学生各个方面的学习情况，才能有针对性地教育学生。所以，将班级学生的基本情况以适当的方式反馈给任课教师，将有助于他们改进、完善自己的工作。

第二，班主任要充分发挥各任课教师的作用，请他们参与到班级的管理中来，形成有效的教育合力。班主任可以将自己的工作设想告诉任课教师，征求他们的意见，如对学生的各项要求、班级制度的制订等，与任课教师达成共识。班主任要经常邀请班上的任课教师对班级管理提出意见和建议，协助班主任做学生的思想工作，这对班级工作来说是一个很好的补充和推动。俗话说：众人拾柴火焰高。整个班级的管理工作只有发动了所有任课教师，遇事相互协商和征询意见，才能做得更好。

第三，凡事多与任课教师商量，多听取他们的意见和建议，这样既利于问题的解决，也让任课教师感受到被尊重。班主任与任课教师沟通的方式可以是正式或非正式的。正式的方式一般是在学期开学、期中、期末这个时段开个碰头会，交换工作中的意见和看法。

第四，班主任要当好任课教师和学生的“中间人”。在班级管理过程中，班主任要协调好各任课教师和学生的关系，当好他们和学生的“中间人”，密切双方的关系。一些教师，特别是年轻教师的教法往往和学生的听课、学习习惯有偏差。这种偏差的存在，会造成师生之间的误解和矛盾，降低教学效率和学习效率。班主任此时要发挥重要作用，在学生面前维护任课教师在学生中的威信。同时也要把任课教师的做法和想法与班上的学生进行沟通和疏导，让学生理解和信任自己的老师。

第五，密切学生与任课教师的关系。师生关系如何，对教育教学质量的影响很大。班主任希望任课教师关心班级建设，就要使学生与任课教师的关系密切起来。首先，班主任要教育引导学生理解并接纳任课教师。在新学年伊始，班主任要将任课教师的基本状况、专业特长、性格特点介绍给学生。这样既介绍了教师，又激发了学生的学习兴趣，可谓“一箭双雕”。其次，班主任也要让学生关心理解任课教师。任课教师对学生的关爱有时得不到学生的理解，长此以往，会出现师生缺乏情感基础，个别学生对教师产生意见。因此班主任要让学生关心、理解任课教师，使任课教师感受到被尊重，从而心生暖意，激发工作的热情和动力，把工作做得更好。例如在教师节来临之际，有的班主任号召全班同学给任课老师制作节日贺卡、给过生日的任课老师唱生日快乐歌等。这些都会增进师生情感，是彼此永生难忘的。

第六，及时化解矛盾，帮助解决困难。人与人相处，有矛盾是正常的，关键是要化解矛盾而不是积累矛盾。在日常工作中，有时候班主任与任课教师由于对学生的要求或者教育方式等不同，会产生矛盾。遇到这种情况，班主任要充分信任、理解任课教师，支持他们的工作，从任课教师的角度思考问题，为他们排忧解难，这样任课教师也一定会全力支持班主任的工作。另外，任课教师在工作中难免会遇到一些困难和问题，这时候，班主任要尽量提供帮助。班主任与任课教师互相关心，互相帮助，就能加深同事之间的情感，从而形成合力，共同把学生教育好。

【案例阅读】

协调任课教师　形成教育合力

“啪”——重重的摔书声！

看着A老师一脸气恼的样子，我知道一定是我们班的“捣蛋鬼”又惹她生气了！

我一脸愧色地问：“A老师，怎么了，是不是孩子们又惹您生气了？”

“别说了，你们班我再也不想教了！简直无法无天！孟某上课不认真听讲，还与我打趣，引得全班哄堂大笑。刘某、李某趁机起哄，真没把老师放在眼里！你这个班主任怎么当的？”A老师一挺机关枪“嘟嘟嘟”弄得我面红耳赤。

“对不起，我一定再教育他们，不要生气。”

这已经不是第一次了。事实上，与A老师合作不久，教室里便出现了老师的吼喊声，学生杂乱的应答声、哄笑声，几次都让A老师下不了台！可为什么其他任课老师上课秩序井然？

这不由得让我回忆起前几天A老师与刘某等几个同学发生矛盾后，我调查班干部、调皮鬼等学生时的情景，“为什么A老师上课，总有学生不认真听课，请各位同学吐真言，以便调节我们班上某某课的气氛，促进学习。”

一片沉默，学生们互相看看，有几个甚至互相挤了挤眼，吐了一下舌头，面部表情似有不屑。

见此情景，我直接问孟某（公认的调皮鬼，头脑聪明，爱憎分明，品质并不坏）。

孟某抓抓头皮，脸红红地说：“老师，其实我是故意给她添堵。你不知道，A老师说话太损了！有一次我上课打了个盹，被她发现，她让我回答问题，我没答上来，她说我是猪，唉！还有一次……反正我不喜欢她！要不你问问其他同学……”

说到这里，其他几个同学（成绩不错，为人正直）也附和道：“是的，老师，孟某说得没错，A老师说话太刻薄，让人不好受！我们知道她这是为了我们好，可上课时让我们纹丝不动，谁能做得到？再说了，老师没必要挖苦我们呀！希望你与A老师说一下，好吗？我们会与她合作的！这也是为了我们自己。”

我的心情高兴而又紧张，高兴的是学生们大了，有了自己的想法，有了判断是非的标准，他们需要尊重；紧张的是，A老师虽然还年轻，但我们毕竟是搭档，这样的情况如何向其说明，显然通过领导是不明智的。

第二天中午，我有意约A老师一块在校外散步，走到一棵树前，我停了下来，将树上一个个大疤痕指给A老师看。看上去A老师并没领会我的意思。我又指着一棵树上的疤痕——这是我早已“侦查”好的——说：“你瞧，这里好像有个什么字！”A老师走近细瞧。从伤痕周围的纹理上依稀可以分辨出这里刻写过一个“爱”字，显然刻字者在写最后一捺时情绪激动，刻得很深，已割透树皮。多年的生长，疤痕已经变形，树皮外翻得很厉害，木质已经枯朽。我们同时说道："这或许是一对恋人当初为爱的见证而对小树做的无心伤害！"

"假如当初它不被人们刻那一刀又如何？你看，比起其他几棵树，显然它要矮一些！"

看到A老师若有所思，我继续说："看来，原非恶意的一刀也会造成不经意的伤害！就如我们的学生，他们都大了，就如对这棵树刻了一刀，永久留痕一样，一句话不但能温暖人的心窝，还能刺穿人的心脏！原本出于爱心的不当言行也可能对学生造成伤害。"

A老师脸颊微红，欲言又止，我趁机道："我长你几岁，也是个心直口快之人，闲来无事，经常翻阅这几本书，你不妨也看看。"我把几本书递给她："小孩子们不懂事，这些独生子女从小娇惯，不懂服从，大一点就好了。你不要生气，看看这几本书，你会有所感悟！"

渐渐地，A老师上课时，师生关系和谐了。她与学生们打成一片，那些调皮鬼围到了她的身边！事后，我问了许多同学，学生们都说："A老师变了，她竟然向我们道歉！我们好多人都哭了！孟某等几个捣蛋鬼再也不调皮了，还主动回答问题！"

（资料来源：冯贵全《协调任课教师　形成教育合力》，《内蒙古教育》，2017年第2期）

二、班主任与学校团队组织形成教育合力

班主任与学校团队组织形成教育合力，主要要做好三方面工作：一是协调好学校团委和大队委的关系；二是协调好班委会和班级团支部或中队委的关系；三是指导班级团队组织开展工作。

（一）团队组织在班级管理中的作用

中小学普遍设有共青团、少先队组织。这是班主任搞好班级工作的重要力量。团队组织主要通过开展丰富多彩的活动，对学生进行德、智、体、美、劳各方面的教育培养，有着班主任不可替代的作用。这些组织配合学校和班级，更好地引导学生树立远大理想，培养学生的集体主义精神和诚实守纪、团结向上的良好风气，通过组织各种活动，使学生开展开阔眼界，增强意志，涵养情怀，陶冶情操，培养高尚的品质和健康的兴趣爱好，锻炼学生的实践能力。因此，班主任要与团队组织密切配合，统一要求，协调工作。

团队组织在班级管理中发挥着重要作用：一是团队组织配合班级管理，能够更好地引导学生树立远大理想；二是团队组织配合班级管理，能够促进学生在德、智、体、美、劳各方面全面发展；三是团队组织配合班级管理，有利于培养中小学生的集体主义精神和主动性、积极性、创造性，培养遵守纪律、团结向上的良好风气。

（二）班主任与团队组织形成教育合力的方法

首先，班主任要明确团队组织的上下隶属关系，协调好与学校团委和大队委的关系。班主任既要指导本班的团队干部搞好工作，使团队活动服从于学校教育工作计划，又要尊重班级团队组织工作的相对独立性，按照学校团委、大队委的工作安排开展活动。班级的团队干部既是班主任的依靠力量和得力助手，又是在学校团队组织的领导下开展工作的。因此，班主任在指导团队干部开展工作时，必须取得学校团委、大队委的支持。当班级工作与团队工作产生矛盾时，班主任要顾全大局，积极支持团队工作。

其次，班主任要协调好班委会、班级团支部或中队委的关系。班委会成员是班主任工作的得力助手，受班主任直接领导和指挥。班主任要处理好班委会和团支部的协调工作，使他们团结协作，充分发挥各自的作用。班主任要按照学校工作的计划部署，指导班委会、班级团支部或中队委制定好各自的工作计划。

最后，班主任要指导班级团队组织开展工作，主要包括：帮助团队组织制定工作计划；帮助团队组织实施工作计划；帮助团队干部提高思想理论水平和工作能力；协助团队组织，搞好群众关系。

总之，班主任要经常指导、参加团队组织活动，但不能包办代替，要充分发挥团队干部工作的积极性、主动性和创造性。对团队干部要从实际出发，要求不要过高过急，要让他们在工作中逐步提高自己的能力和水平，要允许他们犯错误，并及时帮助他们纠正错误。

三、班主任与学校其他力量形成教育合力

首先，班主任要与学校领导形成教育合力。作为班主任，应当将自己的班级管理创新思路、想法多向学校领导汇报；遇到班级管理方面的问题，多向学校领导请示汇报；举行班级有关活动、讲座等，多邀请学校领导参加，让其更加了解班主任的工作。

其次，班主任要与其他班级形成教育合力。一方面，班主任要多与平行班级的其他班主任交流沟通，就班级管理经验取长补短，相互学习借鉴；另一方面，班主任要积极搭建班级干部之间交流沟通的平台，经常性联合举办班级管理经验、学习经验交流会，或者联合举办演讲比赛、文体活动等。通过上述活动，促进本班与其他班级的交流互动，形成相互学习借鉴的良好氛围。

最后，班主任要与学校后勤工作者如公寓管理员、门卫、生活老师、其他工人等建立良好的关系，在学生日常生活学习中，与他们共同教育引导学生，形成教育合力。

第二节　班主任与家庭形成教育合力

一、班主任与家庭形成教育合力的意义

2021 年 10 月 23 日，第十三届全国人民代表大会常务委员会第三十一次会议通过《中华

人民共和国家庭教育促进法》并从 2022 年 1 月 1 日起施行。该法规定“家庭教育、学校教育、社会教育紧密结合、协调一致”，多次指出对未成年人要进行“家庭与学校共同教育”。

2023 年 1 月 13 日教育部等十三部门《关于健全学校家庭社会协同育人机制的意见》指出：“学校充分发挥协同育人主导作用，保持与家庭的常态化密切联系，帮助家长及时了解学生在校日常表现。”

实施家校合作，协同育人，其意义在于学校教育学生的同时，也让家长参与教育之中，使家长的角色由被动变为主动，切实履行家庭教育主体责任，在提高学生素质同时也提高家长的素质，使学校和家长密切联系，从而形成稳定持久的教育合力，为学生的健康成长保驾护航。

二、班主任与家庭形成教育合力的方式

（一）家　访

家访是教师通过到学生家中造访，全面了解学生的家庭环境、成长史、家长的教育观等的有效途径，是教师与家长之间沟通的桥梁与纽带，是让教师与家长达成共识，更好地促进学生健康成长的重要方式。新时代基础教育改革的推进带来了中小学教育教学方式的深刻变革，家访也成为教师教育学生的重要方式之一。

新时代教师家访具有重要的教育意义。教师家访是落实新时代教育立德树人根本任务的客观需要，也是强化家校关系，增进师生关系，改善教群关系，促进教师、学生和家长之间有效沟通的一种重要教育形式，是拓宽教师教学视域，使教师全面深入了解学生学校学习背后的故事，并以自身品德、学识、爱心和情感进一步影响和感染学生身心，有针对性地促进学生全面发展的一种重要途径。教师家访既可拓宽和加深教师对学生成长规律和家庭教育环境的认知，又可以此实现家校之间彼此信任、真诚协作、互促共进、和谐融洽的教育关系。

家访目的是通过加强家校合作、畅通家校沟通渠道，建立家校沟通的良性机制，推动学校教育与家庭教育的有机结合，为学生健康成长创建良好环境，具体包括：了解学生家庭成长环境；反馈学生在校情况，征求家长意见和建议；协助家长形成正确的教养方式；帮助进家长理解学校和班级的教育理念与方式。班主任或任课教师开展家访可参考以下流程：

1. 家访前的准备

（1）收集信息。包括学生基本情况，包括个人信息、学习习惯、生活习惯、性格特征、人际交往、兴趣爱好等；家庭主要成员构成，包括家长的学历、职业等；任课教师对学生学科学习的情况的反馈；同学对学生各方面情况的表述；学校办学、班集体建设等需要传递给家长的信息；做好常见问题的解决预案。

班主任提前收集学生的相关资料，可通过档案了解学生家庭情况，将学生家庭情况大致分类，以便分类进行家访。同时，要充分掌握学生在校具体表现，尤其是心理异常学生，要提前与心理教师沟通，了解专业建议，必要时可以让心理教师参与家访。

（2）明确目的。根据学生特点及家庭现状，确定家访需要重点了解的内容和需要解决的

问题，其中需要对五类家庭即特殊家庭（特困、孤儿、病残、单亲、留守、外工、再婚、变故等）、心理异常的学生家庭（抑郁、情绪不稳定、性格孤僻等）、行为异常的学生家庭（谈恋爱、痴迷网络、沉迷游戏、人际关系交往障碍等）、在学习等方面存在问题的学生家庭（学困生、待优生、偏科生等）、涉外家庭（语言沟通不畅、生活不习惯等）进行重点家访。了解学生家庭情况，包括亲子关系、居家学习、生活、家长的教育理念及方式等，及时向家长反映学生在校情况，围绕重点问题，和家长一起研究帮助学生改进的教育方法等。

（3）编写提纲。编写家访提纲及家庭教育指导要点，建立任课教师群，搭建线上线下沟通平台，根据家访计划，共同探讨家访的具体内容和策略，提前编制针对性谈话提纲。

（4）提前沟通。提前与家长、学生沟通家访事宜，一般提前 2 ~ 3 天与家长进行来访预约，让家长心中有数，做好时间安排。同时也要提前告知学生，让学生理解家访目的，避免产生焦虑担忧情绪。

（5）安全出行（仅适用于入户家访）。合理设计家访路线，带好家访信息收集表、笔记本等资料；着装大方得体，可自备鞋套、饮用水等；注意路途安全，规避风险；可按学生住址分区域规划家访路线，并根据家访家庭间的距离统筹路程时间。

2. 家访进行时

（1）仔细观察（仅适用于入户家访）。观察学生居家环境，如是否有自己的独立空间，是否干净整洁等；观察家庭成员的相处方式，如对话时的态度、语气、表情；观察学生和家长的谈吐、举止、修养等。对学生居家环境、家庭成员的关系进行观察，有助于教师对学生的行为表现做归因分析，以及预测家庭状况给学生发展带来的可能影响。

（2）有效沟通。可就学校办学思路、班级管理措施、学生在校表现等进行交流反馈，以赢得家长理解和支持，形成育人合力；了解学生居家学习、生活的情况，家长对学校和教师的建议等，以便学校和老师为学生和家庭提供更有效的帮助；了解家长的期许，倾听家长的困惑，并给予一定的专业指导；收集家长在家庭教育过程中的有效做法和成功经验，以便于积极推广。

沟通内容应围绕家访目的，突出重点，分清层次，理顺谈话的先后顺序。

沟通方式应以教师独白的形式介绍学生在校情况；以教师提问、家长解答的方式了解学生居家情况等；以双方对话、平等交谈的形式研究改进教育策略；以家长独白的形式讲述其需要表达的信息。

沟通技巧要态度平和，语气亲近，尊重家长的意见和看法，注重倾听，共情家长感受；以表扬鼓励为主，对于学生的不足之处，可以委婉地提出针对性的改进建议，切忌指责家长和孩子，避免“告状式”“惩罚式”家访；围绕核心主题，挖掘深层原因；对于暂时无法回答的问题，应记录下来，等了解清楚后再回复。

（3）教师礼仪。态度友好，言谈亲切，穿着得体，举止大方，切勿居高临下，切勿畏畏缩缩；不打听家庭隐私，遵守家访纪律；合理控制家访时长。教师要通过家访使家长肯定自己的专业性，赢得家长对自身的专业认同；要使家长感受到教师对学生的真诚爱护和关怀，这样才能赢得家长的信任与支持。

3. 家访后总结

（1）归类总结。完成家访信息收集表的填写，有需要重点关注的信息，可以在备注中写明；注意家访信息收集表的分类归档，注意保护家庭隐私；梳理问题台账，找准解决方案。教师要归类梳理问题，及时提供帮助，并定期跟进。

（2）协调反馈。根据实际情况做好与任课老师、心理教师、学校领导等的沟通协同工作；对家访中答应家长或学生的事要进行落实反馈；进一步沟通家访、家访后家长和学生的变化；对于家访中发现的突出和异常问题，需要及时上报学校领导。家访后一段时间内，教师要再次联系家长，了解家长和学生的变化。教师也要将家访后学生在校表现及时反馈给家长，让家长全方位了解孩子在校变化等情况。教师和家长根据实际情况进一步调整教育教学方法。

（3）重点回访。家访要面向全体学生，但对特殊问题的学生，如有必要，要做到回访反馈，以便巩固和加强家访效果。回访主要是上文提及的五类家庭。

【拓展阅读】

典型家庭的沟通技巧

家庭类型	沟通技巧
科学民主型	重点是教师与家长对孩子教育方式的双向优化，可以客观真实地反馈孩子的各方面状况，可以基于学生新的发展空间，直接表达教师对家长的建议。同时，多多收集其好的家庭教育方式方法，以便在家长会上推广
溺爱放纵型	重点需要家长明晰什么才是真正爱孩子的方式，以及认识到溺爱放纵的不良后果。沟通时，首先要充分肯定孩子的长处，肯定家长为之付出的关爱，在充分列举事实、说明道理的前提下，委婉指出孩子需要改正优化的地方，耐心、专业地引导家长改进家庭教育的方式
放任自流型	重点需要了解家长对孩子疏于管教的原因，从而引导家长采用科学的家庭教育方式。首先要肯定孩子的优点与进步，让家长体会到喜悦和希望，然后才能产生动力，配合学校，促进孩子的健康成长
严加管理型	重点是需要降低家长的焦虑值，给孩子适度松绑，创造弹性空间。这类家长总是对孩子充满期待，希望把孩子培养成杰出人才。面对这样的家长，班主任可以充分肯定孩子取得的成绩和进步，认可孩子的努力与付出，厘清孩子能达到的最近发展区
简单粗暴型	重点是需要让家长认识到粗暴教育的危害，懂得教育的艺术与技巧。面对这类家长，不要用告状的方式反馈孩子的问题，这会给孩子造成皮肉之苦。应基于教育的效果，引导家长用科学的方式去促进孩子成长

（二）家长会

中小学定期召开学生家长会，是加强学校与家庭联系的最好方式。与学生家长集中讨论共同关心的问题，辅以家访、通信联系等形式，能增进教师和学生家长间的相互信任，及时沟通受教育者动态变化信息，调整、改进教育举措，促成学校教育与家庭教育相结合，使之更具一致性、针对性和有效性，形成良好的家校合作，协同育人环境，提高教育教学质量。如何开好家长会，班主任可从以下几方面考虑：

（1）做好召开会议的准备工作，是家长会成功的必要条件。一般包括以下几方面。① 根据学校教育教学工作的实际，确定家长的目的和主要内容，可通过召开班级任课教师会议、班委会等客观分析本班现状，发现促进学生发展的有利因素和制约学生发展的不利因素，确定主要收集、交流的信息，共同解决的问题，并明确工作分工。② 印发开会通知。一般在会前 1 ~ 2 周发布通知，简要说明会议目的、内容、时间、地点（一般以教学班为单位，地点在教室）、咨询能否到会，并附学生家长对学校工作的意见、建议等。会前一周统计家长的回复情况。此举目的在于使学生家长做好充分准备，也便于班主任掌握落实到会人员情况。③ 收集整理学生家长的意见、建议，归类分析，更客观地确定需要沟通解决的问题。④ 班主任会同任课教师，根据本班情况，准备翔实的发言材料，并做好会议召开的有关准备工作。

（2）围绕会议主题，开诚布公，广泛交流，形成共识，增强合力，是会议的出发点和落脚点。家长成功的关键是学生家长的积极参与。从会议召开到会后落实，都必须围绕这个关键来做。班主任需要注意以下几点：① 组织安排要全面。从任课教师到学生干部，分工明确：班主任是会议的主要组织者和中心发言人，任课教师和学生干部协助；提前交代接待家长的礼仪，安排几名学生迎接学生家长，指引会议地点（特别是初次到会的学生家长），热情接待学生家长。② 会上全面汇报本班教育教学工作。从学校的教育教学目标、任务，到班级工作的具体组织落实，向学生家长做全面汇报。同时简要介绍下一步的工作目标及措施，使学生家长对子女所在班级的教育环境、概况有清晰的了解，并提出建议意见。③ 面向全体学生，坚持一分为二的观点，全面介绍学生个体发展情况。学生家长最关注的是子女在校发展状况。班主任应既肯定成绩，又正视不足，从德、智、体、美、劳各方面介绍每个学生的发展状况，介绍学生发展突出的方面时不要遗忘任何一名学生。对后进生更要介绍其闪光点，肯定其成绩，要使每位学生家长都了解自己孩子各方面的情况。④ 全面介绍学校对学生校内外的管理要求，明确提出需要学生家长协助教育、管理学生的注意事项。

（3）班主任与学生家长共同商讨教育措施。班主任要设法调动学生家长积极发言，最大限度地了解学生的家庭情况和个性特点，有针对性地提高教育措施，与学生家长商讨，就学生家长提出的意见，做出合理的说明，表明态度。

（4）班主任应以豁达、真诚的心态对待学生家长。首先，客观公正、实事求是地汇报工作，评价学生。对自身工作中存在的问题，要勇于承担责任，以虚心的态度对待学生家长，尊重、理解他们，正确对待他们提出的问题，通过平等对话，求得理解与一致。切忌板起面孔，推卸责任，甚至训斥、责备学生家长，或把家长会变成告状会。这样做，既挫伤了学生家长自尊心，又可能引起学生家长会后把气发泄到学生身上，以致事与愿违。其次，力求成为合格的组织者，引导学生家长知无不言，言无不尽，充分发表个人见解，就有争议的问题展开讨论，辩明事理，求得教育理念的认同。特别是使借故推诿教育责任、认为自己无力教育子女的家长转变观念。此举比单纯由班主任提出要求要强很多。并且，还可使学生家长的有效教育方法得以推广。

（5）在友好、愉快的氛围中结束会议。班主任作为中心发言人，要充分肯定学生家长提出的正确意见和建议，总结会议收获，衷心感谢家长对学生教育、教学工作的大力支持，并表明今后多联系和沟通，共同做好培养下一代的工作，使学生家长高兴而来，满意而归，为下次会议打下良好基础。

（6）及时汇总会议情况，加强反思改进。班主任要对家长会提出的有关问题进行梳理，有些无法解决的问题应当向学校相关领导、部门汇报。对家长提出的合理化建议要及时改进落实，发挥家长会的实效。只有这样，学生家长才能看到会议的效果，也才会愿意将把自己的聪明才智不断贡献给学校，全身心地协助学校和班主任教育孩子健康成长。

（三）家长学校

家长学校是指以中小学生家长为主要对象，以传授家庭教育的基本原理规律、科学知识和方法为主要内容的一种业余教育形式。其宗旨是引导家长改变家庭教育的误区，提高家庭教育的质量，进一步配合学校教育，让家长和学生形成有效教育合力，引导学生健康成长，便于家长及时了解学生在校情况以及学校的一些重要通知。家长学校开办的意义在于：第一，家长学校能够使家长在养育子女方面得到更多来自学校的指导。家长学校通过一定的家庭教育指导形式来提高广大家长自身素质和家庭教育水平。第二，家长学校是终身教育体系的组成部分，是社会主义精神文明建设和实施素质教育的组成部分。第三，家长学校是一种新型的成人教育机构，是新形势下出现的一种指导家庭教育的新形式。

家长学校一般组织家长通过座谈、讨论、交流、走访、参观、学习、咨询、讲座等方式，联系实际，摆事实，以理服人，真情沟通，促进教育教学工作的开展，使教学内容、方法落到实处，做到“实在”“管用”。家长学校需要立足基层，面向乡村、社区，针对不同地区不同家长的不同特点和不同要求，确定不同的教学内容。家长学校的讲课内容一定要联系实际，贴近生活、实在管用，不讲空话、套话、俗话，使家长“听得懂、看得见、记得牢、用得上”。

（四）家长委员会

家长委员会是由家长代表成立的组织，作为与学校沟通的桥梁，关注学生的教育。家长委员会是增进学校与学生、家长之间沟通的桥梁。家长委员会代表一般不限制人数，学校可以提供家长委员会商议讨论的场地，也可以由委员会成员自行组织讨论，将议题整理记录后与学校沟通。中小学家长委员会是由本校学生家长代表组成，代表全体家长参与学校民主管理，支持和监督学校做好教育工作的群众性自治组织，是学校联系广大学生家长的桥梁和纽带。建设家长委员会是完善中小学民主监督制度的需要，是完善中小学社会参与制度的需要，是不断完善学校教育环境的需要。

家长委员会成立后，要积极发挥协助学校育人的作用。第一，家长委员会要自觉成为家校联系的纽带。家长委员会是由家长组成的，这些家长有较高的文化水平，对政策也有一定的了解，在家长中有一定的号召力和影响力。家长可以通过家长委员会把对学校教育教学管理方面的意见、建议反映到学校，学校也可以通过家长委员会把学校的一些管理制度、对学生的要求告诉家长，让家长委员会成为家校联系的纽带。家校互动可减少家校之间的矛盾。第二，建立家校互动教学网。家长委员会可以利用微信和 QQ 网络平台，建立家校互动教学网，家长与老师共同探讨教育教学方面的问题，共同教育好孩子，有利于把孩子培养成德才兼备的人才。第三，让家长成为学校教育教学改革的宣传员。学校可以把教育教学改革的方案、设想、措施、方法、制度等有关信息，通过家长委员会告诉其他家长，让家长成为学校教育教学改革的宣传员，通过宣传获得社会更多组织和人员的支持，更有利于学校教育教学改革的顺利进行。第四，建立班级家校互动网络平台。以班为单位，班主任收集班上学生家长的微信号、QQ 号，建立班级家校互动平台。班主任可以通过班级家校互动平台与家长交流有关学生的学习、品德、在校遵守校纪班规的情况，家长也可以通过班级家校互动平台向班主任提有关教育教学方面的建议，共同搞好班级管理和教学，帮助学生提高学习成绩。第五，家长委员会应成为学校教育教学改革效果的监督员。家长委员会除了正面宣传学校的教育教学改革外，更要搜集、整理、反馈广大家长对学校教育教学工作的意见和建议。学校通过家长委员会的反馈，广泛听取家长的批评与建议，针对这些批评与建议，不断修正，使学校教育教学改革取得良好效果。

第三节　班主任与社会形成教育合力

如今的教育不仅仅是学校教育，而且是社会化的大教育，是终身教育，社会力量也成为一种不可缺少的教育资源，成为发展教育的一种不可替代的生力军。面对这样的现状，班主任就需要加强整合社会教育资源，形成教育合力，充分利用社会资源，教育好学生。戈登·德莱特和珍妮特·沃斯在合著《学习的革命》一书中写道："整个社区教育应该是一种教育资源。如果没有社区参与其中，你不可能拥有一所优秀的学校。"可见，整合社会教育资源，开展社区教育，已成为新时代班主任工作的重要内容。

一、依托社区教育资源形成教育合力

社区教育资源指的是社区周边环境中蕴含的具有教育教学价值的各种资源的总和，包括物质资源、人才资源和精神资源等。但有了这些资源并不意味其教育功能就可以得到有效发挥，只有对这些资源进行合理的开发、利用和整合，使社区内的各种教育资源之间形成一体化教育体系时，才能充分发挥社区资源的教育价值。班主任要加强与社区各单位的联系，利用其物质资源和人力资源。开展各种社会实践活动，拓展学生的各种能力，增长学生的社会实践技能，为学生走向社会打好基础。适当组织师生到本社区进行考察、春游、野营、参观

等，实地接触本地的自然景观、历史事迹、名人文化等，亲身体验社会，增强社会责任感；适时参加一些社区的文化、体育活动，与社区建立良好合作关系，比如在学校开展“尊老、敬老、爱老”活动，要求学生为身边的孤寡老人做一件好事；邀请交通大队、消防大队、公安局等处社区民警来学校做讲座；师生一起参与演示地震、火灾等灾害中逃生；等等。这些教育资源，既可以拓展学生的知识，提高学生安全意识，培养学生社会责任感，锻炼学生的组织能力、交往能力、协作能力、生存能力，又培养了他们正确的人生观和价值观，还提高了学生的生存技能，有利于学生实现社会化。

二、联合高校教育资源形成教育合力

联合高校开放大学校园、实验室、图书馆、实训基地等硬件设施，供中小学生游学参观。联合高校开放学术报告、专家讲座、高端论坛、特色课程等课程资源，开放高校的文化、艺术、体育场所设施，为中小学生提供教育服务；聘请高校专家学者，进行师资培训、科研及课程指导，提高中小学科研水平，促进中小学教师的专业发展；班主任要充分利用周围资源，与高校加强联系，通过课程开发、共建认知实践基地、活动指导等方式，为中小学生拓展更多的进步空间。

三、建立校外教育基地形成教育合力

校外教育是弘扬传统美德、传承优秀文化的有效途径，与学校教育一起担负着育人使命。在全面实施素质教育的过程中，校外教育的体验教育模式有助于少年儿童兴趣爱好的培养和个性特长的发展，有助于培养少年儿童的创新实践能力，有利于培养少年儿童攻坚克难、勇于担当的能力。班主任可主动与当地社区教育委员会联系，与社会有关单位共建校外教育基地，开展中小学生的爱国主义、科技、国防、劳动实践等教育活动。缺乏实践机会、缺乏劳动环境和远离大自然是城市学生的缺憾。因此，必须充分利用现有的教育资源和社会资源，建设中小学素质教育实践基地，有计划地、定期地、成批安排城市学生到基地参加实践活动显得尤为重要。

四、充分利用网络信息资源形成教育合力

21 世纪是一个高度信息化的网络时代，作为网络时代的班主任，应主动迎接网络传媒的冲击与挑战，充分利用网络的特点，及时更新教育观念，拓展教育模式，建构适应网络时代特点的班级教育框架。要与时俱进，把网络用于教育和班级管理，积极探索网络时代下班主任工作的新模式。

网络信息技术为人们提供了多种交流工具，如电子邮件、QQ、微信等。班主任可利用网络工具加强师生交流，密切师生关系。比如用 QQ、微信交流，可以打破班主任工作的时空界限，只要师生双方都在线，就可以交流。即使一方没有在线，另一方也可以很方便地留言。这样，班主任就可以方便地与学生谈心，随时掌握他们的思想情况，有效地进行班级管理。

通过 QQ 和微信，学生可以向教师倾诉自己真实的想法，坦率地对教师的教学提意见；教师可以更深入地了解学生。

另外，班主任可以充分挖掘网络资源，激发学生学习潜能。比如，利用优秀影视资源，加强对学生的德育教育。传统的学校德育方式即教师对学生进行说教，以训诫的口吻，要求学生服从、忍让、遵守学校的规则，忽略了学生在教育过程中的主体作用。而优秀的网络影视作品正以前所未有的发展态势，影响着人们的生活和观念的变革，推动着文明的演进。好的网络影视资源在德育工作中具有独特的优势，它往往比一般的文字作品更形象，比一般的说教更生动。好的艺术作品形象地诠释人生与做人的道理，惩恶扬善，寓教于乐，易引起学生强烈的共鸣，达到陶冶情操、提高审美能力的目的。正如鲁迅所言："用活动电影来教学生，一定比教员的讲义好。"所以，在加强和改进学校德育的工作中，班主任应该积极地利用好这些影视资源对学生进行思想道德的教育。

总之，只有班主任善于学习，善于利用社会资源，教育才会形成正向合力。

【育人故事】

拥抱的力量

编者按：本案例选自全国中小学班主任优秀经验，作者为南宁市第三中学胡娴毅老师。

南疆七月，暑气未消，下午六点一刻，放学铃声响起，学生陆续走出校门。校内，学校广播正播报着习近平总书记重要讲话的内容：只有打动学生才能引导学生……真信才有真情，真情才能感染人。校外，已毕业多年的他向我激动地挥舞着双手，我不由得扬起了嘴角。想起我与他与他初见的情景。

那时我刚接手一个班级。询问原班主任班级情况，他告诉我，班里有个绰号叫"牛大宝"的孩子，常常把课堂搅得鸡犬不宁，很难管教。我想细问，可他一副无可奈何的表情，说了句"祝你好运"，就摇着头走了。很快就迎来了开学的第一课。我刚踏入教室，同学们的高声议论便戛然而止，我转头一看，屏幕上赫然出现了一个大猪头，旁边用箭头指向"胡老师"三个大字。那一瞬间，空气仿佛凝滞了。突然，一声嗤笑打破了尴尬的氛围，我回过头，发现最后一排有个男孩嘴角上扬，神情十分得意。看到他，我几乎可以确定。他就是这件事的始作俑者牛大宝。我灵机一动，什么都没说，故意走到他的跟前。这时全班鸦雀无声，似乎等待着一场暴风雨的来临，我扬声说道："是哪位同学这么了解我？知道这是我自我介绍的主题，还精心给我配了图。没错，我姓胡，是个精致的猪猪女孩。"同学们听到这都禁不住笑了起来。唯有这个男孩把笔往地上猛地一摔，不屑地把头扭向一边，不与我对视。我们之间仿佛隔着一堵无形的厚障壁。

接下来的几天，他如往常屡生事端，试探我的底线，而我并没有加以训斥。因为我知道像他这样的孩子训斥无用，唯有真情引导。于是我决定到他家家访，了解情况。见到我，他的父亲满脸歉意："胡老师，孩子给你添麻烦了，他像头牛一样，是块'拧筋'，不听话。"此时，他正低着头站在窗边，我说："他确实像头牛一样拧。但我看到的拧和您说的不一样。开学以来孩子表现不错，英语单词一开始都是错的，可他硬着头皮坚持背。现在呀，听写也能听对几个。没有这股拧劲，哪来的进步啊？"听到这，他抬起头不好意思地看着我。他的父亲有些愧疚："胡老师，五年前我和他妈妈分开后，这孩子就像变了个人，我工作又忙，对他关心也不够。时常啊，觉得自己是个没人要的孩子。"听到这，他扭头进了房间。看着他瘦弱的身影，我心一酸，便跟了进去。聊完后，见天色还早，我带着他一遍遍地朗读英语单词，他读得挺认真的。离开他家时，我抱了抱他，对他说："你再好好练练，我坚信你一定会给大家一个惊喜。"他僵着身子，不自在地小声应了声："嗯。"

第二天，他的朗读果然让大家刮目相看。我抓住机会好好表扬了他。那是我第一次看到他露出自信的微笑。从此我开始踏上漫长的深情教育之路。当他感冒咳嗽的时候，我会趁他不在教室，在他课桌上放一盒感冒冲剂；当他玩起迟到，我叫他到办公室了解情况，也不忘给他塞个热乎的包子，叮嘱他一定要吃早餐；当他与父亲争吵离家出走，我半夜冒雨去寻他开导了他几个小时……渐渐地，我的生活中出现了很多小惊喜。每天早晨，我的桌面上都有一杯温水在等着我，讲台开始变得干干净净，连办公室里常被我忽略的绿植都有人精心打理，这些都变成了我们心照不宣的秘密。他渐渐地对他的学习上心了，各科成绩都有起色，也获得了老师和同学们的认可，期末考试还获得了进步奖。

领奖的当天，他跑过来对我说："胡老师，刚开学我就听说咱们班来了位特别厉害的班主任，当时我就想试试您到底有多厉害，于是做了那件蠢事。现在我向您道歉。""我接受你的道歉。开学时，我也听说咱班有一位厉害的'牛大宝'同学。现在我知道了，'牛大宝'确实很牛，牛在知错能改、牛在追求进步、牛在突破自我。"

一个熟悉的声音把我拉回现实。"老师，我来看你了。"他笑着张开双臂，紧紧地拥抱了我。正如习近平总书记所说：真信才有真情，真情才能感染人。只要我们用真心对待学生、用真情感染学生、用真爱打动学生。那么，一个简单的拥抱都有千钧之力。

（资料来源：https://jbgzs.basic.smartedu.cn/）

【思考与训练】

一、简答题

1. 班主任与学校如何形成教育合力？
2. 班主任与家庭如何形成教育合力？

3. 班主任家访应注意什么问题?

二、案例分析题

七年级 3 班有一个比较调皮的学生李明，平时上课喜欢做一些小动作，或者和别的同学说闲话，惹得老师屡次批评。一次物理课上，李明因为和别的同学说话，任课老师决定下课带他到办公室进行说服教育，但下课时王明不在教室，就决定过一天再来处理。第二天，早自习课正好是物理课，李明坐在座位上认真看书，没有做其他任何事情，但是物理老师立刻从讲台冲下来，抓住李明的衣服准备让他到教室后面罚站。因为老师在做这一系列动作中始终没有说明原因，李明也不知道为什么老师这么做，就稍微用有点儿冲动的语言质问老师为什么这样做，物理老师就当着全班同学狠狠地挖苦讽刺李明，使得他自尊心受到严重的伤害。

如果你是李明的班主任，你准备从哪些方面来妥善处理这次事件的影响?

第十三章　班主任的专业化成长与发展

班主任工作既是一门学问，也是一门艺术。教师需要专业化发展，班主任也需要走向专业化，两者应同向同行。班主任工作是一项复杂的专业劳动，班主任是专业工作者。中华人民共和国成立以来，党和国家十分重视班主任工作，先后出台了很多文件制度，不断推动班主任专业化发展。党的二十大报告强调，“我们要坚持教育优先发展、科技自立自强、人才引领驱动，加快建设教育强国、科技强国、人才强国，坚持为党育人、为国育才，全面提高人才自主培养质量，着力造就拔尖创新人才，聚天下英才而用之。全面贯彻党的教育方针，落实立德树人根本任务，培养德智体美劳全面发展的社会主义建设者和接班人。”[①]班主任作为新时代中小学教师队伍中的关键力量，在培根铸魂，培养有理想、敢担当、能吃苦、肯奋斗的新时代好青年方面具有举足轻重的作用。班主任的专业化是时代的需要，更是国家人才培养的需要。本章主要介绍班主任专业化的内涵、班主任专业成长的过程和路径。

第一节　班主任专业化概述

一、班主任专业化的内涵

班主任专业化与教师专业化具有共性，优秀的班主任首先应该是优秀的教师。班主任是学生人生的导师。因此，并非所有教师都能胜任班主任角色，但要努力去做一名合格的班主任。要理解“班主任专业化”的内涵，先要了解什么是“教师专业化”。教师专业化是指教师在获得国家规定的学历标准的基础上，树立现代教育理念，锤炼崇高的职业道德，并经过教师职业培训而获得必要的专业知识、专业能力和教师资格，确保专业地位的过程。

当代教育家班华教授指出：“班主任专业化是特殊类型的教师专业化，精神关怀是班主任专业劳动的核心内容。”学会精神关怀，学会班级建设和遵守教育信条是当前班主任专业化的主要内容。“班主任专业化”是一种特殊类型的教师专业化，或者说是教师专业化的一个特殊方面。班主任专业的特殊性可以概括为两个方面，一是从教育劳动的性质看，主要是精神劳动，是与学生心灵沟通，促进其精神发展的精神活动；二是班主任有其特殊的教育操作系统，即发展性

① 习近平：《高举中国特色社会主义伟大旗帜　为全面建设社会主义现代化国家而团结奋斗——在中国共产党第二十次全国代表大会上的报告》，新华社，2022 年 10 月 25 日。

班级教育系统。班主任专业化的三大素养中，专业道德是核心，专业知识是基础，专业能力是关键，这三者构成班主任专业化不可缺一的整体，也是新时代班主任素质的根本内涵。

二、班主任专业化的意义

首先，班主任专业化有利于提高班主任的社会地位和学术地位。班主任的社会地位和学术地位的提高，仅仅依靠改善待遇和提高声誉是远远不够的。班主任要积极行动起来，努力提高自己的专业知识和专业能力，使自己从“经验型”的班主任向“研究型”的班主任发展，不断提升自己的专业成熟度，从根本上改变班主任的职业形象，提高其社会地位和学术地位，使班主任工作成为令人尊敬和羡慕的职业。

班主任要提高自己的社会地位和学术地位，就要树立终身学习观和教育科研意识，要彻底改变专家学者搞科研、班主任搞实践的传统思想观念。班主任要持之以恒地参与在职研修和教育科研，把自己的一切教育行为作为批判和反思的对象，不断改进自己的教育方法，融专业服务与专业研究于一体。班主任要表现出“实践者即研究者”的特征，把班主任工作理论与自己的教育实践有机结合起来。

其次，班主任专业化有利于尽快提高班级德育和班集体建设的水平。专业化的班主任工作是班集体建设的关键因素。班主任自身的某些因素会直接影响班集体发展水平。众所周知，班级德育和班集体建设是一项极其复杂、专业性很强的工作，不仅需要先进教育观念的“先导”作用和班主任人格力量的支撑，而且需要班主任的教育智慧和专业能力。学生要成为合格的人才，班集体要由“松散群体”朝着“成熟班集体”发展，班主任必须处理好班主任教育主体与学生学习主体的关系、刚性管理与柔性管理的关系，以及物化环境与心理环境的关系。只有这样，学生的思想品德和班集体发展水平才能得到迅速提升。在一定程度上，可以说，班主任的专业成熟度与学生思想品德提高和班集体发展速度、发展水平成正比。

再次，班主任专业化有利于促进学生全面个性发展。“全面个性发展”是素质教育追求的目标，也准确地体现了素质教育的要求，即以德育为核心，培养学生的创新精神和实践能力。学校教育质量的提高，只有当学校教育教学真正成为一门成熟的专业时，才能真正实现。班主任的专业素质越高，学生素质提高的速度就会越快。素质教育本来就是以人格育人格、以素质育素质、以能力育能力的事业。班主任不仅要通过自己教学工作体现教书育人，通过自己对班级的组织管理体现管理育人，而且要在为学生发展服务中体现服务育人。

最后，班主任专业化有助于促进学生人格的健康发展。班主任工作是以心育心、以德育德的精神劳动，这就需要班主任以高尚的人格魅力去影响、感化学生。在实际工作中，班主任要比其他任课教师更加具备诲人不倦的工作作风和严于律己的工作态度。特别是对于学困生，班主任不仅不能厌恶、排斥，反而要更加关心他们，以极大的热情和耐心教育和感化他们，努力建立平等、民主、和谐的师生关系。同时，班主任工作又是一门艺术性很强的学问。没有班主任的专业化就不可能实现上述目标。

第二节　班主任专业化成长的过程

班主任的成长需要循序渐进，一般大致都要经历适应期、成长期和成熟期三个阶段。

一、班主任成长的适应期

对于首次担任班主任工作的教师，我们将其称为“适应期班主任”或“新手班主任”。不少新入职的青年教师还没有熟悉学校的工作规律，没有适应教学工作，便被学校安排担任班主任，这客观上给新手班主任带来了许多困难。班级常规管理、学生教育、班队活动、突发事件处理、德育处的临时性任务等，各种大事小事一起涌向班主任，令他们应接不暇，手足无措。适应期的班主任缺乏班主任实践经验或能力，容易出现以下几方面问题。

（一）班集体建设

适应期班主任尚未掌握班集体建设的方式方法，做班主任工作往往缺乏系统性、连续性、针对性；制定的班主任工作目标只是为了完成任务，还不能够理解制定计划的真正目的；制定班级计划的时候往往很少考虑本班学生的特点、班级的现存问题与现有的基础；当计划与现实工作脱节的时候，也不能按照计划中所说的去做班级工作；面对头绪繁多的工作无所适从，抓不住重点；凭一时的冲动，想起什么就做什么，学校要求什么就做什么，没有长久的韧性、长远的规划和近期的目标；对学生的心理、行为缺乏预见性。大多数这个时期的班主任不会设计教育活动，往往以管理或说教替代教育，还没有足够的认识或能力唤起学生内在的驱动力，工作时往往面临“一对多”的被动局面，遇到突发事件容易手忙脚乱，不知所措。

【案例分享 1】

学生不见了

一天上午正在上课期间，第一年担任班主任工作的小李老师神色慌张地跑进德育副校长室，报告说有一个学生不见了。副校长心里一惊，忙问她究竟发生了什么事。小李老师连忙解释。原来，她与学生小王在课上言语不和发生了冲突，小王一气之下推开教室门就冲了出去。小李老师赶紧追出去，结果已不见人影。她吓坏了，赶紧找到副校长。副校长问清了情况，立刻和小李老师赶回班里。一推门，李老师愣住了，小王同学好好地坐在班里……

【案例分享 2】

值　日

中午午休时间，七年级 1 班的门外分外热闹。学生们全挤在楼道里，打打闹闹的。

巡视的德育处赵老师忙问同学为什么不进班。同学们回答，里面在做值日，老师让大家在外面等着，免得踩脏地面。赵老师向教室一望，果然，教室里有四五个同学正在班主任老师的带领下在拖地。

（二）各类学生的教育方面

适应期班主任对班干部的培养和运用尚未有充分认识，或者虽有认识但缺乏方法，使得他们的班干部不能发挥其应有的作用。有的工作热情非常高，班级大量的工作或是亲自动手去做，成为“大班长”；或是“放羊式”，对学生不去或不会去进行应有的教育，尤其是对学生干部缺乏必要的指导和约束，不能凝聚班集体、干部集体。

对于学生中容易出现的问题缺乏预见性和足够的方法。出现问题之后往往进行简单化的批评，缺乏相应的教育。在激发各类学生的上进心、荣誉感、学习兴趣方面缺乏针对性的措施；掌握不好逐级上报的尺度，有时一些问题报给学校时已经很严重，处理起来难度很大。

（三）处理各种关系

适应期班主任对凝聚家长、科任教师、领导的力量，形成教育合力共同建设班集体的问题往往缺乏足够的认识和方法，处理各种关系时在态度和方法上容易出现问题，例如听不得任课教师反映班级问题，让人觉得“护犊子”；对家长态度傲慢，像教训学生一样“教训”家长；对学生或是故意端架子，或是太过亲密，打成一片。

二、班主任成长的成长期

通常，我们把做班主任工作三年时间以上，有了一定的实践经验和能力，对常规工作比较熟悉、初步形成个人风格的班主任称为成长期班主任。

（一）成长期班主任的特点

这一阶段的班主任工作对常规工作已然心中有数，具有一定的常规管理班级的经验和能力，能在所带的班集体有条不紊地开展工作。有的班主任可以创造性地开展工作，并在工作中初步展现出自己的特色；能够按照学校的要求给班级工作制定长远规划、近期目标；在制定班级的工作计划时会考虑班级的情况，计划中有一定的工作思路；对学校常规的大型活动能有初步的思考、安排，对班级活动能够初步策划；学会了去思考自己应该做什么；在工作中会参照班级目标和计划来进行工作，能够抓住工作的重点。

与适应期班主任相比，成长期班主任显得做事更有条理性、计划性，工作安排得会比较合理，而且他们对班干部在班级工作中的作用有些认识，能够关注到不同学生。在教育各类学生时，能够比较有针对性地采取不同教育方法并能取得一定的效果，能够比较协调地处理各种关系，例如能够与任课教师联系，正确对待任课教师的意见、建议；主动与家长联系。

（二）成长期班主任容易出现的问题

1. 班集体建设方面

班集体的表现或是很规矩但学习成绩平平；或是学习成绩突出但文体活动不足，班级氛围沉闷；或是各方面表现尚可，但师生关系紧张……总之，尚不能做到全面建设班集体，达到共性与个性的统一。

2. 各类学生的教育

对“问题学生”的教育转化不够有效。学生的能力培养达不到应有的要求。在激发学生的自我教育、促进学生的全面发展、对学生的精神关怀等方面做得还不够。

3. 处理各种关系

知行不够统一，对理论、新的教育观念有一定的认识，但尚未在行动上体现，或在行动上有相反的表现。

【案例分享 1】

学生毕竟还小

高一（1）班的班主任丁老师是一位有 3 年班主任工作经验的老师，他刚刚送走一个初中的班级。新学年，丁老师担任了高中的任课教师，并接手了高一（1）班的班主任工作。高（1）班的常规工作特别出色。开学一个月了，高（1）班每天的值日、考勤等评比都是满分。年级、学校对此非常满意。但是不久以后年级组长发现这位班主任老师经常拿着拖把在班里搞卫生，几乎每个课间都要到班里去一次，班里的大事小情都要亲自过问。学生对丁老师的做法并不买账，认为自己缺少自由，“老像小孩儿一样被管着”。当问到他为什么不放手让学生自己干时，丁老师说：“学生毕竟还小嘛！”

（资料来源：《班主任专业化》，https://jiaoan.supfrcc.net/smoke.asp?id=69439）

【案例分享 2】

小王老师的苦恼

小王老师最近很苦恼，因为遇到了一个特别难对付的孩子。这孩子本身成绩不好，行为习惯又特别糟糕，整天惹是生非，班里同学人人都排斥他。他的性格也很叛逆，老师、班主任的话都听不进去。“如果学校有开除学生的权利，我建议学校最好开除他。”小王老师气急了的时候常常这样想。不久，那孩子就与小王老师吵了一架，家长告到教育局，说小王老师体罚殴打学生，教育局责令学校给小王老师记过处分。

三、班主任成长的成熟期

我们一般把担任班主任六年以上，有丰富的实践经验、具有一定理论水平，班级建设非常突出的班主任称为成熟期班主任。

（一）成熟期班主任的特点

1. 班级建设方面

成熟期班主任一般都很注重班级文化建设，充分运用墙报、板报、班刊、班日志等形式创设班级精神文化氛围，让学生感受到鲜明的班级主流文化。他们能够结合班级特点、学生特点以及班主任本人的特色来规划每个学期的班级计划，在计划中把每个月的工作重点和工作措施详细地制定出来，并在以后的班级工作中不断参考计划，有条不紊地做好每一项工作。成熟期班主任往往会制定每个月、每周的工作目标，所以他们的工作忙而不乱，学生会很充实。他们重视对班干部的培养和使用，会不断创造机会提高其威信和工作能力，所以在他们身边会有很得力的助手和智囊团。他们能够真正地理解“育人先育心”的道理，能够真正进行入心的教育，给予需要关爱的学生更多的爱心，真正用心去感化和打动学生，对学生进行“精神关怀”；全面了解学生，从点滴中去培养学生，从小事去引导教育学生，让学生学会做人。

2. 各类学生的教育

对学生宽严适度，能利用学生的长处，充分调动其积极性；对待学生的违纪行为，能德法结合，尽量化消极因素为积极因素。

3. 处理各种关系

能够团结、协调本班所有任课教师、家长，形成高效率的团队；学会边工作边反思，不断改进自己工作中的不足，发挥自己的优势，因此工作成效更高。

（二）成熟期班主任容易出现的问题

成熟期班主任会遇到班主任工作的“高原期”现象，停滞不前，需要进一步更新观念，提高自身的专业素质。有些老师经验丰富，方法切实有效，班集体表现出色，但是不会总结、提炼经验，使得其他的老师很难向其学习。由于这部分老师一般年纪比较大，体力的付出方面会比青年教师更辛苦，会产生“退下来”的想法。有些青年班主任带班很出色，因此学校常年让他们担任班主任工作，使得这些老师产生疲倦的感觉，不愿意再继续担任班主任工作。

【案例分享】

谁来做实验班班主任

李老师很年轻，班主任年限只有 8 年，但她工作非常出色。她所撰写的德育方面的论文曾被评为区级一等奖；所负责的班集体发展全面，被评为校、区级“先进班集体”。学生们对她的工作非常认可。6 月份，学校要安排下一学年的班主任工作，大家一致推荐李老师担任实验班的班主任，并作为年级组长候选人重点培养。但李老师自己填写的新学年工作意向表上明确注明“不愿做班主任”。在与领导交换意见时，李老师表示，连着送走几届学生，感到身心俱疲，渴望休息、充电。

（资料来源：《班主任专业化》，https://jiaoan.supfree.net/smoke.asp?id=69439）

班主任成长过程，是一个比较长的过程，我们需要注意以下几个问题：

第一，班主任成长的三个阶段不是截然分开的。有延续性也可能出现交叉。有的适应期班主任对常规工作极不熟悉，但在某一方面，如开展学生心理健康教育方面，因为有较为先进的理念、专业知识，会比成长期（中期）、成熟期班主任做得出色。

第二，班主任工作水平与年龄无绝对的对应关系。一般来说，青年班主任处于适应期（初期），中年教师或老教师进入成熟期。有一些青年班主任虽然刚刚做班主任工作，但是素质高、勤学习、悟性强，一两年后就能成为一名成长期（中期）的班主任。有的老师干了十多年的班主任工作，也可能因为缺乏思考而一直处于忙乱无序的状态，无法进步到成熟期。

第三，每个阶段的衔接不能靠自然年龄的增长。每一位班主任若想进步到下一阶段，都必须付出艰苦的努力，积极主动地学习、反思。

四、处理班主任专业成长问题的策略

（一）处理适应期班主任问题的策略

新手班主任应保持冷静头脑，首先要认真学习，潜下心来掌握学校的规程，了解各部门的职责，知道班级在学校教育和管理系统中的位置，会跟哪些部门发生必要的联系，尤其要知道班主任的岗位职责有哪些，该如何落实。其次，新手班主任要阅读与班主任工作相关的常识性书籍，比如《班主任入门》《班集体建设 ABC》《班主任工作手册》《学校德育基本常识》《班级管理常识》等，从理性层面认识班主任工作的责任与使命。再次，新手班主任还应该学习一些必要的技能和组织管理方法。比如如何进行队列队形训练、如何召开班队会、如何选拔培养班干部、如何制定班级公约、如何制定切实有效的班级常规考核细则、如何与任课教师和家长沟通协调，等等。唯有如此，才能胜任班主任工作。最后，从学校角度来说，应该针对新手班主任进行专门的校本培训，讲清楚本校的校情、常规和班主任的岗位职责，以及对班主任的具体要求，等等。

（二）处理成长期班主任问题的策略

成长期的班主任带班经验还不够丰富，缺乏参照指导，遇事不能采取正确方式。其实，许多年轻班主任并不缺少理论知识，也不缺少时间、精力，但是常常不能正确认识自己、反省自己。这就需要一个人在旁边经常提醒，经常点拨，必要时还要做镜子、做榜样，亲身示范，手把手引导青年班主任上路。对于这些班主任来说，师徒结对不失为一种有效的学习方式，为年轻班主任安排一个师傅（最好在同年级组、同办公室），让年轻班主任遇到问题能及时请教，平时能随时学习师傅处理班级学生问题的方法，观察其对待学生的爱心、耐心和教育学生的艺术，这样的学习最有效，也最为经济实用。年轻班主任自身也需要主动从身边的同事中寻找到学习的榜样，多学、多问、多观察。只要用心，很快便能顺利渡过难关，成为一名有经验的班主任。

（三）处理成熟期班主任问题的策略

对于成熟期班主任，学校首先要充分利用好绩效考核和校内奖励的杠杆调节作用，适当向班主任工作这样难度大、付出多的岗位，在学校可控范围内做出努力，以实际行动让班主任们清楚管理者的关心重视。其次，学校应该逐步建立和完善德育评价体系，有效调动班主任工作的积极性。最后，消除班主任的职业倦怠。一方面要做必要的调节，比如通过各类文体活动活跃人际氛围，调节身心；另一方面要减少加诸班主任的形式主义事务，让班主任做该做的事。另外还要引导班主任从教育中寻找乐趣与幸福，可以举办一些爱心故事演讲或者交流会，相互鼓励，相互感染，消除教师职业倦怠。

第三节　班主任专业化成长的路径

反思是班主任专业化成长的有效途径。我国春秋时期著名的思想家曾子说过：“吾日三省吾身。”德国抒情诗人、散文家海涅曾说：“反省是一面镜子，它能将我们的错误清清楚楚地照出来，使我们有改正的机会。”可见，班主任在工作中需要经常反思，只有这样才能不断提高班主任自身的专业意识和工作能力。

一、班主任反思的内涵

班主任的反思，是指班主任把自己作为研究对象，研究自己的教育理念和实践，反省自己的教育实践、教育观念、教育行为及教育效果，以便对自己的教育行为进行及时的调整。班主任反思目的具有超越性、即通过反思，改变现状，超越自己；班主任反思态度具有批判性，即客观理性、实事求是，进行全面深刻的认识；班主任反思结果具有建设性，即通过反思，引发深入思考，付诸改进行动。

二、班主任反思的对象

班主任的反思对象，可分为观念反思、角色反思、言行反思、方法反思等四个方面。

一是观念反思，即班主任要反思自己的教育观念及教育行为，牢固树立素质教育观，为国家培养合格的建设者和可靠的接班人。二是角色反思，即班主任不仅是知识的传授者，也是道德的引导者、思想的启迪者、心灵世界的开拓者。现代班主任应该是真善美的追求者、自身职业生命内涵的提升者、走向自我终身发展的反思实践者。三是言行反思，著名德国哲学家康德曾说："只有人能教育人，换言之，即自身受过教育的人才能教育人。"班主任应给学生树立一个良好的榜样，以自己良好的言行、高尚的人格来教育和塑造学生的人格。四是方法反思，即班主任除了转变教育观念，还要努力探索适应教育改革和发展形势的教育方法，对自身的教育实践和方法进行反思，因材施教，正视差异，发展学生个性。

三、班主任反思的方法

（一）基于日常工作的反思

班主任要从不同角度，以不同角色对自己的工作和教育对象进行反思。反思是班主任提高自己工作水平的重要途径。班主任是班级的组织者、管理者，其工作对象的复杂性、特殊性和多变性要求班主任必须经常进行反思。反思不仅体现在问题出现后，还应体现在日常教育管理中，每堂课、每件事、每周、每月，每学期都应该有反思。反思自己的工作方法是否得当，有没有处理好学生的问题，会不会对学生产生不好的影响；反思自己的言行是否一致，有没有出现说一套做一套的现象；反思自己的知识储备、能力水平是否满足学生的需求，学生是否有所收获；反思是否全面了解每个学生，是否给予学生全部的爱……反思的内容很多，班主任身上的担子不轻。因此，我们常说班主任工作是一项良心活，总之，班主任要勤于反思、善于反思，不断提高自己的工作水平。

（二）基于研究的反思

英国著名的课程理论家劳伦·斯滕豪斯在20世纪70年代提出"教师即研究者"的观念，这对班主任专业化发展具有指导意义。班主任需要在教育实践中开展行动研究，如个案研究、调查研究、教育叙事等，不断反思和审视自己的工作。

四、班主任专业化成长的途径

概括起来，班主任成长的路径包括两大方面：一是自身的学习、反思；二是外部的培训。具体说来，班主任专业化成长有五条途径，即做中学、学习、反思、探索、实践。

（一）做中学

这主要是指通过日常班务管理教育工作中的自然积累，班主任逐渐具有了某些班集体建设管理的专业知识与专业能力，成为有实际经验的实践工作者。该途径的特点是实用性强，缺点是花费时间长，专业成长与发展的速度较慢，达到的专业水平不高。

（二）学　习

这主要指通过读书学习、跟师学习、参加培训、交流研讨及听专家讲座等方式进行的业务学习。这些方法能使班主任较快地认清教育改革发展形势，开阔视野，获得班级管理专业理论知识，学到某些专业技能。其特点是能使老师迅速获得大量信息、理论或方法，缺点是书本的专业知识和从别人那里获得的专业技能内容不容易转化为班主任的内在认识和班级建设管理教育行为。要把学到的书本知识和专业技能转化为自己的理念和行为，还需要与自己所带班级的具体实践相结合。

（三）反　思

班主任通过不断地对日常工作的理性思考，从中发现工作中可取与不可取的做法，特别是形成自己对某一实践工作的深刻认识。其特点是以实践为基础进行理性思考，推动班主任不断自我进步，体验研究的快乐，但缺点是容易长时间停留在困惑之中。

（四）探　索

班主任在实践中积极主动大胆地实施自己新想法、新思路，体现出改革创新的精神。其特点是在自身理性思考的基础上进行实践，使得工作不断创新。缺点是容易忽视对理论的充分认识，这种实践往往是以个人行为为主，在突破上有局限性。要注意思想上的大胆设想与行动上的严谨稳妥相结合，避免出现大起大落、大摇大摆的现象，导致改革失败。

（五）实　践

班主任从实践出发，以专题研究为主，以个案研究为辅，探索班级管理的经验。其特点是既关注理论的认识，又关注对实践中的可操作性，还有实践中的探索与反思，既是一种个人行为，又是一种集体行为。

【育人故事】

能不能只爱我一个？

编者按：本案例选自全国中小学班主任优秀经验，作者为河南省郑州市金水区优胜路小学陶岚老师。

2017 年 8 月那天，那是我第一次见到小夏。齐整的刘海，精致的连衣裙，打眼一看，这真是一个集万千宠爱于一身的小公主。小公主进入小学后，样样实力都不容小觑，学习、纪律、交友在班上都是出类拔萃的，从她自信闪光的眼眸中能够看出她进入小学后的每一天生活都无比开心。

二年级后，小夏的穿着日渐邋遢起来，作业也出现了不少问题。在和她妈妈沟通时，我得知原来是家里有了二胎，母亲没有更多精力照顾她了。从孩子日渐颓废的神情中，我隐约有了一丝担忧……果不其然，某天放学后，小夏没有回家，直到晚上九点多钟她才回到家。这件事后，我开始留意班上这些多子女家庭的孩子，发现他们在学业和自己的一些性格方面都有了或多或少的变化，而小夏是前后反差最为明显的一个。

事情的转机要从那次我批阅学生日记说起。在小夏的日记本上，我看到了这样的字迹："为什么非要生，难道是我不够优秀吗？能不能只爱我一个？"小夏的委屈让我的内心久久不能平静，也瞬间理解了孩子父母的力不从心。其实，以小夏为代表的多子女家庭，父母原本期望培养出团结友爱的兄弟姐妹，但往往事与愿违。正如心理学家阿德勒所言："当一个家庭出现一个新生命的时候，并且整个家庭的焦点都放在这个孩子身上时，手足矛盾便会由此产生。"小夏的委屈需要有一个合理的宣泄途径，应该让所有家庭成员都能够了解到孩子内心所需，尊重孩子在家庭生活中的话语权，给予他们家务劳动的参与权。

接下来，我开始从集体入手，营造一种宽松愉悦的沟通氛围。借助班上的班本课程"生命起源"，我邀请妈妈们来讲述自己的孕育故事，通过角色扮演，让孩子们体会父母忙碌一天回到家中的种种不易，也为自己力所能及地承担家务劳动感到骄傲与自豪。我还每周召开"聊聊我家那些事""弟弟妹妹来了"等微型班会课。孩子们在这些班会课上个个捧腹大笑，聊着自己和兄弟姐妹间发生的趣事。我顺势告诉他们，其实每个人的成长都凝聚着父母对我们全身心的爱，能够力所能及地帮助他们是我们义不容辞的责任。而对于班上那些不善言谈的孩子以及独生子女，我鼓励他们写一写自己的真心话，放进班级邮箱中，借由书信和老师倾诉。在每周班会课后，他们可以把老师看过的信件再传给自己的小知己，及时地关注班上每一个学生出现的心理变化。

与此同时，我主动邀请家长组建"多子女家庭教育沟通互助群"，鼓励他们在群内群策群力、互帮互助。利用学校、社区等场所，积极地邀请家长们参加家长公益课程，父母们在课堂上通过模仿"手足相争"等情景，真切体会孩子们在家中的真实感受。没过多久，小夏的妹妹出生了。从她母亲的朋友圈中，我看到了他照顾妹妹的种种美好画面。这一次，小夏又在日记中这样写道："小妹长得真丑，还十分调皮，但我真的好喜欢她。"

时代在发展，班主任工作将迎来更多新的挑战，但我相信，只要能够读懂父母和孩子们内心的需求，所有的挑战都将成为新的成长！

（资料来源：https://jbgzs.basic.smartedu.cn/）

【思考与练习】

一、名词解释

班主任专业化

二、简答题

1. 班主任成长一般经过哪几个阶段？
2. 班主任专业化成长的途径有哪些？

三、辨析题

先判断正误，然后简要说明理由。

1. 班主任只要搞好班级的常规管理就行了，没有必要进行改革与创新。
2. 年龄越大，班主任工作就做得越好。

四、实践训练题

到中小学走访几位班主任，了解他们的班主任工作经历，撰写一篇访谈报告。

参考文献

[1] 王立华，李增兰．我国中小学班主任工作制的历史考察与当代发展[J]．当代教育科学，2007（5）：74-77.

[2] 徐延庆．班级制、班主任制的演进及班主任学的产生[J]．东疆学刊，1989（4）：43-46.

[3] 姜晓燕．俄罗斯班主任制度的前世今生[J]．中国德育，2010（6）：73-75.

[4] 张妍，张彦通．终身教育在我国的独特涵义与研究趋势[J]．教育研究，2016（8）：132-136.

[5] 王丽娟．试论班主任工作的主体教育思想 [J]．辽宁师专学报（社会科学版），2007（2）：122+135.

[6] 胡彬．中国领导科学概论[M].天津：天津人民出版社，1987.

[7] 彭剑锋．人力资源管理概论[M].上海：复旦大学出版社，2011.

[8] 张晓明．做学生精神成长的首席关怀者——谈谈班主任对学生的精神关怀[J]．无线音乐·教育前沿，2014（10）：13-14.

[9] 杨智劳．班主任也是学生合法权益的保护者[J]．中国科教创新导刊，2010（6）：198.

[10] 罗超．班主任应如何做好学生的思想教育[J]．读写算，2018（10）：65.

[11] 史爱华．浅谈怎样提高班主任的人际交往能力——班主任技能系列谈之一[J]．鞍山师范学院学报，1995（3）：74-77.

[12] 史爱华．试论班主任人际交往艺术[J]．普教研究，1995（5）：36-38.

[13] 余谦，周承伟．班主任工作创新能力的培养[J]．教书育人，2006（27）：38-40.

[14] 李中莲．班主任如何提升自我反思能力[J]．现代教育科学·中学教师，2010（4）：35-36.

[15] 教育部课题组．深入学习习近平关于教育的重要论述[M]．北京：人民出版社，2019.

[16] 陈顾，任平．做个善于了解研究学生的班主任[J]．职业，2014（5）：50-52.

[17] 李学文．尊重信任学生、研究学生是做好班主任工作的前提[J]．教育教学论坛，2010（8）：129-130.

[18] 陶灵芝．了解学生是做好班工作的基础[J]．雁北师院学报，1997（3）：50，56.

[19] 闫书凤. 浅论中小学教育的立德树人[J]. 教育实践与研究（A），2014（1）：5-7.
[20] 孙芳存. 建设现代化班集体的几种途径和方法[J]. 新课程研究（下旬），2016（8）：90-91.
[21] 张建宏. 班级活动的五个原则[J]. 教学与管理（小学版），2004（9）：22-24
[22] 麦志强，潘海燕. 班主任工作培训读本[M]. 北京：中国轻工业出版社，2007.
[23] 程保龙. 新时期如何做好中学的共青团工作[J]. 安徽教育论坛，2001（1）：21-22
[24] 何云伟，杨军. 中学共青团活动设计方法初探[J]. 绍兴师专学报，1992（4）：10-13.
[25] 何万国. 现代班主任工作研究 [M]. 2 版. 成都：西南交通大学出版社，2022.
[26] 葛明荣，孙承毅，王晓静. 中小学班主任工作[M]. 2 版. 北京：科学出版社，2016.
[27] 齐学红，袁子意. 新编班主任工作技能训练[M]. 2 版. 上海：华东师范大学出版社，2012.
[28] 齐学红，黄正平. 班主任专业基本功[M]. 3 版. 南京：南京师范大学出版社，2017.
[29] 尹惠. 望闻问切愈创伤 班级共进创发展——职业学校单亲家庭学生心理健康问题及应对策略[J]. 科学咨询（教育科研），2012（8）：19-20.
[30] 黄蓉生，姜华. 理想信念教育：误区、意义与目标归依[J]. 今日教育，2009（11）：7-9.
[31] 马嘉翼. 浅谈学校德育中的青少年感恩教育[N]. 大众日报，2023-03-23.
[32] 陈静. 在班主任工作中渗透生命教育的研究[J]. 当代教研论丛，2015（4）：80.
[33] 徐玲玉，李胜. 浅谈如何在班主任工作中渗透生命教育[J]. 科学咨询（教育科研），2021（7）：40-41.
[34] 王益民. 学生情绪失控的“冷处理”与“热陪伴”[J]. 班主任，2014（5）：49-50.
[35] 冯贵全. 协调任课教师 形成教育合力[J]. 内蒙古教育，2017（2）：34+71.
[36] 罗刚淮. 拨开成长的迷雾——班主任专业成长各阶段的关键问题与对策[J]. 班主任，2012（4）：13-15.
[37] 曾琦，等. 班主任沟通能力的应用特征分析与发展建议[J]. 班主任，2021（6）：5-9.
[38] 本书编写组. 习近平总书记教育重要论述讲义[M]. 北京：高等教育出版社，2020.
[39] 习近平. 思政课是落实立德树人根本任务的关键课程[J]. 实践(党的教育版)，2020(9)：4-11.
[40] 张艳华. 浅谈班主任的用人之道[J]. 中国西部科技，2010(3)：96.
[41] B.A.苏霍姆林斯基. 给教师的建议[M]. 武汉：长江文艺出版社，2014.
[42] 魏书生. 班主任工作漫谈[M]. 桂林：漓江出版社， 2021.
[43] 苏勇. 课堂偶发事件的类型及处理办法[J]. 基础教育课程， 2007(1)：22-24.

[44] 陈木. 由黑格尔评语说开去[J]. 党建与人才，2001（2）：26.
[45] 张京海. 发挥班集体作用[J]. 教育与职业，1987(2)：19.
[46] 李东辉. 陶行知四块糖果教学生[J].中国校园文学，2003（6）：68.
[47] 马克思，恩格斯. 马克思恩格斯文集（第 1 卷）[M]. 北京：人民出版社，2009.
[48] 邢垚. 论幼儿园中如何开展感恩教育[J]. 活力, 2015(16)：1.
[49] 王西斌. 推动思政教育高质量发展 培育现代化高素质好青年[J]. 高教学刊，2023 (25)：194.
[50] B.A.苏霍姆林斯基. 给教师的建议[M]. 北京：教育科学出版社，1984.
[51] 丁榕. 这份爱，一生一世[J]. 班主任，2014(1)：5-11.

后　记

有人说，班主任是世界上级别最低的“主任”，但也是世界上影响最大的“主任”。因为班主任会在一个人成长的关键时期对其产生至关重要的影响。他是学生成长过程中的“重要他人”。

新时代广大教师的使命是培根铸魂，教书育人，班主任则更应如此。班主任是青少年成长道路上的知心人，是引导学生朝着正确方向前进的带路人。班主任使命崇高，责任重大！2020年春季，正是新冠疫情严重之时，“班主任工作技能训练”课程以线上形式开设。为了上好网课，笔者花费月余时间完成了整个课程一千多页幻灯片制作，撰写讲稿十三万余字。课程结束后，全体学生撰写了学习心得。这里不妨给读者们分享几段学生对“班主任工作技能训练”课程学习的感悟：

本学期学习了张老师的“班主任工作技能训练”课程，十二章的学习让我感触颇深。从小学到高中经历过许多班主任的我，总是觉得班主任工作涉及范围广且辛苦，班主任总是方方面面都要管的一位老师，不光是班主任自己的科目，还有其他老师的科目，班主任都要尽心尽力地管理和指导。上这门课我记忆最深的是一件事，就是张老师在平台发布了一个讨论：你们愿意担任小学班主任还是中学班主任，为什么？我回答的是小学，因为小学生较好管理。张老师后来给我们一份调查数据，显示大多数同学都愿意当小学班主任，因为轻松。张老师说了很多话，我印象最深的一句是“你们不要觉得轻松所以去当小学班主任，要勇于挑战，不要遇到困难就躲避”。这句话不仅仅是针对这门课程，更是对我们的人生都有着重要的启发。学习这门课程，我的感想很多，也在此借机会表达对张老师的感谢！

——学生A

我认真学习了张老师的“班主任工作技能训练”课程，我深刻体会到，为人师者，就要处处为人师表，注重自己的一言一行，做学生的楷模，用自己的一言一行去感染和带动学生。不经意的一个动作和一句话，可能会出现事半功倍的效果。要学会关注每一个学生的心灵，用真爱去发现和培养孩子的闪光点，使他们推掉无形的自卑巨石，发挥每个孩子的潜能，让每个孩子的心里都充满阳光。

——学生B

这学期，我们开设了“班主任工作技能训练”课程学习。我珍惜每次上课机会，不放过学习过程中的每一个环节。自始至终，我都在努力地学习，做到不辜负学校领导和老师的期望。在学习过程中，我慢慢地认识到了自己的贫乏与稚嫩，学习又逐渐使我变得充实与干练。整个学习过程就好像是一次心灵洗礼，给了我太多的感悟和启迪！同时又仿佛是一剂“兴奋剂”，给我无限的工作激情，留下了太多的思索！

——学生 C

曾几何时，笔者梦想当一名中学班主任，由于种种原因而未能如愿。但是，在成长过程中遇到过多位班主任，他们对笔者的鼓励、帮助影响深远，使笔者义无反顾地走上教育这条道路上来。虽然未能从事中小学班主任工作，但笔者从事高等教育管理、教学工作，承担教师教育类课程如“班主任工作技能训练”，依然能够弥补大学毕业时的缺憾。如今，笔者怀着对“班主任”这一角色的崇敬之情，编写班主任工作教材。在书稿即将完成之际，笔者再次忆起过往中班主任们对自己的教诲。笔者希望能够通过这部教材献给三十余年来求学和从教生涯中培养、支持自己的各位班主任和老师们，以实现笔者夙愿。编写本教材过程中，笔者的学生刘娟、王佳程提供了班主任礼仪相关照片，给予了协助支持，借此机会对他们表示感谢。

最后，笔者希望，在职中小学班主任能够在工作之余阅读本书，进一步提升班主任工作的理论水平，同时，更加期待师范专业的各位学生能够通过本教材的学习，全面系统地掌握班主任工作的基本知识和技能，不断涵养教育情怀，坚定教育初心，逐渐成长为新时代优秀的班主任！

张哲华

2023 年 8 月

附 录